LE SOLITAIRE DU PALAIS

LAURENCE BENHAMOU

LE SOLITAIRE DU PALAIS

Le livre du quinquennat Macron
2017-2022

Robert Laffont

Ouvrage publié sous la direction de Denis Boulard

ISBN 978-2-221-25475-2
Dépôt légal : janvier 2022
Éditions Robert Laffont – 92, avenue de France 75013 Paris

AU FIL DE L'EAU

Par Denis Boulard

La mer. Une onde bleue, azur ou acier, dont tout le monde peut ou veut parler. L'un l'a vu démontée, quand l'autre l'a observée mousseuse lorsque les vagues viennent s'échouer sur le sable. Le point commun de tous ces regards ? Ils sont portés depuis le rivage. Lointains. Experts, assurément, mais tellement distants. Notre approche de la politique, une tradition de bavardages qui en fait le sel, parfois. Le néant, souvent.

Le livre que vous tenez n'est pas de cette eau-là. Il est le récit de ces fonds marins, de ces coulisses, qui permettent de mieux comprendre pourquoi en surface il y a de la houle, des remous ou, à l'inverse, un calme plat. Ce quinquennat Macron, plus que d'autres, a été marqué de sérieux coups de tabac : les Gilets jaunes, l'affaire Benalla et bien évidemment la pandémie de Covid-19, par exemple. Le tout dans un navire piloté par un jeune capitaine, sûr de lui mais sans aucune expérience de la haute mer.

Ce livre n'est pas comme les autres parce que son autrice exerce un métier différent des autres. Laurence Benhamou n'est pas que journaliste. Elle reste sur le pont de l'Agence France-Presse (AFP) à longueur de journée, une vigie fidèle, première levée et dernière couchée. À tel point qu'ils sont deux, avec son coéquipier Jérôme Rivet, à se relayer H 24 au même poste. Ils sont le lien initial entre la présidence de la République et les médias, des médias qui reprennent leurs dépêches pour en faire des articles. Leur quotidien ? Suivre Emmanuel Macron partout où le vent le mène.

Emmanuel Macron. L'un de ces présidents qui ne laissent pas indifférent. Détesté ou adulé, encensé ou moqué. L'homme qui souffle « substrat moral », « poudre de Perlimpinpin », « palimpseste » ou « carabistouilles », quand il ne glisse pas dans les langues de sable des œuvres passées avec « *Pacta sunt servanda* » (Les pactes doivent être respectés), « *Nolens volens* » (Bon gré, mal gré) ou « *Captatio benevolentiae* » (La recherche de la bienveillance). Soyons clair : cet ouvrage ne ressemble pas aux livres politiques classiques. Il n'est pas de parti pris. Il n'enfonce aucune porte ouverte. Ni pour, ni contre. Il ne s'attarde pas sur sa femme Brigitte, son entourage plus ou moins malin, son chien Nemo ou son amour pour tel ou tel philosophe. Des « angles », comme on dit en journalisme, sans doute palpitants mais qui ne donnent à voir qu'une partie, une infime partie, de l'homme, certes, mais aussi et surtout de la fonction suprême qu'il exerce en notre nom à tous face aux défis à relever, notamment le réchauffement climatique.

Emmanuel Macron. Suivi, et c'est unique pendant tout le quinquennat, tous les jours et en tous lieux. Il y a quelques années – c'était sous Jacques Chirac, soit un demi-siècle ! –, j'ai exercé moi aussi mais pour une autre agence, Associated Press, la même fonction que Laurence Benhamou. Et j'ai regretté de ne pas avoir effectué ce travail, à la fois méthodique et analytique, permettant de vraiment comprendre un mandat présidentiel. Au-delà des scories, arguties et autres intempéries. Avant ce livre, un seul comparable à celui-ci a été commis : *La Décennie Mitterrand*, de Pierre Favier et Michel Martin-Roland. Autres temps, autres mœurs. *La Décennie* est un titre de référence pour les journalistes politiques car c'est un suivi au jour le jour de l'exercice du pouvoir. *Le Solitaire du palais* est un ouvrage accessible à tous. Au fil des événements, il narre les choix, les hésitations et les volte-face.

Ce *Solitaire* est l'histoire d'un homme à travers ses actes. Ou, pour le dire autrement, un livre de vrai journaliste. Pas ce métier, méconnu et tant décrié par beaucoup de gens qui ignorent de quoi ils parlent. Non, le vrai journaliste. Celui qui prend le temps, vérifie, n'affirme rien sans en être sûr, permet aux flots de s'apaiser pour mieux les décrire en furie. Ce *Solitaire* est une masse d'informations exceptionnelle. Un regard, de l'intérieur, sur ces cinq années passées à scruter les crêtes des vagues de l'État. Bien sûr, il manque quelques vaguelettes. Mieux valait en dire moins, mais mieux, que tout mais réservé aux pieds marins.

La métaphore marine ? Nous achevons ces travaux d'Hercule à l'heure où notre pays prend un sérieux revers dans la zone indo-pacifique avec la perte du « marché du siècle » et la « non-vente » de douze sous-marins à l'Australie. Nous achevons ces travaux d'Hercule à l'heure où le Covid-19 semble, malheureusement, retrouver une certaine dynamique, quand nous avions l'agréable impression de sortir la tête de l'eau.

Ce livre n'a qu'une ambition : raconter, au plus près, l'acteur principal de ce quinquennat. Et ainsi permettre à chacun, le moment venu, dans quelques mois, de se prononcer avec le plus d'objectivité possible. Loin des raccourcis, des interprétations, des « on-dit » et des fausses certitudes. Mais trêve de bavardages. Glissons-nous, à pas de loup, dans le sillage d'un poste impressionnant…

Pour mes filles, Eleonora et Lucrezia.

Prologue

Infiltrée

En mars 2017, l'Agence France-Presse me nomme à l'un des deux postes d'« accrédité permanent à l'Élysée ». Notre mission ? Rendre compte et analyser les faits et gestes du président de la République. Notre quotidien ? Le suivre au plus près, où qu'il aille, en France comme à l'étranger. Particularité : notre bureau se trouve dans une petite salle de presse logée dans l'enceinte même de l'Élysée, à l'angle ouest de la cour d'honneur.

Installée dans le palais depuis plus de quarante ans, cette pièce est ouverte jour et nuit aux « accrédités permanents » des quatre agences de presse internationales – AFP, Associated Press, Bloomberg et Reuters. Elle accueille également les journalistes qui couvrent un événement ponctuel, lorsque la cour d'honneur est « ouverte » à la presse. Les agenciers sont donc les seuls éléments extérieurs à l'appareil d'État qui peuvent entrer à leur gré dans cette forteresse, protégée de hauts murs et d'un cordon de gendarmes et de policiers. Chaque fois que nous en franchissons le seuil, grâce à nos badges estampillés du logo de la présidence, nous y sommes des infiltrés.

Notre présence symbolise la liberté de la presse, celle d'un œil extérieur au cœur du secret. Depuis notre petit espace, maintenu de justesse mais raboté de moitié sous Emmanuel Macron, nous avons vue sur l'hôtel d'Évreux, l'élégant bâtiment situé au centre de l'enceinte, d'où, depuis son bureau du premier étage, le chef de l'État officie.

Nous vivons à son rythme, passons comme lui d'un sujet à l'autre, découvrant avec lui les imprévus et les drames. C'est ce chemin, passionnant, que j'ai voulu décrire. Le plus fidèlement possible et sans parti pris. Durant tout un quinquennat.

1

ENDOSSER L'HABIT
Printemps 2017

7 mai 2017, vingt et une heures. L'image s'affiche sur tous les écrans du pays. Celle d'un président de trente-neuf ans, élu une heure plus tôt, dont le visage se découpe sur le triangle illuminé de la pyramide du Louvre. Graphique, remarquablement cadrée. J'apprendrai bien plus tard que le candidat vainqueur compte dans son équipe un talentueux metteur en images, Arnaud Jolens, un scénographe de l'événementiel, qui va le suivre à l'Élysée. Une foule se presse vers les Tuileries.

Sur la petite esplanade, ils sont au moins dix mille à agiter assez sagement des drapeaux français et des panneaux « En marche ! », le mouvement créé en 2016 par Emmanuel Macron. Avec son nom pour seul slogan. Beaucoup sont encore bloqués dans les jardins, filtrés par le service d'ordre. Déception, un haut grillage nous sépare de l'estrade où il va prononcer son discours. Seuls les invités ont pu s'approcher. Là-bas, le nouveau président, transporté de joie, s'apprête à parler au pays.

Comme un prologue à son entrée en scène, il s'avance seul, avec lenteur, depuis la pénombre du passage Richelieu. Un parcours de cinquante mètres, effectué en quatre minutes et filmé sur écran géant. Seul ? Presque. Derrière lui, une silhouette l'accompagne jusqu'au pied du monument avant de s'effacer. Cet ange gardien, c'est Alexandre Benalla, l'incontournable responsable de sa sécurité pendant toute la campagne. Personne ne connaît alors son nom. Dans les haut-parleurs résonne « L'Ode à la joie » de Beethoven, hymne de l'Europe, premier message de cet europhile. Référence volontaire à François Mitterrand, qui, sur les mêmes notes, s'était rendu au Panthéon, une rose à la main, pour fleurir les tombes de Jean Jaurès et de Jean Moulin. Comme lui,

Emmanuel Macron porte un manteau trois quarts qui « carre » sa mince silhouette. Visiblement, il ne craint pas d'en faire trop. Ce rôle de composition fonctionne à merveille. Sa gravité silencieuse, après la cacophonie d'une campagne à rebondissements, recrée de la hauteur.

Le plus jeune président jamais élu. Le huitième de la Ve République. Les Français l'ont désigné à 66 % des voix. Et pourtant, en contemplant le sourire de leur nouveau dirigeant, la plupart éprouvent une sidération totale. Comment cet énarque, ex-banquier chez Rothschild, aux allures de gendre idéal et jamais élu nulle part, a-t-il réussi à arriver là ? Sa trajectoire météorique déroge à toutes les habitudes. Avant lui, il fallait une trentaine d'années, entre mandats locaux, conquête d'un parti installé et revers qui burinent. Rares sont ceux qui croyaient à son pari de gagner en s'affirmant « et de droite et de gauche », en dehors des partis. Son programme ? Une flexibilité libérale, fondée sur une « égalité des chances » à l'américaine, en même temps que la promesse de « protéger les plus faibles ». Ses propositions semblent écartelées par cet « en même temps » devenu le cri de ralliement de ses troupes. Peu y croyaient. Du moins jusqu'au retrait de François Hollande, président si impopulaire qu'il a dû renoncer à se représenter. Ou jusqu'au scandale qui a torpillé le favori des sondages, François Fillon, accusé d'avoir employé fictivement son épouse aux frais de l'Assemblée.

C'est la maire de Paris, Anne Hidalgo, qui lui a proposé de fêter sa victoire devant le Louvre. Lui voulait le Champ-de-Mars, avec la tour Eiffel en toile de fond. Effet international garanti… Mais impossible, le Comité olympique venait inspecter le site le lendemain matin. La place de la République ? Trop marquée à gauche. Jean-Luc Mélenchon, candidat de La France insoumise, en a fait son QG. La Bastille ? Chasse gardée du Parti socialiste, qui y a toujours fêté ses victoires. La Concorde ? Colorée à droite depuis la fête de Nicolas Sarkozy en 2007. Le Trocadéro ? François Fillon et ses alliés catholiques traditionnalistes de Sens commun l'ont envahi deux mois auparavant pour un meeting. Le Louvre, donc. Connu dans le monde entier et jamais utilisé pour un raout politique. De l'inédit, ni de gauche ni de droite. Parfait. Et tant pis pour l'étroitesse du lieu.

« Pas de leçon à recevoir »

Le choix de ce décor triangulaire s'avère un coup de maître. Il en avait besoin pour corriger son erreur du premier tour.

Quinze jours plus tôt, arrivé en tête avec 24 % des suffrages exprimés, Emmanuel Macron n'a pas résisté à l'envie de célébrer sa *pole position* synonyme de victoire à La Rotonde, une brasserie de Montparnasse, malgré une abstention au sommet et le record historique de 21 % de la candidate du Front national, Marine Le Pen.

En 2002, Jacques Chirac, apprenant qu'il affronterait Jean-Marie Le Pen au second tour, avait annulé, lui, toute festivité. Mais en ce 21 avril, le vainqueur conviait à La Rotonde son staff de campagne et des personnalités qui le soutenaient. On y a vu les écrivains Jacques Attali et Erik Orsenna, l'écologiste et ex-député européen Daniel Cohn-Bendit, l'animateur Stéphane Bern, le journaliste Bruno Roger-Petit ou la chanteuse Line Renaud. Un réseau qu'il s'est constitué au fil de réceptions à Bercy, lorsque, ministre de l'Économie, il organisait avec son épouse Brigitte jusqu'à deux dîners le même soir.

Pendant qu'au milieu de ses amis, détendu, il ôtait sa cravate, photographes et caméras se sont pressés derrière les vitres pour saisir l'instant. L'initiative, sans luxe particulier, est vite apparue comme déplacée. « J'ai trouvé ça assez indécent, Jacques Chirac n'a pas fait la fête quand Jean-Marie Le Pen était au second tour en avril 2002 », a ainsi commenté le jeune maire Les Républicains de Tourcoing, Gérald Darmanin. Il ignorait encore qu'il entrerait bientôt au gouvernement.

Des proches, affolés de voir la soirée tourner au scandale, ont appelé l'équipe du candidat, encore attablée. À peine sorti, Emmanuel Macron a été interpellé par Paul Larrouturou, journaliste à Quotidien, l'émission satirique de Yann Barthès. « C'est un peu votre Fouquet's ? » lui a lancé le jeune reporter. Une allusion assassine au dîner organisé par Nicolas Sarkozy dans le luxueux restaurant des Champs-Élysées juste après son élection, qui lui avait valu le surnom de « président bling-bling ». « Cher ami, a rétorqué Emmanuel Macron, piqué au vif, en l'agrippant par le poignet, si vous n'avez pas compris que c'était mon plaisir ce soir d'inviter mes secrétaires, mes officiers de sécurité, les politiques, les écrivains, les femmes et les hommes qui, depuis le premier jour, m'accompagnent, c'est que vous n'avez rien compris à la vie. C'est ce que vous voulez, mais c'était mon moment du cœur. Je crois qu'au Fouquet's, il n'y avait pas beaucoup de secrétaires, pas beaucoup d'officiers de sécurité. Moi, je n'ai pas de leçons à recevoir du petit milieu parisien ! Je vous salue ! »

Sous le sourire forcé, son œil étincelait de colère. Il était allé trop loin. Réalisant sa gaffe, il a lancé un clin d'œil à ce reporter croisé si souvent pendant la campagne. Pour concilier ou se réconcilier, il a l'habitude d'user de ces clins d'œil complices, qui flattent et désarçonnent. Mais le mal était fait. La réplique cinglante tournait déjà en boucle dans les médias. Et il garderait une rancune tenace envers ces derniers, qui se sont, de son point de vue, retournés contre lui. Dans son entourage, on parle à présent du « syndrome de La Rotonde ».

Une semaine plus tard, l'opération « Pyramide » paie. Le Louvre a gommé La Rotonde. Emmanuel Macron apparaît aussi imposant que son âge le lui permet. Le public apprécie cet anti-Hollande, l'opposé de ce « président normal » qui, au soir de sa victoire, esquissait quelques pas de danse au son de l'accordéon avec sa compagne, Valérie Trierweiler. Emmanuel Macron, dès la première minute de son élection, veut faire exactement le contraire de celui qui l'a nommé secrétaire général adjoint de l'Élysée. Et du show de Nicolas Sarkozy à La Concorde, aux côtés d'une Mireille Mathieu claironnant *La Marseillaise*. Au Louvre, c'est le groupe ivoirien Magic System qui assure l'animation. Une idée des bénévoles. Bien vu : l'un de leurs tubes deviendra l'hymne des Bleus en 2018.

« 18,2 % des inscrits »

S'il y a eu un « effet Macron », sa philosophie du « dépassement du clivage gauche-droite » n'est pas un phénomène de masse. Car il a avant tout bénéficié du rejet de Marine Le Pen. De plus, l'abstention et le vote blanc n'ont jamais été aussi hauts. Une double faille qui affaiblit sa légitimité. Au premier tour, quoiqu'en tête, il a obtenu 24,01 % des voix exprimées (8,7 millions), mais seulement 18,2 % des inscrits. Ce score, extraordinaire pour ce novice en politique, est cependant moindre que celui de Nicolas Sarkozy au premier tour de 2007 (31,2 %) ou de François Hollande à celui de 2012 (28,6 %). La présidente du FN (Front national) a obtenu 21,3 % des voix (7,7 millions), François Fillon, 20,01 % (7,2 millions) et Jean-Luc Mélenchon, 19,6 % (7,1 millions). Au second tour, Emmanuel Macron remporte 20,7 millions de voix, soit 66,1 % des suffrages exprimés. La grande majorité des électeurs de droite et de gauche modérées lui ont apporté leur suffrage, tout comme 52 % des électeurs d'extrême gauche.

Entre votes blancs, nuls et abstentionnistes, un Français sur trois a refusé de choisir. Douze millions de personnes ne sont même pas allées aux urnes, soit 25,4 % du corps électoral, contre 19,6 % en 2012 et 16 % en 2007. Pour la première fois, l'abstention est le deuxième parti de France. Le vote blanc totalise 8,5 %, soit 3 millions de voix, un record absolu sous la Ve République. Une protestation contre un choix que l'on juge impossible.

Jupiter

Du haut de l'estrade, face à ses partisans, Emmanuel Macron salue, bras levés, et envoie des baisers à son public. « Ce que nous avons fait n'a ni précédent ni équivalent, hurle-t-il, triomphal. Tout le monde nous disait que c'était impossible, mais ils ne connaissaient pas la France ! » Il se permet une liberté de ton et de corps qu'il ne s'autorisera plus de sitôt, lui qui, une semaine plus tard, adoptera pour ses discours publics une raideur presque compassée, chargée de lester de dignité une fonction présidentielle qu'il juge galvaudée. « Ne les sifflez pas ! » s'écrie-t-il à ceux qui conspuent Marine Le Pen. Du pur Barack Obama, l'un de ses modèles, qui interdisait à ses supporters de huer Donald Trump. « Ils ont exprimé une colère, un désarroi, des convictions. Je les respecterai, mais je ferai tout pour qu'ils n'aient plus aucune raison de voter pour les extrêmes. » Et de poursuivre avec emphase : « L'Europe et le monde attendent que nous défendions l'esprit des Lumières. [...] Nous ne céderons rien à la peur, à la division, aux mensonges. Nous ne céderons rien à l'ironie, à l'amour du déclin et de la défaite. Ce ne sera pas tous les jours facile, la tâche sera rude. » Et de terminer en s'engageant à « servir les Français avec amour ».

On découvre son goût pour les tirades affectives. Ainsi que l'élégance de son épouse, qu'il fait monter sur scène et qui lui embrasse la main avec ferveur. Mais elle s'inquiète pour lui. « Ce soir-là, je le vois changer. Il a le sentiment qu'il a toute cette immense responsabilité sur les épaules », m'expliquera-t-elle plus tard. Le couple évite le baiser sur la bouche qui avait agacé au soir du premier tour. Brigitte Macron est rejointe par ses enfants et des militants. *La Marseillaise* retentit. Emmanuel Macron la chante à mi-voix, parfois les yeux clos. Il serre très fort les doigts de sa compagne. Et garde l'autre main sur le cœur, dans une posture à l'américaine. Comme s'il voulait transformer les usages. Il n'y renoncera que quelques semaines plus tard, lors de la visite de Donald Trump. Sans doute pour ne pas avoir l'air d'imiter l'Américain.

Détail révélateur, il a choisi le pupitre en proue de bateau qu'affectionnait François Mitterrand, le modèle « Jupiter », qui avait inspiré le qualificatif d'une présidence « jupitérienne » sous Mitterrand. Emmanuel Macron est lui aussi surnommé « Jupiter ». Dans une interview en 2016, il revendiquait déjà vouloir être un président « jupitérien ». Deux ans plus tôt, il parlait même d'un président royal ! « La Terreur a creusé un vide émotionnel, imaginaire, collectif : le roi n'est plus là ! Ce qu'on attend du président de la République, c'est qu'il occupe cette fonction. »

Après son discours, la place se vide en une heure. Les macronistes se couchent tôt.

Après la bataille... la guerre !

Emmanuel Macron se réinstalle au sixième étage de son QG de campagne. Il a une semaine pour choisir son Premier ministre et son gouvernement. Juste en dessous, les cadres du parti s'attaquent aux législatives. En marche !, créé le 6 avril 2016, se veut un « mouvement citoyen », un « laboratoire d'idées ». C'est une start-up, créée *ex nihilo*, autour de sa seule personnalité, qui compte 285 000 adhérents. Le plus gros parti de France. Il est vrai qu'il suffit d'un clic pour s'y engager ! Durant l'été, le mouvement a conduit une «Grande Marche», vaste campagne de porte-à-porte, qui a fourni au candidat un diagnostic sur les attentes du pays.

À la tête d'En marche!, il a placé un tandem gauche-droite : d'un côté, Richard Ferrand, député socialiste, adhérent de la première heure, de l'autre, Jean-Paul Delevoye, vieux routier de la politique, ex-ministre de Jacques Chirac. En marche! se rebaptise La République en marche (LREM), nom politique plus classique. Le parti n'a que quelques semaines pour choisir ses candidats dans les cinq cent soixante-dix-sept circonscriptions, qu'il veut pour moitié issus de la société civile et pour le reste panachant des transfuges de gauche et de droite. Un appel public a été lancé aux bonnes volontés – une première – et a recueilli quinze mille candidatures d'aspirants députés. Novices ou élus chevronnés ont tous dû déposer leur CV en ligne. Le président de la Commission d'investiture, Jean-Paul Delevoye, est assailli de demandes, y compris de ténors comme Jean-Louis Borloo. Un cas sensible? Le dossier gravit un étage pour être tranché par Emmanuel Macron en personne.

Au palais de l'Élysée déserté, on déroule le tapis rouge dans la cour et on ratisse le gravier. La cérémonie d'investiture aura lieu le dimanche 14 mai. Dès le lendemain, Emmanuel Macron compte faire un aller-retour à Berlin pour rencontrer Angela Merkel, l'indéboulonnable chancelière qui dirige l'Allemagne depuis douze ans, comme avant lui François Hollande et Nicolas Sarkozy. Les présidents français à peine élus ont pris l'habitude du voyage dans la capitale allemande, comme les rois nouvellement couronnés allaient à Rome baiser l'anneau du pape. Dans les bureaux lambrissés, les derniers conseillers hollandais préparent leurs cartons. Gaspard Gantzer, chargé de communication de François Hollande, reçoit son successeur Sylvain Fort pour un passage de relais. Mais la nouvelle équipe sait déjà comment elle veut traiter une presse dont elle se méfie : distance et parole rare. Emmanuel Macron est convaincu que son prédécesseur a pâti de ses épanchements auprès des journalistes. Gérard Davet et Fabrice Lhomme ont publié en octobre 2016 *Un président ne devrait pas dire ça*[1], un livre de confidences sur les coulisses d'une cuisine politique peu glorieuse, et trois mois plus tard, François Hollande, accusé d'avoir

1. Paris, Stock.

disséminé des secrets, renonçait à se représenter. Ouvrant un boulevard à Brutus.

« Bon courage »

Dimanche 14 mai, jour de l'investiture. La cour est pleine. Journalistes, invités ou personnels du palais, nous nous tordons le cou pour apercevoir le défilé des vainqueurs par-dessus la haie des gardes républicains, sur ce gravier qu'il est en temps normal interdit de fouler. Quelle sera la « patte » Macron ? Va-t-il respecter les traditions ou casser les codes ? Il semble vouloir faire oublier sa jeunesse et son parcours express. Montrer qu'il a les épaules assez larges pour endosser l'habit. S'il veut tourner la page du « monde ancien », il désire aussi conserver l'étendue des pouvoirs de la Ve République. Ce qui implique une solennité à l'ancienne. Tout sauf le procès en légitimité intenté dès les premiers jours contre François Hollande pour son attitude bonhomme et sa cravate de travers. Les traditions seront respectées, canonnade des Invalides comprise.

En ce premier jour, je découvre un lieu surprenant. Des portes partout, qui donnent sur la cour, un labyrinthe de couloirs et d'escaliers, une cour « ouest » et une cour « est », les « loges » qui sont les portails sur l'extérieur, les toilettes vétustes et leurs urinoirs à l'entrée, les plinthes crevassées mais aussi les sous-sols glauques. Et huit cents employés, cuisiniers, fleuristes, chargés du protocole…

Plus de trois cent cinquante reporters, photographes et cameramen sont accrédités pour l'événement. Certains s'installent sur les toits en zinc. La fanfare de la Garde républicaine patiente sur un côté. Pour la passation de pouvoir, puisque François Hollande habite seul à l'Élysée, Emmanuel Macron a décidé de venir en célibataire. Son épouse, en robe lavande dessinée pour elle par le créateur vedette de Vuitton, Nicolas Ghesquière, qui va devenir son couturier attitré, le précède de dix minutes sur le tapis et disparaît dans le palais. Juste avant elle, nous voyons passer, groupée, hilare, la garde rapprochée, cette petite bande de trentenaires, souvent sortis des grandes écoles, pour la plupart anciens de son cabinet à Bercy et qui seront bientôt dépêchés dans les ministères clés. Leurs visages inconnus vont devenir familiers. Julien Denormandie, trente-six ans, l'ami fidèle, son ex-directeur de cabinet à Bercy ; Ismaël Emelien, vingt-neuf ans, le stratège si discret qu'il en est mystérieux, qui a débuté en politique à dix-neuf ans comme bénévole pour Dominique Strauss-Kahn ; Sylvain Fort, quarante-cinq ans, ex-banquier à Rome et fan d'opéra, avec sa plume ; Benjamin Griveaux, trente-neuf ans, le seul à avoir été élu, ancien strauss-kahnien, ex-vice-président du conseil général de Saône-et-Loire ; Jean-Marie Girier, trente-deux ans, venu du PS, ex-chef de cabinet du maire de Lyon Gérard Collomb, devenu très proche du couple Macron ; Stéphane Séjourné, trente et un ans, conseiller politique, qui fait le lien avec les élus ; et enfin Sibeth Ndiaye, la responsable de la communication, seule femme du premier cercle, fille d'un éminent homme politique sénégalais, militante PS devenue la communicante d'Emmanuel Macron à Bercy, et qui va le rester à l'Élysée. Tous arborent un sourire triomphal. On les surnomme « le commando » ou « les Macron boys », ou encore « les mormons ». Ils échangent *via* la messagerie Telegram et sont réputés pour leur culture du secret autour de celui qu'ils appellent « le Chef » ou « le Patron ». À peine entrés dans les lieux, ils se partagent les bureaux vides. Leur emplacement, leur proximité avec celui du président, est vital pour un conseiller. Mais l'équipe de campagne n'a pas vraiment pensé tout le personnel nécessaire au palais. Mis à part Alexandre Benalla, qui s'installe d'office dans un bureau, les nouveaux maîtres des lieux passent plusieurs jours à chercher des noms pour former le cabinet. Soucieuse pour son époux, Brigitte Macron, rouage discret mais essentiel, reçoit certains des principaux aspirants et leur fait passer de véritables entretiens d'embauche, plus méticuleux même que ceux d'Alexis Kohler. En bout de chaîne, le président se décide en quelques secondes. Et lance aux nouvelles recrues un clin d'œil assorti de l'une de ses expressions favorites : « À cheval ! »

Le nouveau président arrive à dix heures précises. Le visage grave, il sort de sa voiture et remonte le tapis rouge jusqu'au perron avec une lenteur étudiée, comme au Louvre. François Hollande l'accueille d'une poignée de main. Pas question pour Emmanuel Macron de l'embrasser comme avant. La familiarité n'est plus de mise. Pourtant, les deux hommes se connaissent bien… C'est Jacques Attali qui les a présentés presque dix ans plus tôt. L'influent économiste avait choisi Emmanuel Macron, brillant inspecteur des finances et banquier d'affaires talentueux, pour devenir le rapporteur de sa « Commission pour la libération de la croissance française ». Séduit, le chef d'État d'alors avait choisi le jeune prodige comme secrétaire général adjoint de l'Élysée, puis ministre de l'Économie. Mais le 30 août 2016, Emmanuel Macron avait démissionné de Bercy. Plus personne ne doutait de son ambition élyséenne, sauf François Hollande qui refusait d'y croire. En ce 14 mai de retrouvailles, les deux hommes s'enferment dans le bureau présidentiel pour l'habituel entretien, au cours duquel doivent se transmettre quelques secrets d'État, notamment les codes de l'arme nucléaire. Cette entrevue à huis clos dure une grosse heure. Deux fois plus que celle qui avait réuni Nicolas Sarkozy et François Hollande cinq ans auparavant. Enfin, le nouvel élu raccompagne l'ancien jusqu'à sa voiture, garée au bout du tapis – marque d'attention que François Hollande avait refusée à son prédécesseur. « Bon courage ! » lui lance « l'ex » en agitant la main. Exit le président normal.

Dans la salle des fêtes, le président du Conseil constitutionnel, Laurent Fabius, proclame les résultats officiels et présente au nouveau chef de l'État le collier de grand maître de la Légion d'honneur. L'ancien plus jeune Premier ministre de la Ve s'autorise une petite blague sur la campagne « chamboule-tout » et glisse un compliment chaleureux. Un peu raide, Emmanuel Macron lui répond d'un rapide discours solennel, avant de retrouver dans les salons sa famille et ses amis. Il se méfie de l'isolement. « J'ai besoin de vous encore. Ici, dans cette maison, on n'entend rien et on ne sent rien. » Jusqu'ici, rien d'inhabituel.

C'est l'après-midi, lors de la remontée des Champs-Élysées, qu'il se démarque en optant pour un command-car, une sorte de Jeep militaire découverte. Debout dans le véhicule martial qui roule au pas, il salue, entouré de gardes républicains à moto et à cheval. « Cette image n'aurait pas détonné dans une junte sud-américaine », ironise un analyste. Autre geste, il rend visite, sans médias, à des soldats de la force Barkhane blessés au Mali. Le Mali, où François Hollande a envoyé trois mille hommes en 2013 pour stopper l'assaut des djihadistes, une opération ayant campé la France comme le seul pays européen osant faire la guerre. La fin d'après-midi se déroule dans les salons de l'hôtel de ville de Paris. Face à des connaissances qui l'apostrophent en le tutoyant, il garde ses distances. Ce jour-là, quelques-uns de ses proches, dont Sibeth Ndiaye, se mettent à le vouvoyer. Ceux qui continuent à le tutoyer en réunion se retrouvent vite en décalage.

Dans les appartements privés, où il emménage rapidement, il impose également son style, s'efforçant de préserver pour son couple une intimité désormais menacée. Plus question de voir le personnel entrer à toute heure pour servir les repas. «J'ai eu peur les sept premiers jours, se souvient Brigitte Macron, puis Emmanuel a dit : "Que personne n'entre dans les appartements privés le matin et le soir." Donc, on petit-déjeune en pyjama, comme tous les Français. Et le soir on dîne seuls, personne ne nous sert, ils nous mettent des choses dans le frigo.» C'est là que le couple se retrouve. Et que le président écoute son épouse. Tout au long du quinquennat, elle sera sa première conseillère de la journée et la dernière qu'il voit le soir. «On parle de tout, bien sûr, me confirmera plus tard Brigitte Macron. S'il me parle de la Libye, j'écoute seulement. Mais sur les autres sujets nationaux, j'ai mon opinion – même si je ne peux pas la dire publiquement. Nous partageons les mêmes préoccupations. Et sur l'impact pour les gens. Et sur le fait qu'il faut agir.»

Le quinquennat peut commencer.

Onze secondes chrono

Au lendemain de l'investiture, des journalistes de tous pays campent dans la salle de presse : l'Élysée a promis la désignation du Premier ministre pour le début de la journée. Nous attendons pendant des heures, comme nous le ferons si régulièrement. Le nouvel hôte des lieux semble retarder l'annonce. Pourtant, depuis plusieurs jours, le suspense n'en est plus vraiment un. Un nom circule largement, ébruité par les cadres de LREM. Celui du maire du Havre, Édouard Philippe, un quadra au parler cash, fidèle d'Alain Juppé et cofondateur des Républicains. Un énarque, parfaitement «Macron-compatible». Juste avant quinze heures apparaît sur le perron Alexis Kohler, quarante-quatre ans, le plus proche collaborateur du président, qui était déjà son bras droit à Bercy. Un homme qui fuit les médias. La première décision d'Emmanuel Macron a été de le nommer secrétaire général de l'Élysée. C'est à lui qu'incombe la charge d'annoncer les nouveaux membres du gouvernement. Ce seront d'ailleurs les seules occasions où les Français le verront s'exprimer en public. En onze secondes, il annonce comme prévu la nomination d'Édouard Philippe à Matignon. Tout s'est passé si vite que la chaîne d'info LCP a raté son direct.

Un choix audacieux. Le président, porté au pouvoir d'abord par des électeurs de la gauche modérée, choisit un Premier ministre clairement à droite. L'objectif macronien ? Séduire la droite modérée, indispensable pour remporter les législatives. La manœuvre réussit en ceci qu'elle divise – c'est un euphémisme – Les Républicains. Ce grand barbu, entier, un peu gauche, a aussi l'avantage d'être un homme neuf. Dans sa jeunesse, il a milité pour Michel Rocard, rencontrant à l'époque Alexis Kohler avec qui il est resté lié.

Édouard Philippe et Emmanuel Macron se sont croisés plusieurs fois depuis leur première entrevue en 2011. Après le premier tour, ils se sont retrouvés trois fois, très discrètement. Lorsque, le 23 avril, Emmanuel Macron appelait la droite à le soutenir pour faire barrage au FN, le maire du Havre a tweeté : « Il faut l'aider. » Et au lendemain du second tour, le vainqueur lui propose de lâcher la droite pour Matignon. Sibeth Ndiaye vient nous assurer que la liste du gouvernement sera, elle, publiée le lendemain matin.

Dans la soirée, Emmanuel Macron fait l'aller-retour à Berlin pour rencontrer Angela Merkel, qu'il connaît depuis cinq ans. Elle l'accueille chaleureusement, la presse allemande est conquise – le journal *Die Zeit* le croque en sauveur avec son auréole – et plusieurs centaines de Berlinois l'attendent avec des banderoles de bienvenue. L'Allemagne, comme de nombreux pays occidentaux, a poussé un soupir de soulagement lorsqu'il a battu Marine Le Pen. L'extrême droite progresse partout ailleurs en Europe et a même pris le pouvoir en Pologne et en Hongrie. De plus, Emmanuel Macron parle Europe. Comme il l'a écrit dans son livre *Révolution*[1], il caresse l'immense ambition de redynamiser le vieux continent. Il ose dire haut et fort que l'Union est enlisée et impopulaire, trop ouverte à la concurrence, pas assez protectionniste. Il veut proposer de grands projets, obtenir le soutien de l'Allemagne pour des emprunts et des investissements, mieux contrôler les flux

1. Paris, Xo Éditions, 2016.

migratoires, mettre sur pied des listes électorales transnationales et accentuer la convergence des économies. À ses yeux, la France doit même abandonner une partie de sa souveraineté au profit de l'Europe.

Angela Merkel n'appuiera ses vues que s'il prouve au préalable sa capacité à réformer, à commencer par l'assouplissement du droit du travail. « Il y a des débuts de relation magiques », lance-t-elle, mais « la magie ne pourra durer que s'il y a des résultats ». Entendez, de vertu budgétaire.

Bayrou ? Hulot ? Le Drian ?

Quelles heures que celles de la préparation de ce gouvernement ! L'histoire politique de notre pays s'emballe plus que lors des mandatures précédentes. À droite comme à gauche, les cartes politiques sont rebattues. L'onde de choc de l'élimination dès le premier tour fissure à la fois le Parti socialiste et Les Républicains. Emmanuel Macron occupe sans partage l'espace politique et siphonne les voix modérées. Ne surnagent que les extrêmes.

Le soir même de la nomination d'Édouard Philippe, vingt-huit élus LR signent un appel à saisir la « main tendue » d'Emmanuel Macron. Le lendemain, ils sont cent vingt. À l'Élysée, on se frotte les mains. Furieux et inquiet, le chef de file LR pour les législatives, François Baroin, avertit ceux qui « se rapprochent de Macron » qu'ils seront exclus. À gauche aussi, on cherche sa place dans ce maelström. Des dizaines de noms circulent, de Ségolène Royal à Nicolas Hulot, le militant écologiste que tant de gouvernements ont courtisé en vain. Le nouveau président n'a rien promis à personne. Il estime qu'il a gagné seul.

Le mardi après-midi, la présidence annonce un nouveau report. Le chef de l'État peine à attribuer le ministère du Travail. Un poste à risque, dont le titulaire devra assouplir le Code du travail, la réforme qui doit ouvrir ce quinquennat. Finalement, l'écheveau se dénoue le mercredi 17 mai. Alexis Kohler réapparaît à quinze heures pour énumérer vingt-deux noms, savant mélange entre gauche, droite, centre et « société civile ». La parité femmes-hommes est respectée et si certains ministres ont moins de quarante ans, la moyenne atteint cinquante-quatre. Les clés du coffre de Bercy sont confiées à deux transfuges de la droite, Bruno Le Maire à l'Économie et Gérald Darmanin au Budget, rebaptisé Action et Comptes publics. Ralliés tardivement, ils sont des trophées inespérés pour Emmanuel Macron. Bruno Le Maire, le «monsieur 2,5%» de la primaire LR, s'offre une belle revanche. Venant de la gauche et du centre, trois figures de l'«ancien monde» occupent des postes phares : Gérard Collomb à l'Intérieur, François Bayrou à la Chancellerie – un joli lot de consolation trop éphémère pour cet éternel prétendant à l'Élysée – et, autre personnalité incontournable du paysage politique, Jean-Yves Le Drian, ex-ministre de la Défense de François Hollande, très populaire chez les militaires, devient ministre des Affaires étrangères.

L'arrivée la plus spectaculaire ? Celle de Nicolas Hulot, bien sûr, cette «carte verte» du premier gouvernement Macron, doté d'un vaste ministère de la Transformation énergétique. L'ancien présentateur s'est laissé convaincre à certaines conditions : l'arrêt du projet d'aéroport de Notre-Dame-des-Landes et la réduction de la part du nucléaire. Au poste de ministre du Travail, Emmanuel Macron fait le pari d'une ex-DRH, Muriel Pénicaud.

Le reste du gouvernement revient à des «experts» inconnus, une manière de dépolitiser l'exécutif et surtout de laisser le champ libre au président.

Quant au ministère de la Défense, rebaptisé «ministère des Armées», il est confié à une représentante méconnue du Modem (Mouvement démocrate), Sylvie Goulard. Enfin, un joker, Marlène Schiappa, militante et blogueuse de trente-quatre ans, hérite d'un secrétariat d'État à l'Égalité femmes-hommes.

«Vous allez en baver»

Pendant ces premiers jours, une quinzaine d'intimes du président sont promus conseillers. Ils prennent leurs quartiers dans le palais. Emmanuel Macron occupe une pièce centrale du premier étage. Alexis Kohler s'installe dans un bureau tout proche. L'invisible Ismaël Emelien reprend celui, sous les toits, qu'occupait Emmanuel Macron entre 2012 et 2014. Tous trois travaillent souvent jusqu'à deux ou trois heures du matin. Le président échange constamment sur Telegram avec eux… mais aussi avec beaucoup d'autres, dans de nombreuses boucles parallèles. Le plus souvent entre une heure et trois heures du matin. C'est là que se prennent les décisions, et non en Conseil des ministres.

Les médias deviennent un acteur du jeu politique à maîtriser. Quelques jours après l'investiture, Sibeth Ndiaye débarque dans la salle de presse. Ironique et agressive, elle ne prend pas de gants. D'abord, ordonne-t-elle, le président veut choisir ceux qui l'accompagneront dans ses déplacements. Il ne veut plus de journalistes politiques généralistes mais des « spécialistes » priés de poser des questions exclusivement techniques. Ensuite, il ne désire plus d'accrédités permanents, et encore moins de salle de presse au sein de l'Élysée. On nous enjoint donc de quitter les lieux le soir même. Nous sommes atterrés. Où sont donc passées les sacro-saintes liberté d'expression, transparence et modernité ? Cette approche des médias et de leur travail nous semble digne d'un pouvoir autoritaire. Lorsque l'on redoute le message, on tue le messager. Sibeth Ndiaye nous affirme également que le président ne fera jamais de « off », ces discussions informelles avec les journalistes, qui permettent de faire passer des messages sans citer de source. Quelques heures plus tard, alors que le chef de l'État reçoit un dirigeant africain, nous croisons sa chargée de communication dans le jardin d'hiver qui jouxte la salle des fêtes. Et faisons cercle autour d'elle :

— Pourquoi fermer la salle de presse ?

— Parce qu'on ne veut pas de ça chez nous ! réplique la conseillère avec froideur.

— Mais ce n'est pas chez vous ! C'est la maison des Français ! Nous aurions attendu cela de Marine Le Pen, pas d'Emmanuel Macron ! nous exclamons-nous.

Le ton est monté dans cet univers si feutré. Les huissiers haussent les sourcils. La conseillère marque un temps d'arrêt. C'est le début d'un bras de fer. Il va durer deux longues années.

Brutalement, avec tous les médias, les relations se tendent. « Vous allez en baver », me glisse un conseiller avec gourmandise. Conseillers et ministres ont ordre de ne plus rien lâcher aux journalistes. Seuls les attachés de presse, qui reçoivent chaque matin des « éléments de langage » – phrases rédigées quotidiennement sous le contrôle d'Alexis Kohler –, sont habilités à leur répondre.

Même celle qui dirige l'« organisation presse », Évelyne Richard, arrivée sous Georges Pompidou et pilote des déplacements des médias accompagnant le président, est mise sur la touche sans aucun ménagement par Sibeth Ndiaye.

À l'issue du premier Conseil des ministres, une quarantaine de photoreporters sont juchés sur un praticable – une tribune amovible. Ils sont venus prendre l'habituelle photo de famille du nouveau gouvernement sur le perron. Mais l'Élysée, rompant avec la tradition, fait réaliser ce portrait de groupe dans le hall d'entrée par un unique photographe. Et Sibeth Ndiaye enjoint aux autres de quitter la place. « Maintenant, vous partez ! » leur ordonne-t-elle. Désireux d'exercer leur métier, ils refusent obstinément. Au bout d'un quart d'heure, elle accepte à contrecœur que les ministres soient photographiés à leur sortie du palais… mais dans la rue.

L'ambiance est encore électrique lorsque, quelques instants plus tard, des dizaines de journalistes se rendent rue de l'Élysée pour assister au premier compte rendu du Conseil des ministres. Un rituel. Derrière le pupitre, Christophe Castaner, porte-parole de ce gouvernement mutique, présente la « feuille de route » fixée aux ministres. Ils devront présenter leur bilan tous les six mois et seront évalués. Faute de résultat, ils joueront leur place. Leurs moyens sont rabotés, ils n'ont ainsi plus droit qu'à dix conseillers au maximum, quand Emmanuel Macron en employait vingt-cinq à Bercy. Par ailleurs, les deux cents plus hauts fonctionnaires seront « passés en revue » dans les six mois et remplacés si nécessaire. Une forme de *spoil system*, comme l'admet Christophe Castaner, c'est-à-dire un remplacement des fonctionnaires à chaque élection, comme aux États-Unis. Ce jour-là, les premières questions posées au porte-parole traduisent le malaise médiatique.

— La cour fermée aux journalistes, l'Élysée qui veut choisir quels journalistes suivent le président… Monsieur Castaner, rassurez-nous, est-ce que cela va bien se passer avec les médias ?

— Aucune volonté de verrouiller, assure ce dernier, vous retrouverez votre capacité à interroger les ministres en sortant du Conseil sans difficulté, dès la semaine prochaine.

Faux. Ces derniers auront désormais pour consigne stricte de ne plus répondre aux médias dans la cour.

Pendant ce temps, Sibeth Ndiaye fait contacter des journalistes sélectionnés pour aller au Mali, le premier grand déplacement du président. Les rédactions s'alarment. Dès le lendemain, une quinzaine de grands médias, soutenus par Reporters sans frontières, protestent dans une lettre ouverte et rappellent que les organes de presse sont libres de choisir les éléments qu'ils dépêchent. À contrecœur, l'Élysée renonce. Pour autant, Sibeth Ndiaye ne se prive pas de nous envoyer promener, souvent en termes très crus. Ce franc-parler hors de propos lui joue des tours. Ainsi, quelques semaines plus tard, elle affirme que si Emmanuel Macron ne parle pas aux médias, c'est que « sa pensée est trop complexe pour une interview ». Lors de la mort de Simone Veil, elle ose répondre par SMS à une question sur cette figure historique en la désignant de façon choquante par le terme « la meuf ». Les premiers pas du pouvoir Macron donnent à voir une pratique à la fois arrogante et désinvolte.

2

L'ÉTÉ OFFENSIF
Juillet-août 2017

Qui veut comprendre la colonne vertébrale du quinquennat Macron doit le voir atterrir ce matin-là dans le désert du Mali. Depuis longtemps, l'homme a décidé que sa première destination lointaine serait la base militaire française de Gao, vaste campement de tentes blanches posées sur un océan de sable rouge. Près de quatre mille soldats y viennent par roulements. L'été, la température peut dépasser les cinquante degrés, même si ce n'est pas tout à fait le cas ce jour-là. Depuis que François Hollande, un matin de janvier 2013, a annoncé l'envoi de troupes françaises pour stopper une colonne de djihadistes qui avançaient vers Bamako, Gao est la preuve tangible que la France peut agir seule militairement. Et tenter de gagner une guerre.

Nous sommes une trentaine de journalistes à l'accompagner. Sous un soleil de plomb, le Falcon présidentiel se pose sur la base. Le dirigeant malien de l'époque, Ibrahim Boubacar Keïta, dit IBK, a fait le voyage pour rencontrer son homologue. Côte à côte, les deux hommes, Emmanuel Macron en costume bleu, IBK en habit blanc traditionnel, passent les troupes en revue. Le Français, raide et digne, remplit son rôle avec une fierté manifeste. Puis il effectue une virée dans un hélicoptère de combat, déjeune au milieu des troupes et les écoute interpréter une *Marseillaise* a cappella. Je le vois vibrer d'émotion. Il est clair que ce jeune président, le premier à ne pas avoir fait son service militaire, chérit l'armée et prend son rôle de chef de guerre très au sérieux. « Vous êtes l'honneur de la France, chaque Français sait ce qu'il vous doit. Partout où cela sera nécessaire, nous interviendrons de manière accrue et nous ne partirons qu'une fois tous les terroristes éradiqués ! »

Promesse bien imprudente, car, comme le disent les militaires sur le terrain, « l'herbe repousse » ...

J'ai obtenu de mes confrères de poser l'unique question à laquelle nous avons droit pendant la conférence de presse commune des deux chefs d'État. C'est la règle : une ou deux questions pour les médias de chaque pays. Soudain, l'élégante Évelyne Richard s'approche, l'air embarrassé. « Laurence, ils m'envoient te demander sur quoi portera ta question. Et si elle portera bien sur le Mali. Je suis vraiment désolée, jamais on ne m'a réclamé une chose pareille ! » La pro des VO (voyages officiels) est scandalisée. S'enquérir d'une question à l'avance ? Un moyen de pression. Une volonté de contrôler.

Ce jour-là, il n'y aura aucun grain de sable dans l'expression présidentielle. « Au Sahel, la France assure la sécurité européenne. » Dans la bouche d'Emmanuel Macron reviennent des « je », des « mes » ... « Ma volonté », « ma détermination », « mon action », « mes hommes ». Les soldats de Barkhane qui se battent au Sahel constituent le socle de son ambition mondiale. Sa visite à Gao donne d'ailleurs le coup d'envoi d'un été diplomatique brûlant.

Les grands de ce monde

Les G7, qui réunissent les dirigeants des plus puissants pays occidentaux, ont lieu fin mai. Entre mai et juillet, Emmanuel Macron cumule un sommet de l'Otan – où il déjeunera avec Donald Trump –, un G7 puis un G20. Avec un supplément de choix : au retour du G7, le 29 mai, il a invité Vladimir Poutine au château de Versailles, au prétexte d'une exposition sur le tsar Pierre Le Grand. Lui, pourtant la cible d'attaques et d'insinuations de la part de médias aux ordres de Moscou, veut relever le défi d'amadouer un ennemi. Souvenons-nous que le dirigeant russe est ostracisé depuis 2014 et l'annexion de la Crimée, sans oublier son soutien aux séparatistes pro-russes qui mènent une guerre meurtrière à l'est de l'Ukraine. Que l'année précédente, François Hollande lui avait refusé une visite d'État. Deux semaines après son élection, Emmanuel Macron, impatient de parler d'égal à égal avec les plus puissants, s'offre un doublé Poutine-Trump.

Acte I : l'Américain. Il le découvre au sommet de l'Otan, le retrouvera au G7. Depuis cinq mois, ce dernier enchaîne tweets provocants et décisions choquantes, comme sa récente interdiction – illégale – de visa à l'encontre des ressortissants de cinq pays du Moyen-Orient. Pour le milliardaire également, ces deux sommets sont des premières. Macron et Trump ? Des novices en politique, des élus surprises. Autres points communs, tous deux se méfient des médias, qu'ils contournent grâce aux réseaux sociaux. Ils ont gagné de l'argent dans le privé. L'opinion publique française se passionne d'avance pour leur premier face-à-face.

Pour l'Hexagone et ses alliés, l'enjeu le plus pressant est d'obtenir du président américain qu'il continue à soutenir l'accord de Paris. Un succès diplomatique tricolore qui engage cent quatre-vingt-quinze pays à lutter contre le réchauffement climatique. Mais Trump, climatosceptique, a fait de la sortie de l'accord de Paris une promesse de campagne. L'espoir paraît chimérique, ce qui n'empêche pas Emmanuel Macron de se montrer convaincu qu'il pourra l'infléchir. Néanmoins, l'adversaire est de taille : il concasse systématiquement la main de ses homologues. Cette diplomatie de la main broyée a même vaincu quelques secondes Angela Merkel, qui était pourtant sur ses gardes. À Paris, Emmanuel Macron s'entraîne comme un bretteur[1].

En arrivant au sommet de l'Otan à Bruxelles, il est fin prêt. Quand l'Américain avance sa main, le Français la serre de toutes ses forces. Trump veut lui tirer le bras mais, dents serrées sous un sourire, Macron tient bon. Il s'amuse franchement ! Le gros plan des jointures blanchies fait le tour du Net. Macron-Trump, 1-0. Pour autant sur le fond, Donald Trump impose le tempo. Il réclame à ses partenaires une hausse de leur contribution à l'Alliance atlantique. Et le chef de l'État français, qui veut que les Européens prennent davantage en main leur défense, le suit.

Acte II : G7, Taormine. La presse est installée à plusieurs kilomètres et observe sur écran ce que l'on veut bien lui laisser regarder. Emmanuel Macron, le *new boy* comme le surnomment les médias transatlantiques, est à l'offensive tous azimuts. Radieux, assuré, il est reçu comme une star, embrasse avec enthousiasme

1. Voir Arthur Berdah, *Emmanuel Macron, vérités et légendes*, Paris, Perrin, 2021.

Angela Merkel et s'offre une longue promenade avec Justin Trudeau. Une « bromance », ironisent les internautes. Quand il arrive en retard pour la photo de famille, on pourrait croire à son aisance que c'est lui, l'hôte du moment. Mais, sur le fond, les discussions sur l'accord de Paris sont un échec. Les États-Unis refusent de signer le communiqué qui le mentionne. Lors de sa première conférence de presse, le chef de l'État est le seul à affirmer que Donald Trump est « à l'écoute ». Lorsqu'il loue son caractère, ses homologues dénoncent son obstination. Plus Angela Merkel le critique, plus Emmanuel Macron le défend. Une stratégie de la séduction qui fera pschitt.

Son ambition ? Devenir l'interlocuteur de l'Américain en Europe. Est-ce un excès de confiance qui lui fait commettre sa première gaffe diplomatique ? Une semaine après qu'il a confié, bravache, au *Journal du dimanche* sa joie d'avoir remporté le « moment de vérité » qu'était la bataille de la poignée de main, Donald Trump annonce que les États-Unis sortent de l'accord de Paris. Réactif, son homologue français retourne cette défaite en demi-succès.

À minuit le 1er juin, Emmanuel Macron convie les chaînes d'info dans son bureau. En français et en anglais – fait rarissime pour un président français –, il lance un appel sur les télés et les réseaux sociaux : *Make our planet great again !* en détournant le slogan[1] de Donald Trump pour parler au monde entier. Provocateur, il invite même les chercheurs et les entrepreneurs américains qui travaillent sur le climat à venir en France, comme s'ils étaient des réfugiés scientifiques confrontés à l'obscurantisme. Résultat immédiat : un record de retweets partout dans le monde. En une nuit, il se pose en leader de la résistance climatique mondiale.

Deux jours auparavant, il connaît une autre journée de gloire à Versailles, dans la galerie des Batailles, lors de sa conférence de presse avec Vladimir Poutine. Offensif sous une amabilité sans faille, le Français ose critiquer publiquement la position russe sur l'Ukraine, sur la Syrie, ainsi que les violences commises contre les homosexuels en Tchétchénie. Emmanuel Macron dénonce également la propagande « infamante » des médias pro-russes, Russia Today et Sputnik, pendant la campagne présidentielle.

1. *Make America great again !*

Quelques jours plus tard, le chef de l'État s'envole pour Rabat afin d'y rencontrer le roi du Maroc. Comme souvent avec Emmanuel Macron, la rencontre est « poolée », c'est-à-dire limitée à une poignée de journalistes. Ceux-ci doivent partager leurs informations avec les autres médias. L'AFP est du voyage et j'ai la chance de l'observer, aux côtés de Mohammed VI, passer en revue les gardes royaux, avec un air de majesté que pourrait lui envier son hôte. Calquant son attitude sur celle du souverain, le président s'incline sur le même angle, épaissit sa stature et épouse son pas. Dans le palais, il trône aux côtés du monarque et de son dauphin. Emmanuel Macron a l'œil qui pétille d'amusement à se glisser dans ce rôle.

Le soir même, infatigable, à peine descendu de l'avion, il termine sa journée en inaugurant le salon des entrepreneurs du numérique, Vivatech. C'est un autre homme qui s'accoude familièrement à la tribune, parle en agitant les mains, plaisante avec de jeunes créateurs de start-up ou fait d'innombrables selfies et bavarde avec des robots en anglais.

Le 14 Juillet, ses efforts diplomatiques de l'été s'achèvent en apothéose. Il reçoit le couple Trump. Les deux présidents s'affichent aux Invalides, puis, attablés, en couple, au premier étage de la tour Eiffel. Emmanuel fait assaut d'amabilités et traite Donald comme un ami, quand Brigitte se promène avec Melania. Le chef de l'État est attentif à son invité. Ainsi, au pied des Champs-Élysées, lorsque la garde républicaine joue du Daft Punk, il jubile et jette un coup d'œil complice à Donald Trump. Mais il comprend aussitôt que son hôte ne reconnaît pas le tube mondial. Et ravale diplomatiquement son sourire. De même, aux Invalides, il renonce à poser sa main sur son cœur en écoutant *La Marseillaise*, sans doute pour ne pas donner l'impression de singer l'Américain. Donald Trump se montre moins subtil, notamment lorsqu'il dit à Emmanuel Macron que son épouse est vraiment « en grande forme » ...

Nous sommes des centaines à assister à leur conférence de presse à l'Élysée, durant laquelle le président des États-Unis se fait malmener par un journaliste américain au sujet des contacts que son fils entretient avec les Russes. « C'est une affaire intérieure », coupe court, avec un sourire, son homologue français, qui lui conseille de ne pas répondre. « Quelle bonne idée ! » s'exclame Donald Trump… qui, pourtant, continue.

Les législatives, pour transformer l'essai

Afin de lancer ses grands chantiers, Emmanuel Macron doit conquérir l'Assemblée nationale. A posteriori, sa victoire paraîtra logique mais, sur le moment, aucun analyste n'ose s'avancer. Ses candidats néophytes réussiront-ils à l'emporter sur son seul nom ? Ou verra-t-on une revanche des partis classiques et de leurs élus historiques ? Autre inconnue : la loi sur le cumul des mandats s'applique pour la première fois et oblige à choisir entre mandat local et députation. Quelle que soit l'issue, la nouvelle Assemblée sera composée en grande majorité de débutants.

François Bayrou a obtenu, lui, un cadeau inespéré : LREM soutient quatre-vingts candidats du Modem. Au perchoir, le 1er juin, le nouveau garde des Sceaux exulte en présentant le premier texte du quinquennat, le projet de loi sur la moralisation de la vie politique. Au programme ? Citons l'interdiction des emplois familiaux et des activités de conseil pour les élus ou la suppression de leur « réserve parlementaire », ces fonds que ces derniers distribuaient à leur guise. Un coup de balai dans les habitudes. La revanche du Béarnais est pourtant éphémère. Dans quelques semaines, les obscures pratiques de l'« ancien monde » le rattraperont.

Affaires

Mais la première « affaire » du quinquennat, révélée par *Le Canard enchaîné*, concerne Richard Ferrand, un membre du premier cercle dont on apprend qu'il a organisé en 2011 le rachat de locaux de son employeur, les Mutuelles de Bretagne, pour les louer à sa compagne. Un conflit d'intérêts prescrit qu'Emmanuel Macron balaie d'un revers de main en accusant les journalistes de « vouloir s'ériger en juges ».

Le tour de François Bayrou arrive le 7 juin, lorsqu'il est soupçonné d'avoir eu recours à des emplois fictifs, selon une révélation de France info. Bruxelles et le parquet français ouvrent une enquête pour « abus de confiance ». L'homme nie et s'autorise à téléphoner à Radio France pour se plaindre de « méthodes inquisitrices ». Recadré par Édouard Philippe, le ministre de la Justice martèle que personne, jamais, ne lui posera de bâillon. À l'Élysée, des membres du premier cercle songent déjà à s'en débarrasser.

Il faut dire que nous sommes seulement à quatre jours du premier tour des législatives des 11 et 18 juin. Les adversaires de LREM s'inquiètent, eux, haut et fort de ne pouvoir tirer profit de ce climat délétère : « Une chèvre avec l'étiquette En marche ! serait élue ! » même si les bleus investis par LREM ânonnent maladroitement des éléments de langage en meeting ou sur les plateaux. Avec 308 sièges, la victoire du camp Macron est écrasante. La majorité présidentielle peut même compter sur 350 élus, si on inclut les 42 alliés du Modem. Loin derrière, LR n'en aligne que 112, le PS, 30, l'UDI (Union des démocrates et indépendants), 18, La France insoumise, 17, le PCF, 10 et le FN, 8. Tous les ministres candidats sont élus. Pour autant, l'Élysée annonce un remaniement « technique ». Technique ? Serait-ce un prétexte pour éliminer les deux vétérans et leurs casseroles ?

La Belle de Cadix

On dit d'Emmanuel Macron qu'il a une veine de pendu. La liste de ses « coups de chance » est longue : le retrait de François Hollande, la défaite à la primaire de la droite d'Alain Juppé ou encore le Penelopegate, sans oublier la prestation calamiteuse de Marine Le Pen lors du débat de l'entre-deux-tours. Le ralliement de François Bayrou était aussi un heureux hasard… tout comme l'enquête sur cet encombrant allié, auquel le chef de l'État doit un peu trop ! Car l'orage judiciaire s'écarte de l'Élysée. En trois actes. Premier acte : le jour même du second tour des législatives, la ministre Modem des Armées Sylvie Goulard – elle aussi visée par l'enquête – démissionne. Deuxième acte : François Bayrou et la fidèle Marielle de Sarnez – embarquée dans le gouvernement et dans l'enquête sur le Modem – démissionnent à leur tour. Troisième et dernier acte : Richard Ferrand est « exfiltré » vers l'Assemblée, pour présider le groupe des députés LREM.

21 juin, dix-huit heures. Sous une chaleur étouffante, nous attendons l'annonce du remaniement. Ce soir-là, pour la fête de la musique, l'Élysée s'ouvre au public – encore une première. « Venez vite, vous êtes chez vous ! » tweete la présidence. Dans la rue, les policiers en faction encouragent les passants à franchir le portail. Sur une estrade, un ténor de la Garde républicaine entonne *La Belle de Cadix* et l'orchestre enchaîne avec la danse de *Rabbi Jacob*. Ravis et étonnés, les touristes égarés dans la cour ont la surprise de voir arriver... le président et son épouse ! Emmanuel Macron s'offre un bain de foule tout en accueillant son homologue colombien, Juan Manuel Santos, dans une atmosphère surréaliste. Il sort juste de son bureau où il vient de trancher les derniers arbitrages. Cette fois, le gouvernement est exactement tel qu'il le voulait : dépolitisé et fidèle. Quant au Premier ministre, sa marge de manœuvre n'a pas l'épaisseur d'une feuille de papier. Certains de ses conseillers ont même été choisis par l'Élysée et sont communs aux deux maisons.

Le lendemain matin, la présidence essaye de nouveau de verrouiller les images. Dans les jardins, seuls trois photographes sont autorisés à immortaliser le nouveau gouvernement. Furieux, les dizaines de journalistes présents décident de boycotter les ministres qui arrivent dans la cour. Leur méthode ? Leur tourner le dos en scandant : « En grève ! » Sibeth Ndiaye recule et les admet... tout en interdisant de photographier la mise en place du portrait de famille. Son argument ? « On est fondés à décider de ce qu'on veut faire ou pas ! Nous n'avons pas l'obligation de montrer les coulisses ! » Les photographes, refusant d'obéir, mitraillent malgré tout. Elle s'emporte. Le bras de fer continue.

Le rêve européen

Une France motrice de l'Europe et une Europe phare qui éclaire le monde de ses lumières humanistes. Ce rêve passionne le président, tout autant, si ce n'est plus, que les réformes franco-françaises. Rien ne lui paraît impossible, y compris le fait d'aligner les taux d'imposition ou même de créer une armée européenne. Sur le climat ou l'afflux des migrants, Emmanuel Macron va plus loin que beaucoup et défend un abandon partiel de souveraineté. C'est ramer à contre-courant d'un euroscepticisme grandissant. Car, partout dans l'Union, les partis anti-européens progressent. Ils ont obtenu le pouvoir en Pologne et en Hongrie, enflent en Italie, sont les artisans du Brexit. Mais le président français croit au contact personnel avec ses homologues. Un par un, il cherche à les convaincre de la nécessité d'une Europe plus protectionniste et plus sécuritaire. Pendant ses trois premiers mois à l'Élysée, il en rencontrera vingt-deux sur vingt-sept.

Le 22 juin, premier Conseil européen. Ce sommet réunit chaque mois les dirigeants de l'Union. Ses pairs le regardent avec admiration et un peu de jalousie, lui qui s'est fait élire aux couleurs européennes. Les médias internationaux sont fascinés. La conférence de presse commune avec Angela Merkel fait salle comble – nous nous bousculons dans une queue à l'entrée ! – quand François Hollande parlait devant des parterres à moitié vides. Dans ce cadre, il se complaît à répondre à toutes les questions. Affiche une assurance totale, même si aucun Français n'a jusqu'ici réussi à entraîner l'Allemagne dans une politique de relance. Insatiable, il s'est aussi choisi un autre combat : réduire la possibilité du « travail détaché », qui permet aux entreprises d'employer des salariés européens à bas coût. Haro sur le « plombier polonais » ! Voici qui devrait plaire à la fois à la droite, à la gauche, et illustrer son slogan d'une « Europe qui protège ». Seul bémol : le sujet ne passionne pas les foules.

« Je suis votre chef ! »

Le président oublie un peu vite que la situation reste tendue en France. L'audit des comptes publics commandé après son arrivée révèle qu'il manque plus de quatre milliards d'euros pour limiter le déficit public à 3 % du PIB, ce critère européen que le pays ne respecte plus depuis de longues années. L'ère Macron se veut vertueuse mais l'Allemagne en veut la preuve. Le gouvernement improvise alors un « coup de rabot » brutal. Gérald Darmanin annonce un train d'économies de 4,5 milliards, dont la baisse des aides personnalisées au logement (APL) de cinq euros et le gel de crédits ministériels, en particulier dans le domaine de la défense.

La contradiction entre les encouragements tenus à Gao et cette réduction budgétaire fait bondir le chef d'état-major des armées, le général Pierre de Villiers. Dès le lendemain, le premier des militaires fulmine devant une commission de députés qui l'auditionnent à huis clos. «Je ne vais pas me faire baiser par Bercy !» s'écrie-t-il dans un langage cru, qui fuite bientôt dans les médias. Pour Emmanuel Macron, une ligne rouge a été franchie. Son autorité est bafouée. Le 13 juillet, le chef de l'État prend la parole devant les généraux et les «engueule». Le ton est cassant. Le regard, noir. «Je suis votre chef! leur lance-t-il. J'aime le sens du devoir. Et ce que j'ai parfois du mal à considérer dans certains secteurs, je l'admets encore moins lorsqu'il s'agit des armées.» Humilié, livide, Pierre de Villiers accompagne le président le 14 Juillet mais démissionne trois jours plus tard. Il sera remplacé par le général François Lecointre. Du jamais-vu sous la Ve République.

Droite et gauche prennent à l'unisson la défense de l'officier démissionnaire. Avec le départ du général de Villiers, Emmanuel Macron «rétablit le crime de lèse-majesté au prix de la sécurité des Français», tonne Marine Le Pen. De leur côté, les militaires lui en garderont une rancune tenace. En geste d'apaisement, le chef de l'État fait dégeler 1,2 milliard d'euros de crédits militaires. Que retenir de cet épisode ? S'agit-il d'autorité, d'autoritarisme ou d'un aveu de faiblesse ? Ce «je suis votre chef» montre en tout cas un visage plus clivant du président.

Les SMS du patronat

Comme promis durant la campagne, Emmanuel Macron décide de s'adresser au Parlement réuni en Congrès, c'est-à-dire aux cinq cent soixante-dix-sept députés et trois cent quarante-huit sénateurs, qui, selon la Constitution, peuvent être réunis par le président de la République dans l'hémicycle rouge et or du château de Versailles pour un discours sans débat. Il veut y prononcer chaque année une sorte de version *made in France* du «Discours sur l'état de l'union» des présidents américains. Décorum, pompe et solennité, tout est fait pour lui plaire dans ce rituel peu utilisé – une seule fois par

François Hollande comme par Nicolas Sarkozy. Il choisit le 3 juillet, la veille de la déclaration de politique générale d'Édouard Philippe devant l'Assemblée. Sans se soucier d'éclipser l'entrée en scène de son Premier ministre. Les députés macronistes embarquent gaiement dans les cars qui les emmènent à Versailles, quand les opposants renâclent à l'idée d'un one man show devant un public muet. Irrités, les élus de La France insoumise et du PCF boycottent ce discours.

Pendant quatre-vingts minutes, Emmanuel Macron s'envole dans les hauteurs et vante l'avènement de ce « monde nouveau » qu'il veut incarner. « En vous élisant, dans votre nouveauté radicale, à l'Assemblée nationale, le peuple français a montré son impatience à l'égard de ce monde politique fait de querelles stériles et d'ambitions creuses où nous avions vécu jusqu'alors. C'est à une manière de voir la politique qu'il a donné congé », s'enflamme-t-il. Les Français sont enjoints de prendre leur destin en main, une philosophie de l'effort que le président prône sans cesse. Son ton est moral et un peu surjoué. Il annonce des réformes promises pendant la campagne, notamment la diminution d'un tiers du nombre de députés et de sénateurs, l'introduction d'une dose de proportionnelle aux législatives et la limitation du cumul des mandats parlementaires. Faute de l'accord indispensable des trois cinquièmes du congrès sur ces mesures, Emmanuel Macron se dit prêt à organiser un référendum.

Le lendemain, devant les députés, changement de style. Édouard Philippe, les yeux sur ses notes, dresse dans un discours sobre et express la liste des autres réformes à venir. Mais avec une surprise de taille. Par souci d'économie, plusieurs baisses d'impôt promises seront reportées d'un an, y compris celle de l'impôt sur la fortune (ISF), la suppression complète de la taxe d'habitation étant, elle, reléguée en fin de quinquennat. Au même moment, Emmanuel Macron se fait hélitreuiller au-dessus de l'Atlantique pour embarquer à bord d'un sous-marin nucléaire lanceur d'engins. Son équipe de communication poste sur son compte Twitter une photo le montrant suspendu à un filin au-dessus des flots, une image à la James Bond qui fait le tour du Web.

Aussitôt, les milieux d'affaires s'affolent devant ce recul fiscal. Les patrons qui ont – pour beaucoup – financé sa campagne sont, ce week-end-là, réunis aux rencontres économiques d'Aix-en-Provence.

Certains bombardent Emmanuel Macron de SMS. Bruno Le Maire le presse d'intervenir. Moins d'une semaine plus tard, le président rétropédale. Matignon annonce que les baisses de la taxe d'habitation et de l'ISF commenceront dès 2018. Pour les financer, il faudra économiser 20 milliards d'euros. Le budget de l'année s'annonce épineux.

Le virage sécuritaire

« La lutte contre le terrorisme islamiste est la première priorité de notre politique étrangère. Oui, je parle bien d'un terrorisme islamiste et j'assume parfaitement l'emploi de cet adjectif. » C'est par ces mots que commence, fin août, le premier grand discours de politique étrangère du chef de l'État. La lutte contre le terrorisme islamiste est le fil conducteur de sa politique. L'un de ses tout premiers gestes a d'ailleurs été de créer une task force antiterroriste, qui lui est directement rattachée et est installée en face du palais.

La deuxième loi du quinquennat porte sur l'inscription dans le droit commun d'une partie des mesures de l'état d'urgence instauré depuis les attentats du 13 novembre 2015. Le but ? Le lever le 1er novembre 2017, une fois le nouveau texte entré en vigueur. Les autorités pourront durablement décider des assignations à résidence, de la fermeture de certains lieux de culte ou des perquisitions, sans l'aval d'un juge. Emmanuel Macron sait que la menace terroriste reste élevée. Une semaine après son entrée en fonction, un attentat suicide endeuille un concert de la chanteuse Ariana Grande à Manchester, en Grande-Bretagne. Et, en France, des attaques sont déjouées presque chaque semaine. De leur côté, les associations de défense des droits de l'homme s'alarment d'un risque d'« état d'urgence permanent ».

Pragmatisme

Face au terrorisme, il ne s'arrête pas là. Dans la foulée, il s'invite à Bamako au sommet du G5 Sahel, qui regroupe les cinq pays de cette immense région. L'objectif ? Les pousser à mettre sur pied une force antiterroriste commune. Dans cette réunion, face à ces chefs d'État qu'il connaît à peine, je le vois monter sur l'estrade et prendre avec autorité les débats en main. Il leur promet huit millions d'euros, mais réclame de premières opérations dès l'automne, quand les leaders africains évaluent les besoins à quatre cent cinquante millions ! Obstiné, Emmanuel Macron annonce une « conférence des donateurs » et espère convaincre Donald Trump et Angela Merkel de mettre la main à la poche pour l'établissement de cette armée commune. « Si je manifeste le moindre doute, je suis mort », dit-il souvent, comme le rapporte l'écrivain Philippe Besson. Obstiné, mais parfois irréaliste. Ou idéaliste. Dans le même ordre d'idée, sans consulter ses alliés européens, il annonce à Orléans vouloir mettre en place des centres de tri sur le sol africain visant à sélectionner les migrants susceptibles d'être accueillis en Europe.

Son envie d'agir sur le monde est sans limites. Une crise au Venezuela ou au Qatar ? Le nouveau président décroche son téléphone, propose sa médiation et reçoit à Paris des opposants vénézuéliens ou l'émir du Qatar. Il improvise aussi des mini-sommets internationaux, comme une réunion des dirigeants italien, espagnol et allemand, nigérien, tchadien et libyen pour discuter de la crise migratoire, sans pour autant convaincre de la faisabilité de ses centres de tri en Afrique.

Empiétant sans complexe sur les diplomaties onusienne et africaine, il convie dans l'élégant château de La Celle-Saint-Cloud les deux grands rivaux libyens en espérant régler seul le conflit. Jouant de son charme et de sa détermination, il obtient en un après-midi de Fayez al-Sarraj, Premier ministre libyen, et du maréchal Khalifa Haftar, son rival, qu'ils signent un cessez-le-feu. Un accord aussi éphémère que leur paraphe. Une semaine plus tard, les deux belligérants ont déjà repris les combats. Mais Emmanuel Macron en est persuadé, il faut toujours essayer.

@Emmanuel Macron, média exclusif

« Essayer », son maître verbe. Le chef de l'État semble toujours un peu jouer son propre personnage, celui du jouteur capable de répondre du tac au tac comme celui du dirigeant inspiré qui veut sauver le monde. Les exemples sont foison. « Allô, c'est Emmanuel Macron. Vous allez bien ? Je vous dis merde pour le bac ! » En juin, le président s'amuse à endosser l'habit de standardiste de l'Élysée en répondant lui-même aux appels, filmé en direct par sa pléthorique équipe de communication. Il fait un coucou sur demande à l'objectif. La séquence, diffusée en direct sur son compte Facebook, suscite des milliers de likes. Il excelle dans cette spontanéité maîtrisée. Comme dans ses déplacements où il adore discuter, persuadé de convaincre et séduire.

Il aime autant les déguisements que les happenings, dont il fait poster les images sur Twitter. Sur une base militaire, il se promène en combinaison de pilote. Dans un sous-marin nucléaire, en pull marin siglé « Le Terrible », micro en main, on le voit s'adresser à l'équipage, comme dans les films. Sur le pont Alexandre-III, afin de promouvoir les JO de 2024 à Paris, il tombe la veste et échange quelques balles de tennis avec des amateurs, s'y essaye ensuite en fauteuil roulant, avant d'enfiler des gants de boxe pour se mesurer aux champions tricolores. Des montages vidéo mensuels – une idée d'Ismaël Emelien – le montrent sortant en trombe de l'Élysée au soleil levant pour s'engouffrer dans une voiture, jouer les pédagogues en visitant une école, se prendre en selfie avec l'acteur Arnold Schwarzenegger, faire visiter le palais à des enfants autistes, bavarder avec Donald Trump devant le tombeau de Napoléon… Les chaînes d'info sont dépassées, la presse, ignorée. @Emmanuel Macron devient un média. Les journalistes qui ne font pas partie des pools ne le voient plus qu'à travers cette avalanche d'images.

Il est au pouvoir depuis cent jours mais n'a accepté aucune interview. À l'étranger, il refuse de parler des sujets français. En déplacement, il ne s'exprime que sur le thème officiel du voyage. De toute façon, a-t-il répété pendant la campagne, ses compatriotes ne regardent que les images et ne lisent plus.

Lors du G20 de Hambourg, alors que des dizaines de journalistes français se déplacent pour l'entendre, il sort bavarder avec des badauds sans prévenir personne, filmé par les vidéastes de la présidence qui diffusent l'échange sur Facebook. Les médias, eux, devront se contenter d'une conférence de presse formatée.

Il supprime aussi en arrivant la traditionnelle interview télé du 14 Juillet. Reste qu'au bout de deux mois, ce choix de communication suscite un malaise croissant : oui, il est visible, mais il n'explique rien.

Et de droite et de droite

Pourtant, ses mots seraient bien utiles s'il voulait désamorcer l'impression qu'il vire franchement à droite. Car ce premier été est un festival de mesures en faveur des plus aisés et des entreprises. Le gouvernement annonce pour 2018 la diminution de l'ISF, réduite au seul patrimoine immobilier, et une taxe unique de 30 % sur les revenus financiers. De vrais cadeaux. À l'inverse, une hausse de 1,7 point de la CSG (contribution sociale généralisée) sur les retraites dès mille deux cents euros par mois, ce qui ampute celles-ci de plusieurs dizaines d'euros. La baisse de la taxe d'habitation, qui profitera à tous les ménages sauf aux plus aisés, sera étalée sur trois ans, et donc moins perceptible. Et la priorité absolue de ce début de mandat, à savoir les ordonnances qui allégeront le Code du travail, est, elle, sur les rails. La loi qui habilite le gouvernement à légiférer par ordonnances est votée début août, non seulement par les députés de la majorité, mais aussi par LR et les centristes. Emmanuel Macron et sa ministre du Travail, Muriel Pénicaud, reçoivent les syndicats, toujours un par un, jamais plusieurs à la fois.

Clin d'œil à cet épineux dossier : j'apprendrai plus tard, lors d'une discussion avec son épouse, que le chef de l'État a une vision très personnelle du travail. « Il veut toujours travailler, explique-t-elle. Il croit toujours à l'effort. Il ne comprend pas les oisifs. Quand il voit des gens assis dehors l'après-midi, il ne comprend pas. Les RTT, il ne voit pas trop ce que c'est. »

Neuf jours après son arrivée au pouvoir, il a rencontré tous les patrons des grandes centrales syndicales et patronales. Laurent Berger (Confédération française démocratique du travail – CFDT), Jean-Claude Mailly (Force ouvrière – FO) et Philippe Martinez (Confédération générale du travail – CGT) ressortent plutôt satisfaits de la qualité d'écoute de leur interlocuteur. Mais lui-même ne leur dit rien. Une image volée le montre d'ailleurs en train d'expliquer à son Premier ministre : « Les entretiens se sont bien passés… parce que je ne leur ai rien dit ! » Le gouvernement prépare pourtant une petite révolution : l'inversion de la hiérarchie légale entre accords d'entreprise et conventions collectives. À l'avenir, un patron pourra négocier avec ses collaborateurs des salaires ou des congés moins favorables que l'accord de branche. Autre innovation majeure : le plafonnement des indemnités prud'homales. La préparation de ces textes, dont les syndicats ignorent le détail, est si rondement menée qu'aucun mouvement social n'émerge.

En revanche, la baisse de cinq euros des APL, que touchent 6,5 millions de Français, ne passe pas. Le chef de l'État le sait. Une « connerie sans nom, des débats complètement dingues qui n'ont fait l'objet d'aucun engagement », s'est-il énervé devant des cadres de la « majo », selon une fuite du *Canard enchaîné*, que son équipe de communication s'empresse de nous confirmer. Mais trop tard, l'opinion l'en tient pour responsable. D'autant que La France insoumise en fait son cheval de bataille. Théâtral, Jean-Luc Mélenchon brandit devant les députés un sac de courses à cinq euros et aligne paquets de nouilles, de riz et boîtes de conserve. Entre réduction de l'impôt sur la fortune et rabotage des APL, Emmanuel Macron gagne alors un surnom qu'il honnit et va lui coller à la peau : le « président des riches ».

Ce n'est pas le seul incendie de l'été. Les mairies s'aperçoivent juste avant la rentrée que le gouvernement a décidé, sans préavis, de supprimer un quart des emplois aidés, ces contrats subventionnés à 75 % par l'État qui font souvent tourner les services publics des communes, comme les cantines. Du coup, certaines d'entre elles sont obligées de retarder la reprise de septembre. Par ces choix abrupts, Emmanuel Macron semble de plus en plus déconnecté de la « vraie » vie. Sa cote de popularité passe de 50 % en juin à 30 % fin août.

Son parti pléthorique ne l'aide pas. Les nouveaux députés LREM donnent parfois un spectacle d'amateurisme navrant. Quand l'une organise des visites guidées payantes de l'Assemblée, d'autres sont incapables de citer le contenu des textes qu'ils votent. Le chef de l'État est seul. Il travaille sans arrêt, retient tout et dort peu. Ses collaborateurs ont du mal à suivre. Face aux critiques, il se raidit, comme pour se prouver qu'il ne cédera pas d'un pouce. Ministre de l'Économie, il avait rétorqué à un contestataire qui lui reprochait son costume : « La meilleure façon de se payer un costard, c'est de travailler ! »

Sa vision condescendante transparaît un soir de juillet, quand il inaugure la Station F, gare reconvertie en pépinière de start-up par le patron de Free, Xavier Niel, qui a soutenu sa campagne. Debout sur une estrade, entouré de ces jeunes entrepreneurs qui l'adulent, porté par le regard de son épouse qui l'applaudit, le chef de l'État se laisse aller à rêver, les yeux dans le lointain. « Ici, dans cette gare, se croisaient ceux qui ont réussi et ceux qui ne sont rien… » En bas de l'estrade, à côté de Brigitte Macron qui applaudit avec ferveur, je crois avoir mal entendu. N'a-t-il pas plutôt dit « ceux qui ne font rien » ? Mais non, Emmanuel Macron a osé cette pique gratuite. Sa petite phrase – décidément, il les collectionne – devient virale. Il y gagne une réputation d'arrogance et de mépris social.

Au cent neuvième jour, François Hollande sort du bois

Est-ce vraiment un hasard si c'est le moment que choisit François Hollande pour réapparaître ? Le 22 août, l'ancien président enchaîne cinq interviews en une journée – « Moi, je laisse travailler les journalistes », sourit-il – et s'adresse à son successeur : « Il ne faudrait pas demander aux Français des sacrifices qui ne sont pas utiles. Il ne faudrait pas flexibiliser le marché du travail au-delà de ce que nous avons déjà fait, au risque de créer des ruptures. » L'ex s'attribue même le mérite du léger rebond de la croissance : « On a vu qu'à partir de 2015, la croissance était revenue, le chômage avait commencé à diminuer. J'avais hérité d'une situation très difficile qui était celle de la crise. Mon successeur a une situation meilleure, mais tant mieux. » Cette sortie a lieu une semaine avant la présentation des ordonnances travail.

Le nouveau pouvoir traverse toutefois son premier été avec plusieurs réussites à son actif. La loi de moralisation de la vie politique a été votée avec une très large majorité de 412 voix, tout comme celle d'habilitation à réformer le Code du travail par ordonnances. Le projet de loi renforçant la sécurité intérieure et la lutte contre le terrorisme avance. Pourtant, Emmanuel Macron est irrité. Son virage à droite est mal contrôlé. Si même son prédécesseur, dont l'impopularité avait atteint des sommets, se permet de lui donner des leçons, c'est qu'après cent neuf jours sa période de grâce est bel et bien terminée.

3

ENTRER DANS LE DUR
Septembre-octobre 2017

Ses vacances, dans une chic villa de Marseille, sont courtes. Seul fait marquant ? Un : un paparazzi s'y est introduit. On apprendra plus tard que le fidèle Alexandre Benalla a ceinturé l'intrus et l'a lui-même amené au poste de police. Le chef de l'État a immédiatement porté plainte, ce dont les présidents s'abstiennent généralement. Il devient impatient. Ses réformes ne vont ni assez vite, ni surtout assez loin à ses yeux. Fin juillet, juste avant la coupure estivale, il s'est emporté contre quelques ministres dont les notes ne sont, à son avis, que « du pipi de chat ». Être dans le gouvernement d'Emmanuel Macron n'est pas une sinécure ! Il faut, avec un cabinet réduit au minimum, traduire en mesures concrètes et rapides les transformations annoncées. Il est temps d'accélérer sur ses deux chantiers prioritaires, pense-t-il : les ordonnances travail et ses tractations à Bruxelles pour durcir la directive sur le travail détaché, dans lesquelles il voit un parfait équilibre droite-gauche.

« Les Français détestent les réformes »

À peine revenu au palais, le président de la République s'envole trois jours pour Europe de l'Est – Autriche, Bulgarie et Roumanie. Ces pays qu'il veut convaincre de limiter le travail détaché, alors même que ce système leur profite. Un défi qu'il savoure. Dans son esprit, tout est lié : prouver que l'Europe est réformable lui permettra de faire accepter des réformes impopulaires en France. Comme souvent chez lui, c'est un peu trop théorique. L'opinion ne s'intéresse pas aux travailleurs détachés, cantonnés surtout au BTP et au transport routier.

Mais le chef de l'État veut convaincre les Français dont la méfiance grandit. Et répondre aux critiques de François Hollande. À notre grande surprise, à Salzbourg, lui qui se targue de ne jamais aborder les sujets nationaux depuis l'étranger se lance dans une tirade sur sa politique, au beau milieu d'une conférence de presse conjointe avec les chefs d'État slovaque, tchèque et autrichien. Théâtral, il se tourne vers le chancelier autrichien, Christian Kern :

— Christian, quel est ton taux de chômage ?

— 5,4 %, lui répond celui-ci, surpris.

Emmanuel Macron marque une pause. Puis, lentement : « Presque deux fois moins que nous ! » Et de plaider ensuite pendant près de dix minutes pour des réformes « en profondeur », allant de la hausse de la CSG à la baisse de la taxe d'habitation. On imagine le désespoir des traducteurs...

Cette tournée se passe bien. À force de promesses, les dirigeants bulgares, roumains et tchèques s'engagent à épauler une limitation du travail détaché. Pour gagner leur appui, il concède d'exempter les chauffeurs routiers, pourtant la profession la plus concernée. Il promet aussi d'appuyer l'entrée de la Bulgarie dans « l'antichambre de la zone euro ». Marché conclu. Sa manœuvre isole la Pologne, dont le gouvernement ultranationaliste s'oppose à cette réforme, ce qui lui permet d'asséner une critique au vitriol : « La Première ministre aura beaucoup de mal à expliquer qu'il est bon de mal payer les Polonais ! »

Un voyage présidentiel comporte des instants révélateurs. En particulier lors de l'étape du discours devant la communauté française. Dans la fausse sécurité d'un auditoire familier, on peut se laisser aller. C'est le cas en cette fin d'été, au cœur des jardins ensoleillés de la résidence de l'ambassadeur à Bucarest. Face à un public d'« expats » acquis, Emmanuel Macron ne résiste pas à la tentation. Il attaque : « La France n'est pas réformable. » Murmures étonnés dans l'assistance. Il insiste : « Les Français détestent les réformes. Dès qu'on peut les éviter, on ne les fait pas ! C'est un peuple qui déteste cela ! » Ce n'est ni la première, ni la dernière fois qu'il commente – avec maladresse – la mentalité de ses concitoyens. Ses opposants sautent aussitôt sur ce faux pas. L'une de ses fameuses « petites phrases ».

Pendant ce temps, au ministère du Travail, Muriel Pénicaud met la dernière main aux ordonnances. Elle continue de recevoir les syndicats séparément, tenant à chacun des propos légèrement différents. Le suspense reste entier sur ce qui constituera, sans doute, par son audace et sa rapidité, la réforme la plus stupéfiante du quinquennat.

Le jour J

Le gouvernement lance sur les réseaux sociaux une drôle de campagne : « Ça va trop vite et vous ne comprenez pas tout ? C'est normal, on vous explique. » Dans le viseur, les ordonnances travail. En même temps, paraît dans *Le Point* une interview du chef de l'État de trente pages ! Du jamais-vu. Sibeth Ndiaye a posé ses conditions : texte entièrement relu et aucune coupure. L'hebdomadaire de centre droit a accepté. Dans une pédagogie combative, le président récapitule son programme : « Libérer » les forces économiques et « protéger » les plus faibles. La suite ? Un plan de quinze milliards d'euros pour la formation et l'apprentissage ou la réforme de l'assurance chômage. Pas un secteur ne semble absent de sa boulimie d'action, de l'université à la justice. Débordés, les opposants de tous bords ne réagissent pas, ou peu.

Le piège se referme sur les leaders syndicaux, qui découvrent réellement les ordonnances le matin même du 31 août. Primauté des accords d'entreprise sur les conventions collectives, indemnités prud'homales encadrées par un barème, délai de recours devant les prud'hommes limité à un an, possibilité de référendums d'entreprise à l'initiative de l'employeur, création des ruptures conventionnelles collectives. Jamais depuis trente ans aucun gouvernement n'est allé aussi loin pour accroître le pouvoir du patronat. À quinze heures, Édouard Philippe et Muriel Pénicaud montent au créneau et présentent ces cinq ordonnances qui réforment profondément le Code du travail. Le Premier ministre se veut rassurant. Martèle que la France restera « un État social », que le but est de « lutter contre le chômage de masse » et qu'il faut « aider les petites entreprises à résister aux coups durs ». « Pour le patron, l'investisseur, le droit du travail existant est perçu comme un frein à l'embauche, à l'investissement », les ordonnances proposent de « rattraper les années perdues ». La conférence de presse est étrangement éteinte, sans questions sur une casse du modèle social ou la crainte de manifestations. Les levées de boucliers contre la loi travail de François Hollande, qui allait moins loin, semblent un lointain souvenir.

Divisés, les états-majors syndicaux et politiques ont du mal à mobiliser. Leur front est dispersé. Trois manifestations sont annoncées : la CGT les 12 et 21 septembre, puis La France insoumise le 23. L'insoumis François Ruffin résume l'état d'esprit d'alors en déclarant qu'il faut se mobiliser contre Emmanuel Macron « pour des conneries » si aucun autre argument ne s'impose. De fait, le test vaut autant pour l'opposition que pour le chef de l'État. Si le mouvement social s'enflamme et se raidit, son image risque d'en être durablement ternie.

La référence

Rarement un président a lancé un tel train de réformes. Le jour de la rentrée, il visite une école à Forbach pour vérifier la réalisation d'une de ses promesses de campagne. Les classes de CP des quartiers défavorisés ont été, en un été, divisées par deux, atteignant désormais les douze élèves. Une action concrète, visible, qui dope la popularité du ministre de l'Éducation Jean-Michel Blanquer. Pour y parvenir sans trop dépenser, le ministre a redéployé quelque cinq mille postes créés sous le quinquennat Hollande au titre du « plus de maîtres que de classes ». Dans la petite salle où il joue les instituteurs, Emmanuel Macron, souriant jusqu'aux oreilles, exulte de voir ses mots devenus réalité. « C'est le premier chantier », dit-il avec émotion. Le dédoublement des classes va devenir sa référence par excellence.

Pour agir, la pyramide élyséenne dont il est la pointe a besoin d'exécutants : les préfets. Les voici tous convoqués à l'Élysée, du jamais-vu depuis Jacques Chirac. Recadrés, tancés, ces *missi dominici* sont priés d'être plus efficaces. « Soyez des entrepreneurs d'État », ordonne-t-il. Mais s'il les a fait venir, c'est surtout pour lutter contre l'immigration clandestine. Sans le dire ouvertement, sa ligne sur cette question est nettement plus dure que celle de ses prédécesseurs. Seules les personnes menacées dans leur pays auront le statut de réfugiés au nom du droit d'asile. L'examen des dossiers doit être accéléré pour mieux accueillir et pour renvoyer plus vite les déboutés. Le chef de l'État demande aux préfets d'expulser « systématiquement » tous les illégaux, quand les décisions d'expulsion ne sont jusque-là appliquées qu'à moins de 20 %.

« Fainéants »

Après Bucarest, Athènes. Habité par ses rêves européens, Emmanuel Macron prononce devant l'Acropole illuminée un long discours érudit et lyrique. Il propose une Europe refondée autour du noyau dur des dix-neuf pays de la zone euro, avec un superministre européen des Finances, et un « Parlement de la zone euro ». Il suggère même pour les élections européennes de 2019 des listes transnationales. Mais les petites phrases marquent plus que les beaux discours. Devant les Français de la capitale grecque, il se lâche une fois encore. Les manifestations à venir ? « Je serai d'une détermination absolue, je ne céderai rien, ni aux fainéants, ni aux cyniques, ni aux extrêmes. » Fainéants ? Ses détracteurs se pourlèchent. Jean-Luc Mélenchon mord – « Macron n'aime pas les Français » –, quand Marine Le Pen griffe – « Les déclarations d'amour de Macron aux Français se multiplient. » De son côté, le numéro un de la CGT, Philippe Martinez, s'interroge, acide : « De qui parle le président lorsqu'il dit qu'il ne cédera rien aux fainéants ? De ces millions de privés d'emploi et de précaires ? » Pris au dépourvu, les conseillers pataugent. Les uns nous disent que le chef de l'État visait « tous les conservatismes », Christophe Castaner, qu'il dénonçait « la posture de la fainéantise » de ses prédécesseurs… Le lendemain matin, Édouard Philippe est accueilli à Pau par quelques huées contre la diminution des emplois aidés.

Mais les manifestations syndicales, comme celle de La France insoumise, ne rassemblent que quelques dizaines de milliers de personnes. Amer, Jean-Luc Mélenchon « concède le point ». Emmanuel Macron s'offre le luxe de mettre en scène la signature des ordonnances qu'il paraphe en direct, dans son bureau, comme les présidents américains. Les entreprises du secteur routier en sont toutefois exemptées. Sa première marche arrière depuis son arrivée au pouvoir.

Le revers

À l'aube du 18 septembre, début de l'Assemblée générale de l'ONU, le Falcon présidentiel atterrit à New York sous les meilleurs auspices. À peine débarqué, le chef de l'État est reçu chaleureusement par Donald Trump, qui le couvre d'éloges et affirme que les Français sont de *great warriors*. Le président américain exprime aussi son désir d'organiser à Washington un défilé comparable à celui du 14 Juillet à Paris. Confiant, Emmanuel Macron explique vouloir convaincre l'homme le plus puissant du monde sur trois points : rester dans l'accord de Paris sur le climat, apaiser les relations avec la belliqueuse Corée du Nord et préserver l'accord conclu en 2015 avec l'Iran. Il s'offre même une petite promenade sur la Seconde Avenue, serrant la main des passants qui le reconnaissent !

Mais le lendemain, Donald Trump annonce l'inverse de toutes les suggestions du Français. L'accord avec Téhéran ? « Le pire jamais conclu par les États-Unis » et un texte « à déchirer ». La Corée du Nord ? Il faut la « détruire ». L'accord de Paris n'est même pas mentionné. Était-il judicieux ou naïf de se monter si conciliant avec Trump ? Dans les couloirs de l'ONU où nous l'interrogeons, Emmanuel Macron explique que l'accord avec l'Iran doit être « complété » – comprenez révisé – en obligeant le pays à limiter ses tirs de missiles balistiques et à réduire son influence dans la région. Le leitmotiv du milliardaire fantasque.

Le grand discours

L'Europe, toujours. Mais, à ce moment-là, sans son alliée Angela Merkel, réélue de justesse et qui entame des négociations de coalition susceptibles de durer. Emmanuel Macron choisit le grand amphithéâtre de la Sorbonne – comme François Mitterrand afin de défendre le traité de Maastricht en 1991 – pour prononcer un discours qu'il veut historique. La présentation du budget 2018 du lendemain qui mobilise bien davantage nos compatriotes ? Ce ne semble pas être son sujet, car, pendant deux heures, il dévide une vingtaine de propositions aux intitulés grandioses.

Son rêve ? Une Europe concrète, celle des échanges Erasmus. Il souhaite une « force armée européenne d'intervention » et des « universités européennes ». Il croit au rapprochement des taux d'imposition sur les sociétés et à un salaire minimum pour chaque pays. Il ambitionne une zone euro autonome, une sorte de super Union européenne, avec son budget et son dirigeant. Adieu l'unanimité qui paralyse l'Europe ! Pour chaque projet, suggère-t-il, il faut avancer avec ceux qui le veulent. C'est audacieux et radical. Mais l'impressionnant discours va résonner dans le vide. Les conseillers de l'Élysée citeront pendant cinq ans le « discours de la Sorbonne » comme une autoréférence capitale, alors que celle-ci reste totalement inconnue de la population. Et pour cause. L'attention est alors focalisée sur le budget du lendemain et ses réformes fiscales. Une réalité sur laquelle il est d'ailleurs interrogé par une étudiante qui l'interpelle sur les inégalités, tant en France qu'en Europe. Sa réponse est riche d'enseignements : il ne croit pas à la lutte contre les inégalités car il faut « accepter qu'il y ait des superstars » qui « réussissent formidablement ». « Je ne crois pas à une économie de rattrapage » – terme qu'il utilise souvent pour dénigrer les aides sociales et la redistribution des richesses –, mais « au tandem libérer-protéger ». Sa vision de l'égalité est bien éloignée de la tradition française.

Budget « des riches »

Le premier budget d'un quinquennat est crucial. Dans la foulée de l'élection, le président sait qu'il bénéficie d'une marge de manœuvre unique. La plus grande qu'il aura jamais au cours de son mandat. Il faut donc agir vite et fort. Ce premier budget comprend des réformes que ni la droite ni la gauche n'avaient osé mener jusque-là. Par exemple ? La suppression partielle de l'impôt sur la fortune ou la création d'une flat tax de 30 % sur les revenus financiers. Dans le même temps – on l'a vu –, les aides au logement sont réduites de cinq euros par mois et la CSG augmente de 1,7 point. Il n'est pas question d'austérité, d'autant moins que le nombre de fonctionnaires baisse à peine, en raison notamment d'une augmentation de celui des policiers.

Évidemment, la pilule passe mal. Dès le lendemain, les ministres s'échinent à convaincre que, non, ce n'est pas un « budget pour les riches ». *Libération*, dans un télescopage redoutable, titre : « Macron, héros des riches, héraut de l'Europe ». Même ses alliés s'alarment. « La France a besoin d'un projet social » et ce volet « n'est pas formulé comme ça devrait », lâche ainsi l'inoxydable François Bayrou. Un sondage datant de fin septembre indique que seuls 58 % de ses électeurs du premier tour jugent sa politique « juste ». Au palais, on fait le dos rond, mais en privé Alexis Kohler reconnaît « un problème de perception ». La conviction d'Emmanuel Macron et de son entourage ? Les contribuables réagiront à la feuille de paye de janvier, car leurs salaires augmenteront de quelques euros grâce à la baisse des charges sociales. Malheureusement, cette belle mécanique va s'enrayer en raison d'augmentations dont l'impact est sous-évalué, notamment celle du gazole.

C'est dans cette atmosphère tendue que le chef de l'État assiste, fin septembre, au Conseil européen de Tallinn, en Estonie. Les propositions pour l'Union d'Emmanuel Macron ne sont pas évoquées, contrairement aux négociations du Brexit et à la lenteur des vingt-sept à tomber d'accord pour taxer les géants du numérique, les incontournables Gafa. Le président se fait même interpeller, dans sa traditionnelle conférence de presse post-sommet, sur ses cadeaux fiscaux aux riches. Il s'emporte et apostrophe les journalistes : « Beaucoup d'entre vous sont riches dans cette salle ! [...] Je ne veux pas sanctionner la réussite. » Le matin même, sur une base de l'Otan à la frontière russe, je l'entends glisser à des soldats français, sur un ton légèrement désabusé, un « Vous, vous ne vous plaignez pas » ... Petite consolation, *The Economist* le croque en une comme le vrai leader européen, devant une Angela Merkel dans la pénombre. La couverture du magazine trônera vite en bonne place dans les bureaux du palais.

« Bordel »

Il faut se rendre sur le terrain. Trop de sondages le dépeignent comme éloigné des préoccupations des « vrais gens ». Pour frapper les imaginaires, il décide de retourner dans l'usine de Whirlpool d'Amiens, théâtre d'un affrontement spectaculaire avec Marine

Le Pen pendant l'entre-deux-tours. Durant l'été, le site a été sauvé par un repreneur, grâce aux efforts du préfet, tanné par l'Élysée. Une généreuse subvention de 15 millions d'euros, proportionnelle au nombre de salariés repris, a conclu l'affaire. Satisfait, Emmanuel Macron visite l'usine au côté du nouveau propriétaire, un industriel de la région qui réembauche les trois quarts des effectifs. Ouvriers et syndicalistes sont chaleureux, ignorant, comme le chef de l'État, que ce soi-disant sauveur fera faillite un an plus tard et sera poursuivi en justice. Mais le président reste sur les nerfs. Sa réaction virulente à une petite pique que je lui lance le prouve : « Vous devez penser qu'on a besoin des riches pour reprendre une usine ? » Au mot « riches », il perd son sang-froid et pointe vers moi un doigt accusateur : « Vous, vous êtes riche ! » Décidément, le sujet le hérisse. L'après-midi, il reçoit un accueil enthousiaste en inaugurant un nouveau dépôt du groupe Amazon. Pourtant, la semaine précédente à Tallinn, il fustigeait ces Gafa qui ne paient presque pas d'impôts en France. Un nouvel exemple éclatant de l'inévitable « en même temps ».

Dans ses moments d'énervement, Emmanuel Macron peut dépasser les bornes. Il se souviendra longtemps de sa visite à Égletons, dans la Creuse, où des salariés licenciés du groupe d'équipement automobile GMS manifestent près du lycée professionnel qu'il visite. « Certains, au lieu de foutre le bordel, devraient aller voir s'ils ne trouvent pas de poste » dans la région, lâche-t-il en aparté. Mais il a été filmé par deux caméras. Les chaînes d'info passent cette nouvelle petite phrase en boucle. Le service de presse appelle plusieurs journalistes pour essayer d'en atténuer la portée, quand Christophe Castaner plaide maladroitement : « On peut parler comme les Français même si on est cultivé. » Plus encore que le fond de pensée populiste, ce qui choque, c'est ce gros mot dans la bouche d'un président qui emploie en public un langage châtié. À la limite du précieux. Dans les sondages, sa popularité s'érode et *Libération* titre, sarcastique : « Réussissez, bordel ! » Seule solution ? Expliquer son action en accordant une interview au JT de TF1, ce que Sibeth Ndiaye a jusqu'ici refusé avec obstination.

L'interview

Il va parler ! Après six mois d'exercice peu loquace du pouvoir, Emmanuel Macron s'apprête à accorder sa toute première interview télé. Du moins en France, car quinze jours plus tôt il a répondu pendant vingt minutes, dans la langue de Shakespeare, à la chaîne américaine CNN. Plus de dix millions de nos concitoyens sont devant leur écran, curieux de jauger ce chef de l'État qu'ils ont du mal à cerner.

Depuis la rentrée, ses messages n'« impriment » pas, sans parler de l'étiquette de « président des riches » qui lui colle à la peau. Ses dizaines de vidéos Facebook ? Ses discours ronflants émaillés de références historico-littéraires ? Rien n'y fait. En communication, il tâtonne. Dérogeant à une règle qu'il s'était lui-même imposée, il s'est essayé à faire du « off » avec quelques journalistes pendant sa tournée de trois jours en Europe orientale. Exercice qui a tourné court : il est resté sur des explications pédagogiques sans relief ou a imaginé tout haut des interventions radio mensuelles qui n'auront jamais lieu. Pis, les journalistes ont relaté ses propos et une dépêche AFP a éventé ce « off ».

L'idée de l'interview au JT vient de la nouvelle recrue de l'Élysée, Bruno Roger-Petit, ex-éditorialiste du magazine *Challenges*, qu'Emmanuel Macron vient de désigner « porte-parole de la présidence ». Sa nonchalance un peu blasée détonne à côté de l'enthousiasme plein de certitudes de la jeune garde macroniste. BRP s'est installé dans l'aile « Madame », juste à côté du bureau de Brigitte Macron, une sorte de contre-pouvoir au sein du palais. Sa nomination fait figure de rappel à l'ordre pour Sibeth Ndiaye, jugée par le chef de l'État un peu trop agressive avec la presse, elle qui n'applique pourtant que le credo présidentiel. Ces deux communicants se méprisent l'un l'autre. À peine arrivé, Bruno Roger-Petit jette tout son poids dans la balance pour organiser une interview télévisée classique. La conseillère en communication n'en sera avertie que très tard. Le président aime diviser pour mieux régner.

Décor : le bureau présidentiel. Huit caméras sont plantées sur le tapis contemporain. Comme pour sa photo officielle, sur laquelle il pose avec ses deux smartphones et un exemplaire des *Mémoires* du général de Gaulle, le chef de l'État a méticuleusement choisi la dizaine d'objets parsemée dans la pièce, laissant aux réseaux sociaux le soin de les décrypter grâce aux complaisantes explications de la cellule communication. Il veut se montrer à la fois classique et moderne, faire résonner les ors de l'Élysée avec l'histoire contemporaine. On peut voir derrière lui une grande Marianne d'Obey, pionnier américain du *street art*, peinte en hommage aux victimes du Bataclan, mais aussi des meubles modernes de grands créateurs ou encore un galet bleu-blanc-rouge remis par des familles de victimes de l'attentat de Nice. Fixée au mur, une maxime qui lui est chère : « Ceux qui pensent que ce n'est pas possible sont priés de ne pas déranger ceux qui essaient. »

Gilles Bouleau, Anne-Claire Coudray et David Pujadas l'interrogent, pour commencer, sur ses « petites phrases », ce qui l'agace souverainement. Sur la défensive, faussement calme, Emmanuel Macron se défend pendant près de vingt minutes de tout mépris social. Un tiers de cet entretien est ainsi consacré à sa communication ! Les journalistes l'interpellent sur cette image de « président des riches », ce qui le courrouce. À ses yeux, ceux qui critiquent la baisse de l'ISF sont possédés par « la jalousie, une passion triste de la France ». « Je n'aime pas la jalousie, qui consiste à dire à ceux qui réussissent : on va les taxer, les massacrer, parce qu'on ne les aime pas. » Pourquoi invoquer la jalousie, l'un des sept péchés capitaux, comme argument politique ? Rappelons qu'Emmanuel Macron, passé par les bancs des Jésuites, est le seul de sa famille à avoir demandé à être baptisé, à douze ans. Il est incontestablement imprégné des valeurs chrétiennes. Il s'en prend aux pécheurs, ces « fainéants », ces « sceptiques », ces « cyniques ». Il défend ceux qui réussissent. Ces « premiers de cordée », exemplaires, qui tirent les autres vers le haut. « Si l'on commence à jeter des cailloux sur les premiers de cordée, c'est toute la cordée qui dégringole. » Il est convaincu qu'il faut aider les patrons, qui créent des emplois quand les autres se laissent porter. Il croit au mérite et à la réussite individuelle, dont il est un excellent exemple.

Au palais, les conseillers sont furieux. Mais à leur grand soulagement, le président reprend enfin la main. Il parle sans notes, incollable sur tous les dossiers et déroule un agenda de réformes kilométrique. Après le Code du travail, l'ISF, la taxe d'habitation et l'assurance chômage, il s'attaquera au régime des retraites, à l'entrée à l'université, à la police de proximité, au nombre de parlementaires… Il semble insatiable à en être gourmand.

Charmer le monde

À l'international, Emmanuel Macron marque des points. Les dirigeants étrangers se succèdent dans son bureau, même quand ce sont des ennemis sur le terrain, comme l'Israélien Benjamin Netanyahu et le Palestinien Mahmoud Abbas. « La France doit parler à tous », répète-t-il en prônant des lignes médianes. Sa jeunesse et sa force de travail, sa confiance et sa volonté de charmer, ses convictions et son franc-parler, tout concourt à sa réussite. En quelques mois, les expatriés en témoignent, il réussit à modifier la perception de la France bravache et de ces trublions de Français. À présent, quand il décroche son téléphone, il a toujours son interlocuteur au bout du fil.

Voyage improvisé

Le président sait s'adapter et même surprendre. Son séjour éclair dans la péninsule Arabique en fournit un parfait exemple. En novembre, il s'envole pour une journée à Abou Dabi, où le Louvre inaugure une annexe flambant neuve, bâtie par Jean Nouvel. Accompagné de Brigitte Macron, il visite ce « Louvre du désert » avec l'émir Mohammed Ben Zayed, dit MBZ, l'un des principaux amis de la France dans la région. Quelques jours plus tôt, le Liban a été plongé dans une grave crise politique par le brusque départ de son Premier ministre, Saad Hariri, qui a quitté Beyrouth pour l'Arabie saoudite d'où il a annoncé sa démission parce qu'il se dit menacé de mort par le Hezbollah, mouvement chiite proche de l'Iran. Est-il prisonnier de l'émir saoudien ? Définitivement exilé par peur du Hezbollah ? Des rumeurs folles circulent. Emmanuel Macron, qui l'avait reçu en septembre, décide d'intervenir. Sans crier gare, il décolle pour Ryad, où il est accueilli par le jeune prince héritier, Mohammed Ben Salmane, alias MBS. Entre ces deux jeunes dirigeants, le courant passe. Diplomate, Emmanuel Macron invite Saad Hariri à Paris. Le Saoudien accepte et il atterrit en France avec sa famille trois jours plus tard. Tous les protagonistes ont sauvé la face. Paris revient dans le jeu d'échecs du Proche-Orient.

Emmanuel Macron se sent pousser des ailes. Pas un dossier ne lui semble trop ardu. Il est quasiment le seul interlocuteur de Donald Trump en Europe. Et il caresse le rêve de devenir l'intermédiaire entre les États-Unis et l'Iran. Il a failli réussir lors de l'Assemblée générale de l'ONU, quand le président Américain lui a demandé d'organiser une rencontre avec Hassan Rohani, son homologue iranien, qui n'y a pas cru. Mais pour Emmanuel Macron, ce n'est que partie remise. L'année prochaine à l'ONU, il se jure de réussir à orchestrer ce tête-à-tête improbable.

Secrets de palais

Disons-le tout net : ces manœuvres diplomatiques intéressent bien moins nos concitoyens que leur quotidien et la situation politique intérieure.

Tout d'abord, les oppositions végètent. Déprimée par son fiasco au débat de l'entre-deux-tours, Marine Le Pen a disparu. On la dit découragée et abattue. Son second, Florian Philippot, part créer son propre mouvement, Les Patriotes. Les Républicains sont encore dans le chaos. Leur nouveau patron, Laurent Wauquiez, se positionne franchement à droite ; Xavier Bertrand, qui songe déjà à la prochaine présidentielle, claque la porte du parti et Valérie Pécresse, soucieuse de ne pas insulter l'avenir, crée sa formation, Libres. À gauche, c'est la bérézina. Le Parti socialiste n'a d'autre choix que de vendre son siège légendaire de la rue de Solferino. La France insoumise, si elle se fait entendre par la voix de son tribun Jean-Luc Mélenchon, ne pèse pas lourd avec ses dix-huit élus dans l'hémicycle.

Par ailleurs, les ministres restent méconnus ou mal connus. À commencer par le premier d'entre eux, Édouard Philippe, dont un électeur sur quatre ne connaît toujours pas le nom ! Les ministres techniciens demeurent dans leur couloir et les quelques personnalités expérimentées parmi eux, comme Gérard Collomb, manquent de charisme. Le seul à bénéficier d'un zeste de notoriété est Christophe Castaner, dit « Casta », qui appelle Édouard Philippe « ma poule ». Son accent du Midi, son parler rond mais cash, son humour bourru et son aplomb font merveille au poste de porte-parole du gouvernement. La République en marche, dont la direction collégiale reste inconnue, cherche un dirigeant qui soit en vue. Casta, peut-être ? Celui-ci préfère rester au gouvernement et ne rêve pas du poste, convoité en revanche par l'ambitieux Benjamin Griveaux. L'Élysée tranche. « En Macronie, on a une mission. Casta prendra la présidence du parti si le PR le lui demande », souffle-t-on dans les couloirs du palais. Du bout des lèvres, le maire de Forcalquier accepte donc la direction du parti… mais conserve le poste de secrétaire d'État aux relations avec le Parlement. Un cumul inédit sous la Ve République. Emmanuel Macron et Alexis Kohler ne cachent pas avoir décidé de sa nomination quelques jours plus tôt, lors d'un dîner où l'impétueux Griveaux a été prié de jeter l'éponge.

Dans le lointain, à peine audible, un seul opposant tente de faire entendre sa petite musique : François Hollande. Celui qu'Emmanuel Macron n'appelle que « mon prédécesseur » ne rate pas une occasion de le tacler. Dernier épisode en date ? Depuis Séoul, à l'autre bout du monde, il critique la diminution de l'ISF, avec une allusion à l'antienne de « président des riches ». « Si, dans un pays, l'idée s'installe qu'il y a finalement une fiscalité allégée pour les riches et alourdie pour les plus modestes ou pour les classes moyennes, alors c'est la capacité du pays à se mobiliser pour son avenir qui se trouve mise en cause. »

Arrogance

Certain de sa force, le petit monde de l'Élysée, non seulement savoure sa joie, mais pêche par arrogance. C'est en tout cas l'avis de l'une de ses figures de l'ombre qui, soudain, fin octobre, est projetée en pleine lumière. Évelyne Richard a soixante-douze ans. Elle, qui a fait ses débuts sous Georges Pompidou, fait franchir, de son inflexible voix de crécelle, aux médias tricolores les cordons de sécurité les plus tatillons. Bec et ongles – vernis, naturellement –, elle défend la place des journalistes français dans les tribunes afin qu'ils puissent travailler au mieux. C'est l'une des chevilles ouvrières de cinq présidents successifs en représentation sur la planète. Mais quand la jeune garde macroniste s'est installée au palais, les choses ont changé. Sibeth Ndiaye a tranché dans le vif en estimant qu'« elle fait partie d'un système qui n'existe plus ».

La messe était dite. Évelyne Richard était ostracisée. Son bureau est devenu cellule d'isolement. Désormais, elle n'accompagne plus le chef de l'État et reste seule, entourée de ses photos des grands de ce monde, reine d'Angleterre comprise, auxquels elle a serré la main. Plus personne ne lui adresse la parole.

De guerre lasse, rattrapée par son âge, Évelyne Richard annonce son départ. Discrète jusqu'au bout, elle ne résiste pourtant pas à lâcher à un magazine : « Normalement, la grosse tête des victorieux se dégonfle en quelques mois, là, ça dure… J'en ai vu, des arrogants, mais à ce point-là, jamais ! »

La relation de l'Élysée avec les médias reste tendue. D'abord en raison d'une désorganisation assumée. Les tout premiers déplacements dérapent sous l'effet d'une habitude du nouveau locataire des lieux que l'Élysée n'a pas encore intégrée : il est constamment en retard. Parfois de plusieurs heures. Car il peut passer une demi-journée à serrer des mains quand ses prédécesseurs n'y consacraient qu'une demi-heure. Chaque planning est à risque. Tout change constamment. Emmanuel Macron déteste être enfermé dans une organisation ou un horaire et adore improviser, rester le temps qu'il désire avec ses interlocuteurs. Tout le monde doit s'adapter à ses multiples changements de dernier moment. En outre, les pools qui accompagnent le PR sont de plus en plus réduits. Le président, expliquent ses communicants, déteste les « meutes » de micros et de caméras. Les questions que l'on peut lui poser sont très limitées. Souvent, les trente à soixante journalistes présents lors d'un voyage n'ont droit qu'à deux ou trois questions. Et gare à ceux qui en posent une qui déplaît ! Emmanuel Macron n'hésite pas à les moucher sèchement. À une journaliste qui demande pourquoi il a choisi une intervieweuse américaine pour s'exprimer à New York, il réplique : « Elle est aussi journaliste que vous » et la remercie ironiquement pour « cette question de fond ». À un autre, il n'hésite pas à répondre avec acidité : « Vous êtes journaliste, je suis président de la République. » Sa distance avec la presse ? Il la revendique : « Je ne m'intéresse pas aux journalistes, je m'intéresse aux gens. Quand les journalistes me posent des questions sur la communication, ils s'intéressent à eux, pas au pays, c'est du narcissisme. » Il faudra attendre certaines crises, notamment celle des Gilets jaunes, pour que l'Élysée comprenne que les médias sont une courroie de transmission indispensable entre l'exécutif et la population.

Mais les tensions n'épargnent pas les coulisses de l'Élysée même. Entre l'équipe de Sibeth Ndiaye et celle de Brigitte Macron se joue une guerre à fleurets mouchetés. Ismaël Emelien, Alexis Kohler, Sibeth Ndiaye et Stéphane Séjourné fonctionnent en vase clos et tentent d'écarter la première dame. « Ils veulent voler Emmanuel aux Français ! » s'insurgent les proches de Brigitte Macron. Pourtant, par sa simplicité, sa gentillesse et son élégance, celle-ci conquiert l'opinion. Elle devient une icône de la presse people grâce aux photos flatteuses que contrôle Mimi Marchand, la patronne de l'agence Bestimage, une proche. Elle est si populaire que des tee-shirts siglés « Brigitte » s'écoulent comme des petits pains. Elle s'échappe souvent de l'Élysée pour se promener avec ses deux conseillers aux Tuileries et fait parfois des courses aux Galeries Lafayette, répondant très naturellement aux gens qui la reconnaissent. De son côté, Emmanuel Macron, toujours attentionné, lui prend sans cesse la main et ne s'éloigne jamais trop d'elle. Ouvertement, elle l'appelle « mon chéri » et lui demande parfois de poser pour les objectifs. Elle est calmement féministe. Lorsqu'éclate l'affaire Harvey Weinstein puis qu'apparaît sur les réseaux sociaux le hashtag #balancetonporc, elle déclare : « Je suis très heureuse que les femmes parlent. Peut-être que ce sera un mal pour un bien. » Elle n'accepte jamais d'être perçue comme inférieure à son époux. Et refuse ainsi de s'asseoir en retrait de lui à l'Assemblée générale de l'ONU.

« L'état d'urgence permanent »

Ces derniers mois, plusieurs attentats ont été déjoués. Le 11 octobre, l'Assemblée adopte à une très large majorité, dépassant le camp présidentiel, la loi « renforçant la sécurité intérieure et la lutte contre le terrorisme ». Ce texte transpose les principales mesures de l'état d'urgence dans le droit commun. Policiers, gendarmes et préfets se voient dotés de moyens de contrôle renforcés. Devant un parterre de gradés de la police et de la gendarmerie réunis dans la salle des fêtes du palais, le chef de l'État va plus loin. Il annonce un plan contre la radicalisation dans les territoires, qui feront l'objet d'une surveillance spécifique. Emmanuel Macron promet d'encadrer l'immigration. Son ton s'est encore durci. Il l'assure, il fera « reconduire de manière intraitable » les clandestins. Les gradés se préparent à applaudir, lorsqu'au détour d'une phrase, il met un terme à un avantage récemment acquis par les gendarmes : un repos de onze heures entre deux journées de travail. Stupeur et brouhaha dans la salle. Une semaine plus tard, le président de la République se fait filmer dans son bureau en train de signer solennellement cette loi sécurité.

Le 25 octobre, la France arrache à Bruxelles un accord concernant la directive sur le travail détaché. Après douze heures de négociations, les ministres du Travail adoptent un compromis pour limiter son usage. Pour le chef de l'État, c'est une victoire personnelle. Sa première au niveau européen, et une réponse, espère-t-il, à l'accusation de n'être que le « président des riches ». Elle lui permet de crédibiliser son Europe « qui protège ».

4

MILLE CHANTIERS
Octobre 2017-avril 2018

En cet automne où il multiplie les séjours à l'étranger, Emmanuel Macron allume les mèches d'une quinzaine de réformes majeures, programmées pour exploser en joli bouquet au printemps. Sa méthode ? Des rapports commandés à des experts discrets, une concertation marathon, parfois une plateforme sur laquelle le public dépose ses idées puis des arbitrages finaux de l'Élysée, pour une réforme « quoi qu'il arrive ». Le tout en quelques mois. Tout au long du processus, les consignes de silence sont strictes, tant pour les ministres que pour les experts. Juste avant l'annonce, la réforme est généralement « portée » par un discours ou un déplacement du chef de l'État. Ce dernier bondit alors sur la remarque d'un passant un peu râleur pour exposer ses arguments, dans une séquence aussitôt publiée sur les réseaux sociaux. L'aboutissement de cette mécanique si bien huilée ? Le Premier ministre ou l'un des ministres techniciens n'a plus qu'à présenter le projet à la presse. À un rythme fou, les annonces s'enchaînent. Il est impossible d'avoir une vision d'ensemble sans déplier la « frise », un grand document en accordéon qui compile dans un calendrier géant les étapes des projets en cours. Un document que Sibeth Ndiaye nous montre avec jubilation. Qui, hormis les spécialistes, suit la progression des assises de la mobilité ? Qui, hormis les spécialistes, suit le rapport demandé par la garde des Sceaux sur la répartition territoriale des tribunaux ? Qui, hormis les spécialistes, suit les études des députés LREM sur la réforme constitutionnelle ? Seule certitude, tous doivent « rendre leur copie » dans les temps. Cette escadrille va prendre tout le pays par surprise.

Au palais, l'équipe endure un train d'enfer. Les conseillers ne sont que rarement autorisés à rencontrer des journalistes et jamais sans surveillance. Les ministres sont également étroitement encadrés. Après chaque interview et avant parution, les citations sont relues et amendées par Alexis Kohler. Il arrive même que les questions des journalistes soient réécrites ! Emmanuel Macron assume son credo qu'il répète en Conseil des ministres : « La fabrique du pouvoir ne doit pas se montrer. » Gare à ceux qui tentent d'y déroger. La courtoisie acérée que le président affiche ne doit tromper personne : en cas de manquement, c'est le remplacement. Marc Schwartz, directeur de cabinet de la ministre de la Culture Françoise Nyssen, a ainsi été débarqué pour avoir prôné haut et fort une réforme de l'audiovisuel public plus mesurée. L'Élysée a des relais – certains diraient de grandes oreilles – partout. Dans chaque ministère, des conseillers sont en lien avec le premier cercle de la Macronie. Par exemple, la ministre de la Santé Agnès Buzyn est épaulée par l'avocate Sophie Ferracci, amie fidèle du président, en tant que cheffe de cabinet. Bruno Le Maire doit quant à lui travailler avec un secrétaire d'État choisi par le chef de l'État, son ami Benjamin Griveaux.

Présent sur tous les dossiers, Emmanuel Macron met aussi la pression sur les administrations en nommant des personnalités emblématiques à la tête de grands chantiers. C'est ainsi que l'écrivaine franco-marocaine Leïla Slimani, prix Goncourt 2016, devient sa « représentante personnelle » pour la francophonie, que l'animateur Stéphane Bern, ami des Macron, hérite d'une mission pour le patrimoine en péril ou que l'écrivain Erik Orsenna planche sur les bibliothèques, sans oublier le mathématicien Cédric Villani qui décrypte l'intelligence artificielle.

Fumée blanche en Guyane

Il l'avait promis pendant la campagne, il le fait. Emmanuel Macron prend à bras-le-corps le sujet de la Guyane, cette poche de pauvreté située à sept mille kilomètres de la métropole. Le 26 octobre, il s'envole pour Cayenne. Six mois plus tôt, paralysée par une grève générale, le territoire a obtenu de François Hollande la promesse d'une aide d'un milliard d'euros. Dès son arrivée, il fond sur Maripasoula, commune très pauvre enclavée dans la forêt amazonienne. Le président y parle sans filtre : « Je ne serai pas le

Père Noël car vous n'êtes pas des enfants.» Et il balaie une rencontre avec les membres les plus virulents du collectif responsable du mouvement social, en expliquant que «la République ne cède pas aux gens en cagoule». L'ambiance se tend. À Cayenne, une émeute éclate devant le commissariat où il est attendu. Aussitôt, il modifie son programme. Direction le rond-point dit des «cent boîtes aux lettres», un haut lieu du trafic de drogue. Les jeunes en casquette qui traînent, sur fond de rap, n'attendaient pas le chef de l'État! Décontracté, en bras de chemise, celui-ci se mêle à la foule, comme galvanisé par le risque. Il serre les mains, s'adonne aux selfies et va «au contact» – selon le vocable policier qu'il affectionne – des gros bras du quartier. Il a l'œil gourmand. Désire convaincre. À un clandestin qui veut des papiers, le président prêche la bonne parole, la main sur l'épaule, à la fois fraternel et aimablement implacable : «Ce n'est pas bon pour vous d'être là, il y a des règles, on ne peut pas donner des papiers à tout le monde.» Puis, reniflant une odeur de cannabis, il s'esclaffe : «Il y en a qui ne fument pas que des cigarettes! J'ai encore du nez! Ça ne va pas vous aider à bien travailler à l'école!» Il est ravi d'avoir osé. Il est ravi d'avoir réussi.

La réforme éclair

Dans le même temps, à Paris, Édouard Philippe annonce une réforme impossible. Dans un secteur sur lequel de nombreux gouvernements se sont cassé les dents : l'Éducation nationale. Plus précisément, une réforme du baccalauréat et de l'entrée à l'université. C'est la fin du tirage au sort dans quelques filières trop demandées et l'apparition des lettres de motivation. Exit le logiciel APB (admissions post-bac), *welcome* Parcoursup. J'interroge le chef de l'État :

— Avez-vous testé ce nouveau logiciel?

— De A à Z, dès qu'il a été prêt!

Comment en douter? Les questions d'éducation les passionnent, lui et son épouse. Dans cette réforme, le mot «sélection» n'est jamais employé, même si tout y ressemble. Pris de court, le corps enseignant, lui, paraît tétanisé. N'y a-t-il pas le risque de créer des facultés à deux vitesses? La réponse attendra. Le nouveau système file sans perdre de temps, il sera effectif dans trois mois, avant même le vote de la loi. Et le train des réformes poursuit sa marche.

L'actualité est dominée par le mouvement #balancetonporc, né de l'affaire Harry Weinstein, ce puissant producteur qui faisait pression sur des actrices pour exiger des faveurs sexuelles. Relayé par plus de cinq cent mille tweets en France, révélateur de l'existence de prédateurs dans tous les milieux, il donne raison à Emmanuel Macron d'avoir choisi l'égalité hommes-femmes comme « grande cause » de son quinquennat. Le 29 novembre, son discours sur le sujet est exemplaire. Excision, harcèlement de rue, différences de salaires ou plafond de verre, il s'engage sur tous les fronts.

Autre sujet de préoccupation : qui pour remplacer Christophe Castaner comme porte-parole du gouvernement ? Ne faut-il pas revoir plus largement le casting ? Le président est conscient que l'équipe d'Édouard Philippe manque de poids lourds, ce que traduit l'un de ses proches lorsqu'il souffle : « Quand on les voit à la télé, ce n'est pas le macronisme flamboyant ! » Le trombinoscope a du mal à s'imposer. Gérard Collomb ? Le septuagénaire manque de charisme. Jean-Yves Le Drian ? Sa réserve n'aide pas. Stéphane Travert ? Même les agriculteurs ne le connaissent pas. Jacques Mézard ? Brune Poirson ? Inconnus au bataillon !

À leur décharge, tout, absolument tout, se décide à l'Élysée. Être ministre d'Emmanuel Macron suppose beaucoup d'abnégation. Des noms circulent dans les milieux bien informés pour obtenir un portefeuille. Gabriel Attal, Sacha Houlié, Aurélien Taché ou Amélie de Montchalin – tous membres d'une des boucles Telegram en ligne directe avec le président – pourraient faire leur entrée au gouvernement. Mais personne n'ose ouvertement se pousser du col ou lancer des ballons d'essai. Emmanuel Macron en a positivement horreur.

Couleuvre

Tout comme de perdre la face. Lors de la campagne, le chef de l'État avait annoncé vouloir réduire de moitié la part du nucléaire en 2025. Un engagement indispensable pour convaincre Nicolas Hulot. Las, les experts sont formels : impossible dans un délai aussi bref. Il va falloir reculer. Jamais vaincu, l'Élysée reprend l'offensive en annonçant, lors d'une grand-messe organisée au ministère de la Transition écologique, un sommet surprise sur le climat pour le 12 décembre. Deux ans après l'accord de Paris. Dans les milieux écologiques réunis le même jour à Bonn pour la COP 23, personne n'est au courant. Or, l'événement est présenté comme pharaonique. Deux mille participants sont attendus, dont une cinquantaine de chefs d'État et de gouvernement – sauf Donald Trump – ainsi que huit cents acteurs publics et privés. Baptisé le « One Planet Summit », soutenu par l'ONU et la Banque mondiale, il se tiendra sur l'île Seguin, à la Seine musicale, la nouvelle salle du milliardaire François Pinault. Dans seulement un mois. Réussir à organiser en urgence un sommet international pour le climat plus concret que les COP de l'ONU, voici un pari à la démesure de l'ambition d'Emmanuel Macron.

Plongée à Clichy

Clichy-sous-Bois, 13 novembre, sous un ciel maussade. Pour la première fois depuis son élection, le président de la République se rend en banlieue. Au Chêne-Pointu, l'un des quartiers les plus abandonnés d'Île-de-France. Au pied de barres d'immeubles délabrées, les habitants, pour la plupart d'origine africaine, l'attendent, pleins d'espoir. Nous sommes une poignée de journalistes marchant en cortège avec le maire et un aréopage de conseillers. Vite entouré d'hommes, de femmes et d'enfants, Emmanuel Macron passe une heure à discuter. Comme toujours, un collaborateur prend les coordonnées de ceux qu'il pourrait aider. Un jeune Malien, les larmes aux yeux, narre sa galère, sans papiers ni travail et avec des problèmes de santé. Le chef de l'État le mitraille de questions. « Vous avez quel âge ? Vous venez d'où ? Vous avez des diplômes ? Vous êtes en demande d'emploi ? Vous avez des papiers ou pas ? » Murmures de dénégation. « Il y a le regroupement familial et les demandeurs d'asile, mais vous n'êtes pas dans une situation qui vous permet d'avoir une vie normale. Votre famille est au Mali ? Où ça ? À Kidal ? Elle est en sécurité ? » La zone est notoirement dangereuse, le président est bien informé. « Il vaut mieux retourner dans votre pays, on vous aidera, il y a du microcrédit pour développer des activités. Il y a d'autres gens qui ont acquis la nationalité, vous voyez déjà combien c'est dur de trouver du travail à tout le monde, je ne veux pas vous mentir, la situation serait meilleure pour vous dans votre pays… Ce serait plus facile pour moi de vous raconter des craques mais on ne peut pas permettre à tout le monde… »

Chez lui, l'approche technique peut prendre le pas sur l'empathie. Mais quand un vieil Antillais lui serre l'épaule, silencieusement, le président ne se dérobe pas à cette accolade familière, au contraire, il saisit la tête du vieil homme entre ses deux mains. Plonge longuement son regard dans le sien. À un autre qui lui montre ses papiers médicaux, il fait promettre de prendre rendez-vous dans l'un des services de la Sécu, avec la précision d'une assistante sociale. Dans le soir qui tombe, la foule lui fait fête pendant deux longues heures. « Il est adorable ! » s'exclame une dame en créole. « Ne nous laissez pas une année sans votre présence, nous avons besoin de vous », le supplie un autre aficionado. Sans jamais se lasser, résistant à ses collaborateurs qui le pressent d'abréger, Emmanuel Macron écoute, blague et argumente. Il n'accepte de nous parler que quelques secondes, agacé qu'on lui demande pourquoi il n'est pas venu plus tôt en banlieue. Enfin, il remonte en voiture après un dernier salut de la main.

À Roubaix, puis le lendemain à Tourcoing, cette séquence « quartiers populaires » se poursuit. Visite d'un centre social, discours sur la politique de la ville. Au milieu des Marcheurs – à chacun de ses déplacements, les comités LREM locaux diligentent leurs troupes –, des opposants lui reprochent la suppression des emplois aidés. La police bloque quelques manifestants de La France insoumise. Il attaque : « À ceux qui défendent les emplois aidés la main sur le cœur, qu'ils les prennent ! Ils n'en voudraient pas pour eux-mêmes ! » Il essaye surtout de renverser l'accusation de « président des riches ». « Je ne sais pas ce que ça veut dire, moi, avoir une politique pour les riches. Je sais simplement que quand il n'y a pas d'entrepreneurs qui réussissent, de gens qui réinvestissent dans l'économie, les quartiers les plus en difficulté ne se portent pas bien. » Enfin, il fait ce pour quoi il est venu : quelle politique de la ville demain ? Pas un nouveau plan

Marshall mais des expérimentations, dont des emplois francs (c'est-à-dire sans charges sociales) dans une quarantaine de quartiers en difficulté, une enveloppe de dix milliards pour la rénovation urbaine et un nom : Jean-Louis Borloo. La figure de Valenciennes est chargée d'un rapport sur l'avenir des quartiers.

« Arrêtez de faire chier avec ce remaniement ! » nous lance avec grâce Sibeth Ndiaye, à laquelle nous posons, une fois de plus, c'est vrai, la question du remaniement annoncé mais encore et toujours différé. C'est pourtant elle qui nous a déclaré qu'un nouveau porte-parole serait nommé lors du Conseil des ministres du lendemain. Nous apprendrons plus tard – trop tard pour les chaînes d'info qui passent la journée en édition spéciale – que la Haute Autorité pour la transparence de la vie politique a blackboulé un candidat et que le président n'a pas eu le temps d'en auditionner d'autres. Focalisés sur ce remaniement qui ne vient pas, les médias ne s'intéressent guère au projet de loi sur l'accès à l'université. Un texte préparé dans l'urgence. Seule certitude : les universités devront bien, dès ce printemps, examiner manuellement des milliers de dossiers.

Les maires du palais

À défaut de remaniement, un défilé d'élus ! À la veille de son intervention devant l'Association des maires de France (AMF) – mécontents de la suppression annoncée de la taxe d'habitation qui leur revenait –, Emmanuel Macron reçoit ce soir-là quelque mille cent édiles à dîner. Du jamais-vu depuis trente ans ! À la fois indisciplinés et fascinés, les maires envahissent le palais présidentiel, enchaînent photos et selfies sur le perron, sous les regards impavides des gardes républicains. Dans la salle des fêtes, ils se jettent sur un grandiose « buffet des régions ». Tous veulent serrer la main de ce président, dont la plupart pense pourtant pis que pendre ou, à défaut, celle de son épouse, qui éveille tant de curiosité. Ils repartent tard et visiblement satisfaits.

Opération séduction gagnante ? Pas franchement... Le lendemain, quand Emmanuel Macron pénètre dans l'immense salle de la porte de Versailles, face à des milliers de maires, il est accueilli par une clameur. Une clameur hostile au sein de laquelle on entend quelques sifflets et même des huées. Aussitôt, les organisateurs montent le son de la musique pour étouffer ce tollé. En salle de presse, le subterfuge est efficace et nul n'entend la bronca. Mais pour ceux d'entre nous qui sont dans la salle avec lui, c'est autre chose ! Imbu de sa fonction, le président avance, sourire carnassier aux lèvres. Prend place en silence devant une table placée sur l'estrade. Le propos introductif est assuré par le vice-président de l'AMF, André Laignel, qui ne le ménage pas. C'est l'adresse la plus rentre-dedans qu'il ait entendue depuis son élection. Porté par ses pairs, l'élu d'Issoudun reproche au chef de l'État « une avalanche de décisions défavorables », la fin de l'autonomie fiscale, « des contrats léonins imposés pour contrôler nos budgets » et une « réduction imposée du nombre de fonctionnaires » locaux. Sa conclusion est à l'avenant : « Tout ceci est inacceptable et j'espère que le président de la République reviendra sur ces dispositions. »

Emmanuel Macron prend la parole, sèchement. « Ce que je vais vous dire n'a pas toujours vocation à vous satisfaire mais a en tout cas vocation à être appliqué, attaque-t-il. J'ai une caractéristique, je dis des choses qui parfois ne plaisent pas. J'en ai une autre, c'est qu'immanquablement, je les applique. [...] Pendant la campagne, je demandais à mes partisans de ne pas siffler. Je peux le demander aux maires », tonne-t-il. Il expose ensuite ses projets et, presque comme une provocation, les pousse encore plus loin. La taxe d'habitation ne sera pas supprimée pour 80 % mais pour 100 % des ménages et la fiscalité locale se verra entièrement refondue. Il promet en revanche la possibilité d'adapter les normes selon les territoires. La salle applaudit sans chaleur. Nul ne peut en douter, c'est bien Emmanuel Macron le maire du palais.

Le remaniement tombe enfin. Des têtes disparaissent, des ambitions s'essoufflent et Benjamin Griveaux sort du chapeau. Ce fidèle du chef de l'État, particulièrement agressif et méprisant à l'égard de la presse, est nommé porte-parole. Petite provocation à notre endroit, sa nomination est une victoire pour la bande des Macron boys. Les mormons ont le vent en poupe.

L'arène

D'une arène à l'autre, le président de la République s'envole pour sa première « tournée africaine ». Trois pays sont au programme de ce voyage placé sous le signe de l'entreprenariat, de l'investissement et de l'éducation, sa vision modernisée de son rapport au continent : le Burkina Faso, la Côte d'Ivoire et le Ghana, État d'Afrique anglophone où aucun président français ne s'est jamais rendu. L'objectif? Renouveler la relation France-Afrique et briser les codes de la « Françafrique » honnie. Entouré de son nouveau Conseil présidentiel pour l'Afrique, un groupe d'entrepreneurs binationaux chargé de le nourrir d'autres informations que celles de ses diplomates, il veut séduire les jeunes. Emmanuel Macron demande donc qu'on lui organise un débat à bâtons rompus avec les étudiants de Ouagadougou, réputés très politisés et sévères envers l'ancienne puissance coloniale.

Lorsqu'il atterrit au Burkina, le climat est pesant. La veille, une grenade a été lancée sur une Jeep des troupes françaises, en plein centre de la capitale. À son arrivée, il est reçu dans le gigantesque palais présidentiel pour un tête-à-tête avec le chef d'État burkinabé, Roch Marc Kaboré, que ses concitoyens surnomment le « président diesel » en raison de sa lenteur à réformer. J'ose la question qui fâche :

— La France est-elle toujours bienvenue en Afrique ?

— C'est naturel, ça ne se pose pas ! s'agace ce dernier.

Alors que nous attendons le bus qui nous conduira à l'université où doit avoir lieu l'échange avec les étudiants, des opposants caillassent les véhicules de la délégation. Une vitre est cassée. Il n'en faut pas plus pour qu'un tweet déclenche une panique dans les rédactions parisiennes... Lorsque nous arrivons dans l'amphithéâtre bondé – il y a là huit cents jeunes –, le président a déjà commencé son discours. Et déclaré d'entrée de jeu que « la France n'a plus de politique africaine ». Une formule illusoire, comme le prouvera tout son voyage.

Son allocution aux étudiants marque un style nouveau, sur le fond comme sur la forme. Il appelle ses auditeurs à prendre leur avenir en main, sans attendre le secours de la France. « La solution ne viendra pas de l'extérieur, c'est à votre génération de relever les défis. » On croirait l'entendre sermonner ses concitoyens qui réclament de nouvelles aides. Il ne leur annonce rien d'autre que le retour d'œuvres d'art et l'octroi de bourses d'études. Mais il est prêt au combat : «Je prends toutes les questions.» Le jeu de ping-pong est mémorable. À une question sur le franc CFA et «l'or du Burkina», qui serait déposé à la Banque de France, il réplique : «Si quelqu'un peut me dire où l'or burkinabé est caché à Paris, je suis preneur! Il n'y en a pas, il faut être sérieux! N'ayez pas d'obsessions.» Plus tard, il insiste : «N'ayez pas ce discours de revendication postcolonialiste, qui n'est pas de votre génération. N'ayez pas une approche bêtement postcoloniale ou anti-impérialiste.» Après l'économie, l'humain. À un étudiant qui demande l'ouverture des frontières aux migrants, il répond : «Je ne peux pas expliquer à mes classes moyennes qui ont travaillé, qui paient des impôts, que c'est formidable, qu'on va accueillir tout le monde. C'est ridicule, qui va financer ça? Vous allez nourrir le racisme et la xénophobie. Ça n'existe pas, les frontières ouvertes à tous les vents, ça ne marche pas.» Après l'humain, la barbarie. Interrogé sur l'esclavage en Libye, il contre-attaque : «Qui sont les auteurs du trafic? Ce sont des Africains! Posez-vous la question, arrêtez de dire que le problème, c'est l'autre. Il y a des Africains qui esclavagisent d'autres Africains.»

Les étudiants sont sidérés par son franc-parler. Le débat s'anime. Le président n'hésite pas à se moquer sans pitié d'un jeune homme qui l'interroge sur sa critique contre le trop grand nombre d'enfants par femme en Afrique avant d'avancer que la Chine serait l'exemple à suivre. «Mais justement, la Chine a imposé un enfant par famille! Si vous êtes étudiant en histoire-géo, il va falloir bosser dur!» s'esclaffe le président, triomphant. Tout l'amphithéâtre rit aux dépens du malheureux. Emporté par son succès, Emmanuel Macron se permet même de chatouiller le président Kaboré. Une jeune fille l'interpelle pour savoir si la climatisation – exceptionnellement allumée – continuera de fonctionner après son départ. Lui rétorque : «Vous me parlez comme si j'étais le président du Burkina Faso. Comme si j'étais encore une puissance coloniale. Mais je ne veux pas m'occuper de l'énergie au Burkina Faso. C'est le travail du président [Kaboré]!» Et se tournant vers l'intéressé qui se lève pour aller aux toilettes, il poursuit dans un sourire : «Du coup, il est parti réparer la climatisation... Ne t'en va pas! Reste!» Cette plaisanterie, un zeste désinvolte, fera polémique.

Deux heures se sont écoulées. Les étudiants sont insatiables, lui est électrisé. Somme toute, un show à succès.

Le soir même, devant les Français de Ouaga, il a encore l'énergie de parler réforme et de convaincre. Il termine cette journée d'ivresse avec des membres de son équipe devant une bière. Infatigable.

Improvisation

Abidjan, pour un sommet Europe-Afrique qui réunit plus de quatre-vingts chefs d'État et de gouvernement. Cette fois-ci, il n'est pas sous les feux de la rampe. Pas encore. D'interminables interventions se succèdent auprès des centaines de journalistes qui s'ennuient face aux écrans de l'immense salle de presse. Peut-être lui aussi lassé, Emmanuel Macron s'empare de l'affaire qui émeut l'opinion mondiale depuis quelques jours : une vidéo de CNN montre des migrants vendus comme esclaves en Libye. Les conseillers viennent discrètement nous voir. « Le président va organiser une initiative contre l'esclavage des migrants. Il y aura une réunion à dix heures ce soir. » Nous publions une alerte AFP, qui réveille la salle de presse. Le Français est propulsé au centre de toutes les attentions. Le soir même, après une conférence ponctuée de questions sans réponses, l'Élysée communique fièrement de vagues décisions qui deviennent le « plan Macron contre l'esclavage ». Concrètement ? Rien de vraiment neuf, mais un bel effet d'annonce.

Accra, capitale d'un Ghana où les femmes semblent traitées de manière plus égalitaire qu'en Afrique francophone. Un niveau de vie plus élevé qu'au Sénégal. Des services publics mieux entretenus. L'œil d'Emmanuel Macron pétille d'intérêt quand il découvre que son homologue ghanéen, Nana Akufo-Addo, septuagénaire libéral, francophile et francophone, se révèle tout aussi réformateur que lui et parle de façon encore plus cash. « Nous ne voulons pas mendier », tranche ce dernier pendant leur conférence de presse. Conquis, le Français propose de développer la francophonie dans ce pays anglophone. La conclusion parfaite de sa tournée.

Droit à l'erreur

Pour la Journée mondiale contre le sida, le président de la République se rend à l'hôpital Delafontaine, à Saint-Denis, dès son retour à Paris, en compagnie de son épouse. Exemplaire, il accepte un test sanguin et une goutte de sang perle sur son doigt.

— Ce n'est qu'un homme après tout ! rit-elle franchement.

— Ça y est, ça recommence…, réplique-t-il, désabusé.

La blague du surhomme doit être récurrente dans le couple. Avec moins de légèreté, une infirmière l'apostrophe délicatement :

— On veut bien du changement, mais pas brutalement comme vous le faites. Avec douceur. Vous nous bousculez. Allez doucement, pas tout d'un coup, l'implore-t-elle avec une gentillesse qui le désarme.

— Je ne suis pas un brutal, je suis un énergique, se défend le chef de l'État. Si on ne fait pas les choses parfois un peu vite, on n'arrivera pas à les faire.

Son interlocutrice ne se démonte pas : « Paris ne s'est pas fait en un seul jour. Si vous n'avez pas le temps de tout faire, l'autre qui viendra après vous fera le reste. Faire tout d'un coup, c'est beaucoup pour nous. Vous ne le ressentez pas, mais nous, les petits, on le ressent. Tous les décrets que vous avez faits, tous les changements, ça a été brutal pour nous. Mais sinon, à part ça, ça va », conclut-elle en souriant.

Il y a une réforme, justement, qui lui tient à cœur, au président : le droit à l'erreur, destiné à améliorer la relation entre l'administration et les usagers. Désormais, ceux qui présentent une déclaration erronée seront, de prime abord, jugés de bonne foi. Initialement attendue fin juillet, la première mouture a été rejetée par Emmanuel Macron, qui la jugeait bien trop timide. Rebaptisé pompeusement « projet de loi pour un État au service d'une société de confiance », ou Esoc, le nouveau texte est déposé si vite que personne ne le voit passer ! L'erreur est humaine, mais aussi gouvernementale.

« L'audiovisuel public, c'est une honte pour nos concitoyens, c'est une honte en termes de gouvernance, c'est une honte en ce que j'ai pu voir ces dernières semaines de l'attitude des dirigeants. » On l'aura compris, le président veut réformer les médias publics. À ses yeux, il y a deux écueils en la circonstance : la mauvaise gestion et la médiocrité des programmes. Dans l'œil du cyclone, la patronne de France Télévision, Delphine Ernotte. Aux manettes, l'aimable ministre de la Culture, Françoise Nyssen, censée porter le fer. Quelques mois plus tard, la première restera en poste, la seconde retournera aux éditions Actes Sud.

Hommage populaire

Début décembre, le chef de l'État part en Algérie, une étape incontournable pour un président français nouvellement élu, en raison du passé commun entre les deux pays. En Afrique du Nord, il intéresse, il intrigue. De très nombreux Algérois se massent dès le matin pour l'apercevoir. Certains crient son nom et les traditionnels youyous fusent. Enchanté de l'accueil, Emmanuel Macron fend le service d'ordre et va, une fois de plus, au contact. Passant d'un trottoir à l'autre, il reste bien plus longtemps que prévu… Un petit kilomètre en deux heures ! Bien décidé à rejeter toute culpabilité du passé colonial, il se défend face à ceux qui l'interpellent. Un jeune homme lui crie : « On veut des visas ! » Le président répond que la France n'a « pas vocation à accueillir tout le monde ».

Un autre lance :

— Il faut que la France assume son passé colonial vis-à-vis de l'Algérie !

— Cela fait longtemps qu'elle l'a assumé. Vous avez quel âge ?

— Vingt-cinq ans.

— Mais vous n'avez jamais connu la colonisation ! Qu'est-ce vous venez m'embrouiller avec ça ? Votre génération doit regarder l'avenir.

On lui reproche d'éluder ? « Qui évite quoi ? J'évite de venir vous voir ? J'évite de dire ce qui s'est passé ? Il y a des Français qui aiment encore terriblement l'Algérie, qui ont contribué et ont fait des belles choses, il y en a qui ont fait des choses atroces. On a cette histoire entre nous, mais moi, je n'en suis pas prisonnier ! » C'est une évidence, le chef de l'État se pense libéré du fait de son âge. Mais sans doute sous-estime-t-il la force du ressentiment, savamment entretenu par les autorités algériennes. D'autant qu'il déjeune avec des intellectuels du pays pas toujours en bons termes avec le pouvoir.

C'est à Alger qu'il apprend coup sur coup le décès de l'académicien Jean d'Ormesson et celui de la star Johnny Hallyday. L'écrivain est le chouchou de son audience de seniors. Le président décide de lui rendre personnellement hommage dans la cour des Invalides. Théâtralement, il dépose un crayon sur son cercueil. Une idée qu'il a eue, une nuit, en regardant un documentaire sur le site de l'INA, dont il est grand amateur, où Jean d'Ormesson exprimait ce vœu.

Mais ce sont les obsèques de Johnny qui lui offrent l'occasion de se rapprocher des Français de tous milieux et de tous âges. Avec son épouse, le chef de l'État passe plusieurs jours à réfléchir à la cérémonie la plus adaptée. Des funérailles nationales? Johnny n'était quand même pas Victor Hugo. Conscients de la popularité du défunt, ils décident d'orchestrer un « hommage populaire », formule inédite. Nécessairement différente de celle orchestrée pour Édith Piaf en 1963 ou Claude François en 1978. Entre la retenue de la première et la discrétion de la seconde, Emmanuel Macron tranche : il veut permettre au public de venir en masse. « Le président considère que le pays a besoin de héros. Or Johnny est une sorte de héros », décrypte un conseiller. Grâce à l'entregent de Line Renaud, amie du couple, il parvient à éviter les dissonances familiales – que les journaux ne manqueront pas de relayer quelques jours plus tard –, entre les enfants aînés de Johnny, David et Laura, et leur belle-mère, Laëtitia. C'est Brigitte Macron qui arrondit les angles lors d'un thé dans un salon de l'Élysée, durant lequel son époux passe opportunément une tête.

Le grand jour, l'avenue des Champs-Élysées est la plus fréquentée du monde. Plus de cinq cent mille personnes et des centaines de bikers – Johnny aimait les Harley Davidson – escortent le corbillard depuis la place de l'Étoile jusqu'à l'église de la Madeleine. Le président d'une République laïque à la messe? L'époque où Nicolas Sarkozy se signait en public est révolue. De plus, mauvais tour du calendrier, ce 9 décembre marque l'anniversaire de la loi de 1905 sur la séparation de l'Église et de l'État. Le chef de l'État a donc choisi de s'exprimer sur le grand escalier du bâtiment néoclassique. Juste avant de prendre la parole, son discours initial lui a paru inadapté, pompeux, et il l'a entièrement réécrit. Il fait bref, direct, et termine sous les applaudissements, avec un appel à acclamer la rock star.

Il réussit ainsi à satisfaire ses fans inconsolables et sourcilleux. Dans la nef, il s'avance pour saluer la dépouille du chanteur. En tant qu'élève des jésuites, toute son éducation lui commande de saisir le goupillon pour bénir le cercueil. Au dernier moment, il se rend compte de la gaffe, ce geste qui lui serait reproché, renonce et retient furtivement la main de son épouse qui allait faire de même. Elle comprend instantanément. Sous les yeux inquisiteurs, le président se contente de poser gravement les mains sur le cercueil. Brigitte Macron, elle, attend qu'il se soit éloigné pour bénir Johnny. La scène est restée extraordinairement discrète.

Zoo de Beauval, 4 décembre. Brigitte Macron effectue sa première sortie officielle sans son époux. Elle remplit une mission diplomatique délicate, celle de «baptiser» le rejeton des deux pandas offerts par la Chine à la France. Dans un mois, le couple français se rendra en voyage officiel dans l'empire du Milieu, capital pour sa stature internationale. La «diplomatie du panda» de Pékin veut qu'en cas de naissance, ce soit la femme du président du pays hôte qui donne leur nom aux petits. Une épouse dont le statut – flou jusque-là – est défini par une «charte de transparence» qu'Emmanuel Macron a tenu à publier pour la protéger. «Emmanuel m'a remis ce qu'il a de plus précieux», me confiera plus tard Pierre-Olivier Costa, dit Poc, l'un des deux collaborateurs de confiance que le chef de l'État a dépêché aux côtés de Brigitte Macron. Elle a besoin de leur soutien pour jouer ce rôle au long cours. «C'est lourd. Je ne me rendais pas compte à quel point. On entre en scène. Dans le privé, je suis Brigitte. Mais dès que suis sur le perron de l'Élysée, je deviens l'épouse du président», me confiera-t-elle.

Ce jour-là, à Beauval, face aux pandas, l'élégante première dame est un peu nerveuse. Elle s'appuie sur eux pour ne pas glisser avec ses hauts talons sur la chaussée détrempée. Mais elle remplit parfaitement sa mission. Aimable, naturelle, elle câline l'animal renommé «Rêve accompli» et assiste en souriant à la petite cérémonie. Puis, accessible, elle nous répond avec franchise et simplicité. Évitant une fois de plus tous les pièges.

Judo climatique

12 décembre. Un «partenariat» public-privé pour financer la lutte pour le climat, tel est l'idéal si macronien du One Planet Summit. Le président réussit à attirer sur l'ancienne île Renault de Boulogne-Billancourt, aux portes de Paris, plus de cinquante chefs d'État, des centaines de dirigeants d'organismes financiers ou associatifs, ainsi que des personnalités mondialement connues pour leur engagement en faveur de l'environnement, de Bill Gates à Arnold Schwarzenegger. Des milliardaires sont au rendez-vous : Xavier Niel, l'ami du couple présidentiel, est venu, tout comme François Pinault, sans oublier l'ancien maire de New York, Michael Bloomberg, qui dîne en privé avec les Macron. Les invités arrivent sur une péniche électrique, accostant sur un ponton bâti en toute hâte pour l'occasion. Emmanuel Macron conclut la journée en annonçant une douzaine d'engagements, brassant des milliards, parfois très concrets, parfois un peu moins. Déclaration de protection des États insulaires ou lancement d'un marché carbone unifié en Chine, mobilisation des villes ou fléchage des investissements vers des projets écolos, le président semble vouloir concurrencer la poussive réunion de la COP 23 de l'ONU, laquelle s'est tenue deux semaines plus tôt à Bonn, sans grand résultat. «Nous faisons du judo en mettant la finance au service du climat», sourit-il, avant d'annoncer vouloir réitérer l'initiative chaque année.

De l'argent et de l'émotion

Après le sauveur du climat, revoici le chef de guerre. Le lendemain, le président réunit au château de La Celle-Saint-Cloud une brochette de chefs d'État afin de mettre sur pied et financer la force armée commune des pays du G5 Sahel. Paris veut croire que cette troupe prendra à terme le relais des soldats de Barkhane. Depuis qu'il a annoncé sa création début juillet – sans attendre l'aval de Bruxelles –, il s'échine à récolter des fonds. Washington ayant mis son veto à un financement onusien, il faut trouver au moins deux cents millions d'euros. L'Union européenne, la France et chaque pays du G5 mettront la main à la poche. Même Donald Trump a consenti à apporter un soutien logistique. Néanmoins, c'est encore très insuffisant. Pour combler le trou, la France a donc invité en ce 13 décembre de nombreux dirigeants africains, américains, saoudiens et émiratis. «J'espère des victoires au premier semestre 2018 !» lance Emmanuel Macron avec optimisme. En fin de journée, ce dernier a obtenu cent trente millions de l'Arabie saoudite et des Émirats arabes unis.

Au milieu de ces grandes manœuvres, le chef de l'État trouve le temps d'organiser une réception en l'honneur d'Évelyne Richard, que l'équipe de Sibeth Ndiaye a si mal traitée. Retardé par un coup de fil avec Donald Trump, il déboule, charmant et souriant. «Je suis le septième président d'Évelyne Richard. Merci, au nom des six qui m'ont précédé», plaisante-t-il. La septuagénaire a droit à une chaleureuse allocution d'une vingtaine de minutes devant les deux cents convives. Dans cette assemblée peu commune se croisent des journalistes et des anciens du palais, de Catherine Nay à Franck Louvrier (période Sarkozy), de Catherine Colonna (période Chirac) à Michèle Cotta, d'Hubert Védrine (période Mitterrand) à Jean-Pierre Teyssier (période Pompidou). Illustrant la rumeur qui veut qu'il sache tout, sur tout le monde, Emmanuel Macron s'enquiert du fils d'Évelyne Richard, qui travaille au service du protocole et dont il connaît non seulement l'existence mais aussi le visage. On apprend que le président a envoyé à la jeune retraitée un gentil message pour son anniversaire et que Brigitte Macron est venue lui demander de rester quand elle a annoncé son départ. Décidément soucieux du vieux monde – ce jour-là –, Emmanuel Macron se laisse même aller à un aparté avec les journalistes après son discours.

«Daddy»

Dans la cour de l'Élysée, tradition oblige, un immense sapin, couvert de guirlandes bleutées. Le président, Père Noël républicain, reçoit les enfants du personnel du palais, ainsi qu'une centaine de petits dont les parents se sont sacrifiés ou ont été blessés pour la France. Une joyeuse troupe de cinq cents chérubins, assis à de grandes tables dressées dans la salle des fêtes. Emmanuel Macron revient tout juste de sa collecte de fonds de la Celle-Saint-Cloud. Il saute du coq à l'âne, tranquillement, en passant plus d'une heure avec cette assistance riante, auprès de son épouse. Il interroge l'un sur son costume, l'autre sur son âge, un autre sur ses goûts. Le chef de l'État adore les enfants et leur consacre toujours, avec sérieux, toute son attention. Les deux filles de Brigitte Macron, Laurence et Tiphaine, sont là avec leurs enfants, notamment la petite Alice, quatre ans, qu'il prend dans ses bras et qui l'appelle « Daddy ». « S'il est une chose qui le met en colère, c'est si on lui dit que ce ne sont pas ses petits-enfants. Quand mes filles ont eu leurs enfants, il était avec moi en salle d'accouchement à chaque fois, sauf une », me décryptera Brigitte Macron. Le mari de Laurence lance, de loin, timidement, un « Salut Manu, ça va ? ». Oui, ça a l'air d'aller. Ce dernier semble lâcher la pression, mais pas la main de son épouse.

Un peu plus tard, devant le grand sapin de la cour, Laurent Delahousse lui offre pour France 2 une tribune dans l'esprit de Noël. « Vous avez provoqué une révolution, finalement ? » « Travaillez-vous pour le rayonnement de la France ou pour les Français ? » « Vous n'êtes pas seulement président, mais vous incarnez un nouveau leadership sur le capitalisme écologique ? » « Que voulez-vous dire aux Français ? » Emmanuel Macron, serein, déroule ses arguments. Et, croyant au Père Noël, appelle nos concitoyens à faire preuve de patience et de compréhension face aux réformes.

La fête est de courte durée. Deux jours au Niger, et deux couacs, un de chaque côté de la Méditerranée. En Afrique, où il se rend avec son chef, Guillaume Gomez, qui cuisine pour les troupes déployées, le chef de l'État français provoque la colère du président Mahamadou Issoufou lorsqu'il dénonce les mariages et grossesses précoces. Dans le même temps, à Paris, Nicolas Hulot fait savoir qu'il n'est pas d'accord avec le gouvernement au moment de conclure les États généraux de l'alimentation. Selon le ministre, le compte n'y est pas pour les agriculteurs face à la grande distribution, et l'appel « au sens des responsabilités » lancé par Emmanuel Macron reste un vœu pieux. Mais que peut faire de plus un président libéral ? En la circonstance, celui-ci suit la même ligne que lorsqu'il exhorte, vainement, les propriétaires à baisser les loyers pour compenser la réduction des APL. Le malaise de Nicolas Hulot ne va faire qu'augmenter.

Je t'aime, moi non plus

Comment convaincre ? Les politiques s'y essaient de mille et une façons et réinventent parfois l'eau tiède. À son arrivée au palais, Emmanuel Macron veut établir un contact direct avec les Français. Lui et son équipe imaginent donc qu'il faut, impérativement, contourner les journalistes, soupçonnés d'interpréter les propos de l'Élysée, si ce n'est de les déformer. Les réseaux sociaux apparaissent comme la solution. Sont ainsi mis en place des stratagèmes. Le plus évident ? Les bains de foule du président, « au contact », et les échanges avec ses contradicteurs, systématiquement relayés par la petite équipe de sa cellule réseaux sociaux. Au fil des déplacements, cet outil devient même son principal moyen pour distribuer la bonne parole et évangéliser les foules. Surtout s'il y a un sceptique à convertir ! C'est ainsi qu'il guette l'opposant, le réfractaire ou le dubitatif. Aussitôt repéré, le chef de l'État fonce droit dessus et dégaine des argumentations bourrées de données, d'enchaînements logiques et de statistiques imparables. Autant de propos qui deviennent un clip sur son site. Ses petits gars des RS l'accompagnent partout, smartphone à la main. Ils entrent là où la presse est parfois proscrite, jusque dans le bureau ovale de la Maison-Blanche. Leur image, colonne vertébrale de la communication du président, relaie la parole de ce dernier. Dès lors, à quoi bon les médias quand on s'adresse directement au « peuple » ? Le cheminot peut interpeller le chef de l'État sur la SNCF, l'agriculteur, sur le prix de la viande et le lycéen, sur le bac, quand le journaliste est, lui, accusé de ne « pas poser les questions que se posent les Français ». Emmanuel Macron et ses sbires nous demandent donc de nous en tenir « aux propos officiels » et prônent une « saine distance ».

Mais l'exercice du pouvoir est riche d'enseignements. Et de désillusions. Les réseaux sociaux ne peuvent suffire à expliquer une action politique d'envergure et à entraîner l'adhésion du plus grand nombre. En cette fin d'année, sans l'avouer, lui-même en est conscient lorsqu'il maintient la traditionnelle cérémonie des vœux à la presse dans la salle des fêtes de l'Élysée. Il passe même plus d'une heure à l'issue de son discours à discuter avec tous, librement et sans filtre. Nous confiant, par exemple, que la rencontre avec ce qu'il appelle « mon peuple » l'a marqué depuis son entrée en fonction. Quelques instants auparavant, l'air grave, il a pourtant déclaré du haut de son pupitre : « La proximité à laquelle nous avions pu parfois nous habituer n'était bonne ni pour le pouvoir politique, ni pour l'exercice du métier de journaliste. » « L'exclusivité d'une confidence finit par prendre plus d'importance que l'expression publique soupesée des dirigeants politiques. » Nul ne peut en douter, l'ombre de François Hollande plane toujours. Tous, au palais, savent qu'Emmanuel Macron chasse avec la dernière énergie les épanchements de collaborateurs « bavards », qui dévoilent les arrière-cuisines du pouvoir et abîment le récit du quinquennat. Mais où réside la vérité d'un homme politique ? Dans ses discours officiels ou dans des propos privés qui fuitent ? Qu'il le veuille ou non, nos concitoyens croient davantage à l'authenticité des coulisses.

Toujours plus vite !

Au sein de l'exécutif, il y a urgence à agir, Emmanuel Macron en est convaincu : il a encore le vent en poupe et doit en profiter pour lancer toutes ses réformes le plus vite possible. Pour l'heure, les résistances, notamment syndicales, sont désorganisées. Tout comme les oppositions politiques, totalement atomisées. Mais cela ne saurait durer ! Dès le 3 janvier, il réunit donc ses ministres en séminaire et leur impose d'accélérer. Il met également la pression sur ses collaborateurs et – chose plus inhabituelle – sur les directeurs d'administration centrale, dont il veut sonder personnellement la bonne volonté à mettre en musique les projets. Enfin, les ministres sont étroitement surveillés. L'Élysée exige de relire toutes les interviews, et gare à ceux qui s'y refusent ! Le directeur du magazine *Society*, Franck Annese, raconte avoir publié un entretien avec le président, non relu par ce dernier. « On » lui a signifié qu'il n'en obtiendrait plus. Les foudres de Jupiter.

« Tu parles comme un terroriste »

Le 5 janvier, celles-ci s'abattent lors de la conférence de presse commune que tiennent Emmanuel Macron et son hôte du jour, le Turc Recep Tayyip Erdoğan. À un journaliste français qui lui demande si la Turquie a fait passer des camions d'armes à Daech en Syrie, le président Erdoğan réplique, l'œil noir : « Toi, tu parles comme un terroriste ! Cette histoire a été montée de toutes pièces par des complotistes aujourd'hui en prison. Pourquoi tu n'interroges pas les États-Unis qui ont envoyé quatre mille camions d'armes en Syrie ? », allusion à des livraisons d'équipements aux Kurdes indépendantistes. Le président français ne s'en cache pas : il assume ses rencontres avec des dirigeants « autoritaires », quitte à asséner en public à ces derniers, invités, après les en avoir avertis, quelques vérités désagréables. N'a-t-il pas accueilli Vladimir Poutine à Versailles avec tous les honneurs, tout en critiquant son soutien au dictateur syrien ? Ne part-il pas dans quelques jours à Pékin rencontrer Xi Jinping, le plus puissant autocrate du monde ? Ce jour-là, en public, d'un ton doucereux, il décoche à son hôte une flèche acérée. L'adhésion de la Turquie à l'Union européenne ? « Au vu des évolutions récentes », ce n'est pas envisageable et autant « mettre fin à l'hypocrisie » des pourparlers. L'hostilité, palpable, entre les deux hommes ne les empêchera pas de s'appeler régulièrement dans les mois suivants. Pragmatisme diplomatique, toujours, telle est la ligne d'Emmanuel Macron, qui veut mettre la France au cœur des médiations internationales.

Le cheval de Xi

L'enjeu diplomatique de 2018, c'est d'abord la Chine, jusqu'ici restée dans l'angle mort de la politique du chef de l'État. Après Donald Trump, pourrait-il se rapprocher de Xi Jinping ? En décollant avec son épouse pour une visite de trois jours, il pèche par excès d'optimisme, espérant devenir un interlocuteur de poids du dirigeant – à vie – de la seconde puissance économique mondiale. La France, partenaire commercial de troisième rang, n'a que peu à offrir. Il ambitionne cependant de se positionner, plus sans doute qu'en tant que président français, en nouveau leader de l'Europe.

Le voyage d'Emmanuel Macron, accompagné de chefs d'entreprise et de politiques, commence modestement, à Xi'an, où un troisième couteau l'accueille, avant une visite de l'armée de terre cuite du Premier empereur. Sa botte secrète pour impressionner les Chinois ? Offrir à son hôte un cheval issu de l'écurie de la Garde républicaine. Cette « diplomatie du cheval » vaut bien celle « du panda » ! Il imagine une cérémonie lors de laquelle il remettrait l'équidé au président chinois, sur la place du palais présidentiel. Malheureusement pour la photo, pour cause de quarantaine, le pur-sang, arrivé en avion spécial avec l'un de ses conseillers, est aussitôt expédié dans un haras. Le chef de l'État français se contente donc de remettre à son hôte un cliché dédicacé de l'animal, quand Xi Jinping lui fait don d'une peinture de cheval…

Tout le voyage est à l'avenant : le protocole chinois est difficile et peu accommodant. Les Macron ne ménagent pourtant pas leurs efforts. Ils posent main dans la main dans la cour de la Cité interdite, l'épouse, charmante, soufflant à son mari : « Viens pour la photo, mon chéri. » Brigitte Macron joue sans compter de sa popularité en multipliant les effets, en grand manteau rouge éclatant devant l'armée souterraine, puis en long manteau blanc neige à la Cité interdite, enfin en robe bleu roi à la réception officielle avec Xi Jinping et sa femme. Elle fait aussi, seule, une escapade sur la Grande Muraille, malgré le froid glacial, et nous cite Mao : « Qui n'est pas allé à la Muraille de Chine n'est pas un homme. »

Mais ce précieux atout diplomatique ne change pas grand-chose. Les poids de la France et de l'Europe n'impressionnent pas les Chinois, obnubilés par leur rivalité avec les États-Unis. De son côté, Emmanuel Macron, alors novice en diplomatie, conserve un léger décalage face aux potentats mondiaux. Le plus souvent, il se contente de jouer les caméléons. Pendant la mini-revue des troupes à l'intérieur du palais, il ne résiste pas à la théâtralité du moment et esquisse discrètement un lever de pied martial, à l'unisson du dirigeant chinois. Exactement comme il l'avait fait avec le roi du Maroc.

En Chine, son entourage ne l'aide pas non plus. Ainsi, Bruno Le Maire dénonce dans un aparté le risque de devenir des « vassaux » d'investisseurs chinois « qui ne comprennent que le rapport de force », et parle d'« investissements de pillage ». Le protocole local est furieux. Un responsable tricolore en vient même aux mains avec un officier chinois ! Maigre consolation, la France signe des contrats, notamment pour la livraison de cent quatre-vingt-quatre Airbus. C'est un demi-succès. Emmanuel Macron ne dit pas un mot en public sur le sort des dissidents ou des Ouïgours, mais nous assure avoir évoqué le sujet « en privé » : « Je peux me faire plaisir en donnant des leçons à la Chine en parlant à la presse française. [...] Ça n'a aucun résultat », se justifie-t-il. Le lendemain, le réveil est aigre-doux : un seul journal chinois mentionne sa visite en une.

Pas de solution pour les migrations

Pendant que le président s'essayait à la diplomatie équine, Édouard Philippe enfourchait un autre cheval : l'abaissement de la vitesse sur les routes nationales à quatre-vingts kilomètres à l'heure. Un projet personnel du Premier ministre, dont il a convaincu un chef de l'État plutôt réticent. En la circonstance, Emmanuel Macron avait raison de ne pas vouloir aller trop vite, car, en zone rurale, la mesure passe mal, très mal. Et sera l'un des ferments de la crise des Gilets jaunes.

En attendant, l'urgence est ailleurs. La question des migrants, encore et toujours. Dans une tribune, le Nobel Jean-Marie-Gustave Le Clezio accuse la politique migratoire française d'être un « monstre froid » et dénonce le futur projet de loi Asile et immigration. De passage à Rome, le président justifie ce texte : « Nous sommes face à des vagues migratoires inédites depuis la fin de la Seconde Guerre mondiale », dit-il, revendiquant, en même temps, « efficacité et humanité ». Efficacité ? Un examen rapide des dossiers et l'expulsion des recalés. Humanité ? Mieux traiter la minorité qui obtient le statut de réfugiés.

Histoire d'enfoncer le clou, il se rend ensuite près de Calais, dans un centre d'accueil considéré comme exemplaire, où l'on s'efforce d'intégrer les arrivants. Mais une fois n'est pas coutume, il maîtrise mal le dossier. Au point qu'il demande benoîtement au préfet combien de personnes passent « légalement » en Angleterre. Gêne du *missi dominici*. « Aucune », murmure le préfet, avant de préciser : « Il n'y a que des clandestins. » Emmanuel Macron, peut-être fatigué par cette succession de déplacements, poursuit : « Est-ce qu'ils se rendent ici volontiers ? » – dans ces centres, où sont conduits, rappelons-le, les illégaux assignés à résidence. Encore plus embarrassé, les yeux baissés, son interlocuteur marmonne entre ses dents : « Ils sont très réticents. » C'est joliment dit. Quelques minutes plus tard, le président discute avec un jeune Soudanais intimidé par l'intermédiaire d'un interprète :

— Voulez-vous faire votre vie ici ?

— Oui, pour apprendre le français et trouver un travail dans la mécanique, assure le jeune homme, qui raconte avoir fui son pays après le meurtre de sa mère.

Emmanuel Macron lui pose la main sur l'épaule et le quitte en souriant. Mais l'histoire d'Ahmed n'est pas si simple : ses empreintes, relevées en Italie, en font un « dubliné ». C'est-à-dire, selon le règlement européen de Dublin, qu'il doit être renvoyé dans le pays d'arrivée. Un texte dont le chef de l'État plaide pour l'application stricte.

Ce déplacement le mène ensuite à Calais, port dans lequel Marine Le Pen a obtenu 57 % des voix en mai 2017. Il faut dire que les Calaisiens ne supportent plus la présence de tous ceux qui espèrent traverser la Manche. Ici, le président surveille sa droite et ne veut pas laisser le moindre doute sur sa fermeté. Il annonce donc que refuser de donner ses empreintes sera désormais passible d'une condamnation pénale. La future loi sur l'immigration doit d'ailleurs rendre systématique le placement en détention des illégaux, puis leur expulsion. Enfin, il s'emporte contre les intellectuels qui le critiquent, fustige leurs « faux bons sentiments », leurs « déclarations faciles, depuis Paris, écrites un matin de mauvaise conscience ». Il cite même le pape François, qui recommande de « ne pas accueillir plus qu'on ne peut intégrer ». Toutefois, cette question des migrations est l'une des rares pour lesquelles Emmanuel Macron s'inquiète, en privé, front plissé, l'air soucieux, du manque de solution, sous l'effet conjugué du boom démographique et du changement climatique.

L'aéroport s'envole

À côté du sujet de l'immigration, celui de l'aéroport de Notre-Dame-des-Landes est simple. Et enfin tranché. Malgré un référendum local favorable, le chef de l'État s'est laissé convaincre, notamment par Nicolas Hulot qui en a fait l'une des conditions à son entrée au gouvernement. Le verdict a été arrêté lors d'un dîner avec son

Premier ministre. Il est sans appel. Après cinquante ans d'atermoiements, la zone occupée par quelque trois cents « zadistes » – les militants d'une zone à défendre –, doit être évacuée, le projet d'aéroport étant définitivement abandonné. Les squatters ont jusqu'au 30 mars pour quitter les lieux et mettre un terme à cette « zone de non-droit qui prospère ». Décidément, cette fermeté rassure nos compatriotes, qui approuvent pour les trois quarts.

D'un château l'autre

Avant le forum de Davos, réunion du gratin de la finance mondiale, Emmanuel Macron monte en un temps record son propre sommet d'investisseurs : Choose France. Un lieu prestigieux, le château de Versailles, et cent quarante grands dirigeants d'entreprise reçus fastueusement, surtout s'ils viennent avec des investissements, sur le sol national. Autour de la table, on retrouve les PDG de Google, Goldman Sachs ou Toyota, groupies d'un soir. Un conseiller, le regard pétillant, s'amuse : « Les patrons veulent tous un tête-à-tête avec le président, comme des abeilles autour d'un pot de miel. » L'Élysée dresse fièrement la liste des appointements annoncés et diffuse des vidéos de patrons souriants qui vantent les mérites de la France. Sans perdre une minute, Emmanuel Macron annonce que Choose France est destiné à être réitéré chaque année.

Puis il s'envole pour Davos, ce château de la finance en Suisse, où il atterrit le 23 janvier. Emmanuel Macron connaît bien l'endroit. Il y est déjà venu comme banquier chez Rothschild et comme ministre de l'Économie. Cette fois, c'est lui, l'invité vedette. Très attendu, il arrive en hélicoptère depuis Genève. Pour que tous puissent l'écouter, les organisateurs suppriment les événements simultanés. Le président entre sur scène sous des applaudissements nourris. Pour autant, il n'est pas dans sa meilleure forme. Ses équipes sont épuisées, certains, au bord des larmes. Lui-même accuse un coup de fatigue, comme on l'a ressenti à Calais. Ce grand frileux a fait monter le chauffage. Le triomphe espéré ne sera pas au rendez-vous. L'ambivalence du « en même temps ».

En anglais et pendant vingt minutes, le chef de l'État commence par défendre ses réformes pour « rendre la France plus compétitive » et « plus flexible ». Il cite l'assouplissement du droit du travail, la baisse de l'ISF et de l'impôt sur les sociétés. « *France is back !* » s'exclame-t-il. Ovation debout. Mais voici l'autre Macron, l'utopiste, qui enchaîne en français, dans un virage à cent quatre-vingts degrés. Et qui dénonce une mondialisation créant une concurrence entre États et tirant les impôts et les acquis sociaux vers le bas. « Il n'y a pas de limites. *Race to the bottom* [c'est la course vers le bas] sur le social. [...] Quand on regarde le droit social, le fiscal, ces sujets qui fondaient le cœur d'un État, nous avons un affaiblissement continu », analyse celui qui, justement, a allégé le droit social français comme les impôts des plus riches. Emmanuel Macron demande donc aux cadres financiers venus l'écouter de « renoncer à l'optimisation fiscale à tous crins » et aux États de s'organiser pour que les géants du numérique paient leurs impôts. Et, enfin, refroidit l'atmosphère avec une mise en garde : « Dans mon pays, si je ne redonne pas un sens à cette mondialisation, dans cinq, dix, quinze ans, ce seront les nationalistes, les extrêmes, qui gagneront. Et ce sera vrai dans chaque pays. »

D'une colère l'autre

Pour l'heure, les mécontentements sont sociaux. Les premiers à briser l'apathie sont les gardiens de prison. Pour la première fois depuis vingt ans, eux qui n'ont pas le droit de grève débrayent afin de dénoncer l'agression de quatre des leurs par un détenu radicalisé. Ils séquestrent même brièvement la garde des Sceaux, Nicole Belloubet. Les personnels des Ehpad (établissements d'hébergement pour personnes âgées dépendantes) prennent le relais pour dénoncer l'insuffisance des effectifs. Ce mouvement inédit, soutenu par l'opinion, inquiète au sommet de l'État. De touchants témoignages illustrent la disette dans certaines résidences, racontent des personnels débordés qui accordent moins de dix minutes par jour à leurs patients. Insoutenable. Logiquement, la grogne s'amplifie et fait tache d'huile dans les hôpitaux, les mêmes causes ayant les mêmes effets. Sur les réseaux sociaux, médecins, infirmiers et cadres de santé utilisent le hashtag #balancetonhosto pour jeter une lumière crue sur les manques de moyens. Dans quelques mois, la colère des blouses blanches prendra tout son relief lorsque le secteur hospitalier se retrouvera en première ligne face au coronavirus.

Enfin, chez les enseignants, les opposants à Parcoursup frémissent. Un premier appel à la grève est lancé.

Un autre front s'ouvre pour Emmanuel Macron, lorsque deux de ses ministres les plus en vue se retrouvent sur la sellette. Dans l'explosion de #MeToo, Gérald Darmanin et Nicolas Hulot sont mis en accusation pour agression sexuelle. Suivant le conseil du président lui-même, le ministre de l'Écologie plaide non coupable sur BFM. Sibeth Ndiaye prend la peine de venir nous voir dans la salle de presse qu'elle veut fermer pour nous assurer qu'il ne démissionnera pas. La transparence paie. Cette colère-là va s'éteindre.

Pour quelques euros de plus

Président des riches un jour, président des riches toujours ! La hausse du gazole, la hausse du tabac et la hausse de la CSG occultent les quelques euros de plus sur la paie de janvier, obtenus grâce à la baisse des cotisations sociales. L'Élysée comptait pourtant sur elle pour calmer les esprits. Raté. La cote de popularité de l'exécutif s'abîme. Julien Denormandie, alors secrétaire d'État à la cohésion des territoires, n'arrange rien en sous-estimant bien maladroitement le nombre de sans-abri à Paris, évoquant une cinquantaine de personnes quand les associations en dénombrent plus de trois mille six cents. Ce week-end-là, aux législatives partielles à Belfort et dans le Val-d'Oise, la messe est dite : les candidats LREM mordent la poussière.

Le président de la République est au-dessus de tout cela. Ses enjeux sont ailleurs, notamment dans le règlement, autant que faire se peut, de l'épineux dossier de l'immigration. Son entourage ne s'en cache pas, il y voit l'une des clés des prochaines échéances électorales. Et surtout de la présidentielle, son adversaire du second tour de 2017, Marine Le Pen, en faisant toujours sa priorité. Emmanuel Macron décide donc de retourner en Afrique. Il a la ferme intention d'agir sur l'origine des migrations. Les destinations choisies répondent à cet impératif : la Tunisie et le Sénégal.

Que retenir des quarante-huit heures passées à Tunis ? La déception des habitants, qui attendaient du concret et la réduction de la dette. Que retenir de son déplacement au Sénégal ? La folie pure de l'accueil. À Dakar, le président Macky Sall organise la visite d'un collège rénové avec des fonds tricolores. Deux mille élèves, arborant tee-shirts et casquettes à l'effigie des deux présidents, hurlent leurs noms depuis les balcons quand ils les voient arriver à bord d'une voiture décapotable, saluant debout sous les vivats. Plus tard, à Saint-Louis du Sénégal, l'accueil est totalement démesuré. Toute la ville est dans les rues. Sur plusieurs kilomètres, de l'aéroport jusqu'au centre, des dizaines de milliers de Sénégalais agitent drapeaux ou portraits, crient le nom du président français, envoient des baisers de la main, quand les enfants scandent : « Ma-ca-ro-ni ! » Il n'a jamais rien vécu de pareil. Il se laisse porter et envoie des baisers à tout-va.

Dans la vieille ville, frappée par l'érosion des côtes, Emmanuel Macron s'immerge « au contact » pendant des heures. Des gros bras – parfois un peu inquiétants – le regardent avec méfiance ? Il fonce sur eux pour les séduire. « Cette ferveur, elle oblige », glisse-t-il à ses hôtes. Il semble trouver naturel cet accueil excessif, si ancien monde. À Macky Sall qui lui montre l'effet de la montée de l'Atlantique, il lâche qu'il faudrait « montrer ça à Donald Trump ». Son cortège repart lentement. Au One Planet Summit de décembre, il avait promis au maire de Saint-Louis, Mansour Faye, qui l'avait prévenu de cette catastrophe, de venir. Il est venu, il a vu et il a apporté son dû : des aides et une entreprise française pour construire une digue et contenir les flots.

Pendant que le chef de l'État résiste à l'océan, son gouvernement lance un pavé dans la mare et annonce un plan de départs volontaires pour les fonctionnaires. Du jamais-vu sous la Ve République ! Les syndicats, qui ont déjà manifesté le 10 octobre, montent au créneau. Autre communication, qui fleure bon le secteur privé : toutes les administrations accueillant du public, des tribunaux aux caisses d'allocations familiales, seront dotées d'indicateurs de résultats et de satisfaction des usagers.

Gloria te, Emmanuel

Ne pas avancer masqué. Pour son déplacement en Corse, les 6 et 7 février, Emmanuel Macron affiche d'entrée de jeu la couleur en venant avec Jean-Pierre Chevènement, l'ancien ministre de l'Intérieur, bête noire des indépendantistes insulaires. Si la visite était à l'origine destinée à un nouvel hommage au préfet Claude Érignac, assassiné vingt ans plus tôt en pleine rue, l'hommage se transforme en bras de fer. Dès sa première prise de parole à Ajaccio, le chef de l'État joue cartes sur table : « Ce crime ne se justifie pas, ne se plaide pas, ne s'explique pas. » La justice passera « sans complaisance, sans oubli, sans amnistie ». D'emblée, il rejette ainsi l'une des principales demandes des élus indépendantistes, à savoir l'amnistie des trois membres du commando condamnés pour l'assassinat, dont Yvan Colonna. Il va jusqu'à comparer le meurtre aux attentats djihadistes. Choqués, les deux hommes forts de l'île, l'autonomiste Gilles Simeoni, président de l'exécutif de Corse, et l'indépendantiste Jean-Guy Talamoni, président de l'Assemblée insulaire, boycottent le déjeuner avec les élus. Crime de lèse-président. La rencontre organisée le soir avec Emmanuel Macron est glaciale. C'est le moment où l'épouse d'Yvan Colonna – dont le prénom s'affichait encore il y a peu sur les murs, pour glorifier son acte (*Gloria te,* Yvan) – aborde le chef de l'État. « Pas d'amnistie », lui répète-t-il, inflexible. Le lendemain, s'il consent à une revendication des insulaires – une mention de la Corse dans la Constitution –, c'est pour « reconnaître son identité et l'ancrer dans la République ». Les élus locaux espéraient en faire un pas vers l'autonomie ? Lui en fait presque le contraire ! Pour assister à son discours, Gilles Simeoni subit même, humiliation durable, une fouille au corps... La fermeté du président, alors que l'Espagne se débat avec les velléités d'indépendance de la Catalogne, est applaudie en métropole. Une fois de plus, le choix de l'autorité paie.

Une effraction de l'histoire

Ne pas confondre autorité et autoritarisme. Le 13 février, au MiniPalais, un restaurant de luxe qui jouxte le Grand-Palais à Paris, Emmanuel Macron s'exprime devant une centaine de journalistes de l'Association de la presse présidentielle. Pour la plupart d'entre nous, à la curiosité se mêle l'inquiétude. En effet, la veille, nous avons reçu de Sibeth Ndiaye une convocation pour une « présentation de la nouvelle salle de presse ». Le président n'a donc pas renoncé à son projet d'éloigner tout œil extérieur. Légèrement sur la défensive, il nous fait face sur l'estrade. Le micro passe de main en main pendant deux heures. C'est en réalité sa toute première conférence de presse, sans que ses conseillers, relégués au fond de la salle, puissent intervenir pour écourter nos questions. Le choix, accepté des deux côtés, de bannir caméras et tweets permet une parole plus libre. Une fois n'est pas coutume, il livre quelques confidences, dont celle-ci, révélatrice de son état d'esprit : « Mon élection est le fruit d'une brutalité, d'une effraction de l'histoire. » L'aveu, ou la fierté, de celui qui assume ses actes. La revanche de celui à qui tous disaient que c'était impossible. Sans public, sans réseaux sociaux, il s'autorise à être un peu plus naturel.

Sangliers sanglants

Chassez le naturel… il revient au trot des sangliers ! Invité surprise au palais, Willy Schraen, le président de la Fédération nationale des chasseurs (FNC).

Pendant la campagne, comme nombre de candidats, Emmanuel Macron a courtisé ces derniers. Il s'était même prononcé pour la réouverture des chasses présidentielles, tradition tombée en désuétude depuis Jacques Chirac. Deux mois plus tôt, devant Chambord où il venait de fêter son quarantième anniversaire en famille, il avait assisté à la traditionnelle présentation du tableau de chasse. La scène nocturne a été racontée par Thierry Coste, le lobbyiste de la FNC. « Impeccablement alignés, les animaux prélevés ce jour-là sont présentés sur un lit de branches de pins. Puis les éclats blancs des phares d'une voiture clignotent à travers les arbres. La portière s'ouvre et Emmanuel Macron sort du véhicule. » Le chef de l'État improvise un discours rapide dans lequel il assure qu'il sera le président qui développera la chasse, ce legs de l'histoire. Les patrons des fédérations posent à ses côtés pour une photo souvenir. Ce que leur portrait martial ne montre pas, c'est qu'ils contemplent le « tableau » d'une trentaine de sangliers sanglants.

Willy Schraen est venu à l'Élysée pour entendre Emmanuel Macron confirmer ce qu'ils ont évoqué cette nuit-là, à savoir l'allongement des dates de la chasse à l'oie cendrée et la baisse du prix du permis de chasse. Il ressort du rendez-vous avec le sourire. Non seulement le président confirme mais il ajoute un bonus, la possibilité d'équiper les fusils de silencieux. Tant pis pour Nicolas Hulot, qui avait mis son veto à la chasse à l'oie cendrée. Plus d'un million de passionnés méritent bien quelques arrangements. Et, à deux ans des élections municipales, Emmanuel Macron doit s'ancrer dans les zones rurales.

La bataille du rail

« On met tout le monde autour de la table, on discute, on discute, on discute et puis on réforme, quoi qu'il arrive. » Quoi qu'il arrive… Tout est dit et c'est Sibeth Ndiaye qui nous décrypte la méthode Macron à l'occasion du premier vrai bras de fer du quinquennat : la réforme de la SNCF.

Le 15 février 2018, une date funeste pour les amoureux de la vieille dame du rail. Dans un rapport que lui a commandé le Premier ministre, Jean-Cyril Spinetta recommande la fin du statut de cheminot pour les nouveaux embauchés, la privatisation de l'entreprise et l'abandon des petites lignes. De premières concertations sont prévues la semaine suivante. Sans attendre, la CGT entre en guerre et annonce des grèves « dures ». Raide, le gouvernement veut agir par ordonnances avant l'été. Édouard Philippe parie sur le soutien de l'opinion et lance : « Le temps est venu d'oser la réforme que les Français savent nécessaire ! » Mais en s'attaquant ainsi frontalement aux syndicats, que vise le président ? Cherche-t-il à tester ses adversaires, voire à les dompter, avant son emblématique réforme des retraites ? Imperturbable, Sibeth Ndiaye nous annonce que la SNCF est un « cas d'école » de la méthode Macron.

Il fera jour demain

Un conseiller nous aide à comprendre cette méthode. « L'action est tellement concentrée, pensée et organisée qu'il ne peut pas y avoir de couac, le président a tout le schéma de son quinquennat en tête. Mais nous avons toujours pensé que 2018 ne serait pas une année facile, cela a été théorisé. » Dans les couloirs du palais, on a confiance en l'avenir, et nul ne doute que l'optimisme va bientôt revenir dans la « nouvelle France ». La nouvelle France ?! « C'est comme ça que nous appelons celle que nous transformons. »

En attendant le retour de l'optimisme dans ce pays fantasmé côté Élysée, les conflits s'arrêtent en gare comme les trains les jours de grève. SNCF, justement, mais aussi fonction publique, hôpitaux, Ehpad ou Éducation nationale. Sans parler des fissures au sein même de la majorité à l'Assemblée sur le texte Asile et immigration. Pour sentir l'opinion – ses craintes et ses attentes –, Emmanuel Macron dévore le courrier qui arrive au palais, scrute Facebook, ses SMS et ses mails. Depuis son élection, et jusqu'aux révélations sur le logiciel espion Pegasus qui va le frapper dans trois ans, il refusera de changer de numéros et de courriel.

Au milieu de ces dossiers majeurs, Sibeth Ndiaye s'attaque au « nouvel Élysée ». Elle fait une affaire personnelle de l'éviction des journalistes de la cour. Revancharde, elle nous réunit pour nous distribuer des photomontages de la future salle hors du palais. « Nous avons pris notre décision, mais la couleur des murs n'est pas définitive », lance-t-elle, sarcastique. « Les privilèges tombent », se réjouit une collaboratrice. « Ce pouvoir ne se laisse même pas regarder. C'est un symbole désastreux. Même Donald Trump a renoncé à expulser les médias de la Maison-Blanche », lui rétorquons-nous, décidés à défendre notre métier et ce qu'il représente. Notons que les protestations conjointes des agences auprès d'Alexis Kohler restent alors sans réponse.

Dans l'ombre, Ismaël Emelien commence à publier sur YouTube des récapitulatifs mensuels de l'action du président, sur une musique entraînante achetée auprès d'un groupe qui doit garder le secret. Rares sont ceux qui regardent. Les stratèges de la Macronie oublient l'adage de la communication : « savoir-faire et faire savoir ».

Douze heures à la ferme

Faire œuvre de pédagogie. Emmanuel Macron s'y essaye avec plus ou moins de réussite. Seule certitude : il est persévérant ! Et recourt volontiers à la réception à l'Élysée, qui flatte toujours. La veille du salon de l'agriculture, porte de Versailles, il accueille sept cents jeunes paysans. Une occasion pour corriger auprès des viticulteurs les propos tenus par sa ministre de la Santé, qui a assuré que le vin tuait – « comme n'importe quel autre alcool » –, quarante-huit mille personnes par an. « Moi, je bois du vin midi et soir. Il y a un fléau de santé publique quand la jeunesse se saoule à vitesse accélérée avec des alcools forts ou de la bière, mais ce n'est pas avec le vin. »

Tout aussi politique que cette petite phrase, sa visite « de la plus grande ferme du monde » va durer, cette année-là, douze heures. Douze heures ! Record battu pour un président. Il attaque, fringant, par l'entrée du hall 1. Ses conseillers ont apporté, au cas où, plusieurs costumes de rechange – parfumés, comme toujours. Pour entendre ses propos au milieu de l'indescriptible brouhaha, je branche un casque à un émetteur sans fil, qui capte le son de la perche du technicien de Radio France. Je suis de pool pour la journée.

À peine arrivé, il entend quelques « siffleurs » et bifurque aussitôt, tous ses conseillers à sa suite. Le contact, toujours. Tant pis pour le parcours soigneusement balisé. Une dizaine de jeunes agriculteurs protestent contre sa promesse d'interdire le glyphosate, désherbant controversé dont les producteurs de céréales estiment ne pas pouvoir se passer. « Il faut se calmer », lui lance l'un d'eux, nonchalamment assis sur une barrière. Il bondit. « Je vous engueule parce que je n'aime pas qu'on me siffle par-derrière, mais je viens vous voir et on s'explique. » Devant sa détermination, les siffleurs baissent les yeux.

Il reprend son marathon. Dans tous les halls, il parle, écoute et argumente. Un cheminot furieux de la suppression de son statut ? « Je ne peux pas avoir d'un côté des agriculteurs qui n'ont pas de retraite et de l'autre côté avoir un statut des cheminots et ne pas le changer. Je suis petit-fils de cheminot. Vous n'avez pas le même rythme que mon grand-père. Je ne vais pas faire rentrer un cheminot comme il y a cinquante ans, ce serait fou ! » Plus loin, il accepte une poule pour les jardins de l'Élysée, la berce en souriant, puis goûte rapidement fromages et fruits – il n'aime pas manger en public – avant de soupeser une biquette. Du loup aux pesticides, il a réponse à tout, plus souvent applaudi que sifflé. Indéniablement, l'opération « Salon » est un succès. Une contre-attaque après un sondage qui montre que deux citoyens sur trois le jugent éloigné des préoccupations de la France rurale.

Monsieur le professeur

Pédagogue, encore et toujours. Dans les rues de Châlons-en-Champagne, le chef de l'État use de métaphores pour expliquer la réforme des retraites. « C'est comme quand on refait en profondeur une maison. Au début on voit les plans, on se projette. Et après on commence les travaux, il y a un moment où ça sent la peinture, y a des courants d'air, il fait plus froid, on se demande pourquoi on a fait tout ça… » Ce qui manque à cette jolie maison en travaux – mais à laquelle il pense sans discontinuer ! –, c'est la future baisse de la taxe d'habitation. À partir d'octobre. C'est loin, certes, mais avec elle, c'est sûr, on ne parlera plus de cette damnée hausse de la CSG ! À ces seniors en colère et plutôt perdus qu'agressifs, le président fait la leçon : « Je sais que je demande un effort aux plus âgés, que parfois certains râlent, ça ne rend pas forcément populaire mais je l'assume. Mais il faut faire en sorte que le travail paie mieux. Je vous demande un peu de patience. » Face à une dame qui affirme avoir subi une augmentation de la CSG malgré une toute petite retraite, ce qui devrait l'en exonérer, il devient franchement professoral. Et technique. « Si vous ne payez pas la taxe d'habitation, vous ne payez pas la hausse de la CSG. Vous avez votre avis d'imposition ? Envoyez-le-moi. Ce que vous dites est très étrange. » Monsieur le professeur oublie juste, ce dont le gouvernement conviendra plus tard, que les couples peuvent être taxés davantage. L'erreur est humaine et Emmanuel Macron en commet suffisamment peu pour qu'on puisse les signaler au feutre rouge.

D'un cours à l'autre, il quitte – à l'heure, c'est si rare ! –, les rues de Châlons pour rentrer à l'Élysée et faire lui-même le récitant dans *Pierre et le loup*, le conte musical de Prokoviev, notamment devant des enfants. Le public a bien évidemment interdiction de filmer. Une belle initiative que Benjamin Griveaux, maladroit, cherchant à justifier ce qui n'a pas à l'être, qualifiera deux jours plus tard sans rire de *soft power* du président.

Contrôle continu pour les ministres

Neuf mois ont passé depuis l'investiture. Tel un PDG exigeant, Emmanuel Macron veut voir ses ministres accoucher des réformes lancées. Depuis la mi-février, en professeur intransigeant, il les reçoit un à un. S'il a renoncé à l'idée de les «noter» tous les semestres, il a mis en place une sorte de contrôle continu. On ne renie pas ses accointances avec l'Éducation nationale si facilement! Le jury qu'il forme avec Alexis Kohler reçoit les impétrants, leur montre un «tableau des engagements» sur lequel figurent plusieurs colonnes, du porteur de l'action à la date de son lancement. Les ministres sont priés de poster sur les réseaux sociaux une check-list des réformes d'ores et déjà faites, qui se succèdent si vite que le public ne peut pas suivre.

Une méthode qui énerve, notamment du côté des organisations syndicales. Début mars, la ministre du Travail annonce un «big bang» de la formation professionnelle. Chaque salarié recevra un crédit formation de cinq cents euros par an. Ces milliards, apportés par les entreprises, seront ainsi gérés par l'État et non plus par les partenaires sociaux. «La méthode Macron? "Vous discutez et je tranche", et personne ne sait de quel côté ça va tomber», traduit Laurent Berger.

Promesse de campagne sous les verrous

Emmanuel Macron le répète suffisamment : il n'a pas de tabou. Mais une volonté de fer d'agir. Ce jour-là, il part à l'assaut d'un serpent de mer, une réforme souvent promise mais jamais aboutie. Nous sommes dans l'école de formation des gardiens de prison d'Agen. Le petit amphithéâtre est bondé et les quelques journalistes présents sont relégués en haut des gradins où l'acoustique est calamiteuse. Il attaque sur les peines de prison, supprimées pour les condamnations de moins d'un mois au profit de peines alternatives, bracelet électronique ou travaux d'intérêt général, par exemple. En même temps, toute peine de prison de plus d'un an devra être «réellement et immédiatement» exécutée. Au détour d'une phrase, il ajoute qu'il ne prévoit d'aménager pendant son quinquennat que sept mille cinq cents places… Moitié moins que sa promesse de campagne! Avons-nous bien entendu? C'est la première fois que le président enterre un engagement du candidat! L'Élysée, pressentant le pataquès, réagit aussitôt. Le gardien du temple, Ismaël Emelien, élabore un argumentaire pour justifier l'annonce et le palais nous envoie cette doxa dans le quart d'heure. Gare à ceux d'entre nous qui ne la « comprennent » pas ! L'expression « alternatives à la prison », jugée trop à gauche, notamment, est traquée sans relâche. Mais, à bien y repenser, nous aurions pu sentir le coup venir.

Quelques jours plus tôt, Emmanuel Macron a passé une matinée dans le centre pénitentiaire de Fresnes, en banlieue parisienne. La presse et le grand public ne le découvrent que quarante-huit heures plus tard, lorsque les onze minutes d'une vidéo étonnante, et même glaçante par certains côtés, circulent. Le directeur de la prison y évoque pêle-mêle surpopulation carcérale, folie et suicide. Le chef de l'État arpente des coursives, qui résonnent d'appels de détenus. Il s'arrête devant une porte et, à travers le judas, échange quelques mots avec un prisonnier proche du désespoir. « Personne n'est complètement mauvais, il faut prendre conscience des bêtises ou des actes graves qu'on a commis et passer à autre chose, mais pour les petites peines, ce n'est pas forcément utile. Ce que nous avons vu ici n'est pas acceptable. Si on traite différemment les peines courtes, on peut alléger la charge, libérer des places et construire un peu moins de places neuves. » Le message est clair. Mais les médias traditionnels ont été sciemment tenus à l'écart. Sur le Net, la vidéo affiche quelques milliers de vues, un score dérisoire dans un pays de près de soixante-sept millions d'âmes.

Le contre-emploi du Taj Mahal

Décidément, nous sommes un bien petit pays face à l'Inde et son 1,4 milliard d'habitants, qu'Emmanuel Macron visite pendant quatre jours trop courts. Son ambition ? Redonner à Paris un rôle en Asie du Sud-Est, en construisant un axe France-Inde-Australie. Un peu démesurée, mais n'y est-on pas presque habitués ? Sa vingt-sixième destination en dix mois avec, au menu, des contrats pour les entreprises tricolores d'énergie solaire, entre autres.

Le Premier ministre indien, le nationaliste hindou Narendra Modi, reçoit le chef de l'État les bras ouverts. Il organise pour son hôte un accueil populaire grandiose dans son fief de Bénarès, où des dizaines de milliers de personnes se rassemblent sur les routes pour le saluer. Autre invité, Yogi Adityanath, le dirigeant de l'Uttar

Pradesh, moine extrémiste et chef d'une milice hindoue. L'homme a été emprisonné en 2007 pour avoir organisé des émeutes contre les musulmans, l'une des fractures religieuses du pays. Les trois dignitaires prennent place sur un bateau orné de guirlandes de fleurs pour une courte promenade sur le Gange. Sur les marches qui plongent dans le fleuve sacré, des groupes folkloriques interprètent des scènes du Mahabharata, l'épopée de la mythologie hindoue. Les rives sont pavoisées de drapeaux et de portraits des deux chefs d'État. « Il a été accueilli comme le premier porte-parole de l'Europe, c'était dingue ! » s'extasie une conseillère.

Malheureusement, en France, ce n'est pas cette réception triomphale qui marque les esprits. Pas plus que son écharpe safran, la couleur associée à l'hindouisme. Non, ce que l'on retient petitement, c'est l'escapade du couple Macron au Taj Mahal, le célèbre mausolée. Sous les rayons romantiques du soleil couchant, « Emmanuel et Brigitte » posent pour les photoreporters, qu'encouragent les conseillers presse, « leur silhouette à contre-jour sous l'arcade, une belle image ». Une jolie carte postale, c'est vrai.

Mais une mise en scène un rien déconnectée. Situation que le président va envenimer lors de la conférence de presse finale de ce voyage hors norme. À la question d'une journaliste sur cette visite « privée » au Taj Mahal, dont les photos ont fait le tour du monde, il rétorque, cassant : « Je tiens à vous remercier de l'intérêt de votre question après une visite de trois jours dans un pays comme l'Inde, qui manifeste toute la richesse que vous avez dû tirer de ce déplacement, tout l'intérêt que vous portez à ces questions stratégiques. Si la frustration de ceux qui n'étaient pas là les conduit à poser des questions de ce type, c'est à se poser la question de savoir si ça ne devrait pas être totalement fermé aux médias », ajoute-t-il, méprisant. Cerise sur le gâteau, à son retour, *Paris Match* en rajoute – bien involontairement – une couche. Un article flagorneur, où se mêlent robes Vuitton, décors de rêve, et un intertitre d'anthologie : « Même les chèvres de la capitale s'inclinent sur son passage. » À qui la faute ? L'ambivalence, une fois de plus, du « en même temps ». En la circonstance, un président de la République avec une vision et un homme avec ses fragilités.

Le sens de l'effort

En Touraine, dès le lendemain, le chef de l'État va à la rencontre de retraités et de jeunes. D'un côté, la grogne face à la hausse de la CSG, de l'autre, l'émotion de ceux – surtout celles ! –, qui lui serrent la main. « Vous nous avez vraiment pompés », lui reproche une octogénaire à Tours. Réponse du tac au tac : « Je vous demande un effort pour les jeunes qui paient vos retraites. » À Loches, des lycéennes pleurent presque de le voir, professeur inattendu qui refait un laïus sur le sens de l'effort et le goût du travail. Puis, sans façon, Emmanuel Macron s'attable à la cantine avec quelques profs. Bluffant, il connaît sur le bout des doigts tous les problèmes d'orientation qui lui sont exposés. Tous ? Un seul lui échappe. Aussitôt, un peu théâtral, il sort de nulle part un petit carnet et prend note. Je profite de l'occasion pour l'interroger sur le service universel de plusieurs mois qu'il veut rendre obligatoire. « Les jeunes vont-ils accepter de perdre un été de vacances ou de petits boulots ? » Sourire un peu punitif du président : « C'est bien que les jeunes aient le sens du devoir, non ? » À la fin du repas, il est le seul de notre tablée à saisir son plateau pour le rapporter en cuisine. Il repart sous les hourras des élèves. Dans les sondages, il est moins à la fête. Sa popularité recule encore, à 42 % de satisfaits, son plus mauvais score depuis août.

Pourtant, le président ne ménage pas sa peine. Ce jour-là, il enchaîne ainsi avec l'inauguration du salon du livre, avant un dîner avec Angela Merkel. Se couche-t-il enfin ? Passé minuit le vendredi, il n'est pas rare d'apercevoir sa voiture ronronner devant le perron, le coffre chargé d'énormes caisses métalliques. Ses devoirs du week-end, qu'il emporte à la résidence de La Lanterne, à Versailles, où il se réfugie chaque fin de semaine ou presque. Des Versaillais racontent le croiser courant dans le parc.

Pourtant, c'est un *warrior* présent sur tous les fronts. La défense de la francophonie ? Il vient « à la *fight* » sous la coupole de la prestigieuse Académie française, lui qui impose à sa team un management de start-up, lui qui s'exprime en anglais comme aucun autre président français avant lui lorsqu'il est en déplacement à l'étranger. Ce franglais chatouille les plus sourcilleux. Les Québécois lui décernent même le prix « Citron », épinglant ceux qui affaiblissent la langue de Voltaire.

L'esprit de résistance

Super U de Trèbes, près de Carcassonne, matin du 23 mars. Un djihadiste armé tue deux personnes et en prend une cinquantaine en otage. Quelques heures plus tard, Arnaud Beltrame, un lieutenant-colonel de gendarmerie, se propose en échange de la dernière « victime », une caissière. Le gendarme reste enfermé trois heures avec l'assaillant. À Bruxelles, où il se trouve pour un sommet européen, Emmanuel Macron est informé du drame en temps réel. Vers quatorze heures trente, il fait retarder la conférence de presse finale qu'il doit tenir aux côtés d'Angela Merkel. Il doit d'abord valider la décision de lancer l'assaut. Alors qu'il vient de prendre place à son pupitre, son aide de camp lui chuchote le dénouement. En direct, il confirme que le terroriste a été abattu. Mais Arnaud Beltrame a reçu plusieurs balles et a été poignardé au cou. « Je m'inquiète, déclare-t-il, pour ce gendarme courageux. »

Deux jours plus tard, le lieutenant-colonel décède. Arnaud Beltrame. Tout un pays retient ce nom. Impressionné par son sacrifice, le président en fait un héros national. Il aura droit à des funérailles nationales aux Invalides.

Jamais encore Emmanuel Macron n'a été confronté aux victimes d'un attentat. Pour lui, cet officier, franc-maçon et chrétien, peut réconcilier toute la nation. La mise en scène est grandiose. Sous la pluie, des centaines de personnes regardent passer le cortège funéraire, au son du bourdon de Notre-Dame. Dans la cour des Invalides, deux mille invités, dont tout le gouvernement. Devant le cercueil enveloppé du drapeau tricolore, le chef de l'État, grave et martial, rend un hommage ému à celui qui incarne « l'esprit de résistance ». Il invoque Jeanne d'Arc, Charles de Gaulle, Jean Moulin et les maquisards, fustige une énième fois les « sceptiques » et martèle que « l'exemple doit venir du chef ». Il réclame un « regain de vigilance et de civisme » contre « l'hydre islamiste ». C'est un ton nouveau contre l'islam radical, plus dur, qui va au-delà du terrorisme. Jamais la gauche n'aurait utilisé un tel terme. Il sait que 58 % des Français reprochent à l'exécutif de ne pas agir suffisamment contre les terroristes.

Le soir même, en toute discrétion, il se rend à Bagneux, aux obsèques de Mireille Knoll, assassinée à quatre-vingt-cinq ans dans un meurtre antisémite. La veille, l'Assemblée a voté une forte hausse des dépenses militaires. Une promesse du candidat, devenue réalité d'un chef de l'État plus que jamais convaincu du rôle de l'armée.

22 mars 2018 et test social

L'atmosphère sociale est lourde. Clin d'œil de l'histoire, cinquante ans après un autre 22 mars, un commando masqué et armé de planches de bois évacue à Montpellier un amphithéâtre occupé par des étudiants qui dénoncent la nouvelle sélection à l'entrée des facs. Détresse de l'époque, certains des attaquants s'avèrent être des profs. Le doyen de l'université est d'abord mis à pied, puis en examen. Un avant-goût de ce premier test social du quinquennat.

Week-end de Pâques. Les cheminots ont décidé une grève de trois mois, perlée, conçue pour durer. Afin de prendre l'avantage, l'intersyndicale de la SNCF imaginé un rythme inédit d'arrêts de travail intermittents : deux jours sur cinq. Cette formule peut se révéler redoutablement efficace, puisqu'elle permet de perturber avec peu de jours grevés par agent. D'autres mouvements s'agrègent, des membres du personnel d'Air France aux salariés de Carrefour. Clairement, du résultat de ce mouvement social dépendra la suite des réformes, en particulier celle des retraites. Pour les syndicats hérissés par l'inflexibilité du pouvoir, l'enjeu est majeur. « Emmanuel Macron laisse les gens parler et puis il tranche. Les ministres sont parfois dans l'incapacité de nous dire ce qui va être décidé », commente avec amertume la CFDT. Du côté du gouvernement, Gabriel Attal réclame, provocateur, que la France « sorte de la gréviculture ». Dans le même temps, on apprend que l'exécutif, inquiet, retrouve les ciseaux de la censure. Un entretien de la ministre des Transports, Élisabeth Borne, donné aux *Échos*, est ainsi entièrement réécrit. Le premier quotidien économique de France refuse de publier cette tribune camouflée en interview. Emmanuel Macron entre dans le dur.

Une courte majorité de nos concitoyens juge la grève injustifiée et les trois quarts sont convaincus que le Premier ministre et le chef de l'État iront jusqu'au bout. Le premier mardi de grève provoque une énorme pagaille. Pourtant, le soutien de l'opinion au mouvement augmente d'un zeste. Histoire de ne pas ouvrir trop de fronts à la fois, le gouvernement recule pour cent mille couples de retraités dont le revenu dépasse de justesse le seuil qui déclenche la hausse de la CSG. Ils seront finalement exemptés. Le président, short et chemisette, file jouer au tennis au Touquet et rassure ceux qu'il croise : « Ne vous inquiétez pas ! » Il ne doute pas de cette réforme. Il ne doute pas de l'adhésion de l'opinion. Il a raison, le train passe sans trop de casse.

Cela n'empêche pas, néanmoins, les arrêts en pleine campagne. Pour la première fois, à Rouen, il est hué par des manifestants et, lors de sa visite du centre hospitalier, une infirmière refuse de lui serrer la main. Elle entend ainsi dénoncer le manque de moyens accordés au domaine de la santé. Une revendication de plus en plus fréquente et que la pandémie justifiera pleinement deux ans plus tard. Emmanuel Macron, alors près de ses sous, réplique : « Il n'y a pas d'argent magique. » Nous n'en sommes pas encore au désormais célèbre « quoi qu'il en coûte ». Mais le président est aussi un intuitif. Il sent bien qu'il ne peut plus se contenter des réseaux sociaux. Ce jour-là, non seulement il accepte – une autre première ! – de répondre aux journalistes qui l'interrogent sur les grèves, mais surtout décide d'accorder deux interviews à la télévision. Une vraie révolution en Macronie !

Silence, on tourne !

Ces deux interventions forment un « en même temps » médiatique. D'abord, une interview à treize heures sur TF1, menée par l'incontournable présentateur du JT d'alors, Jean-Pierre Pernaut. Une adresse aux ruraux et aux seniors, qui ne regardent guère les vidéos de l'Élysée sur Facebook ! L'entretien est délocalisé dans l'école de Berd'huis, un petit village de l'Orne. La seconde prise de parole vise les urbains et combine deux médias que tout oppose : Mediapart et BFMTV. Elle est menée par d'autres vedettes médiatiques : Edwy Plenel et Jean-Jacques Bourdin. À la demande de Mediapart, l'échange est programmé en « terrain neutre », hors de l'Élysée, soit au théâtre de Chaillot, héritier du Théâtre national populaire. En amont, le président organise dans son bureau une réunion pour l'évacuation musclée de Notre-Dame-des-Landes. Les deux interviews, quelques jours plus tard, seront idéales pour s'en expliquer.

Présider, c'est aussi s'adapter. Ce week-end-là, le régime syrien, appuyé par la Russie, effectue un bombardement au chlore sur des rebelles dans la zone de la Ghouta. Des armes chimiques utilisées contre des civils. La ligne rouge de l'horreur. L'interdit absolu pour Paris. Accompagné de son état-major, le chef des armées passe plusieurs heures à visionner des témoignages qui corroborent les renseignements glanés par les services. Emmanuel Macron s'entretient avec Donald Trump et le convainc d'agir. Une semaine plus tard, les États-Unis et la France frappent de concert des dépôts d'armes chimiques du régime syrien. Il ne fallait toucher ni la population ni les soldats russes présents aux côtés des militaires de Bachar el-Assad. Pari gagné.

En attendant de s'exprimer face aux caméras, il intervient lors de la conférence des évêques de France. Brigitte Macron, robe blanche immaculée, est assise au premier rang. Devant elle, jadis enseignante au lycée jésuite parisien Saint-Louis-de-Gonzague, dit « Franklin », il prêche. Pour la recherche de l'absolu, du dépassement de soi et du salut, même pour les incroyants. Il fustige le nihilisme et le relativisme qui, selon lui, sapent la France. Il appelle les catholiques à « s'engager politiquement » et annonce : « Le lien entre l'Église et l'État s'est abîmé et il nous importe de le réparer. » Le lendemain, dans un résumé ironique, *Libération* titre : « Frère Emmanuel ». C'est oublier que, devant les évêques, le président a aussi milité en faveur de la procréation médicalement assistée (PMA) pour toutes, y compris pour les couples gays. Et rappelé, quoiqu'en langage fleuri, que l'Église ne pourrait rien contre.

Un village français

Sous un ciel d'azur, Berd'huis l'attend. Les routes ont été coupées à cinq kilomètres à la ronde. Vers midi, un long cortège de berlines noires s'approche. Emmanuel Macron a exigé de tous les membres de son cercle proche qu'ils l'accompagnent dans cette expédition rurale, afin de « les sortir de l'Élysée ». Dans la cour de l'école se retrouvent donc ces conseillers que le public ne voit jamais – Ismaël Emelien, Bruno Roger-Petit ou Stéphane Séjourné. Mais aussi un petit homme barbu, serré dans son costume bleu roi, qui organise tout et donne des ordres à chacun, y compris aux policiers. Il me tend sa carte avec assurance : « Alexandre Benalla, adjoint au chef de cabinet du président de la République ». Comment imaginer que ce titre est usurpé ? On apprendra plus tard qu'il n'est que chargé de mission.

À treize heures moins une, l'émission de TF1 démarre, en direct, dans une petite classe décorée de dessins d'enfants. Avec habileté, Jean-Pierre Pernaut pose ses questions *via* des vidéos de mécontents. Des retraités qui se plaignent de la CSG et se sentent la cible d'un « souverain mépris », des voyageurs excédés par la grève du rail, des déçus de la politique sociale, des soignants qui dénoncent les difficultés de l'hôpital... Les commentaires sont à l'avenant : « C'est un peu le président des riches », « Il fonce sans nous écouter », « Il oublie les gens », « Il manque d'une politique sociale ».

« Êtes-vous surpris de ces propos ? N'êtes-vous pas un peu enfermé à l'Élysée ? » lui lance la vedette de TF1. Emmanuel Macron est sur la défensive : « Demandez aux gens au chômage si on va trop vite, réplique-t-il, l'air pincé. Je fais ce que je dis. » CSG, SNCF, évacuation de Notre-Dame-des-Landes, il joue la carte de l'intransigeance. Et évoque aussi une vague réforme de l'hôpital avec « davantage de moyens » ... Il ignore évidemment que, deux ans plus tard, les hôpitaux et leurs personnels en sous-effectifs et mal payés seront le seul rempart contre la pandémie assassine.

Double gagnant

Face à face pour son second match médiatique, le duo Plenel-Bourdin opposé au tandem Emmanuel-Brigitte. Devant des millions de téléspectateurs, leurs deux silhouettes surgissent au sommet de l'immense escalier illuminé du théâtre de Chaillot. Ils descendent les marches main dans la main. Elle, très élégante, en talons hauts, regarde ses pieds pour ne pas tomber. Lui, décontracté, dévale les gradins en professionnel du spectacle. La caméra l'accompagne jusqu'à la table triangulaire installée dans l'atrium, devant la dentelle dorée de la tour Eiffel.

D'entrée de jeu, les journalistes l'attaquent sur le rapport entre pouvoir et citoyens, entre pouvoir et médias. Refusant de l'appeler « monsieur le président », ils l'apostrophent de sonores « Emmanuel Macron », qui paraissent surjoués et agressifs. « Vous avez appelé votre mouvement En marche, n'auriez-vous pas dû l'appeler En force ? » commence Edwy Plenel sur sa gauche. « N'avez-vous pas une illusion puérile de toute puissance ? » accuse Jean-Jacques Bourdin sur sa droite. Emmanuel Macron rétorque en montant au filet. Accule le journaliste de Mediapart sur sa « malhonnêteté intellectuelle » à propos de la dette publique. Puis l'attaque frontalement : « Vous-même, vous aviez décidé de vous affranchir des règles. » Une allusion au refus de Mediapart, pendant plusieurs années, de s'acquitter de la TVA sur la presse en ligne, abaissée depuis. Sur l'évacuation des zadistes, Emmanuel Macron ironise dans un sourire : « Je vais m'installer dans votre salon et dire que c'est un projet agricole alternatif. »

Pugnace et sincère, même si cela ne le rend pas forcément sympathique, il gagne ce match. Mais perd un point, un premier point : à l'Assemblée nationale, quelques jours plus tard, le député LREM Matthieu Orphelin, figure de son aile gauche, annonce qu'il votera contre le projet de loi Asile et immigration.

Sur le métier, chaque jour...

Emmanuel Macron n'aime rien de plus que l'affrontement. Les exemples de ce trait de caractère dominant sont légion et cette période en foisonne. L'Europe. Il veut raviver l'élan de son grand discours de la Sorbonne, qui est retombé comme un soufflé, il faut bien l'admettre. Pendant trois heures, devant un Parlement européen sceptique, il guerroie en faveur d'un budget de la zone euro alimenté par une taxe sur les géants du numérique. Puis, inaugurant la première « consultation citoyenne » sur l'Union européenne à Épinal – tout un symbole, dans le fief de feu Philippe Séguin –, il tente de réveiller une salle apathique. Frustré par des questions trop policées, il pique, mord, provoque, relance, s'acharne... « Ne restez pas silencieux, ne restez pas assis ! » lance-t-il aux quelque quatre cent cinquante personnes présentes. Y a-t-il quelqu'un qui conteste ? Qu'il s'exprime ! implore-t-il. Enfin, au fond de la salle, une main timide se décide à se lever. « Nous sommes éleveurs de bovins et la concurrence des Allemands et des Italiens est trop forte », ose timidement une dame… à laquelle il répond longuement, avec force détails, sur le coût des broutards, des abattoirs et des carcasses. Sans pour autant satisfaire sa faim de convaincre.

Il voulait du combat ? Il en trouve à Saint-Dié-des-Vosges. Dès son arrivée, il est sifflé et les huées des mécontents couvrent les rares bravos. Il y a là des cheminots auxquels le président répète qu'ils sont « plus protégés que les fonctionnaires ». Il y a aussi des retraités qui l'apostrophent, inquiets ; des étudiants qui s'insurgent d'une sélection discriminatoire à l'entrée en faculté ; des conducteurs qui dénoncent ces quatre-vingts kilomètres à l'heure qui les freinent dans leur journée de travail ; des membres du personnel de santé œuvrant en Ehpad, qui réclament, encore et toujours, plus de moyens pour accompagner avec dignité les personnes âgées sous leur responsabilité… il y a même un homme qui fait un doigt d'honneur au chef de l'État et qui se voit interpellé.

Face à cette violence, cette absence de débat, son chef de cabinet ordonne aux policiers de « virer le groupe de siffleurs ». Emmanuel Macron, persévérant, tente quant à lui, une nouvelle fois, de convaincre et explique : « Si je cède sur les quatre-vingts kilomètres à l'heure, si je cède aux cheminots qui râlent, puis sur Notre-Dame-des-Landes, alors c'est fini, on ne fait plus rien. Je ne vais pas différer les réformes pour que je puisse me promener dans les rues tranquillement ! »

Gant de velours

Tenter de convaincre les irréductibles n'a pas de frontière. Le voici donc de l'autre côté de l'océan Atlantique. Donald Trump ? Un défi à la mesure d'Emmanuel Macron. L'homme alors à la tête de la plus grande puissance du monde, et qui veut notamment « déchirer » l'accord sur le nucléaire avec l'Iran, se retrouve face au président français, volontaire, certes, mais avec bien peu de marge de manœuvre. À défaut de ce qui serait une éclatante victoire diplomatique, Paris voudrait au moins que Washington renonce aux taxes douanières massives sur l'aluminium et l'acier qu'il menace d'appliquer. Mais gagner au poker revient rarement à dévoiler son jeu en début de partie…

À peine arrivé à Washington, le couple Macron improvise une petite promenade dans les rues, du jamais-vu dans ces visites d'État – la première de l'ère Trump – au cadre si protocolaire. Puis, direction la Maison-Blanche, où Donald Trump et son épouse Melania accueillent chaleureusement Emmanuel et Brigitte Macron. Sur la pelouse où les dames musardent en talons aiguilles, les deux hommes, armés de grandes pelles plaqué or, creusent pour planter un jeune chêne offert par la France. Un joli présent… qui sera discrètement déterré peu après pour raisons sanitaires. Décidément, Emmanuel Macron n'a pas de chance avec ses cadeaux diplomatiques ! En Chine ou aux États-Unis, il est rattrapé par les quarantaines. Le quatuor file ensuite en hélicoptère vers la maison de George Washington, premier président américain. Lors de ce dîner à quatre, on évite les sujets qui fâchent. En quittant Mount Vernon, dans le vrombissement des hélicos, Donald Trump se plante devant les caméras et se lance dans une petite déclaration. Nous n'entendons rien, ses paroles sont couvertes par les décibels des rotors. En voyant nos expressions, Emmanuel Macron évalue l'absurdité de la situation et pose la main sur le bras de son imposant voisin afin de le dissuader de poursuivre. Vainement. Donald Trump est seul au monde. Il reste imperturbable. « Inutile de tenter de le faire changer d'avis », pense visiblement le président français. Sur son visage, on perçoit une pointe de sidération. Comme un mauvais pressentiment.

Poigne de fer

Le lendemain, dans les jardins de la Maison-Blanche, des centaines d'invités agitent de petits drapeaux des grands pays. Surprise, le cow-boy met son talent de tribun au service d'un hommage au colonel Beltrame : « Il a vu le mal en face et n'a pas cillé. » Puis, Donald Trump et Emmanuel Macron s'étreignent longuement et la carrure massive de l'Américain avale le fluet Français. Les deux présidents passent ensuite sous les colonnades pour se diriger vers le bureau ovale, dans lequel aura lieu leur tête-à-tête, sans interprète. Devant la porte, ils s'arrêtent pour les photographes.

Soudain, impatiemment, Donald Trump saisit la main d'Emmanuel Macron et l'entraîne. C'est dans la boîte. La photo du géant blond qui tire le petit bien peigné, comme un père son enfant, trône le lendemain en une du *Washington Post*. Plus tard, dans l'iconique bureau ovale où ils entrent avec des journalistes, le chef de l'État se fait de nouveau piéger. Donald Trump, d'une pichenette, époussette la veste de son invité. « Il y a des pellicules, déclare-t-il, très sérieux. Laissez-moi les lui ôter, je veux qu'il soit parfait... Il est parfait ! Ce sera un grand président. » Ces images, terribles, font le tour du monde. À l'AFP, nous agrandissons les clichés au pixel près : aucune trace de la moindre pellicule, bien entendu ! Des journalistes américains interpellent alors leur président sur l'accord iranien. Sans complexe, Donald Trump éructe pendant plusieurs minutes pour dire à quel point cet accord est « abominable ». Pour les États-Unis, l'Occident verse à l'Iran « des barils de cash » sans rien obtenir en retour et Téhéran est responsable de tous les conflits de la région. Emmanuel Macron le fixe sans mot dire. Se tourne un instant vers les journalistes français et nous lance un regard entendu, rictus ironique et mâchoire serrée. J'ai l'impression de l'entendre souffler : « Comprenez-vous, maintenant, ce à quoi j'ai affaire ? »

À leur conférence de presse commune, la partie est clairement perdue. C'est au contraire le Français qui réclame désormais un compromis plus contraignant pour l'Iran. Le 12 mai, Donald Trump se retirera de l'accord iranien et rétablira des sanctions plus sévères à l'égard de Téhéran. Rien n'est dit sur la guerre commerciale de l'aluminium et de l'acier, un mauvais signe.

Le lendemain matin, Emmanuel Macron prend une petite revanche purement sémantique. Dans un long discours en anglais devant le Congrès, il réitère ses critiques contre la politique américaine sur le climat, l'Iran ou la guerre commerciale et son slogan « L'Amérique d'abord ». Il termine son propos en envoyant un baiser à son épouse, assise au balcon. Plus tard, il nous confiera sa lassitude vis-à-vis de Donald Trump : « Cela ne sert à rien que je lève la main pour lui dire *Hey, I disagree*. Je ne suis pas Sisyphe ni Sacher Masoch au point d'aller discuter sans aucune chance d'avancer. » Qu'a-t-il pensé de la scène des « pellicules » ? « Pour lui, c'est un geste affectueux... vous n'avez pas sa logique et peut-être que moi non plus. »

De retour des États-Unis, il accorde une interview à la prestigieuse revue NRF. « Du point de vue du système politique traditionnel, je suis une aberration et, en réalité, je ne suis que l'émanation du goût du peuple français pour le romanesque », décrypte-t-il. Comme porté par sa fonction au-delà de toute fatigue – la visite américaine était épuisante –, dès le lendemain, il clôture à l'OCDE (Organisation de coopération et de développement économiques) une conférence organisée à son initiative sur l'argent du terrorisme ; dîne avec des stars du festival de Cannes et, le jour suivant, repart une semaine en Australie et en Nouvelle-Calédonie. Sans oublier de se faire filmer dans son avion en train de tutoyer au téléphone Vladimir Poutine. De nouveau, il prend son bâton de pèlerin et quitte la douce France, à la veille des manifestations du 1er Mai. Emmanuel Macron ignore que, le lendemain, son homme de confiance fera dérailler le train élyséen qu'il imagine sous contrôle.

5

DE TRUMP À BENALLA
Mai-septembre 2018

« Jusqu'à présent, la seule manière de faire ressentir rapidement un changement aux Français consistait à distribuer de l'argent public. Notre pays s'était habitué à cette morphine. » Cette nouvelle petite phrase, Emmanuel Macron la prononce à l'autre bout du monde, à Sydney, précisément. Mais elle vise bien le sol national. En ce printemps 2018, ils sont nombreux à s'inquiéter des réformes qui se succèdent. SNCF, Air France, Ehpad ou fonction publique, les mécontents sont nombreux. Pour autant, le traditionnel défilé du 1er Mai ne sera, une fois de plus, pas unitaire. Hormis du côté des *black blocs*, ces manifestants violents, vêtus de noir de pied en cagoule, armés de barres de fer et parfois de cocktails Molotov. Ce jour-là, ils sont près de mille deux cents, selon le ministère de l'Intérieur, à faire irruption en tête du cortège. Et ont le temps de casser et brûler avant la charge des CRS. On accuse le premier flic de France de les avoir sciemment laissés agir, afin de décrédibiliser les contestataires. De nombreux heurts se produisent entre manifestants et policiers. Place de la Contrescarpe, entre autres.

La Macronie avance de son côté sur la formation professionnelle, clé de voûte de l'« émancipation individuelle » chère au président, censée permettre à chacun de changer de vie. Dans l'indifférence générale au milieu de l'agitation sociale, Muriel Pénicaud a présenté le projet de loi « Avenir professionnel » le 27 avril. Si l'apprentissage bénéficie de réelles simplifications, l'autre promesse du candidat, le chômage pour tous, accouche d'une souris. Pour les démissionnaires et les indépendants, les règles sont si restrictives que seuls trente mille bénéficiaires par an sont attendus. La seule mesure retenue ? Le durcissement des critères pour les salariés. Et pendant ce temps, sur une base militaire australienne, le chef de l'État vante le partenariat stratégique France-Australie et un « contrat du siècle » de fourniture de sous-marins.

Au lendemain de ce 1er Mai houleux, Emmanuel Macron montre qu'il ne craint décidément pas l'affrontement. Il annonce au magazine américain *Forbes* la suppression dès l'an prochain de l'*exit* tax, un impôt mis en place par Nicolas Sarkozy pour empêcher l'exil fiscal des chefs d'entreprise. L'annonce, inattendue, surprend jusqu'aux élus de sa majorité. Pour le président, c'est une évidence, il faut pouvoir être « libre d'investir comme on le souhaite ». En une de la revue, il trône, souriant, sous cette légende sans nuance : « Leader des marchés libres ». Il n'en fallait pas plus pour que François Hollande sorte une nouvelle fois du bois et l'accuse d'être le président des « très riches ». La phrase fait florès. 72 % de nos concitoyens jugent sa politique économique « socialement injuste ».

Sous le cocotier, les manifestants

« Je ne suis pas magicien. » C'est la formule du chef de l'État pour exprimer son amertume d'avoir échoué à convaincre Donald Trump sur l'Iran. Il pourrait résumer de la même manière son exaspération face aux atermoiements d'Angela Merkel concernant ses projets de relance européenne. À Aix-la-Chapelle, en pleine remise du prix Charlemagne saluant son engagement pro-européen, sa grosse médaille autour du cou, il accuse même l'Allemagne d'égoïsme budgétaire. Petit vent glacial sur la majestueuse cérémonie. Ce sera l'un des moments les plus tendus de sa relation avec la chancelière, comme le racontera son conseiller Clément Beaune. Il n'est pas magicien mais s'y essaye. Et parfois avec un certain succès.

En Nouvelle-Calédonie, il participe aux commémorations de l'assaut de la grotte d'Ouvéa. Trente ans plus tôt, six militaires et dix-neuf militants kanaks périssaient dans l'attaque de l'armée pour libérer vingt-trois gendarmes retenus en otage par des indépendantistes. Face à des habitants qui protestent contre sa présence, une fois n'est pas coutume, le président cède et accepte d'observer la cérémonie de l'autre côté de la route. Mais il est au bras de Marie-Claude Tjibaou, veuve de l'indépendantiste Jean-Marie Tjibaou, tombé à cet endroit. Il convainc même les plus hostiles,

les proches d'Alphonse Dianou, chef des preneurs d'otages mort durant l'assaut. Leur rencontre se conclut par de longues accolades embrumées de larmes. Regardant droit dans les yeux l'un des fils d'Alphonse Dianou, Emmanuel Macron le prend par l'épaule et, grave, lui dit : « Viens. » De concert, ils plantent le cocotier du pardon. Le chef de l'État recourt à une sobriété appréciée pour évoquer le futur référendum sur l'indépendance de la Nouvelle-Calédonie, le 4 novembre. Il ne prendra pas parti – Paris n'est pas inquiet, les indépendantistes sont minoritaires – mais ajoute que la France « a besoin » de l'archipel. Une discrète prise de position.

Il est parti six jours. Sa plus longue absence depuis son élection, durant ce mois de mai tendu dans l'Hexagone. Il en a profité pour promouvoir l'axe Paris-New Delhi-Canberra qui, espère-t-il, renforcera le rôle de l'Hexagone dans le Pacifique face à la Chine. Il ignore que, trois ans plus tard, l'Australie choisira les États-Unis et rompra son contrat d'achat colossal de sous-marins français. Un camouflet majeur.

Pendant ce temps, l'Insoumis François Ruffin organise une « fête à Macron », avec chars costumés, caricatures et appel à un « pot-au-feu » des contestations. Le tweet naïf de Marlène Schiappa, qui corrige la faute de grammaire en soulignant que c'est la fête « de » Macron, n'y change rien. Encadré par deux mille policiers, le défilé est pacifique, moqueur, agressif contre « Jupiter » grimé en monarque, y compris avec un mannequin pendu… Jean-Luc Mélenchon, perché sur un char, harangue la foule en espérant « une marée humaine » pour un rassemblement le 26 mai. L'atmosphère est électrique. Un car-régie de Radio France est vandalisé par des casseurs cagoulés.

Le 9 mai, une réforme constitutionnelle est présentée en Conseil des ministres. Dans le viseur du pouvoir ? La majorité de droite au Sénat. Un article prévoit le renouvellement complet – et non plus par moitié – des élus de la chambre haute dès 2021. Droite et gauche dénoncent à l'unisson ce que les deux bords considèrent comme un affaiblissement du Parlement. Le bulldozer des réformes fait murmurer au sein même de la majorité.

Il ferme pour mieux rouvrir

« Quelque part, ça n'aurait aucun sens que deux mâles blancs, ne vivant pas dans ces quartiers, s'échangent l'un un rapport, et l'autre disant : "On m'a remis un plan." Ça ne marche plus comme ça. » Quel camouflet ! Ce 22 mai, Emmanuel Macron enterre l'idée d'un plan pour les banlieues et dénigre le rapport qu'il a personnellement demandé à Jean-Louis Borloo sur les quartiers en difficulté. Dans la salle des fêtes de l'Élysée où sont réunis six cents élus et acteurs des quartiers, l'ambiance est un peu à la gêne. D'autant que le président a demandé à l'humoriste controversé Yassine Belattar de chauffer la salle. Ses reparties provocantes sur les « faciès » et le ramadan créent d'entrée un malaise. Le président enfonce le clou. « Je ne vais pas annoncer un plan ville ou un plan banlieues car on est au bout [de cette stratégie] aussi âgée que moi » ! L'ancien ministre de Jacques Chirac est mortifié, lui qui préconisait une vingtaine de mesures ambitieuses, d'un coût colossal. En amont de cette grand-messe, croyant être habile, Jean-Louis Borloo avait accordé une interview au *Monde* pour présenter ses propositions. C'était oublier que le président ne supporte pas qu'on lui force la main. Auparavant, Sibeth Ndiaye était d'ailleurs venue nous prévenir que l'arrosage d'aides à tout-va n'était plus de mise. Le gouvernement n'a pas encore déterminé comment financer la suppression de la taxe d'habitation, c'est dire !

Amer, l'ancien maire de Valenciennes commente : « On est en train de remplacer le vieux monde des solidarités par le jeune monde des abandons de ceux qui ont besoin de la solidarité. Le gratin se sépare des nouilles. » La presse dénonce une « opération enfouissement », quand la voix de ces quartiers prioritaires, dans lesquels vivent cinq millions d'habitants, reste sourde.

Quel bilan tirer de cette première année de pouvoir ? Emmanuel Macron a fait voter, tambour battant, vingt-huit lois. Les membres du gouvernement sont chargés de les défendre sur Facebook, et le parti présidentiel distribue un fascicule décryptant les « cinquante-trois mesures clés » d'ores et déjà appliquées. À son entourage, le président répète que la fin du quinquennat est là, au 31 décembre 2018, car tout ce qui n'aura pas été lancé à ce moment-là ne passera plus.

Jusqu'ici, tout va bien. L'ambitieux calendrier législatif est tenu. Emmanuel Macron a rasséréné le tourmenté Nicolas Hulot. Le ministre a découvert avec inquiétude que l'interdiction du glyphosate dans les trois ans, promise par le président en novembre, ne figurera finalement pas dans la loi sur l'agriculture en débat à l'Assemblée. Loi ou pas, cela reste bien l'objectif, lui a assuré le chef de l'État. Les prochaines étapes ? La loi Pacte pour les entreprises, les réformes de la fonction publique et des retraites. La grève de la SNCF appartient déjà au passé, nous explique, tranquille, Alexis Kohler.

Sur tous les fronts

« Il n'y a pas de repas gratuit. J'attends de vous des discussions franches et directes pour voir comment faire plus pour améliorer la situation sociale, les inégalités, le changement climatique, et résoudre ensemble ces problèmes collectifs. On ne peut pas être des passagers clandestins de la collectivité même quand on fait de bonnes affaires. » Ainsi parle Emmanuel Macron à une soixantaine des plus grands PDG mondiaux du numérique, qu'il réunit le 23 mai au palais. Vedette du jour, le patron de Facebook, Mark Zuckerberg, qui a droit à son entretien en tête-à-tête. Ce qui signifie que le géant de l'e-commerce investit dans notre pays.

En effet, tous les invités ont reçu le même mail : « Un rendez-vous avec le président n'est envisageable qu'en cas d'investissements en France, qui puissent être annoncés lors de cette journée. » L'objectif du jour ? Mettre des moyens au service des « biens communs », notamment l'éducation ou l'égalité des sexes. L'événement est baptisé « Tech for Good ». Les jeunes conseillers économiques de l'Élysée se montrent plus impressionnés que pour n'importe quel chef d'État, reflétant sans doute l'opinion du « boss ». Rappelons que cela fait des mois que Paris cherche à convaincre les vingt-sept de taxer les Gafa. Peu de journalistes ont été admis et la contradiction n'effleure pas : les patrons détestent les indiscrets.

Résultats tout aussi mitigés sur les questions européennes ou sur le règlement du conflit en Libye. Si Angela Merkel soutient bien les ambitions pour le vieux continent d'Emmanuel Macron, c'est du bout de lèvres. Si la chancelière accepte l'idée d'un budget pour la zone euro, c'est avec parcimonie. Quelques milliards à lui jeter en pâture, au lieu des centaines de milliards dont rêve le Français.

Le 29 mai, le président réunit de nouveau à l'Élysée les quatre hommes forts de la Libye, en présence de représentants d'une vingtaine de pays, sous le patronage de l'ONU. En un après-midi, il paraît parvenir à rétablir la paix. Le Premier ministre Fayez al-Sarraj et son rival Khalifa Haftar s'engagent à organiser un scrutin pour le 10 décembre. Avec autorité, le vainqueur du jour pose ses mains sur les bras des deux leaders. Victoire sans lendemain. Les combats reprennent et les élections n'auront pas lieu.

À l'est, rien de nouveau

Donald Trump, Vladimir Poutine, même combat. Et même résultat. Emmanuel Macron quitte le dossier libyen pour s'envoler vers Saint-Pétersbourg et y rencontrer au palais Constantin le nouveau tsar. Un match retour, un an après Versailles. À l'époque, il avait publiquement affiché ses désaccords sur la Syrie, l'annexion de la Crimée, le soutien aux milices pro-russes à l'est de l'Ukraine, les droits de l'homme et la manipulation de fake news par des réseaux pro-russes. Ce qui n'a rien changé. La Russie poursuit son chemin en toute illégalité. La tentative d'empoisonnement à Londres, le 4 mars, de l'ex-agent russe Sergueï Skripal a provoqué la colère puis l'expulsion de dizaines de diplomates russes d'Europe et des États-Unis. Moscou, en retour, a chassé une soixantaine de personnalités occidentales. La diplomatie tricolore fait de l'équilibrisme. Entre des États-Unis trumpiens qui se désengagent d'Europe et une Russie qui n'en fait qu'à sa tête, le seul point d'accord reste le foot. Le mondial aura lieu deux mois plus tard et si les Bleus parviennent en demi-finale, Emmanuel Macron s'engage à revenir assister à leurs matchs. Cette diplomatie du ballon rond n'est pas à négliger.

Moins amusant mais tout aussi sportif, la France revient dans le jeu européen : après neuf ans d'ostracisme, Bruxelles propose enfin de clore la procédure pour déficit excessif ouverte contre Paris en 2009. Dans une tout autre catégorie, le chef de l'État peut aussi sourire : la « marée humaine » qu'imaginait Jean-Luc Mélenchon est restée mer d'huile le 26 mai. La veille, le gouvernement, prudent, a sans doute désamorcé en partie la colère des cheminots en annonçant que l'État reprendrait à son compte une bonne partie de la dette de la SNCF.

« Un acte exceptionnel ne fait pas une politique »

« Ce qui est certain, c'est qu'il y en a trop » et que les aides sociales n'ont « pas réglé le problème de la grande pauvreté en France, ni l'activation vers le travail », observe Gérald Darmanin, aussitôt relayé par des poids lourds de la majorité, de Christophe Castaner à Benjamin Griveaux en passant par Richard Ferrand. Nul doute qu'une annonce présidentielle est dans les tuyaux. Mais celle-ci va connaître un coup de frein humain inattendu.

Le jour du défilé anti-Macron des Insoumis à Paris, un jeune Malien sans papier aperçoit un enfant suspendu dans le vide, qui s'accroche d'une main, au quatrième étage d'un immeuble. En quelques secondes, il escalade la façade et sauve le petit. La vidéo de son exploit fait immédiatement le tour des réseaux sociaux. Une pétition surgit en faveur de « Spiderman », qui est félicité par Anne Hidalgo. Emmanuel Macron adule ce geste de bravoure individuel. On nous annonce que le jeune homme sera reçu le lendemain au palais et que la cour sera grande ouverte aux médias. Je suis conviée à suivre l'entrevue. Le chef de l'État est assis sur une banquette avec le héros du jour dans un petit salon. Il le bombarde de questions sur sa situation et son périple à travers l'Afrique et la Méditerranée pour débarquer clandestinement en Europe. Très intimidé, Mamoudou Gassama répond à voix basse, par monosyllabes, à ce président incollable sur les routes des migrants. Il lui raconte le prix exigé par les passeurs, la traversée éprouvante de la Libye et ses malheurs en Italie. Il décrit aussi l'impulsion qui l'a poussé à entreprendre l'escalade, sans réfléchir au danger qu'il courait.

— Moi, je n'en serais pas capable, dit son hôte, admiratif, avant d'ajouter, l'œil pétillant : Vous voudriez rester en France ? Travailler ici ?

— Oui, murmure l'intéressé.

— Eh bien, vos papiers vont être régularisés, vous pourrez demander à être naturalisé et, si vous le souhaitez, intégrer le corps des sapeurs-pompiers de Paris.

Des papiers et un travail ! Cette conversation est évidemment diffusée sur la page Facebook de la présidence. « C'est un acte exceptionnel, un acte d'héroïsme. J'ai souhaité qu'on puisse prendre une décision exceptionnelle pour vous », lui déclare le président. Mais quoique héros, Mamoudou Gassama est aussi l'un de ces migrants illégaux que le chef de l'État veut faire expulser de manière systématique, comme le prévoit la loi Asile et immigration. Il l'avertit qu'il aurait dû être reconduit à la frontière. « Un acte exceptionnel ne fait pas une politique. » Satisfait de son geste charitable, Emmanuel Macron se congratule aux côtés de Gérard Collomb, venu de Beauvau.

— Quand vous êtes-vous décidé ? lui demandé-je.

— Très vite après la vidéo, s'amuse le président, jetant un regard en coin vers son ministre favori qui ricane de satisfaction.

Récompenser l'individu, un condensé de macronisme, pédagogique pour les masses. Deux jours plus tard, la police évacue le « camp du Millénaire » le long du canal Saint-Denis à Paris.

Grand soir dans le 16e

« Dans les années 1930, nous avions choisi le repli, la guerre commerciale, rapidement devenue la guerre tout court. Trop de gens pensent que, parce que nous sommes dans le confort de salles de conférences, nous pouvons oublier les défis contemporains, le réchauffement climatique, les inégalités. Alors je vous le dis avec beaucoup de force, c'est la tâche d'une génération et c'est la nôtre. » Ce jour-là, au siège luxueux de l'OCDE, forum des pays les plus riches de la planète au cœur d'un quartier aisé de Paris, Emmanuel Macron est grandiose, visionnaire, pour tout dire, enthousiasmant. Le programme qu'il trace ? Tout bonnement réformer l'Organisation mondiale du commerce, convenir d'un pacte fiscal mondial pour les Gafa, augmenter l'aide au développement et adopter des normes de production plus respectueuses de l'environnement !

Une bouffée d'air dans cet entre-soi où tout est compassé, des gardiens à l'entrée qui ne parlent qu'anglais aux financiers pleins de leur puissance. Ce discours, qui promeut le grand soir à un auditoire sous éteignoir, est d'autant plus saisissant que Donald

Trump va prochainement frapper une nouvelle fois et imposer à tous les pays des taxes douanières exorbitantes. Le visage fermé, le secrétaire américain au Commerce réplique d'ailleurs aussitôt d'une voix tombale : « Le multilatéralisme, ce sont des palabres infinies. » Le G7 de juin au Canada s'annonce très mal.

Trump ou la diplomatie du pire

« Donald Trump a fini par donner son accord, en disant que oui, il allait signer le communiqué final. Et, à ce moment-là, il s'est levé, il a mis sa main dans sa poche et il a sorti deux bonbons, les a jetés sur la table et a dit à Merkel : "Tiens, Angela, ne dis pas que je ne te donne jamais rien" », relate un diplomate.

Comme prévu, le G7 qu'accueille le Premier ministre canadien est une guerre de tranchées. D'un côté, les États-Unis, de l'autre, les six autres pays les plus riches du monde. Donald Trump est là sans l'être. Il est déjà à Singapour, où, quelques jours plus tard, il acceptera la première rencontre entre un président des États-Unis et un dictateur nord-coréen, Kim Jong-un. Tout juste a-t-il sollicité, aussitôt débarqué, un entretien en tête à tête avec Emmanuel Macron dont rien n'a filtré. Seul indice qui nous parvient : la poignée de main a – de nouveau – été virile. Donald Trump en garde un moment les marques blanches sur ses jointures. À l'issue de ce sommet, Justin Trudeau exulte : « Nous avons un communiqué commun ! » Il semble en être le premier étonné. Surprise de courte durée. Deux heures plus tard, par un tweet rageur, Donald Trump annonce, depuis Air Force One, qu'il retire son soutien au communiqué. Emmanuel Macron, lui aussi déjà en vol, est consterné. Et se laisse aller à une déclaration sévère pour celui qu'il s'efforce de ménager avec constance.

Le dialogue Paris-Rome prend l'eau

Depuis trois jours, un bateau dérive sur la question migratoire en Europe entre l'Italie et Malte : l'*Aquarius*. Le symbole du sauvetage humanitaire qui, depuis février 2016, a secouru des milliers d'Africains. Jusque-là, il les débarquait en Italie, le pays le plus proche, conformément au droit de la mer. Rome a ainsi vu arriver quelque sept cent mille clandestins depuis 2013. Le ras-le-bol des Italiens explique pour partie la victoire en mars de la Ligue, parti antimigrants, allié au mouvement populiste Cinq-Étoiles. Le 8 juin, l'*Aquarius* recueille six cents nouveaux migrants... que Rome refuse d'accueillir. Tout comme La Valette. En France, la presse, des associations et des élus s'émeuvent, y compris au sein de la majorité. Les élus corses, pas mécontents d'embarrasser Emmanuel Macron, proposent d'accueillir l'*Aquarius*, cet *Exodus* contemporain. Enfin, au soulagement général, l'Espagne accepte le navire. Le chef de l'État français dénonce « le cynisme et l'irresponsabilité du gouvernement italien » et l'accuse d'avoir délibérément laissé le bateau approcher avant de le refouler, afin de faire un coup politique. Puis il passe le week-end à organiser une répartition des passagers entre pays européens volontaires. Une première. De son côté, l'ambassadeur de France à Rome est convoqué au ministère italien des Affaires étrangères. Un incident diplomatique rarissime entre ces deux pays.

« Pognon de dingue » et dingues de com

Chassez le naturel...

Depuis sa saillie sur le « bordel » du mois d'octobre, Emmanuel Macron police son expression. Il semble avoir endossé le costume du président de la cinquième ou sixième puissance mondiale. Le soir du 12 juin, il répète dans son bureau l'allocution du lendemain au congrès de la Mutualité. C'est là que, traditionnellement, chaque président prononce un grand discours social. Les députés LREM issus de la gauche espèrent y entendre le « tournant social » du quinquennat. Tout en relisant le texte proposé par sa plume, le chef de l'État s'énerve. Il a envie de renverser la table, de « parler vrai », de changer les mentalités. Il craint que ses belles phrases ne résonnent dans le vide. Dans la nuit – son horaire de travail favori –, il se laisse convaincre par son tandem de communicants, Sibeth Ndiaye et Ismaël Émelien, de casser les codes. Il est près d'une heure du matin quand la porte-parole tweete une vidéo aux allures d'images volées. Comme si elle dévoilait les coulisses du pouvoir. Tout est fait pour montrer la spontanéité des propos.

Dans ce faux « off », hors-d'œuvre du discours officiel du lendemain, Emmanuel Macron se lâche. « On met un pognon de dingue dans les minima sociaux et les gens ne s'en sortent pas, râle-t-il d'un ton outré. Quand on tombe pauvre, on reste pauvre. » Et Sibeth Ndiaye de commenter sur Twitter : « Le président ? Toujours exigeant. Pas encore satisfait du discours qu'il prononcera demain au congrès de la Mutualité, il nous précise donc le brief ! Au boulot ! »

Aussitôt, nous rédigeons une dépêche qui donne à ces propos un écho immédiat. L'expression familière « pognon de dingue » appliquée aux aides sociales choque, au-delà sans doute de tout ce que l'Élysée avait imaginé. Dès le petit matin, les radios bruissent de commentaires négatifs. L'opinion du chef de l'État était pourtant déjà bien connue, mais de là à dénoncer le « pognon de dingue » des aides sociales, il y a un grand pas ! Surtout quand on a allégé les impôts des plus riches.

Une partie des Marcheurs est consternée. Comme d'habitude, l'Élysée assume la provocation. Sibeth Ndiaye se félicite même en privé de l'impact de la formule. Le président veut se faire comprendre dans un langage simple, explique-t-elle. Le discours du lendemain reprend d'ailleurs la teneur de la vidéo. Même les personnes handicapées ou celles qui sont « très éloignées de l'emploi » doivent pouvoir faire « quelques heures » de travail. Le « pognon de dingue » prend une ampleur phénoménale. On parle de nouveau du « président des riches ».

Cette bourde de communication reflète les deux camps présents au sein de l'Élysée, entre les tenants d'un chef de l'État jupitérien, historique, plein de hauteur, et ceux qui veulent retrouver le candidat provocateur et iconoclaste, l'antisystème qui balayait l'ancien monde. Être les deux en même temps paraît de plus en plus difficile.

OSS 117

Jacques Chirac le professait : les ennuis volent toujours en escadrille. Premier acte : le matin suivant cette fameuse vidéo, *Le Canard enchaîné* révèle une histoire de vaisselle de luxe qui jette de l'huile sur le feu. Emmanuel Macron a commandé à la manufacture de Sèvres un nouveau service de table de mille deux cents pièces, pour cinq cent mille euros. Trois jours auparavant, dans le

Journal du dimanche, les communicants de l'Élysée avaient pourtant pris les devants en annonçant eux-mêmes la commande, mais avec un chiffrage minoré, de « seulement » cinquante mille euros. Le « prix de dingue » de la vaisselle de Jupiter hérisse l'opinion publique.

Deuxième acte : le 18 juin, au Mont-Valérien, pendant les commémorations de l'appel du général de Gaulle. En plein bain de foule, un collégien bravache, qui chantonne l'*Internationale*, lance au président un familier : « Ça va, Manu ? » Emmanuel Macron prend la mouche : « Non, non, non ! Tu es là, dans une cérémonie officielle, tu te comportes comme il faut. Donc tu peux faire l'imbécile, mais aujourd'hui c'est la *Marseillaise* et le *Chant des partisans*, tu m'appelles "monsieur le président de la République" ou "monsieur". » Le collégien s'excuse mais le chef de l'État insiste sèchement : « Fais les choses dans le bon ordre. Le jour où tu veux faire la révolution, tu apprends d'abord à avoir un diplôme et à te nourrir toi-même. D'accord ? À ce moment-là, tu iras donner des leçons aux autres. » La remontrance semble démesurée, voire ringarde. Où est donc passé le président branché qui annonce une fête de la musique électro dans la cour du palais ? Sur les réseaux sociaux, c'est un véritable ball-trap. Emmanuel Macron est comparé au héros de OSS 117, Hubert Bonisseur de La Bath, la caricature d'une France désuète, qui exige des marques de respect d'un autre âge. L'inverse de sa campagne électorale. Le risque est grand d'une réputation de « président des vieux ». En réalité, nos concitoyens ont du mal à cerner cet homme aux multiples facettes. C'est désormais l'image d'un dirigeant inflexible et arrogant qui transparaît, celle d'un homme incarnant la certitude française de pouvoir sauver le monde à la hussarde.

Troisième acte : le sommet européen du 28 juin. En vue de sa préparation, dix jours avant, le chef de l'État s'envole pour le château de Meseberg afin de rencontrer Angela Merkel et de sauver ce qui peut encore l'être de ses propositions de réforme de l'Union. Il a parfaitement conscience que la question migratoire occupe tout l'espace. De son côté du Rhin, la chancelière est affaiblie par les coups de gueule antimigrants de son ministre de l'Intérieur Horst Seehofer, leader de l'aile droite de sa coalition. Elle apparaît laxiste, Emmanuel Macron vole à son secours. Il annonce travailler avec elle à un accord européen pour refouler tout demandeur d'asile vers l'État où il a été enregistré en premier. Et obtient en échange une déclaration de principe en faveur d'un budget de la zone euro, mais sans chiffres. C'est mieux que rien. Quelques semaines plus tard, l'Allemagne installe à ses frontières des centres fermés pour les migrants. De fait, Berlin ne fait que suivre une tendance de plus en plus prégnante en Europe. Des pays sans passé africain, comme la Pologne ou la Hongrie, refusent catégoriquement d'accueillir ces hommes et ces femmes venus du Sud, y compris au titre du droit d'asile. Même en Europe du Nord, les partis d'extrême droite progressent. La question est si urgente que Bruxelles décide d'organiser, avant même le sommet crucial du 28 juin, un sommet exceptionnel le 23 juin.

Communication hors sol

Dénouement de cette pièce tragicomique ? Après le « pognon de dingue », le service de Sèvres et la leçon de morale à l'ado, la piscine hors sol ! Dans un livre sur le fort de Brégançon, le journaliste Guillaume Daret[1] révèle que les Macron envisagent depuis le printemps cet aménagement, que s'étaient prudemment refusé ses prédécesseurs. Un ticket de trente-quatre mille euros, payé sur le budget du fort, donc par l'État. Mais pourquoi ce caprice, quand la mer est au pied du lieu de villégiature ? Emmanuel Macron et sa famille veulent pouvoir se baigner à l'abri des paparazzi. L'image du président bourreau de travail et donneur de leçons prend un bain. « La future boutique souvenirs de l'Élysée pourra servir à financer cette piscine ! » ose affirmer la conseillère presse… En effet, le palais révèle au même moment l'ouverture pour les journées du patrimoine d'une boutique d'objets dérivés. Avec marque dûment déposée.

L'affaire de la piscine tombe malheureusement à pic pour parasiter le combat d'Emmanuel Macron auprès de ses pairs européens sur les migrants. Sa suggestion ? Créer des « centres fermés » dans les pays de « première arrivée », autrement dit l'Espagne, l'Italie et la Grèce, pour s'occuper de ceux qui débarquent. Mais pas en France, trop éloignée pour que les navires y accostent en premier lieu. Ces centres seraient gérés par l'Europe et les migrants y seraient

1. Guillaume Daret, *Le Fort de Brégançon*, Paris, L'Observatoire, 2018.

retenus jusqu'à l'obtention d'une réponse concernant leur demande d'asile. Les personnes déboutées seraient renvoyées dans leur pays d'origine et celles qui seraient acceptées, réparties dans toute l'Europe. Tous les membres de l'Union doivent accepter ce projet, sous peine de suppression des fonds d'aide. Une parfaite architecture, en théorie. Sauf qu'il faut convaincre les pays du groupe de Visegrad (Hongrie, Pologne, République tchèque et Slovaquie), très hostiles aux migrants du Sud. Et surtout, l'Italie, vent debout contre de tels camps fermés sur son sol. « Si l'arrogance française pense transformer l'Italie en camp de réfugiés pour toute l'Europe, peut-être en versant quelques euros de pourboire, elle se fourvoie complètement », réagit, cassant, Matteo Salvini.

Colère divine

Italie. Beaucoup l'ignorent, mais le chef de l'État français est l'héritier automatique du titre désuet, et à présent vide de sens, de « chanoine du Latran ». Il se rend auprès du pape François et y passe presque une heure ! Un record pour ce genre d'audience. Emmanuel Macron, encore plus tactile qu'à son habitude, saisit de nombreuses fois la main du Saint-Père, la brandit brièvement comme un signe de victoire et n'hésite pas – faute de goût – à lui faire la bise sur les deux joues ! Il a même l'audace de plaider la cause de l'insémination artificielle pour toutes les femmes. En retour, François, fine mouche, lui offre malicieusement une médaille de saint Martin, jeune homme riche qui a partagé son manteau avec un mendiant. Comprenne qui voudra. Tant que le président est à Rome, peut-être pourrait-il faire un pas de côté et tenter d'adoucir le gouvernement Salvini ? Plus tard, nous apprendrons simplement qu'une rencontre secrète a eu lieu après le passage au Vatican. Avec qui et pour quels résultats ?

Ce jour-là, c'est jour de match. La France affronte le Danemark. Emmanuel Macron convie quelques journalistes à regarder la rencontre en sa compagnie… mais, refusant de céder un pouce de terrain à ses contradicteurs, il les entraîne dans les polémiques de ces dernières semaines.

La vaisselle de l'Élysée? «François Hollande était prisonnier d'une tyrannie collective du "il ne faut rien dépenser". Pas moi. Cette vaisselle, elle n'est pas faite pour dîner le soir avec Brigitte et découper ma tranche de jambon! Il n'y a plus un service en état. Je tiens aux fleurons. J'irai moi-même chercher le service quand il sera prêt.» Le «pognon de dingue»? «Les gens, partout, ils pensent ça. Je ne laisserai pas aux extrêmes le parler vrai. Sinon, Marine Le Pen et Jean-Luc Mélenchon sortiront vainqueurs. Si je parle techno, je perds les gens.» La piscine hors-sol? «Je ne vais pas faire comme Hollande qui allait se baigner chez ses amis, en bloquant tout un quartier. Je ne vais pas aller à l'hôtel. De Gaulle a eu l'idée de Brégançon, je m'y plie. Mais si je vais dans la mer, je me retrouve dans une jungle de paparazzis. Il faut en plus mettre des moyens de défense, des bateaux, des hommes-grenouilles, bref, ça coûte bien plus cher par jour qu'une piscine à trente-quatre mille euros.» Enfin, le chef de l'État laisse éclater sa colère contre les chaînes d'info, leur «stupidité journalistique», et en appelle à leur «responsabilité face aux populismes». «C'est fini», tente de couper Barbara Frugier, la conseillère presse internationale. «Non, je n'ai pas fini!» Ses proches glissent qu'il est désormais en «zone rouge», c'est-à-dire incontrôlable. Ce soir-là, il improvise de nouveau devant la presse, dans les jardins d'une des résidences françaises. La France et quelques autres pays se répartiront les migrants d'un nouveau navire humanitaire repoussé par l'Italie. Hors micros, il confie, résistant à ses conseillers effrayés : «Les ONG ont agi illégalement et font le jeu des passeurs.» Le discours des populistes.

«Manque d'humilité», «Trop solitaire et personnel.» L'état de grâce est bel et bien derrière lui. La cote d'Emmanuel Macron tombe encore, à 32% de satisfaits, plus très loin de celle de François Hollande après quatorze mois de mandat, ce qui explique, avec la longue liste de ses ennemis, l'ampleur que prendra, dix jours plus tard, l'affaire Benalla.

D'autant que des tensions fragilisent l'équipe gouvernementale, au sein de laquelle des langues se délient. On apprend ainsi que la ministre de la Santé et des Solidarités, Agnès Buzyn, a versé des larmes en se faisant rabrouer par le président. La raison? Le report du «plan pauvreté» car, officiellement, le chef de l'État «mature encore sur ce sujet». La ministre, elle, a gaffé en expliquant que tout dépendrait du résultat des Bleus en Russie, qui disputent le 6 juillet les quarts de finale du mondial. Si la France gagne, elle jouera en demi-finale le 10 juillet et Emmanuel Macron a promis d'aller assister au match à Moscou. Le «plan pauvreté», initialement prévu le même jour, dépendrait donc du foot? L'opposition crie au scandale.

28 juin : l'Europe affronte le dossier des migrants. Comme prévu, l'Italie et le groupe de Visegrad bloquent les propositions françaises. Le texte adopté vers cinq heures du matin est ambigu. Paris exulte : les Européens sont convenus d'une politique commune pour les migrants. Sauf que rien n'est contraignant, ni la répartition des réfugiés, ni la création de centres fermés. Après ce compromis bancal, l'Allemagne fait cavalier seul et crée des centres fermés à ses frontières. Discrètement, l'Hexagone s'entend avec l'Espagne pour pouvoir refouler ceux qui franchissent leur frontière commune. Les accords de Schengen, la plus grande avancée européenne, s'effritent.

Vitesse et précipitation

Emmanuel Macron est un bon élève. À l'orée des vacances, il prépare déjà la rentrée. Le 17 juillet, il invite syndicats et patronat pour discuter des prochaines réformes. Sans doute estime-t-il, après sa victoire dans le dossier SNCF, leur avoir suffisamment coupé les griffes. Afin de mieux l'affronter, les chefs des huit principales organisations patronales et syndicales se retrouvent la veille pour accorder leurs violons. Du jamais-vu de mémoire de syndicaliste! Tous ressortent du palais, plutôt souriants. Le président a fait des efforts pour les séduire. Dans l'après-midi, les patrons d'une centaine de grandes entreprises s'engagent à offrir quinze mille stages aux jeunes des quartiers et l'État double la mise. Les vacances peuvent commencer. Ou pas.

Le 15 juillet, les Bleus ont remporté la Coupe du monde de football. Depuis un mois, l'Élysée postait des clichés d'Emmanuel Macron levant les bras de joie à chaque victoire. Comme promis, il s'est envolé pour Moscou et a assisté à la demi-finale, puis y est retourné pour la finale. Au coup de sifflet salvateur, il a bondi, les mains au ciel. La photo de son geste de triomphe, prise par la photographe de Vladimir Poutine, est devenue virale. Tout comme les vidéos de sa visite décontractée dans les vestiaires, postées par les joueurs, qui le montrent en train de dabber avec le jeune héros du jour, Kylian MBappé. Il en a même profité pour rencontrer brièvement Vladimir Poutine. La victoire ne peut qu'aider le bulldozer des réformes.

Depuis des jours, l'organisation du retour triomphal des Bleus sur les Champs-Élysées est le principal sujet de préoccupation des conseillers. Bien entendu, il faut une réception au palais. C'est là que tout se décide, du trajet du bus à la projection des visages des joueurs sur l'Arc de triomphe. Mais la belle mécanique s'enraye. Alors que cinq cent mille personnes patientent depuis des heures sur les Champs, l'autocar des joueurs accélère et dévale l'avenue en dix minutes. Les spectateurs, qui attendent parfois depuis l'aube, sont immensément déçus. À l'Élysée, en revanche, où le véhicule est arrivé plus tôt que prévu, une longue soirée de fête commence. Le président a invité un millier d'enfants. Les joueurs font le show, posent avec le couple présidentiel et s'incrustent même pour la soirée sur place. Les cuisines leur improvisent un buffet. Ils ne viennent même pas brandir la Coupe au balcon de l'hôtel de Crillon devant lequel piétinent, en vain, deux cent mille supporters. Des rumeurs hostiles commencent à circuler. Les Macron auraient demandé que le bus accélère afin que les joueurs arrivent avant vingt heures à l'Élysée, pour s'assurer d'une belle image au JT. De son côté, la Fédération française de football cherche partout le trophée des Bleus. On dit qu'il a été mis à l'abri au palais, dans le bureau d'un inconnu que l'on a également vu monter à côté du chauffeur de l'équipe de France. Pas n'importe qui. Un proche du chef de l'État.

Le 18 juillet, le nom de cet homme de l'ombre sort en pleine lumière. Il s'appelle Alexandre Benalla et ses faits et gestes vont durablement abîmer Emmanuel Macron. Mais avant de nous glisser dans cette affaire improbable, digne d'un mauvais roman, rappelons quelques faits, d'évidence, mais souvent méconnus.

À l'Élysée, tout gravite autour du président de la République. Gendarmes, policiers, conseillers, cuisiniers, huissiers, secrétaires, attachés de presse ou chauffeurs, tous dépendent à chaque instant de ses décisions et de son incroyable emploi du temps. Emmanuel Macron a placé à ces postes ses plus fidèles. Il les traite parfois en intimes, lance des blagues potaches et les tutoie. Le nom de ceux qui sont nommés conseillers figure dans un décret au *Journal officiel*. Mais les autres, simples « chargés de mission », n'apparaissent sur aucun organigramme. Alexandre Benalla est de ceux-là.

Monsieur Alexandre

Omniprésent jeune homme barbu, tiré à quatre épingles, sûr de lui, il entretient une relation complice avec le chef de l'État. Il se targue du titre d'adjoint au chef de cabinet et en présente la carte de visite. Dans la petite équipe resserrée autour d'Emmanuel Macron, Alexandre Benalla est irremplaçable. Enfant d'un quartier défavorisé d'Évreux, fasciné par les gardes du corps des puissants, il a réussi à intégrer le service de sécurité du PS. En 2012, il est recruté par Arnaud Montebourg, qui le licencie après un accident de voiture. Un petit détour dans la sécurité privée et il rejoint l'équipe d'En marche ! Le voilà même propulsé responsable de la sécurité du candidat ! Costaud, paraissant plus que ses vingt-six ans, il détonne au milieu des énarques du palais. Les journalistes qui ont couvert la campagne le connaissent comme l'infatigable garde du corps. Je le vois dans chaque déplacement, affairé à tout. Il a la réputation de savoir gérer l'imprévu, qu'il s'agisse d'un manque de chaises ou de manifestants inquiétants. Avec autorité, il sécurise les lieux, donne des consignes aux membres du GSPR (Groupe de sécurité de la présidence de la République), qui protègent le chef de l'État et sont formés pour cela – bien mieux que lui ! –, intervient à propos du placement de la presse et du public et gère seul les visites privées du couple Macron. Monsieur Alexandre skie derrière le président. Monsieur Alexandre fait du vélo derrière le couple présidentiel au Touquet. Monsieur Alexandre les accompagne à La Lanterne. Pour tout le monde, il est un ami du « patron ». Le voyant se prendre aussi au sérieux, son oreillette vissée à l'oreille, toujours collé au chef de l'État, des secrétaires l'ont baptisé « KGB ». Ce surnom le confirme : l'intouchable Monsieur Alexandre suscite jalousies et incompréhensions.

Le personnel du palais est consterné en découvrant l'article du *Monde*, signé d'Ariane Chemin, grand reporter du quotidien, qui révèle ce jour-là avoir identifié Alexandre Benalla sur une vidéo qui circule depuis des semaines. Où l'on voit le jeune garde du corps, coiffé d'un casque à visière de la police, en train de frapper violemment un homme à terre le 1er Mai, place de la Contrescarpe, à Paris. Filmé par plusieurs manifestants indignés, dont le journaliste et militant Taha Bouhafs, il s'éloigne de crainte d'être reconnu. Sur certaines images, il apparaît avec un brassard de police. Avec son enquête, *Le Monde* publie une réponse de l'Élysée. La présidence admet avoir été informée de ce film dès le 2 mai et avoir caché l'affaire au public. Elle explique qu'Alexandre Benalla avait été autorisé à assister en simple « observateur » à la gestion de la manifestation par les forces de l'ordre. Le directeur de cabinet du président, Patrick Strzoda, indique l'avoir sanctionné en lui infligeant quinze jours de suspension et en cantonnant son rôle aux événements organisés à l'intérieur du palais. Consulté dans son avion, alors qu'il était en route pour l'Australie, Emmanuel Macron a approuvé cette décision. Pour prouver ses dires, l'Élysée a livré au *Monde* la lettre de sanction. L'affaire, on le sait, ne va pas s'arrêter là.

Car le scoop déclenche un scandale. Un scandale comme la République en connaît peu. Dès le lendemain, le parquet ouvre une enquête pour « violences par personne chargée d'une mission de service public, usurpation de fonctions, usurpation de signes réservés à l'autorité publique ». Une crise peut être surmontée si on sait la gérer. Or, ce matin-là, en déplacement en Dordogne pour dévoiler la Marianne choisie pour les timbres-poste, Emmanuel Macron fait l'autruche. Assailli par les journalistes, il les ignore ostensiblement. Le service d'ordre est même prié de les éloigner. « Il n'y a que vous qui posez ce genre de questions ! » leur lance-t-il, arborant un imperturbable sourire, persuadé que le silence est la seule réponse. Plus on l'interroge, plus il se ferme. En privé, il fait part de son « écœurement » face à l'emballement médiatique.

La gravité de l'affaire ne réside pas dans le coup de sang d'un employé, mais dans le soupçon d'une protection présidentielle qui le placerait au-dessus des lois. Car ni la hiérarchie policière, ni le ministère de l'Intérieur, ni l'Élysée n'ont saisi le procureur de la République pour dénoncer le délit, obligation qui s'applique pour tout agent public au titre de l'article 40 du Code de procédure pénale. L'opposition dénonce un scandale d'État et une sanction beaucoup trop légère. Les Insoumis renchérissent contre les violences policières de ce 1er Mai très tendu. Emmanuel Macron est aussi soupçonné de vouloir se constituer sa propre garde autonome. En effet, Alexandre Benalla travaillait à un projet de fusion du GSPR et du Commandement militaire, le corps de gendarmes qui sécurisent l'intérieur du palais, alors même qu'il n'a aucune qualification pour cela. Leur nouveau chef doit justement s'installer dans la salle de presse dont le président veut déloger les journalistes.

Non seulement l'Élysée reste muet mais, pendant trois jours, ni ministres ni élus Marcheurs ne reçoivent d'éléments de langage, ces fameux EDL des communicants. Inévitablement, les premiers s'embourbent et se contredisent. Des sites complotistes, populistes, pro-russes ou d'extrême droite brodent sur de prétendus secrets qui donneraient à cet Alexandre Benalla barre sur le chef de l'État. Au palais, l'équipe de communication s'affole. Comment répondre aux inévitables questions ? Les rédactions sont averties que le porte-parole de la présidence, Bruno Roger-Petit, s'exprimera dans une déclaration filmée, sans public et sans question. Jamais depuis un an l'ancien éditorialiste n'a pris la parole publiquement. Cette suggestion vient d'Ismaël Emelien, qui lui tend un texte validé par le président. BRP n'a pas le choix. Mal à l'aise, réticent, il récite avec raideur une déclaration maladroite. La suspension de quinze jours infligée à Benalla serait « la plus grave jamais prise contre un chargé de mission ». Une affirmation surprenante, quand on se souvient que le conseiller de François Hollande, Aquilino Morelle, avait été licencié dans l'heure pour un simple soupçon de conflit d'intérêts et un goût trop prononcé pour les chaussures cirées.

Les médias lèvent d'autres lièvres. Alexandre Benalla a gardé un rôle clé dans la machine élyséenne même après sa sanction. Alors qu'il devait rester assigné au palais, on l'a vu aux côtés d'Emmanuel Macron au moment de l'entrée de Simone Veil au Panthéon le 1er juillet. On l'a aperçu aussi avec le couple Macron lors d'une sortie privée à Giverny dix jours plus tard. Et le revoici, courant à côté du président le 14 Juillet. Et c'est encore lui qui a orchestré la sécurité de l'arrivée des Bleus. Et qui s'était installé à l'avant durant la descente de leur bus sur l'avenue des Champs-Élysées.

Lui qu'on soupçonne de l'avoir fait accélérer et d'avoir ainsi «volé» à quelque cinq cent mille supporters «leur» équipe. «Le président lui a fait confiance et il s'est fait avoir», essaye de justifier Sibeth Ndiaye.

Finalement, le 20 juillet, l'Élysée annonce à l'AFP le licenciement de Monsieur Alexandre. Cause officielle? Il a commis une autre infraction en se procurant illégalement, auprès d'amis dans la police, la vidéo de l'incident, afin de préparer sa défense.

Pour la première fois depuis 2017, tous les partis d'opposition s'unissent sur un thème. Dans l'hémicycle, les débats sont paralysés. L'opposition exige des réponses et bloque l'examen des textes. Le vendredi à dix-huit heures, dans la cour de l'Assemblée, Christophe Castaner, le président de l'Assemblée François de Rugy, Richard Ferrand et quelques députés LREM improvisent un conciliabule de crise. François de Rugy est contraint d'annoncer la création d'une commission d'enquête, comme le réclame l'opposition. Elle sera coprésidée par la Marcheuse Yaël Braun-Pivet et le LR Guillaume Larrivé. Les élus du parti présidentiel réclament des auditions à huis clos mais la pression de l'opinion les oblige à accepter une diffusion en direct. Et le premier auditionné sera le ministre de l'Intérieur!

Dans la foulée, le Sénat, tenu par LR, crée à son tour une commission d'enquête pour six mois. Six mois. L'affaire ne sera pas enterrée de sitôt.

Alexandre Benalla est placé en garde à vue et une perquisition est organisée à son appartement d'Issy-les-Moulineaux. Pendant la nuit, un mystérieux coffre-fort a disparu, déménagé par des amis. Le public découvre pêle-mêle que le président avait confié à son collaborateur les clés de sa maison du Touquet, qu'il disposait d'un permis de port d'armes sans justification – des photos le montrent même armé lors de déplacements du président. Malgré sa sanction, il allait emménager dans l'un des appartements convoités de la résidence de l'Alma, une dépendance de l'Élysée. Il possède même une carte d'accès à l'Assemblée et un passeport diplomatique. Le dimanche soir, il est mis en examen pour violences en réunion.

Emmanuel Macron, lui, reste muet. Visiblement en vue d'esquiver les questions, il annule un déplacement prévu lors d'une étape du tour de France. C'est la première fois qu'il modifie son agenda sous la pression.

Les auditions des plus hauts responsables de l'État, membres de ses rouages de l'ombre, filmées en direct, deviennent le feuilleton de l'été. Premier sur le gril, le ministre de l'Intérieur Gérard Collomb se défausse sur le cabinet du président. À l'entendre, il n'était au courant de rien. « J'ai alerté l'Élysée de la vidéo impliquant Alexandre Benalla dès le 2 mai », dit-il, ajoutant que c'était ensuite au palais d'agir. Emmanuel Macron n'apprécie guère.

Les cadres de la police et de l'Élysée défilent à leur tour devant les députés. Le préfet de police de Paris Michel Delpuech, son subordonné Alain Gibelin, le patron du GSPR Laurent Lavergne et son adjoint, le général Éric Bio-Farina, chef du commandement militaire de l'Élysée... Les questions sont embarrassantes pour le chef de l'État. Les coulisses du palais sont exposées au grand jour. Les co-rapporteurs de la commission de l'Assemblée s'écharpent à propos de la liste des personnalités à convoquer, les Marcheurs refusant d'impliquer les trop proches collaborateurs d'Emmanuel Macron, notamment Alexis Kohler, que le Sénat, lui, va auditionner. Des députés de l'opposition réclament d'entendre le président ! Dans l'hémicycle, le débat sur le projet de réforme constitutionnelle s'enlise en cacophonie. « Menteur ! » crient des élus de l'opposition au ministre de l'Intérieur. « Il n'y a pas d'affaire ! » hurlent les représentants de la majorité en faisant claquer leur pupitre, eux qui jugeaient ce procédé ridicule en début de mandat.

C'est au tour du directeur de cabinet d'Emmanuel Macron, Patrick Strzoda, d'être auditionné. Il admet avoir donné son feu vert pour que le chargé de mission assiste aux opérations de police du 1er Mai. Quand il a eu vent de la vidéo le montrant en train de frapper des jeunes, il l'a convoqué. Avec l'aval d'Emmanuel Macron, appelé dans son avion pour l'Australie, il lui inflige deux semaines de suspension. La sanction était-elle ajustée ? « Je comprends qu'on puisse considérer qu'elle n'était pas adaptée, répond-il, [mais] j'assume ma décision. » Les ténors du parti présidentiel accumulent les gaffes. Christophe Castaner, interrogé sur la présence d'Alexandre Benalla dans le bus des Bleus, affirme qu'il « s'occupait des bagages » des joueurs. Le silence du président, depuis cinq jours, devient assourdissant.

Le mardi soir, coup de théâtre. Dans les jardins de la maison de l'Amérique latine, les députés LREM se sont réunis pour le pot de fin de la session parlementaire, hors presse, en présence de plusieurs membres du gouvernement. Nombreux sont les journalistes qui font le pied de grue devant l'entrée, dans l'espoir de leur soutirer des commentaires sur l'affaire.

Mais c'est le président qui s'invite, au milieu de la soirée, à l'étonnement ravi des Marcheurs. On leur demande de s'installer sur l'estrade pour faire corps derrière lui. Le chef de l'État se campe debout au micro et se lâche, ponctuant ses phrases de grands gestes des bras. « Ce qui s'est passé le 1er Mai a été pour moi une trahison », lance-t-il d'entrée. Retrouvant des accents provocateurs, il prend tout à son compte. « La République exemplaire n'empêche pas les erreurs. Le seul responsable, c'est moi, et moi seul ! C'est moi qui ai fait confiance à Alexandre Benalla. C'est moi qui ai confirmé la sanction. Ça n'est pas la République des fusibles, la République de la haine, poursuit-il. S'ils veulent un responsable, il est devant vous ! Qu'ils viennent me chercher ! Je réponds au peuple français ! » Tonnerre d'applaudissements. Les Marcheurs ont retrouvé leur boussole. Qui est ce « ils » ? Les opposants ? Les journalistes ? Les Français ? Pure rhétorique en tout cas, puisque le chef de l'État est protégé par son immunité constitutionnelle. Emmanuel Macron refuse les questions de la presse ? « J'ai pris ce pli de choisir le moment où je parle et ne pas me le faire dicter. Et je continuerai à procéder de la sorte. » Sa harangue devient acérée. « Non, Alexandre Benalla n'a jamais détenu de codes nucléaires. Alexandre Benalla n'a jamais détenu trois cents mètres carrés. Alexandre Benalla n'a jamais gagné dix mille euros. Alexandre Benalla n'a jamais été mon amant », ajoute-t-il, narquois. Rires de l'assistance. Il en profite pour accuser une presse « qui ne recherche plus la vérité ».

La réunion est interdite aux médias mais la diffusion la plus large possible de ce faux « off » présidentiel est soigneusement orchestrée. Les élus Marcheurs sont encouragés à filmer son discours et à transmettre leurs vidéos aux journalistes, ou même les poster sur Internet.

Le mercredi 25 juillet, à l'Élysée, le téléphone de la responsable communication sonne. Ce sont des policiers qui viennent perquisitionner le bureau d'Alexandre Benalla. Ils sont déjà devant la loge d'honneur ! Pendant ce temps, la commission d'enquête du Sénat interroge longuement Alexis Kohler, l'invisible bras droit d'Emmanuel Macron. Ce flegmatique Alsacien perd un peu son sang-froid sous la pression courtoise de Philippe Bas, lui-même ancien secrétaire général de l'Élysée sous Jacques Chirac. Tenace, l'homme devient une vedette du jour au lendemain. Pendant sa garde à vue, révélera *Le Monde* la semaine suivante, Alexandre Benalla affirme avoir averti Alexis Kohler dès le 1er mai au soir, alors que ce dernier dit n'avoir eu connaissance de l'affaire que le 2 mai.

Cette semaine-là, le « vieux monde » et tous les contre-pouvoirs écrasés depuis un an par le rouleau compresseur macronien prennent leur revanche. Le Parlement, les partis d'opposition, la police, les médias… Pour la première fois, la machinerie de l'insolent « maître des horloges » se grippe. L'opposition bloque, à coups de rappels au règlement, l'examen de la loi de réforme constitutionnelle. Au bout de trois jours, le gouvernement jette l'éponge et suspend son examen. Les oppositions font reculer Emmanuel Macron sur ce texte majeur, qu'elles redoutaient comme une réduction de leur pouvoir. Gérard Larcher conclut que « le calendrier et le contenu de la révision constitutionnelle paraissent devoir être repensés ». Cette suspension sera définitive.

De son côté, Alexandre Benalla lâche au *Monde* le nom du conseiller spécial du président, Ismaël Emelien. Il raconte avoir récupéré les images de vidéosurveillance et les lui avoir remises aussitôt. Comme le révèle Mediapart, celles-ci se sont retrouvées peu après sur des comptes Twitter pro-Macron, dans un montage censé dédouaner le jeune homme. Le parquet élargit alors son enquête au recel de ces vidéos. L'ex-consultant d'Havas est désormais dans le viseur de la justice. Cerise sur le gâteau, le magazine *Closer* dévoile qu'Alexandre Benalla draguait sur Tinder sous le pseudo « Mars » avec des photos de lui en compagnie d'Emmanuel Macron !

Le 20 juillet, en pleine affaire, le *Figaro* déflore le rapport Cap 22 et ses pistes explosives pour économiser trente milliards d'euros :

augmenter le temps de travail des enseignants, faire payer l'usager pour certains services publics, supprimer des aides sociales « inefficaces », ouvrir Pôle emploi à la concurrence ou assouplir le statut des fonctionnaires. Autant de pistes chocs que l'affaire Benalla ensevelit pour longtemps. Juste avant la trêve du mois d'août sont cependant adoptés trois textes importants : une loi contre les violences sexuelles et sexistes, la loi Asile et immigration et celle qui réforme l'apprentissage et l'assurance chômage.

Le 3 août, Emmanuel et Brigitte Macron quittent l'Élysée pour Brégançon. Dans une brève rencontre avec des badauds au pied du fort, à l'un qui lui parle de sa piscine hors sol, il s'esclaffe, toujours provocateur : « Ne dites pas que je vais à la mer, sinon je vais me faire repérer. Je n'aime pas les piscines ! »

6

LA LESSIVEUSE
Septembre-décembre 2018

Une rentrée chargée. L'objectif immédiat d'Emmanuel Macron? Tourner la page de cet été meurtrier marqué par l'aventure de Monsieur Alexandre, bien sûr, mais aussi engager des « plans » majeurs pour le quinquennat : le plan pauvreté, le plan hôpital, la loi Pacte, sans oublier le serpent de mer de la réforme des retraites. Le tout pris en étau dans une équation budgétaire à plusieurs inconnues… Le gouvernement veut à la fois compresser les déficits et financer des promesses coûteuses, notamment la suppression de la taxe d'habitation, alors que la croissance reste poussive. Et d'ici mai 2019, la Macronie rêve de profiter des prochaines élections européennes pour cristalliser le débat entre les « progressistes » – pro-européens – et les « nationalistes » – eurosceptiques. Comme un remake de l'affrontement Macron-Le Pen de 2017.

Une fois de plus, rien ne va se dérouler comme prévu.

Un nouveau bateau de migrants ne trouvant pas de port envahit l'actualité. Une semaine qu'il fait des ronds dans l'eau au large de l'Italie. Un accord bancal entre pays européens volontaires est encore trouvé dans l'urgence. Pour Emmanuel Macron, tout est lié. Il faut réformer les institutions de l'Union, unir les europhiles et renvoyer dans leurs cordes les tenants des conservatismes. Fort de cette conviction, il reprend son bâton de pèlerin et entame un périple de deux jours au Danemark et en Finlande.

Face à cette guerre de mouvements, les oppositions semblent tétanisées. Le Rassemblement national a annulé son université d'été faute d'argent et s'est contenté d'un meeting à Fréjus. Les Républicains s'éparpillent dans plusieurs rassemblements. La France insoumise organise trois jours de rencontres à Marseille.

Néanmoins, dans les sondages, l'opinion ne suit pas le chef de l'État : huit Français sur dix le trouvent autoritaire et 28 % seulement le jugent apte à rassembler.

Au palais, les leçons de « l'affaire » se traduisent par des changements de façade. Plus énervée que d'habitude, Sibeth Ndiaye m'explique que « trop de gens à l'Élysée peuvent parler directement au président », du chef du protocole aux cuisiniers. Elle espère qu'avec cette réorganisation, seuls ses plus intimes conseillers l'approcheront. « Il y a trop d'accès ! » s'écrie-t-elle.

En réalité, sur le fond, les mormons, plus possessifs que jamais, se disputent les faveurs du chef de l'État. Emmanuel Macron confie la direction de son service de communication à sa plume, Sylvain Fort, qui la réclamait, ce qui devrait rétrograder Sibeth Ndiaye au rôle d'adjointe. Mais celle-ci refuse de voir réduites ses prérogatives. Dès lors, le décret officialisant ce changement est reporté de semaine en semaine. Il faut bien dire que si le président aime tout contrôler de près, autour de lui, tout semble artisanal, voire improvisé. Les rapports courtisans font loi, reconnaît Sibeth Ndiaye, qui parle de « relations immatérielles, pas forcément visibles ». Personne n'oserait remettre en cause les faits et gestes d'une personne visiblement proche de Jupiter, comme ce fut le cas pour Alexandre Benalla. « Tout à l'Élysée est basé sur ce que l'on peut vous prêter en termes de proximité avec le chef de l'État. Est-ce qu'il vous a fait un sourire, vous appelle par votre prénom, etc. C'est un phénomène de cour », raconte l'ex-homme de confiance au *Monde*.

Le froissement d'ailes de l'oie cendrée

Autre phénomène de cour, la peur qu'inspire le monarque.

28 août 2018, huit heures vingt. Emmanuel Macron est sur le point de partir à l'aéroport. Quant à Nicolas Hulot, il est invité de la matinale de France Inter. Le ministre de la Transition écologique paraît grave. Comme troublé. La voix un peu voilée, il commence… Non, l'écologie n'est pas pour ce gouvernement un enjeu prioritaire, explique-t-il. « La France fait des petits pas mais pas assez. Je suis tout seul à la manœuvre dans ce gouvernement.

Nous poursuivons des objectifs contradictoires et incompatibles.» «Est-ce que vous restez au gouvernement?» demandent les journalistes, frappés par la mélancolie de leur invité. Juste avant l'émission, Nicolas Hulot les a assurés qu'il demeurerait en poste. Mais, là, en direct, il change d'avis. «Je vais prendre la décision la plus difficile de ma vie, répond lentement l'aventurier d'Ushuaïa. Je ne veux plus me mentir. Je ne veux pas donner l'illusion que ma présence signifie qu'on est à la hauteur sur ces enjeux. Donc je prends la décision de quitter le gouvernement. J'ai pris ma décision hier soir.» Il déroule ces dernières heures, découpe les mots consciencieusement, comme pour lui-même. «On avait une réunion sur la chasse. J'ai découvert la présence d'un lobbyiste qui n'était pas invité. C'est symptomatique de la présence des lobbies dans les cercles du pouvoir. Cela va paraître anecdotique, mais cela a achevé de me convaincre que cela ne fonctionne pas comme cela devrait.»

Coup de tonnerre en Macronie! Le démissionnaire n'a même pas averti le président de la République. «Si je l'avais prévenu, peut-être qu'il m'en aurait, encore une fois, dissuadé. J'ai une profonde admiration pour lui, mais nous n'avons pas la même grille de lecture.» Les trois millions d'auditeurs apprennent le départ de ce ministre emblématique en direct, tout comme Emmanuel Macron. Furieux.

Une véritable humiliation. Le plus populaire et le plus connu des membres du gouvernement l'abandonne sans avoir pris la peine de l'en informer! Il perd sa «prise de guerre» de la société civile, sa caution écologique et, avec lui, très probablement de nombreux électeurs. La semaine précédente encore, il pensait avoir aplani les doutes – ce matin-là, Nicolas Hulot évoquait des «souffrances» – de son ministre. Mais la présence lors du rendez-vous de la veille d'un lobbyiste pro-chasse qui a parfois conseillé le président a été la goutte d'eau. «Je ne sais pas comment ce monsieur est entré», lui aurait fait valoir Emmanuel Macron. Pieux mensonge qui n'a pas suffi à retenir l'impétrant.

Ce n'était pourtant qu'une ligne dans son agenda, un discret rendez-vous du soir lors duquel le chef de l'État recevait en même temps le président de la Fédération nationale de la chasse Willy Schraen et Nicolas Hulot. Sauf que les chasseurs avaient quitté cette soirée triomphants d'avoir obtenu la division par deux du prix du permis de chasse et l'autorisation des « prélèvements » d'oies cendrées, de courlis cendrés et de grands tétras. La Ligue pour la protection des oiseaux, scandalisée, avait signalé que, sur les soixante-quatre espèces chassées dans notre pays, vingt étaient menacées.

Pendant que Nicolas Hulot quitte le navire, Emmanuel Macron atterrit à Copenhague, où il doit rencontrer la famille royale. Ses diplomates ont eu toutes les peines du monde à refuser l'invitation à partager un carrosse de cérémonie. Le cliché aurait trop fait les gorges chaudes de ses adversaires ! Jamais, depuis trente-six ans, un président français ne s'est rendu au Danemark, ni depuis dix-neuf ans en Finlande. Pendant le vol, le chef de l'État se prépare aux inévitables questions des journalistes lors de sa conférence de presse avec le Premier ministre danois. Parmi les deux que nous sommes autorisés à poser, l'une concernera évidemment Nicolas Hulot. Le président français élude : « C'est une décision personnelle, qui ne remet pas en cause mon engagement pour un programme écologique », plaide-t-il. Sans convaincre.

Les oppositions, elles, jubilent. « Ce n'est jamais une bonne nouvelle lorsqu'un gouvernement renonce à agir pour l'écologie », sermonne Yannick Jadot. François Hollande, fidèle au poste, assure que Nicolas Hulot « a eu raison » de démissionner. « Ce n'est pas une personnalité préparée aux compromis et aux concessions. » L'affaire pousse la presse à réexaminer à la loupe le bilan vert de l'exécutif. On redécouvre ainsi le renoncement à la vidéosurveillance systématique des abattoirs – une promesse du candidat – au profit d'une expérience limitée à deux ans dans des établissements volontaires. Et que l'interdiction des œufs de poules en cage – autre promesse – a laissé la place à celle de nouveaux élevages de volailles en batterie. Pourquoi ? Parce que le président, bienveillant envers les entrepreneurs, refuse de les fragiliser et s'en remet aux bonnes volontés, donc le ministère a fait pression pour décourager les rapporteurs LREM de présenter des amendements plus radicaux en faveur du bien-être animal.

Côté majorité présidentielle, c'est la colère. « La plus élémentaire des courtoisies aurait été de prévenir le président de la République et le Premier ministre », grince Benjamin Griveaux, qui apprend la nouvelle en pleine interview sur BFMTV. Même surprise de sa collègue Marlène Schiappa, sur Radio Classique. « C'est une plaisanterie ! » laisse-t-elle échapper, alors que son expression dit tout le contraire. Ce départ rompt l'équilibre politique au sein du gouvernement, qui penche encore plus à droite. Après quelques jours, des éléments de langage seront timidement diffusés depuis le palais. On « psychologise » son départ, qui serait la décision d'un homme instable, capable de s'effondrer en larmes.

En attendant, c'est Emmanuel Macron qui semble perdre ses nerfs. Et commet un nouvel écart de langage à Copenhague, en chantant les louanges du système danois de « flexisécurité ».

Astérix ? Réfractaire, bien sûr !

Au Danemark, on peut quitter un travail le matin et en trouver un autre dès le lendemain. Le chômage est quasi inexistant, s'émerveille-t-il. Le chef de l'État oublie qu'en contrepartie, le filet d'assurance chômage est extrêmement élevé. De plus, les démographies des deux pays n'ont rien à voir : moins de six millions d'habitants d'un côté, près de soixante-sept de l'autre. Mais, pour lui, le problème n'est pas là. À ses yeux, le modèle danois ne pourrait s'appliquer chez nous car « ce peuple luthérien qui a vécu des transformations n'est pas exactement le Gaulois réfractaire au changement », ironise-t-il devant la communauté tricolore. La plaisanterie est agressive, il le sait. Emmanuel Macron critique Astérix ! Sa petite phrase rappelle ses tacles contre ceux qui « n'aiment pas les réformes » ou contre les « fainéants ». Évidemment, comme les précédentes, cette petite saillie déchaîne les passions. Dans les couloirs du palais, la consternation règne. Au point qu'il se sent obligé de rectifier le tir. Au lendemain de ce propos cacophonique, il défend un « trait d'humour ». L'emploi du mot « Gaulois » ne reflète « aucun mépris », quant au « réfractaire », « c'est comme cela que nous sommes vus ». Ultime tentative ? « La France est difficile à réformer mais le peuple a changé, sinon je ne serais pas là et je n'aurais pas été élu. » Reste que la potion magique ne passe pas et que l'expression « Gaulois réfractaire » s'installe, encore et toujours, dans les esprits.

Légère bouffée d'oxygène, les deux fers de lance du nationalisme en Europe, le ministre italien de l'Intérieur Matteo Salvini et le Premier ministre hongrois Viktor Orban, lui offrent une diversion. L'Italien et le Hongrois créent un front antimigrants et désignent Emmanuel Macron comme l'un de leurs principaux ennemis. Le Français n'a plus qu'à se pencher pour ramasser cette belle occasion de redorer son pavois. «Je ne céderai rien aux nationalistes et à ceux qui prononcent ce discours de haine. S'ils ont voulu voir en ma personne leur opposant principal, ils ont raison.»

La saga chez les Vikings ne s'arrête pas là. Le *Canard enchaîné* révèle que le chef de l'État serait prêt à reporter le prélèvement des impôts à la source et se serait donné jusqu'au 15 septembre pour trancher, quand *Le Parisien* évoque des bugs informatiques inquiétants sur ce sujet. En Finlande, au détour d'une de nos questions, Emmanuel Macron ne ferme effectivement pas la porte à un éventuel report, voire à un abandon pur et simple de cette mesure très attendue. Il faut dire que l'exécutif prend un risque politique majeur : le 31 janvier, les salariés découvriront une feuille de paie amputée et ceux qui bénéficient d'abattements ne seront remboursés que dans plusieurs mois. Pour autant, deux jours plus tard, le banquet de fin d'aventure est dressé. Le prélèvement à la source entrera bien en vigueur dès janvier 2019. Laura Flessel, ex-championne d'escrime et ministre des Sports, se voit, elle, mise sur le banc de touche du gouvernement pour cause de fausses notes fiscales.

Résistance et collaboration

On dit que les voyages forment la jeunesse. Ceux d'Emmanuel Macron montrent ses faiblesses. Il a perdu Nicolas Hulot là-haut, du côté du nord; quant à Gérard Collomb, il le poignarde sur le chemin du Luxembourg. L'affaire Benalla et les quatre-vingts kilomètres à l'heure ont abîmé la relation entre le couple Macron et celui qu'ils gratifiaient d'un affectueux «Gégé». Amer, le vieux briscard – qui craint de perdre sa bonne ville de Lyon – lâche dans les médias un petit commentaire acide : «Peut-être, les uns ou les autres, nous avons manqué d'humilité. J'étais dans le temps professeur de grec. En grec, il y a un mot qui s'appelle *hubris*, c'est la malédiction des dieux. Quand, à un moment donné, vous devenez trop sûr de vous. Il faut davantage d'écoute des Français, parce que vite, dans les palais de la République, on perd la capacité de lien et d'écoute avec la population. » *Alea jacta est.*

Pendant ce temps, l'arène politique se réorganise. L'incontrôlable Nicolas Hulot est remplacé par le prévisible président de l'Assemblée, François de Rugy. Le perchoir, libre, échoit au mordant député du Finistère Richard Ferrand, ami du président, écarté du gouvernement pour cause d'affaire des Mutuelles de Bretagne, alors toujours en cours d'instruction. Malgré la pression du palais, l'heureux élu ne recueille que deux cent cinquante-quatre voix. Une soixantaine de Marcheurs n'ont pas voté pour lui. De plus, François Bayrou a présenté un candidat Modem contre lui. En voulant récompenser un ami, Emmanuel Macron a semé la zizanie.

Pourtant, il s'essayerait volontiers au rassemblement, le chef de l'État. En toute discrétion, les armoiries de l'Élysée ont été légèrement modifiées. À l'intersection des feuilles et branches surnommées le « faisceau du licteur » a été ajoutée une petite croix de Lorraine. Un indice pour initiés. Une référence à la Résistance et à la France libre de Charles de Gaulle qui figurera désormais sur tous les emblèmes de la présidence. Elle reflète l'ambition de marquer le quinquennat du sceau du Général, dont on célébrera les cinquante ans de la mort en 2020. Nul ne peut en douter, Emmanuel Macron rêve de grandeur.

Vieux-Port et vieilles méthodes

Messes basses et grandeur ne font pas bon ménage. Ce week-end-là, sur le Vieux-Port de la cité phocéenne, des milliers de personnes marchent pour le climat en soutien à Nicolas Hulot. L'endroit n'a pas été choisi au hasard. Emmanuel Macron est aussi à Marseille pour une rencontre avec Angela Merkel. À l'issue de l'entretien, le président descend sur la Canebière et croise… Jean-Luc Mélenchon en personne ! Entre le héraut du nouveau monde et le ténor de l'ancien – député marseillais –, l'échange est cordial. « Mélenchon n'est pas mon ennemi », sourit le chef de l'État, interpellé par un jeune qui soupçonne les politiques d'agir par intérêt.

Le président tutoie, veut convaincre et charmer : « Regarde, je gagnais beaucoup mieux ma vie avant ! Faire de la politique, on n'est pas bien considéré, ce n'est pas le meilleur métier pour protéger sa famille ou mener une vie tranquille. Moi, j'agis par conviction. Regarde Mélenchon, il agit par conviction, pas par intérêt. » Une petite fleur ou un bel entre-soi ? La question peut se poser.

Quelques jours plus tard, dérogeant à toutes les règles de séparation des pouvoirs, le chef de l'État prend son téléphone et appelle le président du Sénat, Gérard Larcher. La raison ? Lui demander d'intervenir auprès de la commission d'enquête sénatoriale sur l'affaire Benalla afin qu'elle ne menace pas les équilibres institutionnels. Cette conversation, qui fuite dans la presse, fait figure d'ingérence directe de l'Élysée dans l'activité du Parlement.

L'affaire Benalla va le poursuivre jusqu'à l'automne 2021. En attendant, les sénateurs l'encerclent de très près. Ils auditionnent son jeune chef de cabinet, François-Xavier Lauch, débauché de la préfecture de Nice aux premiers jours du quinquennat. L'un de ces nouveaux venus qui n'ont pas fait la campagne, toujours un peu suspects aux yeux des mormons. Devant les élus de la Chambre haute, celui-ci répète qu'il se trouvait en Nouvelle-Calédonie au moment de l'incident et qu'il n'a pas décidé de la sanction, convenue entre le président et son directeur de cabinet. Et que, chef hiérarchique de KGB, il a plaidé dès le 3 mai pour un licenciement immédiat. En vain. « Alexandre reste », a tranché le chef de l'État.

Outre le coup de fil d'Emmanuel Macron, le palais organise un tir de barrage. Christophe Castaner accuse les sénateurs de vouloir « destituer le président ». Benjamin Griveaux critique l'« ambition politique personnelle » de Philippe Bas, président de la commission d'enquête sénatoriale. Quant à la garde des Sceaux Nicole Belloubet, elle déclare ladite commission « inconstitutionnelle », puisqu'une enquête judiciaire est en cours et que « le président et tout ce qui touche à sa fonction ne sauraient faire l'objet d'une commission d'enquête, car cela reviendrait à rendre le chef de l'État responsable devant le Parlement ».

L'audition d'Alexandre Benalla va suivre. D'avance, elle passionne petits et grands, ancien et nouveau monde. C'est la série du quinquennat.

Vieilles méthodes et nouvelle vague

Emmanuel Macron et son entourage cherchent à raconter une autre histoire. Vainement ?

Paris, Musée de l'Homme, 13 septembre. Le chef de l'État expose avec lyrisme les grandes lignes de son « plan pauvreté » ou, pour le dire autrement, la transformation du modèle social qu'il préconise. À la fois volontaire – il veut « éradiquer la grande pauvreté en une génération » – et philosophe – « à l'accompagnement doit correspondre un devoir ». Très concrètement ? Il annonce le prolongement d'une allocation pour les dix-huit à vingt et un ans, la cantine à un euro pour les moins favorisés et des petits déjeuners offerts dans les collèges des quartiers. Il promet aussi plus de places en crèche dans ces mêmes lieux ainsi que des moyens supplémentaires pour repérer et former les décrocheurs scolaires. Sa principale annonce, qui passe un peu sous les radars sur le moment, est la création d'un futur « revenu d'activité universel ». Une aide unique qui fusionnera « le plus grand nombre possible de prestations », du RSA (revenu de solidarité active) aux aides au logement, afin de « garantir un seuil minimal de dignité ». Mais ce revenu aura des contreparties : ses bénéficiaires devront accepter des parcours d'insertion ou des offres d'emploi. La concrétisation de sa métaphore de 2017 sur les premiers de cordée qui doivent hisser les autres. Ce jour-là, le président ne chiffre pas son plan généreux et exigeant. Benjamin Griveaux évoquera, lui, huit milliards d'euros sur cinq ans. Le discours, à vrai dire, ne provoque guère de réactions. Les associations déplorent l'absence de revalorisation du RSA qu'elles appelaient de leurs vœux.

Laisser aux médias et surtout à l'opinion le temps de digérer ce propos censé être fondateur ? C'est mal connaître Emmanuel Macron, toujours insatiable d'agir. Souvenons-nous, pendant sa campagne, le candidat était allé à la rencontre de la famille du jeune mathématicien Maurice Audin, torturé puis tué par l'armée française en 1958, en raison de son soutien aux indépendantistes du FLN (Front de libération nationale). Une fois élu, le président de la République a discrètement reçu sa veuve, Josette Audin. Ce 13 septembre 2018, le jour qu'espérait la famille depuis plus d'un demi-siècle arrive. Enfin. Le chef de l'État, en personne, va reconnaître auprès de cette octogénaire que la nation est responsable de la mort de son mari. Pour la première fois, cette initiative signifiera la reconnaissance officielle de la torture infligée par la France en Algérie.

Sibeth Ndiaye a prévu la présence de deux médias seulement : *L'Humanité*, journal qui défend cette cause depuis cinquante ans, et France Inter. En croisant la porte-parole dans la cour, j'insiste pour suivre l'événement. Je souligne que je peux le « pooler », soit prendre des notes pour l'ensemble des médias. Une insistance nécessaire car, quelques jours auparavant, j'ai râlé contre la quasi-absence de mes confrères lors d'une visite d'Emmanuel Macron au château de Villers-Cotterêts, qu'il veut transformer en musée de la Francophonie. Sans doute en raison de ces protestations, Sibeth Ndiaye accepte d'embarquer l'AFP dans le convoi présidentiel pour assister à ce moment historique. Ce n'était pas prévu…

En arrivant à Bagnolet, j'informe les collègues qui font le pied de grue devant l'immeuble que les notes de pool seront mises sur une boucle WhatsApp. C'est grâce à cette technique, encore nouvelle pour nous, que la presse pourra raconter, en temps réel, comment, dans un minuscule salon au mobilier défraîchi, serrant la main d'une très vieille dame qui ne se lève plus de son fauteuil, Emmanuel Macron a prononcé quelques mots mémorables. Et poignants. Le chef de l'État a reconnu officiellement que Maurice Audin « est mort sous la torture du fait d'un système institué par la France ». Chaleureux, charmeur, il écoute avec respect, devant la famille émue, Josette Audin, sans jamais lui lâcher la main.

— Je suis désolée de vous avoir dérangé, a-t-elle murmuré.

— C'est à nous de vous demander pardon, a-t-il répondu, si bas que je l'ai à peine entendu.

Le large écho de cette scène émouvante relègue au second plan sa « stratégie pauvreté » du matin. Mais le président est satisfait de l'initiative. Détendu, il visite ensuite avec un amusement gamin, en compagnie de son épouse, l'exposition Picasso du musée d'Orsay, que les touristes ont été invités à vider. « Regarde ! J'avais la carte postale chez moi ! Si, si, je t'assure », s'écrie-t-il devant l'*Autoportrait d'un jeune homme*. Il se laisse entraîner par la première dame qui pose pour les photographes. « Viens, mon chéri, on se met là. »

Notre pool n'est pas autorisé à les accompagner dans la salle des tableaux érotiques. Sans doute pour éviter des clichés gênants.

Ancien monde et petites piques

15 septembre 2018. Il y a du monde dans les jardins de l'Élysée pour ces journées du patrimoine ensoleillées. Emmanuel Macron décide non seulement de venir saluer les visiteurs, mais également de faire installer dans la cour une boutique éphémère de produits dérivés. On peut y acheter des mugs estampillés « Élysée » mais aussi des tee-shirts avec des phrases fétiches du président ! Du moins celles que les mormons – une idée d'Ismaël Emelien, bien sûr – jugent les plus marquantes. Sur l'un est écrit : « Poudre de perlimpinpin », sur d'autres : « Parce que c'est notre projet » ou : « Croquignolesque ». Étrange décalage entre cette initiative de groupies et la morosité du climat politique. Le comptoir vend aussi des sacs labellisés « Première dame », une expression que pourtant celle-ci déteste. Au point que le tandem Ndiaye-Emelien n'en a même pas informé le cabinet de Brigitte Macron. Entre personnalisation du pouvoir et marchandisation, cette boutique met en scène un chef de l'État entrepreneur, qui assume la présence de l'argent au cœur de la République. Peluches ou parapluies, en tout cinquante-six produits sont proposés et vendus sur Internet. Le château a confié sa marque à plusieurs fabricants tricolores et perçoit 12 % de commission. Une manne qui doit contribuer à financer la restauration de l'Élysée.

Quand le président s'avance sur la pelouse, une nuée de gardes du corps l'encerclent. Depuis le départ d'Alexandre Benalla qui faisait écran, il supporte moins leur présence. « Qu'est-ce qu'ils font là ? » s'étonne-t-il. Brigitte Macron est, elle aussi, venue dire bonjour mais, apercevant la caméra de pool qui le suivra tout l'après-midi, quitte rapidement les lieux. Pendant trois heures, le chef de l'État serre des mains, fait des selfies et discute avec la foule. Même pour cette occasion festive, il est assailli de gens qui se plaignent de leur situation, ce qui finit par l'agacer. Son impatience est perceptible. Un jeune homme l'apostrophe. Il est au chômage et lui a écrit.

— Ne perdez pas du temps à m'écrire, réplique Emmanuel Macron. Vous êtes dans quelle branche ?

— Horticole, marmonne l'autre.

— Si vous êtes motivé, dans l'hôtellerie et la restauration, dans le bâtiment, il n'y a pas un endroit où je vais où ils ne me disent pas qu'ils cherchent des gens. Hôtels, cafés, restaurants, je traverse la rue, je vous en trouve ! Ils veulent simplement des gens qui sont prêts à travailler, s'enflamme le président. Vous allez à Montparnasse, vous faites la rue avec tous les cafés et les restaurants... Franchement, je suis sûr qu'il y en a un sur deux qui recrute en ce moment. Allez-y !

Il ne le précise pas, mais Emmanuel Macron songe sûrement à une conversation de la veille avec un restaurateur, premier à employer l'expression « Traverser la rue ». C'est du moins l'explication que donnera son épouse un an plus tard. Et ce n'est pas une réponse inhabituelle pour le chef de l'État, persuadé du « quand on veut on peut ». Nous l'avons souvent entendu répondre à des chômeurs qui l'abordent que les restaurants manquent de bras. Jovial, plutôt content de sa repartie, il dédicace, pour un touriste chinois, une photo de Nemo, le chien du palais. « Ça rend lucide », s'amuse-t-il.

Mais le lendemain, sur Twitter, l'extrait vidéo de son échange avec l'aspirant horticulteur, accompagné de la légende : « Du travail, je traverse la rue, je vous en trouve », suscite un tollé immédiat. Pour ses détracteurs, elle sous-entend que les chômeurs ne sont que des paresseux qui profitent du système. Une opinion largement partagée par les électeurs de droite. Jonathan, héros malgré lui, est invité sur tous les plateaux. Prenant le président au mot, des journalistes le filment en train de proposer en vain son CV à des brasseries. La polémique enfle dans de telles proportions que le « plan pauvreté » disparaît dans l'ombre médiatique.

« Encore une connerie », soupire un proche. Emmanuel Macron se crispe un peu plus, convaincu d'avoir pour seul tort de parler franchement. « J'ai le sentiment d'être sur le *Titanic* », lance de son côté Frédérique Dumas, une députée LREM qui quitte le groupe présidentiel pour rejoindre les centristes de l'UDI. Au palais, Sylvain Fort s'arrache les cheveux dans d'inutiles discussions avec le jeune Jonathan, qui refuse toutes les solutions proposées. La présidence va jusqu'à jouer le rôle de Pôle emploi, le mettant en contact avec la Fédération de l'horticulture et le proclamant dans un communiqué surprenant.

Autre mauvaise surprise, la chronique du départ annoncée de Gérard Collomb. Dans un entretien à *L'Express*, le ministre de l'Intérieur prévient qu'il quittera la place Beauvau avant 2020. La raison ? Il veut mener campagne pour les municipales à Lyon. Une pré-démission par voie de presse, en quelque sorte. Le vétéran n'a averti Emmanuel Macron que quelques jours auparavant. Immédiatement, le premier flic de France est fragilisé. Policiers, opposition, médias, tous le considèrent comme sursitaire. Rester au gouvernement jusqu'à l'été suivant paraît dès lors impossible. Dans les couloirs du palais, le commentaire est acerbe : « Une démarche égoïste et inopportune dans le contexte politique actuel. » Trois petites semaines après le départ de Nicolas Hulot, Gérard Collomb impose à son tour son agenda.

Feux médiatiques sur l'ambulance !

Plus grave, ce ministre en partance sabote sans autre forme de procès le « plan hôpital » du chef de l'État. Car le jour de la publication de *L'Express*, Emmanuel Macron reçoit des centaines de personnes dans la salle des fêtes du palais pour annoncer 3,4 milliards d'euros d'investissement en faveur du milieu hospitalier. Coup de scalpel dans l'eau. Deuxième échec de l'offensive sociale après le « plan pauvreté ». Parmi les annonces – aussitôt étrillées par les blouses blanches –, retenons l'envoi d'un petit contingent de quatre cents généralistes dans les déserts médicaux, la fin du numerus clausus pour les étudiants en médecine – dont on ne percevra les effets que d'ici dix ans, le temps qu'ils obtiennent leur diplôme – et la création de quatre mille postes d'assistants médicaux, payés en partie par l'État, afin de décharger les praticiens débordés. Sur le brancard : les lois qui concrétiseront ce plan hôpital, tout comme celles du plan pauvreté, ne verront pas le jour avant mi-2019. Au plus tôt. Autant dire dans une pandémie !

Ces deux programmes auraient sans doute mérité bien mieux qu'une telle exposition médiatique écornée. Non seulement le jour même, le ministre de l'Intérieur annonce qu'il claque la porte, mais le lendemain, celui qui est devenu un ennemi de l'intérieur, Alexandre Benalla, est entendu par la commission d'enquête du Sénat. Le jeune homme, petites lunettes fines qui lui donnent l'air sage, plein d'aplomb, voix posée, élude ou a réponse à tout. Sans se démonter. Loin de l'attitude repentante qu'il aura dans quelques longs mois devant la justice. Au palais, suspendu à l'audition diffusée en direct, c'est le soulagement. Chez les conseillers jusqu'aux cuisiniers, c'est le sujet du jour. Car, dès le mois de mai, la plupart des employés de la prestigieuse maison connaissaient l'existence de la vidéo qui l'incrimine. « Il y avait, ici, huit cents personnes qui étaient au courant », me glisse l'un d'entre eux sous le manteau. À l'époque, plein de certitude et peut-être de morgue, Ismaël Emelien avait assuré au patron : « Si ça ne sort pas dans les quinze jours, c'est bon. »

Douche tiède pour le « champion de la Terre »

Emmanuel Macron, impatient, repart. Trois jours à New York pour l'Assemblée générale de l'ONU, puis trois jours aux Antilles, où il a promis de se rendre un an après l'ouragan Irma. À la tribune des Nations unies, il tape du poing sur le pupitre pour défendre la lutte contre les inégalités et le climat, fier de recevoir de la part de la plus grande instance internationale le titre de « champion de la Terre ». En France, cette nomination ronflante fait les gorges chaudes de ses détracteurs. « Ubuesque », ricane Greenpeace. Clairement, l'image « verte » du chef de l'État a été flétrie par la démission du populaire Nicolas Hulot. De même, ses propos new-yorkais contre les inégalités semblent contredire ses envolées sur les premiers de cordée. Certains le voient en Janus, vantant à l'étranger ce qu'il ne fait pas chez lui.

À Saint-Martin, aux Antilles, il semble, en revanche, chez lui. L'accueil est enthousiaste. Le président met à rude épreuve ses gardes du corps lorsqu'il se rend dans l'une des zones les plus pauvres de l'île dévastée par Irma. Des habitants l'appellent, il tombe la veste, traverse les barrières de sécurité et plonge dans la foule. Soudain, des trombes d'eau tropicales. Va-t-il écourter et se mettre à l'abri ? Pas du tout, des femmes et des enfants l'agrippent par la main et l'entraînent en courant dans les rues boueuses. Les hommes du GSPR, ses anges gardiens, craignent un instant de le perdre dans la cohue. Non, le voilà qui s'engouffre dans un immeuble et disparaît dans les étages. Le seul où ses gardes du corps, avertis de la présence de quelques braqueurs, ne voulaient pas le voir entrer. Quand l'équipe télé parvient à le rattraper, la chemise trempée, Emmanuel Macron est en pleine conversation avec une résidente qui lui fait tâter les murs suintants. Un jeune homme, torse nu, lui confie justement être à peine sorti de prison pour braquage. Le président pose paternellement la main sur son épaule et le sermonne gentiment : «Il faut arrêter les bêtises. Les braquages, c'est fini, hein ?» Un autre se jette dans ses bras en l'enlaçant de tout son cœur. Il n'hésite pas, rend l'étreinte. Ambiance irréelle que les officiers en charge de sa sécurité n'oublieront pas. Intervenir ? Le «patron» n'aimerait pas ça… Dans l'escalier, les deux jeunes gens lui demandent un selfie. L'un d'eux, bravache, fait un doigt d'honneur à l'objectif et poste la photo sur Twitter. Mais avec un message bienveillant pour le prestigieux visiteur. Sans anticiper les conséquences, Stéphane Séjourné, présent sur place, like aussitôt le tweet provocateur. Cette image, vite dénoncée par l'extrême droite, nuira au chef de l'État.

Les réseaux sociaux, si chers à la doxa macronienne, montrent leurs limites. Beaucoup de nos concitoyens ne comprennent pas ce goût du contact, cette présidence à la fois jupitérienne et au plus près des pauvres à sauver. Lui, à l'issue de ces quatre heures épuisantes, déclare, souriant, visiblement heureux : «Je suis régénéré !» Touché par ce qu'il vient de voir et d'entendre, il s'emporte contre le retard des travaux et «se paye» Daniel Gibbs, le président LR de la collectivité de Saint-Martin. Chaque fois qu'un habitant se plaint, il réclame Daniel Gibbs et le sermonne en public. «Cette dame dit que les aides ne sont pas arrivées parce que tu leur as dit que l'argent de l'État n'est pas arrivé. Mais moi, je t'ai donné tout l'argent.» Penaud, l'élu local baisse la tête. Le président repart. Non sans s'expliquer : «J'ai dans le ventre l'impatience de soixante-sept millions de Français.»

Zizanie chez les Gaulois

L'incorrection n'a pas d'âge et elle ne fait pas de quartier. Emmanuel Macron va l'apprendre à ses dépens. Son enseignant en la matière, l'un de ceux qu'il croyait fidèle et un proche des premières heures, Gérard Collomb. Il le découvre tenace. Individualiste. À peine le président est-il rentré en métropole que le ministre de l'Intérieur revient à la charge. Il veut quitter le gouvernement. Retourner sur ses terres lyonnaises pour tenter de sauver ce qui peut encore l'être et redevenir édile de la capitale des Gaules. Le président résiste. Il n'aime guère ceux qui s'écartent. Et remplacer ce vieux routier de la politique, ce poids lourd de l'équipe conduite par Édouard Philippe, déjà malmenée par la fuite de Nicolas Hulot, ne sera pas aisé. Donc il résiste. Or, c'est sous-estimer la détermination de « Gégé », que rien ne peut retenir. Sa décision est prise, il va le faire savoir. En lui tordant violemment le bras.

Cet après-midi-là, Gérard Collomb se raconte donc au *Figaro*. Sa volonté de partir et la demande du président de le garder à ses côtés encore quelques mois. Au même moment, l'examen de la loi Alimentation, dite Égalim, fruit des états généraux de l'alimentation, qui réunit depuis des mois agriculteurs, industriels et distributeurs, passe largement inaperçu. Un nouveau sabotage en règle. Le lendemain, durant la séance des questions au gouvernement à l'Assemblée, c'est le Premier ministre lui-même qui monte au front sur le cas Collomb, absent de l'hémicycle. Sans ciller, le loyal Édouard Philippe défend la ligne tracée par le chef de l'État la veille. Oui, Gérard Collomb restera. Oui, on peut être candidat aux municipales et demeurer pleinement ministre. Ce que tous ignorent, c'est qu'au même moment, l'intéressé accorde une nouvelle interview au *Figaro*. Et transforme la ligne de crête de la doctrine Macron en lame de rasoir. Quelques heures plus tard, alors qu'Édouard Philippe est au Sénat pour les questions au gouvernement, l'article paraît sur le site du journal : « Gérard Collomb : je maintiens ma démission. » Dès lors, ils ne sont plus très nombreux à croire que le vase de Lyon peut encore être recollé… Sibeth Ndiaye s'y essaye étonnamment. « Le ministre pourrait très bien être demain matin au Conseil des ministres », me dit-elle, en pleine soirée de discussion serrée. Au palais, certains rament dans le même sens. « Pour lui, c'est un peu : "Gégé ne peut pas me faire ça, je peux rattraper l'affaire" », estime ainsi un proche. Mais le tour de magie échoue. Le vase, fêlé, explose vers minuit. Dans un communiqué lapidaire, l'Élysée annonce que le président a accepté la démission de Gérard Collomb et qu'il ne siégera pas au Conseil des ministres dans quelques heures. Édouard Philippe est désigné pour assurer l'intérim et annule un voyage en Afrique du Sud. Suite logique de ce divorce par incompréhension mutuelle, la passation de pouvoirs est prévue tôt le lendemain. Le chef du gouvernement veut trancher vite.

Mercredi matin, place Beauvau, forêt de caméras et de micros. L'urgence, à tous les étages. L'Intérieur et l'Élysée font savoir que la cérémonie ne sera pas ouverte, et sera visible uniquement sur le Facebook de la présidence. Une nouveauté dans cette crise au sommet de l'État. Toutefois, au dernier moment, les grilles de Beauvau s'entrouvrent, et les journalistes se ruent dans la cour. Nous découvrons Gérard Collomb en train de faire les cent pas. Sur le perron. Il attend. Attend encore. Il va attendre Édouard Philippe trente longues minutes. Mais il en faut plus pour refroidir l'homme. Dans le discours d'adieu qu'il prononce d'une voix égale, le ministre décoche quelques flèches : « Dans ces quartiers, c'est la loi du plus fort qui s'impose, celle des narcotrafiquants et des islamistes radicaux, qui a pris la place de la République. Je crains que demain on ne vive face à face, nous sommes en face de problèmes immenses. » Une page se déchire.

Les *toothless* de Colombey

Le pire ennemi de M. Macron ? Emmanuel. Emmanuel Macron et ses petites phrases, la traduction brutale de cette franchise qu'il brandit comme un étendard. Cette semaine-là sera un festival, qu'il complète par un florilège de son franglais de start-upper.

Tout commence le 4 octobre à Colombey-les-Deux-Églises, village de carte postale légendaire où il se rend pour le soixantième anniversaire de la Constitution. Quelques centaines de retraités et de collégiens des environs ont été acheminés en car. Progressivement, nous voyons les ruelles désertes se remplir. Le long de la rue qui mène au cimetière, les curieux attendent sagement le chef de l'État. Le président remonte la file, serre des mains. Vieilles dames et vieux messieurs qui s'adressent à lui sont émus, intimidés, touchants mais aussi têtus. Beaucoup insistent pour parler retraites, rognées par la hausse de la CSG. L'un après l'autre, avec des sourires inquiets, ils décrivent leurs fins de mois difficiles. Patelin, Emmanuel Macron leur répond. Patiemment. Inlassablement, il répète sa logique – « l'effort » demandé aux retraités pour « mieux payer le travail » – mais se lasse un peu.

— Combien gagnez-vous ? demande-t-il, soudain, à deux dames ridées, qui n'ont plus toutes leurs dents.

— Je n'ose pas vous le dire, monsieur le président, glousse l'une d'elles, gênée.

— Allez, combien ? insiste-t-il.

— Cinq cent quatre-vingts euros, lâche la dame.

— Vous, vous n'avez pas cotisé tout le temps ! s'écrie-t-il, froidement technique.

— C'est vrai, reconnaît-elle, s'excusant presque.

— Alors, vous n'êtes pas concernée par la hausse de la CSG.

Il estime visiblement le problème réglé. Encore ce malentendu sur la CSG, qui réduit la pension du couple quand l'un des conjoints dépasse le seuil. Les vieilles dames poursuivent leur complainte. « Vous savez, on aimerait bien parfois sortir, aller au cinéma. » Pour Emmanuel Macron, c'en est trop. Il a un mouvement d'humeur. « Le petit-fils du général [m'a dit que devant son grand-père] "on pouvait parler très librement. La seule chose qu'on n'avait pas le droit de faire, c'était de se plaindre". Je trouve que c'était une bonne pratique, a exprimé Emmanuel Macron. Le pays se tiendrait autrement si on était comme ça », poursuit-il, lui qui estime qu'« on ne se rend pas compte de la chance qu'on a. On vit de plus en plus vieux dans notre pays, en bonne santé. » « On a bien travaillé, nous », balbutie la dame... Une admonestation qui fleure bon le paternalisme. Un président qui s'adresse de façon professorale à des retraités, comme il l'a fait quelques jours plus tôt à un jeune braqueur de Saint-Martin. L'opposition, unie, s'indigne une nouvelle fois.

Juste avant de s'envoler pour Erevan, afin d'y assister au sommet de la Francophonie, Emmanuel Macron fait un crochet par la Station F, l'incubateur de son ami Xavier Niel. Là, il échange avec de jeunes entrepreneurs dans leur jargon, loin des termes érudits.

Il faut « disrupter » un « marché bullish », applaudir la « tech for good » et soutenir les « early stagers ». Ce soir-là, la « start-up nation » fait un come-back dans toute sa flamboyance, laissant sur le bord de la route les édentées de Colombey.

Au palais, la fumée blanche du remaniement se fait attendre. Le ministre de l'Intérieur ? La France s'en passe parfaitement ! Dans un comique de répétition qui nous fait sourire – plus ou moins jaune, il faut bien le dire –, l'Élysée nous répète : « Pas ce soir », « Pas ce soir ». On apprend que des personnalités socialistes refusent d'entrer au gouvernement, ce qui est un mauvais signe pour l'attractivité du président. Les oppositions ironisent sur un exécutif sans « vivier » et un chef sans troupe. Le nouveau casting sera finalement présenté le 16 octobre, quinze jours après l'exfiltration de Gérard Collomb. Huit nouveaux titulaires rejoignent l'équipe conduite par Édouard Philippe, avec le fidèle Christophe Castaner à l'Intérieur, belle récompense pour sa loyauté. Comme il manque de relais dans les forces de l'ordre, Emmanuel Macron lui accole comme secrétaire d'État Laurent Nuñez, ancien patron de la DGSI et préfet de police des Bouches-du-Rhône. L'homme connaît bien la police sans venir, comme d'autres candidats pressentis, des réseaux sarkozystes. Françoise Nyssen quitte la Culture, remplacée par le quadra Franck Riester. Stéphane Travert, l'ennemi de Nicolas Hulot, est lui aussi remplacé. Le jeune député Gabriel Attal, vingt-neuf ans, étoile montante de LREM, devient secrétaire d'État à l'Éducation pour mettre en place le Service national universel. À présent, il y a trente-cinq ministres et secrétaires d'État, quand ils étaient vingt-deux en mai 2017.

« La République, c'est moi ! »

Emmanuel Macron n'est pas le seul à s'égarer dans une expression malheureuse. L'un de ses principaux opposants, Jean-Luc Mélenchon, connaît les mêmes déboires. Il va y laisser lui aussi des plumes. Le jour même du remaniement, la police perquisitionne le siège de La France insoumise et le logement du patron du mouvement. Deux enquêtes sont en cours : l'une sur les assistants d'eurodéputés du parti et l'autre sur les frais de campagne de l'ex-sénateur socialiste. Furieux, le tribun se filme dans son appartement et éructe contre les policiers. Il réitère la mise en scène à la porte de son parti, dont il veut déloger *manu militari* les forces de l'ordre. Les scènes sont violentes. Le visage enflammé de Jean-Luc Mélenchon et ses propos sans nuance se répandent sur les réseaux sociaux. « Je suis un parlementaire, vous ne me touchez pas ! Nous ne sommes pas des voyous [...] La République, c'est moi ! C'est moi qui suis parlementaire ! Vous êtes la police républicaine ou une bande ? Vous savez qui je suis ? Enfoncez la porte, camarades ! Personne ne me touche, ma personne est sacrée. Ça suffit, monsieur Macron ! » Des images en décalage avec la prétention aux plus hautes fonctions.

Essayant d'expliquer son remaniement mais aussi de corriger son image, Emmanuel Macron, lui, a bien du mal à prendre la lumière, captée par la colère spectaculaire de l'Insoumis. On le retrouve, assis à son bureau, un brouillon gribouillé de son allocution posé devant lui. Il parle quasiment dans la pénombre. On lui a fait refaire la prise trois fois et le soir a fini par tomber. Il répète qu'il n'y aura « ni tournant ni changement de cap », mais, pour la première fois, semble s'excuser. « Par ma détermination ou mon parler vrai j'ai pu choquer. [...] Progressivement, votre quotidien va s'améliorer », assure-t-il vaguement. Dans une sorte de prémonition, il ajoute une phrase qui prendra bientôt tout son sens : « L'esprit profond du peuple français a toujours été de ne pas se soumettre. » Le chef de l'État ignore alors que circule depuis un mois sur Internet une obscure pétition contre la hausse des prix du carburant, une pétition qui va être à l'origine du plus grand mouvement social de ces dernières années.

Quand ça ne veut pas...

Les Gilets jaunes. Ils apparaissent avec les premiers frimas de novembre. Dans le prolongement d'un mois d'octobre au ciel obstinément bouché pour Emmanuel Macron, sur tous les fronts, en dépit de ses efforts et de ses attentes. Tout commence par cette baisse annoncée de la taxe d'habitation, cet espoir sur lequel le gouvernement s'appuie depuis des mois pour justifier les différents tours de vis et assurer que tout ira mieux demain. Sur le papier, c'est clair : une diminution de 30 % pour 80 % des foyers.

Dans la réalité… nombreux sont ceux qui découvrent une hausse en ouvrant leur courrier ! Un coup de poignard dans le dos des maires, qui ont augmenté leur taux pour 2019. Selon *Le Figaro*, plus de six mille communes – une sur six – ont ainsi relevé leur taxe d'habitation. Gérald Darmanin, ministre du Budget, décide de riposter. Les militants macronistes lancent le hashtag #balancetonmaire en demandant aux internautes de dénoncer les élus concernés. Bercy fournit à des médias la liste des communes coupables. Et fait même figurer, sur les avis d'imposition, le montant de l'augmentation décidée par l'édile local. Il n'empêche, la bonne nouvelle n'en est plus une.

Le 9 octobre, une journée d'action intersyndicale contre « la destruction de notre modèle social, l'explosion des inégalités et la casse des droits collectifs » rassemble plusieurs centaines de milliers de manifestants sur le territoire. Mais ni le pouvoir, ni les médias, ni l'opinion publique ne s'intéressent à ce qui ressemble à des protestations rituelles. Dix jours plus tard, ce sont des dizaines de milliers de retraités qui manifestent contre la hausse de la CSG et la désindexation des pensions. Guère plus impressionnant pour le pouvoir, aveugle à tous ces signaux.

Le 22 octobre, un article du *Parisien* met le projecteur sur une pétition qui rassemble, alors, « seulement » douze mille signatures contre la hausse des prix des carburants. En un an, le diesel a grimpé de 23 % et l'essence de 15 %. Le quotidien donne la parole à l'instigatrice de l'initiative, Priscillia Ludosky, une trentenaire. Une semaine plus tard, ils sont près d'un demi-million à pétitionner. Un transporteur routier, Éric Drouet, suivi d'autres protestataires, lance sur Facebook un appel à bloquer les routes le 17 novembre et à poser en évidence un gilet jaune sur leur tableau de bord, en signe de ralliement. Un gilet jaune ?! Trouvaille astucieuse, la loi oblige tous les conducteurs à disposer de cette « chasuble » à revêtir en cas d'incident. L'appel, lancé un samedi, sans réelle ambition de bloquer l'économie, « s'appuie sur une colère légitime mais dont les ressorts sont obscurs et les solutions préconisées floues, voire dangereuses pour le monde du travail », observe, dubitative, la CGT.

Certes, mais ça marche ! Partout dans le pays, on croise de plus en plus de voitures qui arborent le gilet de la colère. Une fronde, profonde, que le gouvernement traite d'abord par le mépris. À l'image de Benjamin Griveaux, qui crache : « Laurent Wauquiez ? C'est le candidat des gars qui fument des clopes et qui roulent au diesel. Ce n'est pas la France du XXIe siècle que nous voulons. » Même l'inconditionnel soutien, François Bayrou, se désolidarise.

Emmanuel Macron, lui, semble fatigué. Il faut dire que le sort s'acharne. À Paris, un lycéen braque son enseignante avec un pistolet factice. Écœurés, des professeurs en colère, sous le hashtag #pasdevagues, accusent le ministère d'étouffer les plaintes. Le président se rend dans l'Aude pour arpenter des communes inondées ? Fait rarissime, il commet une bourde grossière sur un point technique lié aux assurances. « Il a pris cher », confie un proche sous le sceau du secret. Il semble à fleur de peau. Et s'emporte ainsi contre un journaliste qui, en plein salon Euronaval du Bourget, refoulé par la sécurité, le hèle de loin pour une question sur les ventes d'armes à l'Arabie saoudite. La question se pose, après l'assassinat du journaliste opposant Jamal Khashoggi, qui vient d'être rendu public. Visage fermé, Emmanuel Macron réplique qu'il ne répondra pas et que son agenda n'est pas dicté par les médias. Plus tard, en Slovaquie, il se passe la main sur les yeux de fatigue et laisse transparaître sa colère contre l'Allemagne. L'alliée annonce un embargo sur les ventes d'armes à l'Arabie et se permet une condamnation voilée à l'encontre de la France, tout en continuant ses transactions *via* des sous-traitants.

Itinérance de protestations

À peine apparu, le mouvement des Gilets jaunes suscite l'adhésion. Un sondage révèle que 78 % de nos concitoyens le soutiennent. La vidéo d'une Bretonne, Jacline Mouraud, qui dénonce la hausse des carburants, affiche des millions de vues. Avec un incontestable à-propos, elle reprend le vocabulaire du président et parle du « pognon de dingue » des taxes. Au palais, les conseillers reprochent aux médias, BFMTV en tête, de relayer « n'importe quoi » à seule fin de faire de l'audience. Un mouvement « fabriqué » par la presse, vraiment ? Sa longévité peut laisser en douter. Tout comme l'accueil que le chef de l'État reçoit lors des commémorations de la Grande Guerre. Pendant six jours, Emmanuel Macron a décidé de se lancer sur des hauts lieux du conflit meurtrier, dans un savant mariage des défis du passé et du présent, idée à laquelle il tient beaucoup. Il passe ainsi, lors de cette « itinérance mémorielle » – le nom pompeux donné à l'événement –, de Morhange aux Éparges, de Verdun à Charleville-Mézières, de Maubeuge à Péronne pour finir en beauté, le 11 Novembre – jour de l'armistice –, devant l'Arc de triomphe entouré de quatre-vingts chefs d'État et de gouvernement. Mais l'Est et le Nord lui réservent quelques surprises. Très rapidement, ce qu'attendent les soixante journalistes présents, tout comme le président, c'est évident, ce sont les échanges à brûle-pourpoint, bien plus que les cérémonies convenues orchestrées par la Mission du centenaire. C'est le voyage d'un boxeur qui monte sur le ring.

Morhange, une colline où périrent près de quarante mille soldats français en août 1914. Entre deux sonneries aux morts, les élus qui parviennent à franchir l'imposant dispositif de sécurité commentent la colère contre le prix des carburants. Les Éparges, une bataille immortalisée par Maurice Genevoix, un auteur cher à sa grand-mère adorée, dont Emmanuel Macron annonce la prochaine entrée au Panthéon. Verdun, la modernité d'un drone qui filme le président lançant une gerbe de fleurs dans un « entonnoir », un cratère creusé par les obus. Jusqu'ici, tout va bien.

Mais Verdun, terre d'opiniâtretés. Des retraités l'interpellent sur le prix du diesel, carburant des deux tiers des véhicules de l'Hexagone. « Le carburant, c'est pas bibi ! » répond-il, avec une pointe de sarcasme. La boutade fait long feu face à la colère froide. Il ne s'agit plus des retraitées timides à qui il enjoignait de cesser de se plaindre. Cette fois, Emmanuel Macron passe plusieurs minutes avec un moustachu virulent, pour un échange aussitôt viral :

— On gagne deux mille trois cents euros de retraite à tous les deux. Vous nous emmenez à la catastrophe.

— J'ai augmenté la CSG de 1,7 %, donc de trente-quatre euros, rétorque-t-il, mathématique.

— Mais il y a le reste de la CSG, ça fait cent quarante euros, s'énerve l'homme.

— Mais ça, c'est pas moi ! s'amuse presque le chef de l'État.

— Vous n'entendez pas. De Paris, vous ne nous entendez pas. Vous avez vu la colère qui monte ? Le 17 novembre, vous allez la voir. J'espère que toute la France se mettra en colère. Le ras-le-bol général !

Le président n'écoute pas ce propos prophétique : « Vous me racontez des carabistouilles. Vous voulez aider le travail? Moi aussi. » Dialogue de sourds.

À Reims, pour la première fois, des manifestants revêtus de gilets jaunes le huent : « Macron, démission ! » Les CRS les repoussent tandis que le convoi présidentiel entre directement dans la cour de l'hôtel de ville. Sur les routes alentour, la plupart des voitures exposent la chasuble fluo. Emmanuel Macron ne peut les apercevoir, son cortège file trop vite.

Charleville-Mézières pour un Conseil des ministres délocalisé. J'arrive dans le même train que le gouvernement. Édouard Philippe et son équipe, à pied, marchent de la gare à la mairie. Quasiment personne ne les reconnaît… Devant l'hôtel de ville, c'est l'effervescence. Emmanuel Macron échange avec des habitants. Une retraitée, pugnace, l'attaque sur tous les fronts : le prix de l'essence, les quatre-vingts kilomètres à l'heure, les retraites…

— Vous aviez dit que vous ne toucheriez pas aux retraités. Moi, je gagne huit cent quatre-vingt-dix euros, mon mari, mille deux cents, et vous nous enlevez de l'argent !

— Ce pays est incroyable, réplique, agacé, le chef de l'État. On enlève cinq euros d'APL et c'est la fin du monde !

Elle proteste. « Si vous êtes là juste pour faire le show… » lance-t-il, goguenard. Mais la dame se désole avec une sincérité touchante : « Dans ce pays, on était heureux, on devient malheureux. On ne peut plus gâter nos petits-enfants. » Ses interlocuteurs semblent d'autant plus à cran qu'ils sentent que leurs protestations restent lettre morte.

Et s'il n'en reste qu'un…

Du côté d'Emmanuel Macron, ces échanges âpres fouettent son instinct combatif. Contesté, il monte au front, baïonnette au canon. Sans forcément mesurer l'inutilité de l'affrontement, qui focalise l'attention et réduit tout le reste à néant. Le point d'achoppement de cette itinérance? Philippe Pétain. Le vainqueur de Verdun, certes, mais aussi le chef de l'État français. À l'occasion du centenaire, les armées ont prévu un hommage à « tous les maréchaux » de la Grande Guerre aux Invalides. Interrogé sur la pertinence d'inclure Philippe Pétain à cette cérémonie, Emmanuel Macron tente un « en même temps » délicat. « Il est légitime » de célébrer ce maréchal, qui a été « un grand soldat pendant la Première Guerre », même s'il a ensuite « conduit à des choix funestes. Il faut regarder l'histoire en face ». Fêter le dirigeant du régime collaborationniste de Vichy ?! La polémique traverse les frontières, jusqu'à la presse internationale. Emmanuel Macron est passé en mode défensif. Agressif. À Rozoy-sur-Serre, lors d'une visite de maison de retraite, nous revenons sur le sujet. « Mes enfants, vous cherchez vraiment la polémique… je ne suis pas dans votre bocal ! » s'agace-t-il. Devant l'établissement, encore des questions sur les carburants et la CSG. Nous insistons :

— N'aviez-vous pas sous-estimé la colère ?

— Pas plus que vous, réplique-t-il, avec aplomb.

À Maubeuge, dans l'usine Renault qu'il visite avec le patron du groupe, Carlos Ghosn, un syndicaliste le prend à partie : « Vous n'êtes pas le bienvenu, monsieur Macron, ce que vous donnez d'une main, avec l'essence, vous le reprenez de l'autre. » Le président répond, point par point, et conclut : « Si vous êtes venu faire un meeting politique, c'est autre chose… vous êtes ridicule ! »

Prendre de la hauteur et essayer de faire partager sa vision. Emmanuel Macron est un convaincu. Ce jour-là, il escalade avec enthousiasme un terril venteux en compagnie de Gérald Darmanin, l'élu du coin. À ma grande surprise, le ministre retire ses chaussures pour ne pas glisser sur le charbon humide et achève l'ascension en chaussettes un peu élimées. Il capte mon regard. Sourit. « J'y fais attention depuis que je visite des mosquées… » Sibeth Ndiaye a bloqué les autres journalistes de l'itinérance en bas, mais je suis là, en haut, avec le chef de l'État et quelques ados. Emmanuel Macron déclame, le regard sur ces plaines du Nord, où le RN (Rassemblement national) est arrivé en tête dans de nombreuses communes : « Je poursuivrai le combat tout au long de ce quinquennat et je n'aurai pas droit au répit. On sent le pays en profondeur. On sent ses attentes, ses envies, ses angoisses et ses impatiences. Parfois, les colères se fixent sur des sujets d'actualité mais qui ne sont pas la cause profonde. Il faut savoir entendre tout cela et tenir un cap. » Les photojournalistes restés en bas ont interdiction d'immortaliser sa descente sur la pente très raide, où il est discrètement retenu par ses gardes du corps. Il les repousse d'abord, puis se résigne à accepter leur aide. Il ne peut pas se permettre de trébucher.

Au contact, encore et toujours. À Bully-les-Mines, ville RN, il retourne dans un bar PMU où il s'était rendu pendant la campagne. Il y a foule. Il s'installe derrière le comptoir cuivré, offre une tournée, prend une bière et répond à quelques questions polies. Il s'efforce à la patience, promet des indemnités kilométriques à ceux qui sont le plus touchés, multiplie les «je comprends», «je me suis fait secouer et ça continuera». Quelques heures plus tard, moins conciliant sur la chaîne américaine CNN, il explique que sa popularité baisse parce qu'il ose faire des réformes impopulaires. Mais rappelle qu'il dispose d'un mandat de cinq ans. Inflexible.

Au dernier jour de l'itinérance, Theresa May, la Première ministre britannique, le rejoint à Péronne, où une vingtaine de Gilets jaunes crient le désormais rituel «Macron, démission!». Ceux-ci sont dégagés. Alors qu'il revient à la mairie pour une dernière table ronde, il entend les huées. Son sang ne fait qu'un tour, il tourne les talons et s'avance vers les contestataires pour entamer des échanges interminables. Quelque part derrière les premiers rangs, une dame lui assure en criant que sa maigre retraite a baissé à cause de la CSG. «Ce n'est pas possible! Vous n'habitez pas trop loin? Revenez après, quand je sors, avec votre feuille d'impôt.» Elle n'en démord pas. «C'est généralement parce que leur mari a une retraite de plus de deux mille euros», m'explique avec lassitude Sibeth Ndiaye. «Mais on ne peut pas lui dire devant tout le monde : "Votre mari gagne beaucoup! "» Le président ne ressort qu'en fin de soirée. Alors qu'il remonte en voiture, des enthousiastes le réclament. Il hésite, puis, penché vers son épouse, lui dit en lui montrant ces groupies :

— Mais ils m'appellent...

— Vas-y! lui enjoint-elle, compréhensive.

Emmanuel Macron y retourne. Insatiable.

Le calme avant la tempête

Les Gilets jaunes? Sans leader. Sans coordination centrale. Sans revendication structurée. Et sans service d'ordre. Inclassables. Des pages Facebook créées depuis la mi-octobre réunissent des centaines de milliers d'adhérents et appellent au blocage du 17 novembre. Les « informations » les plus folles circulent : la police compterait se retourner contre le gouvernement, Emmanuel Macron ordonnerait d'ouvrir le feu contre les manifestants. « Bien sûr, on va tirer à balles réelles ! » ironise, énervé, Sylvain Fort. Les syndicats sont dépassés, les politiques et les médias, perplexes. Feu de paille ? Vague de fond ? Seule certitude, les trois quarts des Français sondés disent approuver le mouvement. Sur Internet, des cartes constellées de jaune illustrent les futurs points de rassemblement. Il y en a des centaines, non déclarés, non encadrés, incontrôlables, qui inquiètent les forces de l'ordre. Mal à propos, le gouvernement lance une campagne antipollution, donc contre l'utilisation des carburants, avec les codes d'image des paquets de cigarettes, qui culpabilise les automobilistes. « Ils doivent comprendre qu'ils sont responsables de la bronchiolite de leur petite-fille », accuse une conseillère du palais. Emmanuel Macron a voulu se passer de corps intermédiaires ? Cultiver *via* les réseaux sociaux un contact direct avec les « vraies gens » en s'affranchissant des médias ? Ils l'ont pris au mot.

Mais, à l'Élysée, le président et ses conseillers considèrent toujours le mouvement comme une construction médiatique. Devant les membres de l'Association de la presse présidentielle, Sylvain Fort reproche aux journalistes de donner la parole à des personnages comme Jacline Mouraud, qui « ne dit que des mensonges ». « Sans BFMTV ? Pas de Gilets jaunes ! » analyse un conseiller. Sylvain Fort n'en doute pas. Même si, ce samedi, beaucoup manifestent, « le lundi, ils vont retourner au travail ». « Il est possible que nous ayons porté une attention trop vive aux réformes structurelles et pas assez au quotidien des Français », reconnaît la plume. Emmanuel Macron et ses proches pensent que « les Français sont en colère sur le quotidien mais ne sont pas contre les réformes. La machine doit accélérer pour que les effets des réformes se produisent plus vite. C'est la priorité du président ».

Le président, justement. Il intervient sur TF1. Quel décor ! Nous avons atterri en hélicoptère à bord du porte-avions *Charles-de-Gaulle*, en pleine mer. Dans l'immense hangar du navire, Emmanuel Macron pose à côté d'un Rafale impressionnant. À propos de carburants, l'endroit empeste le kérosène ! Le chef des armées affiche une ligne dure face aux contestataires. Il « assume totalement » les trois milliards d'euros de taxe supplémentaire. « Concessionnette », il a échoué « à réconcilier les Français avec leurs dirigeants ». De son côté, en prévision de cette inconnue 17 novembre, Édouard Philippe prend des « mesurettes ». Inaudibles. Tardives. Brouillonnes.

Et 1, et 2 et...

Dire n'est pas faire. Les syndicats, qui depuis des années peinent à mobiliser, en savent quelque chose. Ce samedi 17 novembre va d'autant plus prendre de court les analystes. La journée rassemble deux cent quatre-vingt-deux mille manifestants autour de deux mille rassemblements. Les face-à-face avec les policiers, parfois très tendus, font quatre cents blessés, dont de nombreux policiers. Et même un décès accidentel, celui d'une femme percutée par une automobiliste qui tentait de contourner un barrage. Un premier drame. Il y en aura malheureusement d'autres. Des manifestants s'installent sur des centaines de ronds-points, filtrent les voitures, bloquent des péages, des autoroutes, des hypermarchés... « Gilets jaunes, colère noire », « Jupiter, redescends sur Terre, c'est la misère », crient leurs pancartes, quand Emmanuel Macron n'est pas directement ciblé à travers ses propres petites phrases : « C'est le bordel », « Les fainéants », « Traverse la rue », « Gaulois réfractaires », « Ceux qui ne sont rien » et même « Les illettrées de Gad », l'abattoir breton qu'il avait visité pendant la campagne. Beaucoup de manifestants passent la nuit autour de braseros, où se forgent des amitiés et des solidarités nouvelles. Des ronds-points sont occupés durablement. « Si demain il faut continuer, on continuera. Et lundi, on continuera s'ils n'ont pas compris », avertit l'un d'eux à Millau. Les Gilets jaunes refusent toute étiquette politique, comme en écho au « ni de droite, ni de gauche » du candidat Macron. Tout cela est-il seulement lié à la hausse de la taxe sur le gazole qui doit entrer en vigueur le 1er janvier ? Au palais, des conseillers minimisent : « Ce n'est pas le raz-de-marée attendu, malgré un battage médiatique parfois surprenant. »

De leur côté, les manifestants poursuivent leurs actions un peu partout et appellent à bloquer la capitale le samedi suivant, pour un « acte II ». Le mouvement se radicalise. Emmanuel Macron reçoit deux mille maires – ces élus de terrain jusque-là dédaignés –, et se livre à une longue séance de questions-réponses avec les édiles debout, dans la salle des fêtes de l'Élysée surchauffée. Le ton ? Guerrier ! « Beaucoup de mes prédécesseurs sur les dernières décennies, quand les choses ont commencé à être difficiles, ont changé de cap. Moi, je ne le ferai pas ! Je peux vous dire que vous n'avez pas le monopole des engueulades. Ceux qui pensent que j'ai peur d'une salle, ils ne me connaissent pas, ni d'une salle ni d'une foule ! Dites-vous à chaque fois que ça ne va pas que c'est un peu de ma faute ! » Ils finissent par l'applaudir, surtout lorsqu'il s'en prend à nous, la presse, cantonnés au fond de la salle. Ses mots nous visent mais évitent les maux. «Je le dis à nos amis journalistes, quand on regarde la colère avec une fascination morbide, on ne rend pas service à cette colère légitime. » Jamais Emmanuel Macron ne mentionne les termes « Gilets jaunes ». Ce serait reconnaître au mouvement une identité qu'il lui dénie.

En vue de sa prochaine prise de parole sur la programmation pluriannuelle de l'énergie – comprenez les choix énergétiques des dix ans qui viennent –, le 27 novembre, je discute avec un duo de conseillers du palais. Surprise, ils ne sont pas sur la même longueur d'onde ! Ainsi, à la question « Y aura-t-il des annonces ? », l'un répond oui et l'autre peut-être. Concerneront-elles la taxe sur les carburants ? Grand silence hésitant. « Cela pourrait en faire partie », avancent-ils. Consciencieusement, je rédige une dépêche qui explique qu'Emmanuel Macron va présenter des mesures et des négociations pour une transition écologique acceptable, y compris concernant la hausse des taxes.

Le lendemain matin, une conseillère presse m'appelle et demande un correctif. « Non, me dit-elle, le président ne fera aucune annonce concernant la taxe sur les carburants. » Pour me convaincre, elle me lit un mail d'Ismaël Emelien, l'homme de l'ombre, le grand ordonnateur des incontournables éléments de langage. Je publie donc une correction… qui se révélera fausse ! En fait, personne n'en sait rien. Le chef de l'État hésite. Tout semble improvisé. Si Matignon paraît ferme dans son refus de modifier la taxe sur les carburants, l'Élysée se montre plus ouvert. En réalité, tous attendent avec prudence la mobilisation du samedi suivant pour trancher.

Droit dans ses bottes

Le conflit se durcit. Des appels à manifester place de la Concorde et sur les Champs-Élysées, donc tout autour du palais présidentiel, circulent sur les réseaux pour le samedi suivant. Ces deux événements sont bien évidemment interdits : ils seraient à un jet de pavé du palais. Et la grande avenue touristique n'est pas habituée aux protestataires énervés. Heurts et blessés sont au rendez-vous, quand Emmanuel Macron hésite toujours sur la tonalité de son allocution du 27. Faire un geste ? Rester ferme ? La veille, François Bayrou, l'allié de la première heure, est certain de l'avoir convaincu d'annoncer un moratoire sur la taxe gazole et sur les quatre-vingts kilomètres à l'heure, afin de faire redescendre la pression. Les deux hommes se parlent de nouveau deux heures avant le discours, relisent ensemble les deux phrases prévues... Mais, au dernier moment, le premier personnage de l'État se range à l'avis du trio Édouard Philippe, Benoît Ribadeau-Dumas et Alexis Kohler. « Il ne faut pas renoncer au cap. » Alors il ne cède pas d'un pouce, sans répondre à la crise qui secoue le pays.

Le chef de l'État retrouve ses accents professoraux pour faire la leçon à ceux qui « croient que l'école, c'est normal que ce soit gratuit, l'hôpital, c'est normal que ce soit pour beaucoup gratuit, et que c'est normal que ce soit la collectivité qui paie ». Emmanuel Macron moque « cette sympathique injonction paradoxale : baissez les taxes et créez-nous plus de crèches, plus d'écoles, plus de droits, plus de services publics ». *Last but not least* : il annonce l'organisation d'un « débat national » et l'adaptation de « toute nouvelle hausse de la taxe sur les carburants à l'évolution des marchés internationaux du pétrole ». Est-ce une marche arrière sur la taxe carbone ? En quoi consiste cette « grande concertation » ? Même ses conseillers, bien en peine de les expliquer, tombent des nues. Au passage, il a aussi reporté à 2035, au lieu de 2025, la baisse de la part du nucléaire à 50 %.

Le 29 novembre, calendrier diplomatique oblige, le président de la République part trois jours à Buenos Aires pour le sommet du G20. Certes, ce n'est pas le moment, mais comment s'y soustraire quand on est un chantre du multilatéralisme ? Dès le tarmac, la crise des Gilets jaunes le rattrape : la délégation argentine est en retard et c'est un employé de l'aéroport, vêtu de la chasuble fluorescente, qui lui serre la main à la sortie de l'avion. L'image, saisie par Ludovic Marin, le photographe de l'AFP, déclenche une avalanche de sarcasmes. L'« acte III » du lendemain s'annonce très tendu. Place de Mai, le couple Macron croise des enthousiastes. « C'est marrant, ici, on l'aime bien ! » me dit une conseillère, rêveuse... Pour notre part, impossible de l'interroger sur la situation en France. Nous insistons, en vain. « Le président refuse de s'exprimer à l'étranger sur des affaires nationales. »

À Paris, une rencontre à Matignon avec des représentants des Gilets jaunes tourne au fiasco. Édouard Philippe les attend un bon moment, mais seuls deux d'entre eux se présentent. Les six autres ont renoncé après avoir été menacés par leurs pairs. L'un des deux exige même de garder l'anonymat. Résultat des courses, l'exécutif n'a plus d'interlocuteur.

Paris, Champs-Élysées, samedi 1er décembre, dès l'aube. Des images de guerre civile. Impressionnantes. Des casseurs en cagoule jettent des projectiles sur les forces de l'ordre, brûlent des voitures et brisent des vitrines. La police utilise des lanceurs de balles de défense, les bientôt tristement célèbres LBD, ainsi que de dangereuses grenades de désencerclement. L'Arc de triomphe est pris d'assaut. Saccagé. Pillé. Des scènes similaires se produisent dans de nombreuses villes du pays. Tout semble hors de contrôle. Des centaines de personnes sont interpellées, qui, souvent, n'avaient jamais manifesté de leur vie, mais semblent comme happées par ce climat d'insurrection.

À l'autre bout du monde, Emmanuel Macron et ses conseillers, tout comme les journalistes qui suivent le déplacement, regardent, sidérés, sur leurs smartphones ces images de guérilla urbaine, dans les quartiers les plus chics de la capitale. En total décalage avec les couloirs feutrés de la conférence. Le président, lui, fait comme si de rien n'était. Il passe une bonne demi-heure avec le Premier ministre jamaïcain et le secrétaire général de l'ONU à discuter d'un sommet sur le climat qui aura lieu en septembre. Et adresse, comme souvent, un clin d'œil complice à un photographe qui s'est glissé sans autorisation dans la salle. « Il adore la voyoucratie... », confie le photoreporter. Lors de la conférence de presse finale, que les chaînes d'info décident de retransmettre en direct au cas où le chef de l'État accepterait d'évoquer la situation française, il sourit. Un sourire tendu. Il ne voulait pas en parler et enrage d'y être acculé. Après un long dégagement sur le G20, il aborde brièvement la crise, d'un ton sec. « Enfin, un dernier mot sur le contexte en France et parce que je ne répondrai, conformément à mes habitudes, à aucune question sur ce point : ce qui s'est passé aujourd'hui à Paris n'a rien à voir avec l'expression pacifique d'une colère légitime. Aucune cause ne justifie que les forces de l'ordre soient attaquées, que des commerces soient pillés, que des bâtiments publics ou privés soient incendiés, que des passants ou des journalistes soient menacés ou que l'Arc de triomphe soit souillé. Les coupables de ces violences ne veulent pas de changement, ne veulent aucune amélioration. Ils veulent le chaos. Ils seront identifiés et tenus responsables de leurs actes devant la justice. J'entendrai toujours les oppositions, mais je n'accepterai jamais la violence. » Encore une fois, il n'a pas prononcé les mots « Gilets jaunes ». Et refuse toute question.

Pas plus sur la crise qui semble s'enfiévrer, samedi après samedi, que sur la rénovation de la salle des fêtes du palais. L'Élysée a permis au *Monde* de faire un grand reportage sur ces travaux. L'article sort ce jour-là. Au plus mauvais moment. L'annonce du prix de la moquette – trois cent mille euros – tourne sur les réseaux sociaux. L'heure n'est plus à l'insouciance des journées du patrimoine, quand il expliquait au grand public son choix des nuances de gris pour remplacer le rouge et or de l'immense salon.

Contestation au-delà du réel

De retour au pays, sans prévenir la presse, Emmanuel Macron se rend directement, depuis l'aéroport, au cœur de Paris vandalisé. Ses collaborateurs, qui l'accueillent sur le tarmac, sont persuadés d'être « politiquement morts ». En arrivant place de l'Étoile, il est très choqué. Sur l'Arc de triomphe a été tagué « Macron démission ». À l'intérieur du bâtiment, les sculptures ont été brisées. Ismaël Emelien suggère de laisser le monument en l'état, pour que l'opinion condamne les Gilets jaunes. Si l'idée, cynique, n'est pas retenue, les télévisions sont néanmoins autorisées à filmer les dégradations. Sur l'avenue, le chef de l'État entend des applaudissements, mais aussi des sifflets. Certains des manifestants sont encore là. Sombre, il préside une réunion d'urgence à l'Élysée. Et appelle l'ancien monde à la rescousse : Édouard Philippe va recevoir les partis d'opposition. Pour autant, le président veut donner l'image d'un pouvoir serein. Qui continue d'avancer. Un déjeuner est prévu le lendemain avec des chefs étoilés? C'est Brigitte Macron et son entourage qui parviennent à l'en dissuader in extremis quand, fataliste, Sibeth Ndiaye, elle, lâche : « Il y tient. S'il veut se prendre le mur, qu'il le prenne. »

Ce même lundi soir, lors de la réunion hebdomadaire qui réunit autour de la table les quatre hommes forts du pays, le chef de l'État, le Premier ministre et leurs bras droits respectifs, l'exécutif envisage, enfin, un « bougé ». Il faut empêcher un nouveau samedi de chaos. Quitte à renoncer à cette hausse des taxes. C'est Édouard Philippe qui est chargé de la reculade. Amer, le chef du gouvernement enterre avec réticence cette décision qu'il a défendue contre vents et marées. Ce mardi-là, à l'Assemblée nationale, du bout des lèvres, il consent à un « moratoire » de six mois sur la hausse des taxes sur les carburants. Un recul limité qui ne permet pas le reflux des mécontentements.

L'épisode du Puy-en-Velay est de ceux qui marquent une vie. Emmanuel Macron peut se tromper, bien évidemment. Il peut aussi – on l'a vu – être maladroit, voire cassant. Il a déjà été la cible d'invectives, il sait y répondre. Mais ce qu'il va vivre ce soir-là dépasse de loin ses pires cauchemars.

Soucieux d'être aux côtés des victimes des violences, d'un coup de Falcon, il se rend au Puy, où la préfecture vient d'être incendiée par des manifestants. Ce qu'on lui rapporte le glace. « Ils criaient aux fonctionnaires enfermés à l'intérieur : "On va vous voir rôtir comme des porcs ! " » lui racontent des employés, encore sous le choc, dans le bâtiment plongé dans le noir. Mais le chef de l'État et sa petite suite ont été repérés. Une étincelle qui ravive la colère des Gilets jaunes toujours incandescente. Les réseaux sociaux font le reste et des protestataires vindicatifs se rassemblent rapidement devant la préfecture. À la sortie du bâtiment, le cortège présidentiel est conspué, certains tentent de l'intercepter, tapent sur les voitures qui passent. Une femme gueule avec haine : « Crève ! » Du jamais-vu de mémoire de policiers en charge de la protection du président. Au point qu'un décollage sans lui est organisé pour faire refluer la foule criarde, avant qu'il ne soit finalement exfiltré.

Un proche rapporte que ce soir-là, marqué, Emmanuel Macron a cette phrase terrible : « Ils me tueront peut-être d'une balle, mais jamais d'autre chose[1]. » Brigitte Macron est atterrée. L'image d'arrogance qui colle à son époux la navre. « S'il était comme cela, je ne l'aurais pas épousé », assure-t-elle dans une rare interview. Aucun ministre ne se risque à commenter la crise. « Il y avait une grande paralysie parce que tout le monde attendait l'oracle. On attendait que le président nous dise ce qu'il fallait penser », reconnaîtra plus tard l'un d'eux.

« Nous avons besoin d'amour »

C'est l'asymptote de la crise. Certains, au palais, rient jaune – sans jeu de mots –, en imaginant une prise de l'Élysée par ces modernes sans-culottes, et leurs têtes sur des piques. Selon certains instituts de sondage, la cote de popularité du président tombe à 23 %. Pour leur part, les mormons, déterminés, veulent avant tout combattre l'idée que le chef de l'État a reculé. Non, il n'est pas François Hollande, qui avait cédé aux « bonnets rouges » contre une taxe écologique. Il restera intraitable face aux « factieux » et ne « détricotera pas ce qui a été fait depuis dix-huit mois ». Très discrètement, Emmanuel Macron rencontre un Gilet jaune : Patrick de Perglas, dit Gépy, un habitant de Saône-et-Loire, qui a cheminé à pied une partie de la route tout en faisant une grève de la faim. Ce pacifiste lui lit une longue lettre dans laquelle il l'exhorte à écouter et conclut : « Nous avons besoin d'amour. » Son message va droit au cœur de cet affectif, qui reprendra d'ailleurs la phrase dans un prochain discours.

Mais la réaction de l'exécutif reste brouillonne. Le choix des termes pour évoquer une sortie de crise reste hésitant, c'est le moins que l'on puisse dire. Ainsi, Édouard Philippe évoque tour à tour un « moratoire » puis une « suspension ». Quelques heures plus tard, le palais reprend la copie et l'amende : « suspension » signifie

1. Voir *Le Peuple et le Président*, Cécile Amar et Cyril Graziani, Michel Lafon, 2019.

en réalité « annulation ». Quelque temps encore après et François de Rugy enfonce le clou en expliquant : « Il n'y a pas d'entourloupe. Le président, je l'ai eu au téléphone il y a quelques minutes et il m'a dit : "Les gens ont eu l'impression qu'on leur disait : c'est une suspension mais hop, ça reviendra après", déclare le ministre. Moratoire signifie annulation. » C'est dit.

À la veille du samedi 8 décembre, le gouvernement dramatise. Sylvain Fort nous confie que « plusieurs milliers de personnes viennent pour casser et tuer ». Les forces de l'ordre alignent près de quatre-vingt-dix mille hommes, dont huit mille dans la capitale, appuyés par des véhicules blindés. Richard Ferrand annonce qu'Emmanuel Macron parlera en début de semaine. Enfin, il va agir. Mais, en réalité, il n'a pas encore décidé ce qu'il allait dire. Il reste « l'homme à abattre » et sur tous les barrages, les appels à sa démission fusent. À Paris, les lieux publics sont fermés et les commerces se barricadent. Près de l'Élysée, la police place des snipers sur les toits. Des images de lycéens de Mantes-la-Jolie arrêtés et agenouillés, mains sur la tête, échauffent un peu plus les esprits. D'autant que nombre de témoignages dénoncent la brutalité de la répression policière.

Ce vendredi-là, Emmanuel Macron reçoit une quinzaine d'élus locaux, à l'initiative d'un maire qu'il apprécie, Karl Olive, ex-journaliste sportif et maire de Poissy. L'élu a fondé Génération terrain, une association de deux cents maires de tous bords politiques. Le président les écoute et, pour la première fois, livre ses doutes. Dans une étonnante séance d'autocritique, il leur avoue que les quatre-vingts kilomètres à l'heure, « c'était une connerie », tout comme la baisse des APL. Il leur confie qu'il planche sur des mesures d'urgence palpables.

— Peut-on raconter l'entrevue ? lui demandent-ils.

— Pas de problème, faites ce que vous voulez, leur répond leur hôte.

À la sortie, les édiles en rajoutent, pour montrer un président capable de reconnaître ses erreurs. « On a sorti la machine à baffes », relate Arnaud Péricard, maire de Saint-Germain-en-Laye. « C'était cash, dit Karl Olive, on a aussi parlé de sa manière d'être et de sa communication. Il nous a dit en être conscient. » « Je ne suis pas aidé », s'est justifié le chef de l'État.

Samedi 8 décembre. Les beaux quartiers de Paris sont envahis de Gilets jaunes comme de policiers. Les abords de l'Élysée sont bouclés. Pas une voiture, pas un piéton ne passe. Des grilles géantes barrent les rues. Je parviens à franchir les barrages jusqu'à la petite porte du bâtiment, au 55 rue du Faubourg-Saint-Honoré. À l'intérieur, c'est le palais de la Belle au bois dormant. Aucun bruit. L'Élysée paraît désert. Un officier de sécurité, très tranquille, passe un képi dans la salle de presse. « On m'a demandé de vous faire partir, question de sécurité », me dit-il avec flegme. J'appelle Sibeth Ndiaye. Elle s'emporte, comme paniquée. « Ici, je gère la sécurité du pays ! L'Élysée est fermé ! On a dit aux conseillers de ne pas venir ! Je suis consignée à mon bureau, on est tous numérotés comme pour une attaque nucléaire. Le président est dans son bureau, il n'est pas un planqué, sinon il ne serait pas ici, il serait à La Lanterne ! » Par la suite, *Le Canard enchaîné* révélera que la veille, Brigitte Macron et les conseillers d'astreinte ont visité le PC Jupiter, le bunker installé en sous-sol pour protéger le chef de l'État et ses proches en cas d'attaque nucléaire. Un hélicoptère est prêt à l'exfiltrer. Les policiers de garde, eux, n'ont pas du tout l'air affolé.

Mea culpa

Pour préparer l'intervention évoquée par Richard Ferrand, Emmanuel Macron s'entoure de sa garde rapprochée. Outre l'incontournable Alexis Kohler et le calculateur Ismaël Emelien, sont associés l'ancien ministre chiraquien Jean-Paul Delevoye, le vieux routier Richard Ferrand, l'inamovible François Bayrou et l'expérimenté Philippe Grangeon. Si Alexis Kohler s'oppose à tout recul, les vétérans réclament, a contrario, des gestes forts et une série d'aides sociales. In fine, ils obtiennent gain de cause : le chef de l'État décide d'annoncer dix milliards d'euros d'aides sociales sociales et ouvre la porte à un Grand Débat national. S'il consulte largement, c'est seul qu'il prépare son texte. Vingt minutes avant l'enregistrement, Emmanuel Macron ne l'a dévoilé qu'à son épouse et au trio Kohler/Philippe/Ribadeau-Dumas. L'allocution est enregistrée une heure avant diffusion. Brigitte Macron reste près de lui. À côté, en salle de visionnage, la garde rapprochée. « Est-ce que quelqu'un trouve que quelque chose n'allait pas et qu'il faut refaire la prise ? » Dénégation générale. À vingt heures, le président de la République apparaît sur toutes les chaînes.

Il fait court et simple : treize minutes. Exit les mots compliqués et les références érudites. Mains calmement posées à plat sur son bureau, il lit un prompteur, ce qui est rare. Droit, presque immobile, l'expression neutre, il prononce des mots humbles. Il concède que ses paroles ont pu blesser, que ce qui a été décidé n'était pas juste. Et il dégaine ses annonces : une augmentation de cent euros pour les salariés au Smic, une suppression de la hausse de la CSG pour les retraités, allant jusqu'à deux mille euros par mois – quand Bruno Le Maire assurait le matin même que le gouvernement ne reviendrait pas sur ce point – et la défiscalisation des heures supplémentaires. Il explique aussi qu'il attend des entreprises qu'elles offrent une prime de fin d'année exceptionnelle à leurs salariés, qui sera exonérée de charges.

Plus de vingt-trois millions de téléspectateurs l'écoutent. Un record absolu pour un président. Il a repris l'initiative. Le soir même, alors qu'il reçoit et cajole les députés de sa majorité dont il n'a pas entendu les mises en garde sur le terrain, elle lui glisse des mains : un homme a abattu cinq personnes sur le marché de Noël de Strasbourg, au cri d'*Allah akhbar*. Ses conseillers tentent de le prévenir mais c'est sur un billet de son épouse qu'il interrompt son discours.

Cette semaine marque un tournant dans le quinquennat. Pour la première fois, Emmanuel Macron n'a pas suivi les conseils d'Alexis Kohler et d'Édouard Philippe. « Il n'avait pas envie de finir en haut d'une pique. Il a décidé d'agir tout de suite, de donner des sous », décrypte un cadre LREM. La crise a mis en relief la guerre entre les divers clans qui, dans les couloirs du palais, se disputent l'attention du chef de l'État, dans un climat de méfiance de plus en plus aigu. D'un côté, les chantres de la rigueur, comme Gérald Darmanin, Bruno Le Maire, Édouard Philippe ou Alexis Kohler. Tant pis s'il y a des mécontents, estiment-ils, car ils ne voient pas d'autre solution. De l'autre, la gauche libérale des héritiers de Dominique Strauss-Kahn, urbaine et geek, éloignée de la France profonde, comme Ismaël Emelien, Benjamin Griveaux, Sibeth Ndiaye ou Sylvain Fort.

L'allocution du 10 décembre marque la défaite de toutes ces factions et la victoire des « enracinés », les élus plus expérimentés, dont François Bayrou, que le président reçoit discrètement, pour éviter qu'il ne croise Alexis Kohler, qui désapprouve ses visites. Signe des temps, quelques jours plus tôt, Emmanuel Macron a passé un savon à Sibeth Ndiaye et Ismaël Emelien à propos de l'impact désastreux de la vidéo du « pognon de dingue » : « Vous avez le cul posé sur vos mains, vous ne produisez rien, vous n'inventez rien. Après le "pognon de dingue", mes prédécesseurs vous auraient virés. »

Noël à Strasbourg

Après deux jours de traque, le terroriste du marché de Noël de Strasbourg est abattu par les forces de l'ordre. Dans la cité alsacienne comme dans tout le pays, c'est un immense soulagement. Emmanuel Macron, qui se trouve à Bruxelles pour un conseil européen, décide de s'y rendre directement. Alors à Villacoublay, j'embarque avec quelques conseillers dans le « spare », le second Falcon de la présidence. Rien n'est prêt pour ce déplacement décidé à la dernière minute. Pendant que l'attachée de presse file en ville reconnaître le terrain, j'attends le chef de l'État à l'aéroport. Il a demandé à rencontrer les « primo-intervenants », c'est-à-dire les soldats et policiers qui ont traqué le terroriste. Lorsque le président atterrit, une dizaine d'hommes l'attendent, au garde-à-vous, dans un modeste salon. Les quatre soldats de l'opération Sentinelle, qui ont blessé le terroriste le soir de l'attentat ; la patrouille, qui l'a repéré le lendemain sans réussir à l'arrêter ; et celui qui l'a, enfin, « neutralisé », comme disent les militaires. Emmanuel Macron entre dans la pièce, impatient :

— Comment cela s'est-il passé ? Racontez-moi !

— Des gens criaient et s'enfuyaient. On ne savait pas ce qui se passait. On s'est avancé et, au fond d'une ruelle, on s'est retrouvés nez à nez avec lui, il y a eu des échanges de tirs, détaille sobrement un militaire.

— On a su qu'un taxi l'avait déposé dans le quartier. Nous avons vu un homme qui marchait dans l'ombre. Mais il s'est enfui, on l'a perdu, relate, à regret, un policier.

— Je l'ai vu devant un immeuble, il portait les mêmes vêtements. On l'a hélé, il a sorti son arme et nous a tiré dessus. On a riposté, termine, sec, un autre.

Le chef de l'État, qui s'est déjà soigneusement documenté, sait qu'une balle du tueur a ricoché sur l'arme d'un soldat. « C'est sur votre FAMAS que la balle a rebondi ? » demande-t-il au plus jeune. Lui, qui aime tant les héros, les écoute, grave, avec passion.

Il se rend ensuite sur le marché de Noël endeuillé. Le moment de vérité pour ce président qui se cloître depuis des jours. D'abord méfiant, il marche rapidement dans les rues. Les insultes du Puy-en-Velay résonnent sans doute à ses oreilles. Mais sur les lieux, dans une bousculade joyeuse, les commerçants et les Strasbourgeois, soulagés et chaleureux, lui offrent friandises et sourires. Plus question d'impôts ni de CSG pendant ce court moment de trêve. Emmanuel Macron prend le temps de savourer ce bain de foule. Un seul mauvais coucheur, aussitôt rabroué par les badauds, crie un timide « Macron démission ». Dans le vol du retour, alors que les deux Falcon se suivent dans la nuit en direction de l'aéroport de Villacoublay, le « spare » ralentit nettement. L'appareil du chef de l'État, devant nous, a freiné. « Il y a là quelqu'un qui veut finir son dîner », sourit un membre de l'équipage en désignant le Falcon présidentiel. Un homme éreinté par les dernières semaines, qui vient de retrouver un peu de sérénité dans ces échanges impromptus avec ceux croisés. Un président de la République dont l'année a été plus compliquée qu'escompté alors même qu'elle n'est pas encore totalement achevée.

Paranoïa à N'Djamena

C'est une tradition à laquelle jamais il ne dérogerait. Le chef des armées veut être aux côtés des troupes françaises déployées loin de leurs foyers pour les fêtes de fin d'année. Il choisit la base de N'Djamena, au Tchad. Les officiers ont veillé au grain et ont fait en sorte que l'épisode de Buenos Aires ne se reproduise pas : les Gilets jaunes des équipes de maintenance ont été remplacés par des vestes orange. « Vous me prenez pour un lapin de six semaines ? Je ne veux pas que vous fassiez cette photo ! » s'esclaffe le porte-parole de la base. Comme l'an dernier, le chef cuisinier du palais, Guillaume Gomez, est venu avec ses assistants et deux tonnes de victuailles pour préparer un repas de fête. Des dizaines d'immenses tables ont été dressées pour les mille deux cents soldats et invités. La réception sera glamour : nous apprenons que Michel Drucker vient tourner une émission où apparaîtra le chef de l'État, grâce à l'entregent de Brigitte Macron, qui a rencontré le célèbre animateur. Mais l'équipe de presse tient à éviter que les médias mentionnent cet épisode people. Aussi a-t-elle enjoint à l'équipe de Drucker de ne pas nous parler.

Emmanuel Macron arrive, l'air éprouvé, les yeux cernés et le teint blafard. À ses côtés, un Michel Drucker enjoué, séduit par ce président qui l'a bombardé de questions sur les célébrités tout au long du vol. Entre foie gras et volaille aux morilles, la soirée se déroule à merveille. Même si, épuisé par l'attente – le chef de l'État est comme toujours très en retard –, un militaire s'effondre sur l'estrade. Le président, qui était en train de discourir sur « la fraternité des armes », se précipite pour l'aider, une bouteille d'eau à la main. Il dîne ensuite avec les soldats et passe de table en table, jusqu'à deux heures du matin. Avec d'autres journalistes, nous lui faisons signe qu'une jeune militaire fête son anniversaire. Amusé, tenant un gâteau improvisé, surmonté d'une bougie – un cierge fourni par l'aumônier –, il lui fait la bise. « Y a-t-il d'autres anniversaires ? » crie-t-il à la cantonade. Nous plaisantons un moment et il rit de bon cœur. C'est la première fois depuis son arrivée que je le vois, lui si méfiant envers la presse, se permettre une conversation légère avec des journalistes.

Mais cette virée bon enfant au Tchad entraîne un rebondissement inattendu de l'affaire Benalla. Et uniquement à cause de la défiance maladive de certains à l'Élysée envers la presse. Parmi les reporters venus à N'Djamena figure Ariane Chemin, du *Monde*. Par un hasard des congés, elle remplace ses collègues qui suivent habituellement le président. Depuis qu'elle a lancé l'affaire Benalla, Ariane Chemin fait peur au palais. Les attachées de presse la scrutent et cherchent à connaître la raison de sa présence. Un hasard ? L'Élysée n'y croit pas. Tous sont convaincus que la journaliste enquête sur Alexandre Benalla, qui s'est rendu au Tchad trois semaines plus tôt. Une visite dévoilée mi-décembre par *La lettre du continent*. Monsieur Alexandre aurait rencontré le frère du président Idriss Déby.

— La visite d'Alexandre Benalla au Tchad avait-elle un rapport avec celle du président ? Ont-ils encore des contacts ? demandé-je, à tout hasard.

— Aucun rapport ! Et ils n'ont plus aucun contact, m'affirme-t-on.

Le lendemain, le chef de l'État passe deux heures auprès de son homologue africain. Le dîner avec les soldats l'a rasséréné. Détendu, il s'adresse ensuite à une joyeuse assemblée de femmes tchadiennes. Dans un coin de l'amphithéâtre, Ariane Chemin bavarde avec un gradé, curieuse du récent voyage de Benalla dans le pays. L'homme lui raconte comment l'ex-chargé de mission est descendu avec cinq ou six personnes au Hilton. Rien qui vaille un article. Mais l'équipe élyséenne a aperçu l'échange. Convaincu que la journaliste a découvert le pot aux roses, le palais, en pleine paranoïa, décide de lui dévoiler ses secrets. « Puisque cela vous intéresse, d'accord ! Oui, le président a parlé d'Alexandre Benalla avec Idriss Déby pour le mettre en garde et l'assurer que toute allégation de lien avec lui était fausse. Et l'Élysée a décidé de lancer une enquête interne pour savoir si Alexandre Benalla avait noué des contacts à des fins personnelles lorsqu'il était en poste au palais. » Vraiment ?! Voici qui mérite un article ! Le soir même, Ariane Chemin envoie un papier à sa rédaction. « Nous voulions désamorcer ce sujet, plaidera par la suite une conseillère, car les activités de Benalla au Tchad n'avaient aucun lien avec l'Élysée. » Les jours suivants, *Le Monde* et d'autres médias creusent. Les révélations, alimentées par Alexandre Benalla lui-même, se multiplient. Il a non seulement rencontré Idriss Déby, mais également plusieurs autres dirigeants du continent. Le tout en voyageant avec deux passeports diplomatiques fournis par l'Élysée. En ces derniers jours de l'année, alors que le chef de l'État est enfin parti en vacances dans un lieu tenu secret – tout simplement au fort de Brégançon –, cette seconde affaire Benalla s'invite dans la presse. Le directeur de cabinet Patrick Strzoda lance une nouvelle enquête sur son ex-collaborateur, lequel, énervé, révèle à Mediapart le 31 décembre qu'il a continué à échanger des messages avec le président et qu'il lui rendait compte de ses voyages en haut lieu. « Ils auront du mal à démentir, j'ai gardé les SMS », se vante-t-il. Le palais, à contrecœur, reconnaît deux salves de textos.

L'Élysée, dernier soir de l'année. Un gigantesque sapin clignote solitairement dans la cour. Les équipes, épuisées, sont parties pour de courtes vacances. Le président est quasiment seul pour enregistrer ses vœux. L'unique fidèle à le rejoindre ce soir-là est Jean-Marc Dumontet, propriétaire de nombreux théâtres, rencontré au temps de Bercy et dont il apprécie les conseils. Suivant l'avis de ce professionnel du spectacle, il choisit de faire son allocution debout. Dynamique. Deux prises de vues suffisent. Il en a assez de s'excuser et de subir. Il estime l'avoir suffisamment fait le 10 décembre. Il en a assez aussi de marcher sur des œufs. « Que certains prennent pour prétexte de parler au nom du peuple, n'étant en fait que les porte-voix d'une foule haineuse, s'en prennent aux élus, aux forces de l'ordre, aux journalistes, aux juifs, aux étrangers, aux homosexuels, c'est tout simplement la négation de la France, c'est un déni parfois flagrant de la réalité puisqu'on ne peut pas travailler moins et gagner plus, réduire les impôts et accroître les dépenses. L'ordre républicain sera assuré sans complaisance. » Avant d'annoncer qu'il écrira une « lettre aux Français » afin d'encadrer le grand débat annoncé. Il promet également un projet européen renouvelé. Le temps de l'humilité est derrière lui.

7

PETIT DÉBAT ET GRANDS ÉCLATS
Janvier-avril 2019

Clan contre clan. En ce début d'année 2019, la guerre est de moins en moins larvée au cœur du pouvoir. Aux coups bas succèdent les coups de pied de l'âne. D'un côté, les mormons du président, de l'autre, l'entourage de Brigitte Macron et les vétérans qui se disent « enracinés », plus proches du pays. D'un côté, les opposants à ce mystérieux Grand Débat national annoncé par le chef de l'État, dont ils craignent qu'il ne soit une tentative de rejouer la présidentielle – Benjamin Griveaux nous explique, en aparté, qu'« ils » réclameront le retour de la peine de mort ou l'interdiction de l'IVG –, de l'autre, les proches de la première dame, offusqués. Car la « secte » tente d'effacer systématiquement l'épouse du président. La biographie d'Emmanuel Macron sur le site de l'Élysée ? Il n'y est pas marié ! L'album photo à la gloire des premiers mois du quinquennat, voulu et réalisé par Ismaël Emelien et Sibeth Ndiaye ? Aucune photo d'elle ! Lorsqu'il feuillette la chose, le président, de rage, la jette au travers de la pièce. Le triste bébé finit au pilon.

Sylvain Fort sent qu'il n'est plus écouté. La plume-dircom jette l'éponge le 2 janvier en annonçant sa démission. Emmanuel Macron se tourne vers des conseillers extérieurs à la Macronie, comme Philippe Grangeon et Jean-Marc Dumontet. Le jeune chef de l'État apprécie ces nouveaux arrivés, hors du cercle habituel de ses courtisans et qui ont déjà fait carrière. Il le sait mieux que d'autres : les jeunes loups ont les dents si longues… Avec son épouse, Emmanuel Macron dîne de temps à autre au théâtre Antoine avec son propriétaire, Jean-Marc Dumontet. On lui répète qu'il lui faut un nouveau communicant ? Prenant le clan Emelien et Compagnie à rebrousse-poil, le chef de l'État a l'idée « disruptive »

– comme disent les mormons –, de confier à l'homme de théâtre le soin de choisir cette perle rare. Non seulement Jean-Marc Dumontet est chargé d'auditionner des candidats pour remplacer l'homme fort de la com, mais aussi… Sibeth Ndiaye ! Car cette fois-ci, le président songe clairement à l'écarter. Elle, combative, s'accroche et « tèj » plusieurs postes.

Dix milliards d'euros et au boulot !

Lorsque l'on évoque les Gilets jaunes trois ans plus tard, certaines images reviennent instantanément. Samedi 5 janvier 2019, cinquante mille personnes « seulement » occupent les rues. Mais ceux qui restent sont les plus violents. Des heurts éclatent à Bordeaux, Paris ou encore Dijon, où une gendarmerie est attaquée. Sur la passerelle parisienne Léopold-Sédar-Senghor, un ancien boxeur – on apprendra qu'il s'appelle Christophe Dettinger, et il sera condamné en justice – se jette sur des gendarmes mobiles et les attaque à mains nues, frappant un homme à terre avec une violence sans frein. Les réseaux sociaux relaient cette rixe de rue. Choqué par ces images terribles, Emmanuel Macron tweete : « Justice sera faite. » En privé, il enrage, rapporte *Le Point*. « On est d'une naïveté extraordinaire. […] Le boxeur, la vidéo qu'il fait avant de se rendre, il a été briefé par un avocat d'extrême gauche. Ça se voit ! » Le même jour, à quelques encablures de là, une quinzaine d'agités s'emparent d'un tracteur de chantier et enfoncent la porte cochère du porte-parolat du gouvernement, rue de Grenelle, le ministère de Benjamin Griveaux. Dans ses bureaux où il accorde une interview au *Monde*, le porte-parole est exfiltré, en panique et en urgence, dans l'hôtel Matignon, à trois cents mètres de là.

À la veille de cet acte VIII, Emmanuel Macron avait pourtant durci le ton. Retour à l'ordre et tolérance zéro à l'égard des casseurs, tels ont été ses ordres aux ministres. Il a « cramé » dix milliards d'euros, les manifestants n'avaient donc qu'à rentrer chez eux en attendant le grand débat annoncé. Le président ne voulait pas « faire du Hollande ». Les réformes importantes devraient juste être… mieux expliquées ! Ce que Benjamin Griveaux nous a alors traduit par une phrase, à laquelle il songe peut-être lorsqu'il fuit à travers les jardins de son ministère quelques heures plus tard :

« Il faut être plus radicaux dans nos méthodes et réformer plus vite et plus fort. » L'électorat de droite, telle reste la cible de la Macronie en ces heures sombres. Le chef de l'État se passionne pour ces calculs politiques, qu'il déteste dévoiler et qu'il se défend d'avoir. Au fond, il espère utiliser la colère des Gilets jaunes pour renforcer ses arguments en faveur de réformes fortes. Son côté aïkidoka.

« Tout est sur la table, rien n'est décidé »

Rester sur le devant de la scène. Ne pas se cacher. Assumer. Le service de presse nous annonce que le président de la République se rendra dans presque toutes les régions entre le 15 janvier et le 15 mars, à la rencontre de nos concitoyens. Dans quel format ? Pour quoi faire ? Rien n'est encore précisé. Nous comprenons que sa première sortie donnera le coup d'envoi officiel de l'énigmatique Grand Débat national, au but encore flou. Et s'il fallait en douter, que ce grand débat sera en réalité celui du chef de l'État. Officiellement, pas question de remettre en cause les réformes. Alors à quoi bon débattre ?

Un jour, Bruno Le Maire annonce que le gouvernement pourrait revenir sur la suppression de la taxe d'habitation pour les 20 % les plus aisés. Le lendemain, Benjamin Griveaux dément. L'Élysée intervient pour dire : « Tout est sur la table, rien n'est décidé. » Un refrain de dix syllabes qui sera répété pendant deux longs mois.

En attendant, au palais, la vie continue, comme protégée de l'extérieur. Je visite la salle des fêtes en pleins travaux, où Brigitte Macron arpente avec une décoratrice la nouvelle moquette gris perle dont elle a choisi le motif. Dans cet immense espace au plafond vertigineux, elle gère le chantier en maîtresse de maison, décrivant tracas et retards. Sa fierté ? Les élégantes nuances de gris du sol mais aussi des colonnes et la teinte chocolat des moulures. C'est elle qui a exigé la dépose des grandes tapisseries défraîchies, tout comme celle des lourds rideaux aux embrasses à glands dorés. Pour remplacer l'ancienne moquette rouge et or, elle a refusé, entre autres, un « absurde » décor de fleurs de lys. « Emmanuel n'aime pas les tapisseries. Et moi, je chasse tous les glands hors de l'Élysée ! » rit-elle avec aplomb, dans l'un de ces doubles sens qu'elle affectionne.

Le démarrage du Grand Débat national est bancal. Pour ne pas dire chaotique. Chantal Jouanno, ex-ministre de Nicolas Sarkozy devenue présidente de la Commission nationale du débat public, haute autorité méconnue, est chargée d'organiser les réunions dans tout le pays. Mais la révélation de son salaire – quinze mille euros par mois, davantage que le président – suscite un tel tollé qu'elle se désiste. Emmanuel Macron ne semble pas mécontent de confier l'organisation de cette grande messe républicaine à Sébastien Lecornu, transfuge de LR, entré dès 2017 au gouvernement et chargé des Outre-Mer depuis juillet 2020.

À ses yeux, l'urgence est au maintien de l'ordre. Les violences des samedis successifs des Gilets jaunes, que l'opinion semble tolérer, lui sont insupportables. La vidéo de Christophe Dettinger fait déborder le vase. Édouard Philippe annonce la présentation d'une « loi anticasseurs ». Pour gagner du temps – et l'appui de la droite –, le gouvernement a tout bonnement repris à son compte une proposition de loi du sénateur LR Bruno Retailleau, déjà adoptée par le Sénat. Le texte prévoit une « interdiction de manifester » pour les individus suspects, qui seront fichés, ainsi que la création autour des manifestations de zones de contrôle, avec fouille à l'entrée et interdiction des cagoules. Le message porte. Pour les élections européennes, LREM remonte dans les sondages et passe devant le RN. LR est loin derrière. La droite modérée semble en passe de se rallier au président.

Réformer, toujours réformer

L'idée fixe du chef de l'État ? Réformer, encore réformer, toujours réformer. Emmanuel Macron veut ainsi accélérer la réforme de l'assurance chômage, sur laquelle les partenaires sociaux sont enjoints de trouver un accord rapide et plusieurs milliards d'euros d'économie. Contre les modérés de son entourage, il tient aussi à annoncer avant la fin janvier de cette année 2019 une loi sur la fonction publique, qui réduira les embauches sous statut protégé. Un potentiel brûlot. Sibeth Ndiaye nous annonce un discours devant les hauts fonctionnaires à la mi-février. Au palais, on parle fièrement, tout comme en septembre, de l'« acte II » du quinquennat.

Mais tout reste éruptif et tout fait polémique. Fin décembre, le président adopte en catastrophe un décret annulant une hausse de son salaire – cinquante euros – provoquée mécaniquement par la réévaluation de la grille des fonctionnaires. L'inauguration officielle de la salle des fêtes rénovée, prévue le 16 janvier, est discrètement annulée. Elle n'aura jamais lieu. Édouard Philippe, venu à l'Élysée pour annoncer à la télévision les modalités du Grand Débat, s'apprête à parler dans l'un des salons. « Trop doré… » lui glisse un conseiller. L'allocution est rapidement transférée dans une salle plus sobre. Les déplacements internationaux du chef de l'État sont mis entre parenthèses pour deux mois. Seule nouvelle réconfortante, les annonces du 10 décembre deviennent, enfin, une réalité sonnante et trébuchante pour des millions de Français : les caisses d'allocations familiales sont débordées par les demandes de prime d'activité.

9 janvier, maison du handball, Créteil. La première sortie publique de l'année pour Emmanuel Macron. Il vient saluer l'équipe de France. Je le découvre, amaigri, les traits creusés. Son épouse, comme toujours, veille. « Encore une fois, il n'a pas mangé », s'énerve-t-elle, en envoyant un SMS à l'un de ses conseillers pour qu'il y remédie. Même au cœur des tensions, elle veut conserver un semblant de vie normale et organise de discrètes sorties en ville, à deux. Mais l'ombre du Puy-en-Velay plane… La sécurité atteint des niveaux obsessionnels. Nous ne sommes qu'un petit pool de journalistes autorisés à le suivre dans le bâtiment, dans un quartier bouclé à neuf cents mètres à la ronde. Quatorze fourgons de CRS sont alignés à l'extérieur, quand sur le rond-point avoisinant ne s'agglutine qu'une petite centaine de protestataires. Il se montre affable avec nous alors que ses attachés de presse tentent de nous écarter. « Je ne vais pas vous parler, puisque je vais écrire », nous répond-il d'un ton pénétré.

Écrire ? Il compte sur la lettre aux Français annoncée pour plaider sa cause. Des jours qu'il la peaufine. Entre reprise de dialogue, explications et remontrances. Remontrances ? Il suffit pour s'en convaincre de l'entendre expliquer aux maîtres boulangers conviés à la traditionnelle galette des rois de l'Élysée comment « beaucoup trop de Français ont oublié le sens de l'effort». Explications? Sa lettre adressée à tous les journaux prend la forme de questions provocantes, destinées à mettre les protestataires devant leurs contradictions. On y lit, par exemple : «Afin de réduire le déficit public de la France, qui dépense plus qu'elle ne gagne, pensez-vous qu'il faut augmenter les impôts ou baisser les dépenses publiques, ou les deux?», «Quels services publics faudrait-il supprimer?». Reprise de dialogue? Plus de dix mille mairies, surtout rurales, ouvrent des «cahiers de doléances», un étrange clin d'œil révolutionnaire. Ceux qui les remplissent réclament justice – sociale et fiscale –, dénoncent fractures entre villes et périphéries, limitation à quatre-vingts kilomètres à l'heure et hausse des taxes sur les carburants. Sans oublier la ligne rouge, le symbole de la rupture : le rétablissement de l'ISF. Qu'Emmanuel Macron a pourtant spécifiquement écarté dans sa lettre aux Français. Au palais, on évite de trop relire les sondages qui martèlent que la plupart de nos concitoyens soutiennent son rétablissement. Mais le chef de l'État annule la «convention des manageurs», réunion au nom provocateur des mille six cents plus hauts fonctionnaires de l'État, programmée pour la mi-février. Impossible de lancer des réformes puisque le pays est censé en débattre avec lui.

Combien de minutes pour convaincre?

Descendre dans l'arène. Se frotter au terrain. Défendre ses convictions. Sur le moment, bien peu comprennent ce qu'Emmanuel Macron attend vraiment du Grand Débat. Le sait-il réellement lui-même? Seule certitude, le premier acte est orchestré pour le mardi 15 janvier. Où? Mystère. Il rencontrera des maires, l'échelon choisi pour parler à nos concitoyens. Quatre mille trois cent vingt minutes avant l'heure H, Sibeth Ndiaye, qui ne cache pas ses réticences, nous en brosse le cadre avec autorité : «Il sera surtout dans une posture d'écoute, sans trop parler. Il prendra la parole au début et à la fin, pour une conclusion générale afin de redonner du sens, mais sans répondre précisément, pour ne pas préempter le débat. On prévoit deux heures en tout.» «Bon, peut-être trois...» me souffle une attachée de presse. Jusqu'au bout, le nom de l'arène restera... très très secret!

Grand-Bourgtheroulde, en Normandie. Emmanuel Macron seul face à six cents maires. En terre connue car l'Eure est le fief de Sébastien Lecornu. Le jeune ministre tutoie nombre des participants. L'Élysée nous véhicule pour être sûr de garder l'effet de surprise. Mais avant le lever de rideau… surprise ! Sur le coup de midi, le cortège s'immobilise devant la mairie de briques rouges de Gasny. Le chef de l'État vient assister au conseil municipal de la petite commune. Une mise en bouche. Un tour de chauffe. Le maire, lui-même, ne l'a appris que trente minutes plus tôt.

Une longue table rectangulaire. Emmanuel Macron à la droite du maire, Sébastien Lecornu à sa gauche. La caméra de pool et sa perche son qui encombrent la petite pièce sont vite dégagées, pendant que les conseillers municipaux, impressionnés, filment le président de la République avec leurs smartphones. Rapide tour de table. Assise au fond de la pièce, je note, seule, l'intégralité de l'échange, pour transmettre le verbatim aux confrères des autres médias, déjà en place à Grand-Bourgtheroulde, l'arène secrète. « Tu n'envoies rien avant la fin de la réunion », m'intime, inquiète, une attachée de presse.

« Je suis un peu troublé », hésite l'édile du lieu, en tentant de lancer la réunion comme si de rien n'était. Emmanuel Macron le regarde, goguenard, goûtant visiblement l'étonnement ambiant. « Nous allons parler de la salle des fêtes, pour son bilan énergétique », commence le maire, bravement. Il n'a pas disserté deux minutes sur le sujet du jour qu'il ne résiste pas à interpeller son hôte de marque sur ce qui lui tient à cœur. « Il faut améliorer le statut de l'élu. Moi, après mon travail, quand je viens en mairie, j'ai énormément de documents à lire. » Après lui, un par un, ses conseillers exposent leurs griefs. Un condensé de problèmes. Il y a dans cette petite salle un panel représentatif des mécontents. Un employé de la SNCF hostile à la réforme, venu avec son gilet jaune, qu'il pose crânement sur la table. Un infirmier hospitalier qui relaie le « ras-le-bol de l'hôpital ». Un retraité qui, sur un ton de tribun, dénonce la baisse de son pouvoir d'achat. Une autre qui proteste contre la taxe sur les carburants et un autre qui défend les Gilets jaunes. « Tout le monde s'est exprimé ? » Offensif, Emmanuel Macron prend les rênes. Pour la première fois, il prononce publiquement les mots «Gilets jaunes». Esquisse même un timide *mea culpa*. «On ne va pas reproduire cette mesure de désindexation», promet-il. Dont acte : il y aura réindexation des retraites. En revanche, sur la SNCF, il reste intraitable. «La réforme était bonne et il fallait la faire.» Sur ses méthodes, je l'entends faire preuve d'une contrition inédite. «Un reproche pour nous, pour le gouvernement, pour moi-même, on considère que quand on a la légitimité, c'est bon, on peut y aller. Même avec cette légitimité, il faut continuer à associer, engager, partager. Le Grand Débat doit servir à ça.» Voici pour le nouveau style. Mais le Macron clivant resurgit aussitôt. «Les personnes en difficulté, il faut les responsabiliser, les aider, les considérer. Mais il y en a qui font bien et il y en a qui déconnent!» lance-t-il à la cantonade. Coup d'œil à l'assemblée, en quête de complicité, comme souvent lorsqu'il sent avoir outrepassé la ligne. Il s'esclaffe. L'assistance sourit avec gêne. Mais c'est l'heure, le président salue, son vrai show l'attend. Sans le débat qui suit, ce «ceux qui déconnent» aurait sans doute rejoint son florilège des petites phrases assassines.

Gymnase de Grand-Bourgtheroulde. Autour du bâtiment, de nombreux gendarmes patrouillent, aucun Gilet jaune en vue. L'atmosphère est tendue, comme dans les cours d'école, où l'on joue alors à «CRS et Gilets jaunes», en scandant «Macron démission». Sur le seuil, Sibeth Ndiaye murmure au chef de l'État :

— Vous ne faites pas plus de deux heures.

— Je fais ce que je veux! lui répond-il avec humeur.

Puisque la réunion est censée durer deux heures maximum, les chaînes d'info ont toutes décidé de la diffuser intégralement, en direct. Les six cents maires sont sagement assis en rond, laissant un cercle vide au milieu. Emmanuel Macron prend le micro, pour recommander aux participants de poser des questions courtes. Méfiants et formels, vindicatifs, les élus se disputent le micro, égrenant interrogations et doléances. Les difficultés quotidiennes du monde rural défilent : les services publics défaillants, le manque effrayant de médecins, les classes et les lignes de trains qui ferment… Au bout de deux heures, à peine la moitié des inscrits se sont exprimés. Emmanuel Macron prend la parole pour répondre à cette première salve. Il a noté chaque demande. Le nom de son auteur mais aussi – ce qui ne sera su que plus tard – sa place dans la salle. Il se lève, debout au centre du public, empoigne le micro et se lance, sans fiche. Impressionnant.

Deux heures d'affilée, il bluffe l'auditoire et des millions de téléspectateurs. Il connaît tout, tous les sujets, tous les chiffres, toutes les réglementations, tous les acronymes. Reprenant la quarantaine de questions, il se tourne chaque fois vers son auteur. « C'était vous, madame la maire, qui parliez des agences de l'eau ? » L'intéressée, flattée, opine du chef. Et le président fait un petit cours, détaille tenants et aboutissants, assène des solutions. Il sermonne, également. Il reproche aux uns de demander trop à l'État et aux autres de ne pas prendre leurs responsabilités. À ce rythme, ça peut durer ! Les chaînes d'info décident de chambouler leurs programmes pour continuer à diffuser.

Au bout de cinq heures d'échanges, il tombe la veste. Une image à la Obama. Comme transporté, il ne fait pas la moindre pause, alors que les élus se tortillent sur leur chaise sans oser se lever. Et réussit à embarquer la salle, à la retourner. Les édiles sont séduits par sa mémoire d'éléphant, sa capacité à manier le jargon de la fiscalité communale ou à discuter de la fermeture d'une maternité dont il a retenu toutes les données grâce aux centaines de fiches qu'il a révisées. Ce n'est pas un débat, c'est un grand oral, entre cours et meeting. Il mélange langage familier et technocrate. Lui qui n'a jamais été maire veut prouver à la France entière qu'il connaît mieux qu'eux leurs dossiers, qu'il peut parler exode rural, travail à la ville. « Tu traverses la rue », l'interrompent ironiquement plusieurs maires. Mais pas une pique ne le désarçonne, au contraire. Il ose même en rajouter sur le « pognon de dingue » des aides. « On peut faire beaucoup d'économies sur les affaires sociales. » Il entrouvre cependant la porte à de mini-concessions. Les quatre-vingts kilomètres à l'heure ? « Il faut ensemble que l'on trouve une manière plus intelligente de les mettre en œuvre. » Le tout avec des incursions dans un langage populaire vieillot, notamment pour défendre l'ISF. « Faut pas raconter de craques, c'est pas parce qu'on rétablira l'ISF que les Gilets jaunes iront mieux ! C'est de la pipe. »

L'homme tronc

Il respire. Éblouie, la Macronie revit. À l'issue de ce premier marathon – il va les enchaîner –, les maires, terrassés par KO, l'ovationnent debout. Je me faufile entre les hommes du GSPR pour recueillir son sentiment. Regard brillant. Sourire carnassier. Démarche altière. Emmanuel Macron paraît électrisé. Fatigué ? « Non, non, assure-t-il, guilleret, j'adore faire ça ! » Cette nuit-là, il dîne avec des élus. Impatient de réitérer. Il a tenu six heures et trente-huit minutes ! Stupéfaits de cette performance, beaucoup de Français l'ont suivi avec fascination. Plusieurs millions de téléspectateurs l'ont regardé de bout en bout, du jamais-vu sur une chaîne d'info.

Trois jours plus tard, à Souillac, dans le Lot, devant six cents maires d'Occitanie, il récidive et flirte avec les sept heures. « Tant qu'il y aura des questions, il répondra », a cette fois indiqué son entourage. Aucune montagne ne lui semble infranchissable. Un maire de l'Ariège a même droit à un topo détaillé sur la fécondité des ourses des Pyrénées, vallée par vallée ! Ce n'est pas compliqué, les édiles interrogent le chef de l'État comme s'il était Wikipédia.

Ces grands débats, remake de Questions pour un champion version Macron, deviennent une routine. Deux fois par semaine, pendant six à sept heures d'affilée, sans partage, le président investit les écrans. Il reprend la main. Redevient le cœur de la nation. Pour la première fois depuis neuf mois, sa cote de popularité regagne trois à cinq points, entre 23 % et 28 % d'opinions favorables. Mais chaque samedi, les Gilets jaunes jouent de nouveau leur partition. Les médias et nos concitoyens passent en mode alternatif : la semaine, Emmanuel Macron, le week-end, la contestation.

Le 22 janvier, Angela Merkel et Emmanuel Macron se retrouvent à Aix-la-Chapelle pour signer un nouveau traité de coopération franco-allemande. Rien de très impérial. Il neige. Devant l'hôtel de ville, des eurosceptiques tricolores le huent. Il veut aller à l'affrontement, mais la chancelière, d'un geste du bras, le retient. « N'y va pas ! Tu réponds à des gens qui t'interpellent dans la rue ? C'est une folie ! Ici, ça ne se fait pas ! lui enjoint-elle en anglais. Monte dans ma voiture, c'est plus sûr. » Il obtempère. En France, où le complotisme fleurit, ce traité protocolaire déchaîne les fantasmes des milieux identitaires.

Il faut tenter de défendre cette Europe décriée. Pour cela, paradoxalement, l'Hexagone doit faire ce que Bruxelles refuse. Après des mois de vain plaidoyer auprès des vingt-sept, malgré la pression maximale du président, Bruno Le Maire annonce pour février un projet de taxe sur les géants du numérique, de 3 % de leur chiffre d'affaires en France, dans l'attente d'un accord à l'OCDE pour 2020. Le pays veut montrer qu'il peut agir seul afin d'entraîner l'Union. Telle est du moins la présentation positive de cette décision du pis-aller.

Dans un rare aparté, le président admet sa fragilité. « Je marche sur de la glace », confesse-t-il lors d'un voyage au Caire, où il dit comprendre le ressentiment de ses compatriotes. Mais si la partie n'est pas gagnée, il entend bien la jouer à fond, sans se ménager. Son bâton de pèlerin le mène de ville en ville et de débat en débat, infatigable. Il s'invite par exemple, un soir, à l'improviste, dans une réunion organisée par la maire de Bourg-de-Péage, à laquelle assistent de nombreux Gilets jaunes. Sa visite, pas si improvisée – la sécurité a effectué un repérage –, a été tenue secrète jusqu'au tout dernier moment. Mais c'est un risque, le public est pour la première fois composé de simples citoyens, pas de maires. Aucun n'a été fouillé. Et quand le président arrive devant la salle, il demande même à ses gardes du corps de laisser rentrer quelques retardataires bloqués derrière des barrières. Pendant trois heures, pugnace, il ne lâche rien. Seul contre tous. Lors de ces tribunes sans clap de fin, il cabotine, manie expressions désuètes et mimiques théâtrales. Tandis qu'au milieu des dorures du palais, les conseillers sont, eux, en panne d'imagination.

Car les recettes du passé semblent périmées. Démission, changement de Premier ministre, dissolution ou référendum, rien ne colle. Comment retrouver la confiance ? « Il faut renouer avec le récit », me déclare sans grande conviction Sibeth Ndiaye. Les ministres, priés de le seconder, tâtonnent. Qui oserait l'imiter ? Quelques-uns risquent des interventions décalées : Marlène Schiappa coanime une émission avec Cyril Hanouna sur C8 et Mounir Mahjoubi, l'un de seuls du gouvernement à être issu d'un milieu populaire, discute avec des leaders à la chasuble fluorescente. Rien de très renversant. Toujours aussi violent, l'acte XI du 30 janvier n'attire plus que soixante-neuf mille Gilets jaunes, dont l'une des figures, Jérôme

Rodrigues, est éborgnée par un tir de LBD. Emmanuel Macron, lui, demeure convaincu que la clé reste de sillonner le pays.

L'Élysée, le 31 janvier. Le chef de l'État reçoit des éditorialistes. Son leitmotiv ? Voir les réformes avancer et être appliquées le plus vite possible. Le fait qu'on les ignore le met dans une franche colère. « Sur le terrain, j'ai croisé un chef de service qui n'avait même pas entendu parler du droit à l'erreur ! » Une loi d'août 2018 passée (effectivement) inaperçue. Or, dérive médiatique selon Emmanuel Macron, la voix de « Jojo avec un gilet jaune » est « aussi importante que [celles] des députés ou des ministres ». Il ne reste plus dans les rues, selon lui, que cinquante mille extrémistes. C'est du moins ce que lui ont dit ses services de renseignement. Comment rééquilibrer le débat ? Comment juguler les violences ? Comment éviter les bavures, qui servent la victimisation des contestataires ? Présentée en accéléré à l'Assemblée, la loi anticasseurs suscite un profond malaise, notamment au sein de l'aile gauche de la majorité. La fronde gronde, d'autant plus que la proposition LR qui a inspiré le texte avait été, l'automne précédent, dénoncée par la gauche et par LREM comme liberticide. Le gouvernement accepte des compromis. Les fouilles seront bien autorisées, mais seulement deux heures avant le début des manifestations au lieu de six. La droite soutient le texte, à l'exception de Charles de Courson. « Réveillez-vous, mes chers collègues ! Le jour où vous aurez un gouvernement différent, vous verrez, quand vous aurez une droite extrême au pouvoir, vous verrez, c'est une folie que de voter cela ! » La loi passe mais soixante-six Marcheurs s'abstiennent. Du jamais-vu.

La fin des mormons

Des élus qui rechignent ? Des fonctionnaires qui traînent les pieds ? Le palais sort le martinet. « Nous avons décidé de les convoquer un par un pour qu'ils comprennent qu'ils doivent accélérer. Et qu'ils rendent des comptes, professe Sibeth Ndiaye, qui raconte comment les hauts fonctionnaires se font remonter les bretelles. On convoque le chef du bureau B12 si c'est lui qui est responsable du dossier », se réjouit la conseillère presse avec une certaine jubilation. Parmi les chantiers les plus surveillés, les nouveaux vaccins pédiatriques obligatoires décidés fin 2017, le dédoublement des classes de CP et CE1, ou encore la prime à la conversion des véhicules. Une appli des réformes, accessible sur smartphone, avec une batterie d'indicateurs, a même été élaborée à Matignon. Avis aux tire-au-flanc : on raconte qu'Emmanuel Macron et Alexis Kohler n'hésitent pas à s'en servir.

Mais il n'y a pas que le bâton. La carotte est également utilisée pour retrouver la sacro-sainte confiance et renouer le dialogue. Le 2 février, c'est le premier versement de la prime d'activité promise depuis le 10 décembre. Cette distribution d'argent à près de quatre millions de bénéficiaires devrait aider la paix sociale. Il faut reconnaître que c'est un réel coup de pouce pour tous ceux qui gagnent moins de mille cinq cents euros mensuels. Force est de le constater : les Gilets jaunes s'essoufflent. Pour la première fois, une majorité de sondés souhaite le retour de la douceur le week-end.

Dans les couloirs de l'Élysée, on aimerait bien, aussi, quelque sérénité. Mais ce serait oublier un peu vite le scandale de l'affaire Benalla. Un tremblement de terre aux répliques dévastatrices. Le 8 février, Mediapart publie des enregistrements d'une conversation de l'ex-chargé de mission avec son comparse Vincent Crase. Monsieur Alexandre y parle d'un coup de main du discret Ismaël Emelien, le soir où *Le Monde* a publié l'article révélateur. Il y évoque aussi un contrat de sécurité conclu avec un oligarque russe. Encore plus embarrassant pour Emmanuel Macron, Alexandre Benalla cite un SMS de celui qu'il appelle le « patron ». Ce dernier lui aurait écrit au cours de l'été : « Tu vas les bouffer. Tu es plus fort qu'eux, c'est pour ça que je t'avais auprès de moi. Je suis avec Isma [Emelien]. On attend *Le Monde.* »

La Macronie blêmit. L'Élysée, mutique, regarde ses pieds.

Libération et *Le Monde* prennent le relais. Révèlent que la conversation aurait été enregistrée au domicile de la patronne des gardes du corps du Premier ministre (le GSPM), compagne d'un homme lié à un oligarque russe affairiste. Le 7 février, l'entourage d'Édouard Philippe annonce la démission de la commissaire divisionnaire Marie-Élodie Poitout. Encore plus grave, la prochaine secousse tellurique frappe directement le chef de l'État. *Le Monde* avance que les enquêteurs qui planchent sur l'affaire Benalla soupçonnent

« Isma » d'avoir récupéré, le soir des révélations sur les violences du 1er Mai, des bandes-vidéo obtenues illégalement par Monsieur Alexandre et censées le dédouaner. Une information rigoureusement exacte, ainsi que l'avouera lui-même en septembre 2021 Ismaël Emelien, cité comme témoin au procès d'Alexandre Benalla. Le conseiller spécial du chef de l'État a donc bien manœuvré pour allumer un contre-feu visuel. La guerre des images, c'est son domaine. Il a fait réaliser par un salarié de LREM un montage trompeur, mêlant des vidéos de police du 1er Mai et des images de manifestants violents, afin d'incriminer les jeunes frappés par le chargé de mission. Puis il a fait poster ce montage sur un compte Twitter pro-Macron anonyme, géré par un cadre de LREM. Anonymat et fake news : tout ce que le « patron » dénonce dans ses allocutions. Le matin suivant ce bidouillage, Sibeth Ndiaye a effectué le service après-vente. Elle a contacté quelques journalistes et les a encouragés : « Va voir un compte qui s'appelle @FrenchPolitic. Tu verras que ces jeunes ne sont pas aussi innocents qu'on le pense. » Alors que l'enquête policière se rapproche, la menace d'une mise en examen se précise pour le premier stratège du président. Depuis quelques semaines, une rumeur insistante veut qu'Ismaël Emelien soit sur le départ mais que le chef de l'État hésiterait à s'en séparer. Or, le 12 février, c'est chose faite. Le trentenaire annonce sa démission, officiellement pour écrire un livre. Désormais, Sibeth Ndiaye est la seule survivante des mormons. L'atmosphère change. Plus personne ne parle de fermer la salle de presse.

Pendant ce temps, Jean-Marc Dumontet auditionne des candidats pour le poste de dircom de l'Élysée. Mission impossible ? Une poignée de professionnels de Havas, de Publicis ou d'Image 7 rencontrent Alexis Kohler et même le président. Mais aucun ne convient jamais. Au fond, Emmanuel Macron n'a sûrement pas envie d'introduire des inconnus dans son premier cercle. Les pressentis sont écartés ou déclinent, comme Franck Louvrier, ex-conseiller de Nicolas Sarkozy.

Faire du neuf avec de l'ancien

Souhaite-t-il réellement être accompagné ? On peut en douter. Emmanuel Macron sait ce qu'il veut. Il ne doute pas d'agir pour le bien de tous, quitte à décevoir ou hérisser le commun des mortels. Sans attendre la fin de « ses » grands débats, le président redémarre donc les réformes. Des réformes dont il affirme – contre l'évidence – qu'elles sont le souhait profond des Gilets jaunes. Mais celle de la fonction publique, dévoilée mi-février, inquiète les syndicats, quand nul ne sait rien de celle des retraites prévue pour 2020 et conduite par Jean-Paul Delevoye. Des manifestations CGT-Gilets jaunes rassemblent début février cent cinquante à trois cent mille personnes. Il n'empêche, il persévère. Effectue méticuleusement son tour de Gaule. Bribes par bribes, le chef de l'État lâche quelques indices sur des propositions qu'il prépare pour la « sortie » de crise. Piste récurrente ? Une baisse des impôts, sous une forme ou sous une autre.

Mi-février, il choisit comme septième étape le minuscule village de Gargilesse-Dampierre, dans l'Indre. La veille au soir, triste rituel, des employés municipaux ont effacé les sempiternels graffitis « Macron démission » inscrits sur la chaussée, ils ont aussi décroché quelques gilets jaunes attachés aux balcons. Comme toujours, Emmanuel Macron n'en verra rien. Pendant quelques heures, il débat avec une trentaine de maires et délivre des réponses fleuves qui déçoivent. Ce jour-là, le décalage entre lui et son auditoire est flagrant. Une élue, sincèrement bouleversée, le supplie de rouvrir une maternité. Il répond par le maintien dans la gare voisine de l'arrêt du train de Paris de 18 h 41. Faute de réseau, nous ne pouvons rien transmettre des débats en direct. Nous sommes dans l'une de ces zones blanches que le gouvernement a promis d'éradiquer… Lui est déjà reparti, en hélicoptère.

18 février. Ils sont encore quarante et un mille Gilets jaunes à battre le pavé, avec des heurts dans plusieurs villes. Le mouvement se dévore lui-même. L'une de ses pionnières, Ingrid Levavasseur, qui a accepté de devenir chroniqueuse sur BFMTV, doit se rétracter sous le feu des critiques. L'essayiste Alain Finkielkraut, victime d'insultes antisémites, est pris à partie à Paris. C'est peut-être cet épisode qui convainc Emmanuel Macron de frapper un grand coup au dîner annuel du Crif (Conseil représentatif des institutions

juives de France). Jusqu'au dernier moment, il envisage d'annoncer le refus de tout titre de séjour pour les étrangers coupables d'actes antisémites et, pour les Français ayant commis des faits similaires, une interdiction d'accéder à des postes d'enseignant, de soignant ou de policier. À la dernière minute, le président change d'avis. Il annonce que la définition de l'antisémitisme sera désormais élargie à l'antisionisme. Pris par surprise, son conseiller religion est bien en peine de nous expliquer la portée de ce propos. Après le dîner, le couple Macron rentre à pied, par le jardin des Tuileries. Ils en ont fait rouvrir les portes juste pour eux.

Extrêmement discrète pendant ces mois délicats, Brigitte Macron est capable de remplacer au pied levé son époux absent ou en retard. Je l'ai vue à l'œuvre lors d'un déjeuner à l'Élysée avec des femmes militantes venues du monde entier. Très à l'aise, la première dame ouvre la séance, le plus naturellement du monde, puis, quand son mari arrive, lui cède la place. Il la remercie et prend la suite. Symbiose parfaite.

Les déçus de Manu

Ce n'est pas exactement le cas avec un certain nombre d'élus de la majorité présidentielle. En ce début d'année, les rangs du groupe majoritaire s'éclaircissent. Et des langues se délient parmi les députés renégats. « Il y avait toujours quelqu'un sans aucune compétence pour vous expliquer que ce que vous pensiez venait de l'ancien monde. Sur le dossier de l'audiovisuel que je suivais, toutes les décisions étaient prises par Alexis Kohler et Benoît Ribadeau-Dumas », raconte par exemple à Mediapart Frédérique Dumas. « Une loi, elle était forcément bonne puisqu'elle venait du gouvernement. En outre, les anciens élus étaient un peu discrédités à leurs yeux, puisque toutes les politiques antérieures avaient échoué, selon eux. L'expérience était un inconvénient puisqu'ils étaient en train de créer un nouveau monde », confirme de son côté Paul Dulac. Le 6 février, l'écologiste Matthieu Orphelin, qui depuis longtemps rue dans les brancards, quitte à son tour le navire LREM. Schématiquement, ces départs ont trois origines : un désaccord avec la loi Asile et immigration, la démission de Nicolas Hulot ou la dénonciation d'une ferveur exagérée pour le

« gourou » de l'Élysée. Sans oublier un rejet de ceux qui ont de l'expérience tout autant que la volonté de passer en force et d'aller vite, quoi qu'il en coûte.

Quitte à revenir aux vieux démons de la Macronie triomphante. Le chef de l'État refuse désormais le moindre distinguo entre Gilets jaunes et casseurs. À ses yeux, ceux qui manifestent le samedi sont les « complices du pire ». L'opération de com qu'il réalise avec Sibeth Ndiaye en se rendant auprès de SDF pour afficher son soutien aux plus démunis n'y change rien : Emmanuel Macron paraît cassant, de nouveau. Quand les méthodes de la police française sont critiquées, tant par le Conseil de l'Europe que par les Nations unies et par les journalistes – David Dufresne recense ainsi deux cent cinquante-trois blessées par des LBD ou des grenades de désencerclement, dont vingt personnes éborgnées –, le chef de l'État se borne à un commentaire lapidaire : la France ne privera jamais les forces de l'ordre des moyens de se défendre contre « ceux qui veulent piller, voler, casser voire tuer ». La phrase est reprise en boucle par ses ministres.

L'intérêt du public – et donc des médias – s'émousse pour le Grand Débat et ses petits éclats. Certaines chaînes cessent de les diffuser intégralement. L'émotion contre Emmanuel Macron reste vive et palpable. Beaucoup de nos concitoyens nourrissent à son égard une rancune tenace. Un exemple ? « Votre petite phrase sur traverser la rue, ça fait mal, ce genre de phrase », lui reproche ainsi un badaud d'une voix tremblante, dans les artères de Bordeaux. Le président joue l'étonné. « Mais ce jeune homme est venu dans mon jardin ! Il disait qu'il voulait travailler dans la restauration. Ce quartier, je le connais ! Effectivement, si on traverse la rue, on trouve du travail ! On a caricaturé mes propos ! » À moins que ce ne soit, lui, en la circonstance, qui se caricature ? Un autre exemple ? À Gréoux-les-Bains, un collégien l'interroge sur l'environnement :

— Quand est-ce que vous allez réagir ? Vous en avez le pouvoir. Et puisque c'est l'argent qui nous a amenés à négliger l'écologie, vous pensez qu'on pourrait acheter une nouvelle planète avec de l'argent ?

— C'est impossible, je ne peux pas, de là où je suis, seul, dire : c'est zéro ou cent du jour au lendemain, répond Emmanuel Macron, qui plaide pour le concept de transition d'un modèle à l'autre. Tu dois produire pour faire fonctionner une société et répartir des richesses. Mais on doit remettre dans notre modèle productif un objectif écologique beaucoup plus fort.

Face à cet adolescent, c'est lui qui semble « ancien monde », alors qu'il a été marqué par les manifestations de lycéens pour le climat. Il a même reçu le 18 février leur inspiratrice, la jeune Suédoise de seize ans Greta Thunberg, à sa demande. Cette rencontre l'a ému, nous dit-on. Sauf qu'entre son écologie pragmatique et la mobilisation générale qu'elle exige, nul compromis. Dans quelques mois, à l'ONU, chacun étrillera l'autre.

D'un gymnase à l'autre, Emmanuel Macron vient de passer les semaines les plus franco-françaises de son quinquennat. Alors que les élections européennes ont lieu dans trois mois, il n'a toujours pas désigné la tête de liste LREM. Car c'est lui, bien sûr, qui doit trancher entre les deux prétendantes, la ministre de la Santé Agnès Buzyn et sa consœur des Affaires européennes Nathalie Loiseau. Pour lancer cette campagne à laquelle il tient tant, il publie une tribune multilingue dans les plus grands journaux de chaque pays de l'Union. Son credo, un « souverainisme positif », décrypte un conseiller, une forme d'« en même temps » européen. Avec en tête l'opposition qu'il veut cristalliser entre progressistes et nationalistes. Il prône une préférence européenne comme la pratiquent les États-Unis et la Chine, une police des frontières renforcée contre l'immigration et un objectif « zéro carbone » pour 2050, que dix pays de l'Union ont déjà accepté. Désormais, il combat sur les deux fronts, France et Europe.

Machiavel, vraiment ?

Mener combat sur plusieurs fronts quand ses propres rangs sont désorganisés est compliqué. Bien sûr, tout le monde cite Machiavel et sa maxime « Diviser pour mieux régner », mais les dissensions au sein de la Macronie prennent des allures de foire d'empoigne. En attendant mi-avril et les conclusions présidentielles qui viennent clore le Grand Débat, la communication du palais essaye de nous « vendre » l'effet « waouh » des prochaines annonces. Comprenez des annonces à la fois les moins coûteuses et les plus novatrices possible. Cependant, écrire des dépêches d'agence nécessite du concret. On se tourne donc vers les ministres, les élus et les conseillers. Et là, cacophonie dans tous les rangs! Pourquoi pas un référendum sur les institutions le jour même du scrutin européen? Une proposition de ses proches conseillers, quand les politiciens plus expérimentés y sont farouchement opposés. La secrétaire d'État à la transition écologique Emmanuelle Wargon plaide pour une «remise à plat globale de la fiscalité» en taxant les pollueurs, alors qu'Édouard Philippe exclut tout chamboulement fiscal. Gérald Darmanin suggère de réduire les niches fiscales, puis fait marche arrière quand Emmanuel Macron écarte une éventuelle hausse d'impôt pour les particuliers. Vingt-deux députés LREM proposent de réintroduire l'ISF. À l'inverse, l'aile droite de la Macronie lance une offensive pour une hausse de l'âge du départ à la retraite. L'aile gauche contre-attaque aussitôt, rappelant que le maintien de l'âge de départ à soixante-deux ans est une promesse de campagne. Les deux courants montent au clash lors d'une réunion crispée du bureau exécutif de LREM le 8 avril. Édouard Philippe, qui pourtant n'est pas membre du parti, s'y est invité. Il veut mettre aux pas les frondeurs. Des témoins racontent son éclat : «Ceux qui viennent de gauche sont tellement contents de faire de l'entre-soi, on va voir ce que ça donne si ceux de droite s'en vont», menace le Premier ministre. Ambiance.

Emmanuel Macron, lui, se tait. Et comme chaque fois qu'il ne prend pas position, les couacs se multiplient dans l'orchestre majoritaire, chacun avançant des suggestions contradictoires. Les signaux que le président envoie sont sibyllins, oscillant entre encouragement à exprimer ses vues et secs rappels à l'ordre pour qui dévie trop. Résultat des courses? Ces déclarations brouillonnes perturbent les négociations du «monsieur Retraites», Jean-Paul Delevoye. Les syndicats soupçonnent le pouvoir d'avoir tout décidé par avance et menacent de claquer la porte. La recherche de consensus proclamée par le président après l'affaire des Gilets jaunes volerait en éclats. Excédé, le monsieur Retraites menace de démissionner. En Conseil des ministres, le chef de l'État se décide – enfin – à intervenir en signifiant à ses ministres que lui seul tranchera.

Nul ne peut et nul ne doit en douter : Emmanuel Macron est le seul capable de rassembler ce camp hétéroclite, dont il est la clé de voûte. Mais quand s'achèvera sa tournée présidentielle? Sur quoi vont déboucher ces soirées bavardes ? Le palais promet des actes concrets, teasing qui n'empêche pas la lassitude. Les échanges marathons du chef de l'État avec les élus, qui faisaient le miel des médias, disparaissent peu à peu des JT.

Machiavel, vraiment

Les élections européennes ? Les siennes. En toute logique, c'est donc sa voix qui rythme la campagne de LREM : des extraits de ses discours accompagnent un clip de propagande anxiogène, où se télescopent rivières en crue, émeutes, mer polluée, Marine Le Pen et Viktor Orban. Il adresse un menaçant « Vous n'avez pas le choix ! » aux téléspectateurs, en espérant qu'ils deviennent électeurs.

Mais s'attaquer à l'Europe ne lui suffit pas. Il se lance à l'assaut de l'Afrique de l'Est, en dépit des avertissements de ses proches. Sa première grande sortie internationale depuis le début de la crise des Gilets jaunes passe par Djibouti, l'Éthiopie et le Kenya, dans cette Afrique anglophone où la Chine s'implante à toute vitesse. Ses discours y sont ponctués de mises en garde voilées contre les sirènes de Pékin. À dix jours d'une visite en France du président Xi Jinping, le message est clair. À Nairobi, son envolée sur l'économie verte arrache une ovation aux défenseurs du climat. Dommage que, le même jour, des ONG auteures d'une pétition baptisée « L'affaire du siècle » portent plainte contre l'État français pour « inaction climatique » … à la veille d'une grève scolaire mondiale pour le climat et deux jours avant une « marche du siècle » en France ! Nous l'interrogeons sur cette double image. Il prend la mouche. À des femmes africaines, ironique, il lance : « Dans mon pays, certains pensent qu'on peut avoir tout sans faire d'efforts. » Mais aussitôt, se corrige : « Notre jeunesse a raison de s'impatienter car nous n'avons que trop tardé. » Ambivalent et prudent.

Fouquet's, lunettes de soleil et flambée

Christophe Castaner, lui, manque de prudence. Alors même que les Gilets jaunes sont revenus sur le devant de la scène de guerre, le ministre de l'Intérieur est surpris en boîte de nuit, en train d'embrasser une inconnue. Marine Le Pen ne rate pas le coche : « Les black blocs détruisent, brûlent, violentent toujours en toute impunité. » Car, ce samedi-là, les Gilets jaunes et des casseurs s'en sont donné à cœur joie. Comme aux pires heures de décembre. Sur les Champs-Élysées, quatre-vingts boutiques sont dévastées, le célèbre Fouquet's si cher au cœur de Nicolas Sarkozy a été brûlé et pillé. Une voiture de police a flambé. Plus de deux cent cinquante personnes ont été interpellées. Les réseaux sociaux foisonnent d'images de destruction. Or, pendant ce temps, Emmanuel Macron se repose sur les pistes de la station de ski de La Mongie. En revenant d'Afrique, il y a rejoint son épouse. Le décalage est frappant. Le chef de l'État apparaît, tout sourire, sur les pistes, en lunettes de soleil et combinaison de ski, clichés pris la veille mais qui font le tour du Web. En catastrophe, le soir même, le président revient à Paris. Tout le bénéfice du Grand Débat semble s'être envolé. Mitraillé de critiques par l'opposition, il s'engouffre dans la salle de crise de Beauvau, non sans nous avoir fait venir. En ressortant, il promet des « décisions fortes » contre les auteurs des dégâts. « Tous ceux qui étaient là se sont rendus complices », martèle-t-il. Quelques jours plus tard, Brigitte Macron tentera de s'en attribuer la faute en disant avoir insisté pour qu'il s'accorde cette escapade.

Malchance, diront certains. Oui et non. Emmanuel Macron se rend à La Mongie le vendredi 15 mars, jour où des millions de jeunes se mobilisent partout dans le monde pour le climat, à l'appel de Greta Thunberg. À Paris, la manifestation, joyeuse, regroupe trente mille personnes. Pour ne pas se laisser mettre en accusation, il y envoie ses deux plus jeunes ministres. Étudiants et lycéens, qui crient des slogans hostiles au gouvernement, ont la surprise de voir marcher dans leurs rangs Gabriel Attal et sa collègue à l'Écologie, Brune Poirson. « Et 1, et 2, et 3 degrés. C'est un crime, contre l'humanité ! Super énergie dans le cortège #YouthClimateStrike ! Fier de la jeunesse française qui se bouge pour défendre la planète », tweetent ces derniers. Puisque « peuple contre gouvernement » n'a pas de sens en Macronie, pourquoi pas des ministres dans une manifestation contre « l'inaction » du gouvernement ? L'initiative est raillée sur les réseaux sociaux.

Un fusible s'impose. Le préfet de police de Paris Michel Delpuech, jugé trop mou et qui n'avait guère semblé loyal lors de l'affaire Benalla, saute. C'est Didier Lallement, préfet de Nouvelle-

Aquitaine, partisan de la méthode forte, qui le remplace. L'homme est chargé de faire le ménage dans la capitale. Il rétablit les escouades volantes, les «Brav» à moto qui chargent les manifestants. Édouard Philippe annonce un arsenal sécuritaire renforcé : défense de manifester sur les Champs-Élysées et dans divers centres-villes, amende triplée pour les participants aux manifestations interdites et, pour leurs organisateurs, six mois d'emprisonnement et sept mille cinq cents euros d'amende. L'ire d'Emmanuel Macron fuite dans la presse : il est hors de question que le samedi suivant soit du même acabit. Ordre exécuté, le samedi 23 mars, le tour de vis policier fait décliner les violences. Ragaillardi, Emmanuel Macron s'aventure même à souhaiter «un prompt rétablissement et peut-être une forme de sagesse» à une militante septuagénaire grièvement blessée lors d'une manifestation prohibée à Nice. Imprudemment, le chef de l'État affirme que la victime n'a «pas été en contact avec les forces de l'ordre». Quatre jours plus tard, l'enquête établira le contraire.

Loiseau au poteau

Autre ville, autre enquête mais résultat tout aussi douloureux. Le Sénat – aux mains de la droite – décide de renvoyer devant le parquet, pour faux témoignage et omission, non seulement le désormais célèbre Alexandre Benalla et son comparse Vincent Crase, mais également les plus proches collaborateurs d'Emmanuel Macron, à savoir son directeur de cabinet Patrick Strzoda et, surtout, son bras droit Alexis Kohler. Les sénateurs ne peuvent pas tirer plus près du chef de l'État. Aussitôt, les cadres de LREM dénoncent un «tribunal politique», Édouard Philippe boycotte les questions au gouvernement au palais du Luxembourg et Richard Ferrand annule un déplacement avec Gérard Larcher, le président du Sénat.

Ce glissement politique n'est pas le seul. En cette fin mars, LREM dispose enfin de sa tête de liste pour les européennes. Le président a donné son feu vert à Nathalie Loiseau, qui démissionne du gouvernement. Son départ en entraîne d'autres. Benjamin Griveaux et Mounir Mahjoubi partent aussi, pour briguer le même poste, celui de maire de Paris. Emmanuel Macron, comme toujours, ne tranche pas et laisse les deux rivaux face à face. D'autant qu'un autre de ses amis, le mathématicien et député Cédric Villani, est lui aussi prétendant à l'élection municipale de la Ville lumière. Qui obtiendra l'investiture du parti présidentiel pour ce scrutin dans la capitale ? Le feuilleton est loin d'être terminé. Au total, dix membres du gouvernement ont quitté celui-ci depuis le début du quinquennat, volontairement ou non. Et ce n'est pas fini.

Ces nouveaux départs permettent un mini-remaniement. Emmanuel Macron fait entrer dans l'équipe Philippe deux trentenaires de la bande des mormons, le conseiller économique Cédric O, ex-trésorier d'En Marche !, mais surtout, à la surprise – pour ne pas dire plus – des planètes politique et médiatique, Sibeth Ndiaye, laquelle est nommée porte-parole du gouvernement, elle qui entretient avec les journalistes des relations conflictuelles !

Message subliminal du président à ceux qui la dénigraient, des ministres aux journalistes : vous n'avez pas voulu d'elle ? Eh bien, vous la verrez matin, midi et soir ! Celle qui nous attaquait a pour mission de nous parler. Un contre-emploi qui amuse le chef de l'État, lui qui apprécie aussi l'exemple de diversité que la Franco-Sénégalaise apporte au gouvernement. Voilà un effet de surprise comme il les aime. Par ailleurs, il lui fallait aussi exfiltrer la conseillère presse, tant ses relations avec le clan de son épouse Brigitte sont devenues tendues. Reste que cette militante franchement agressive sera désormais sa voix et son visage. Un pari très risqué. La nomination de Sibeth Ndiaye crée jalousie et ressentiment. Celle que le président a épinglée pour ses erreurs obtient la carotte de ministre dont tant rêvent. Son départ laisse aussi un vide. Les conseillers qui ont un accès direct au chef de l'État se font de plus en plus rares.

Le Grand Débat final

Le 4 avril, Cozzano. Emmanuel Macron tient son ultime réunion en Corse. L'île ne lui est guère favorable. Hostiles, les leaders nationalistes boycottent l'événement. La sécurité est au plus haut. La discussion avec les maires commence pourtant plutôt bien. L'Élysée a accepté la présence d'un drapeau insulaire dans la salle, à condition qu'un mur soit tapissé d'une grande bannière tricolore.

Mais au bout de plusieurs heures, le président, rouge de fatigue pour cette dernière ligne droite, oublie sa prudence et ses propos élogieux sur l'âme corse. Il se laisse aller à une nouvelle tirade contre ceux qui n'ont, selon lui, pas manifesté suffisamment de regrets après l'assassinat du préfet Claude Érignac.

C'est sur cette « provocation » qu'il achève son dernier Grand Débat. Il est délivré, comme un coureur de marathon qui franchit, enfin, la ligne. En tout, il aura réussi à tenir quatre-vingt-treize heures de questions-réponses, sans jamais changer ni d'avis ni de cap, tout en affirmant paradoxalement que « rien ne sera plus comme avant ». Et surtout, surtout, sans jamais dévoiler les initiatives qu'il prépare et qu'il n'a d'ailleurs pas encore arrêtées. Oui, à dix jours des annonces promises pour sortir d'un mouvement social sans précédent, rien n'est tranché. À l'exception, peut-être, d'une baisse de l'impôt sur le revenu et d'un assouplissement des quatre-vingts kilomètres à l'heure. L'opinion publique attend avec impatience la semaine du 15 avril, où aura lieu, selon le palais, une intervention dont la date et le format sont tenus secrets. Emmanuel Macron veut ménager ses effets.

Le 8 avril, l'exécutif opte pour une mise en scène grandiose de la « restitution » des contributions au Grand Débat, organisée sous la verrière du Grand-Palais. Édouard Philippe officie, le président dénoue. Des entreprises d'analyse de données et même la Bibliothèque nationale de France ont été mobilisées pour dépouiller les seize mille cahiers de doléances manuscrits, les contributions en ligne et les comptes rendus des dix mille réunions locales. Les conclusions sont à la fois révélatrices et sans surprise. La baisse des impôts figure en première place des doléances, ainsi que le rétablissement de l'ISF et la lutte contre la fraude fiscale. Le Premier ministre trace de grandes lignes, souligne la nécessité d'une diminution des impôts, d'une démocratie plus « délibérative » et d'une réponse à l'urgence climatique. Et d'une aménagement sur les quatre-vingts kilomètres à l'heure, une grande concession pour lui.

Pendant qu'Édouard Philippe occupe le devant de la scène, ce soir-là, à l'Élysée, Emmanuel Macron a invité dix-sept conseillers partis ou sur le départ pour un pot d'adieu. Sibeth Ndiaye, Ismaël Emelien, Sylvain Fort – qui a fait venir la « reine des paparazzis » Mimi Marchand –, tous sont là. Leur hôte a un petit laïus aimable pour chacun, parfois un petit cadeau. Il déteste, avoue-t-il, « quand on s'en va ». Une page est tournée. Il se sent, aux dires de ses proches, moins surveillé.

Reste à sortir de ce Grand Débat avec des annonces marquantes. Il travaille avec le trio Kohler/Philippe-Ribadeau/Dumas, ainsi qu'avec Philippe Granjeon. Mais il ne lui déplairait sans doute pas de réitérer son coup du 10 décembre, lorsque tous, même Bruno Le Maire, avaient découvert en direct à la télévision la prime d'activité de cent euros pour les bas salaires.

Paris brûle-t-il ?

L'Élysée dévoile, enfin, le format choisi pour les annonces du lundi 15 avril : une allocution télévisée, suivie deux jours plus tard d'une conférence de presse. Une conférence de presse ! Comme dans le monde d'avant ! Ce sera sa toute première sur le territoire national. Le lundi matin, le secret a été bien gardé, quasiment rien n'a filtré des annonces prévues. Plusieurs gigantesques camions télé sont garés dans la cour. L'Élysée nous indique que le discours, de vingt-huit minutes, sera filmé par le réalisateur Jérôme Revon, un crack de la profession. Jamais n'a été mobilisée une telle débauche de moyens télévisuels. Ce sera l'allocution clé du quinquennat, celle qui doit tourner la page des Gilets jaunes. Le président de la République veut un rendu parfait.

Vers 18 h 45, le plus tardivement possible pour prévenir toute fuite, l'enregistrement commence. Dans la pièce ne se trouvent que Brigitte Macron, sa photographe Soazig de La Moissonnière, et, assis en tailleur devant lui, le scénographe des événements, Arnaud Jolens. Tous les médias sont sur le pont, dans l'attente de l'allocution qui aura lieu à vingt heures pétantes. Soudain, des images inquiétantes apparaissent sur les réseaux sociaux. Des flammes s'échappent du toit de la cathédrale Notre-Dame, léchant la base de la flèche. D'abord petites, presque innocentes, puis rapidement, de plus en plus grandes. Il est 19 h 10. Le chef de l'État est en plein enregistrement. Une page se tourne. Mais pas celle qu'il imaginait.

8

L'HUMAIN DE L'ACTE II
Avril-octobre 2019

Ce soir-là, l'allocution de sortie de crise, le résultat des grands débats sont étouffés par le brasier qui frappe la cathédrale. L'Élysée moins que le sacré. L'incendie de Notre-Dame bien plus que les Gilets jaunes et leurs arcanes. C'est une évidence dès les premiers instants. La preuve ? Dans un salon adjacent, les quelques conseillers venus assister sur écran à l'enregistrement du discours présidentiel ne le regardent même plus. Ils ont les yeux rivés sur leur smartphone. Les vidéos qui déferlent montrent des flammes grandissantes que rien n'arrête. Ces fidèles comprennent. Entre le chef de l'État et ce symbole incandescent, qui ne fera heureusement aucune victime, les médias n'hésitent pas. Il est environ 19 h 15 quand BFMTV remplace sa « Spéciale Élysée », omniprésente sur la chaîne depuis le matin, par une « Spéciale Notre-Dame ». Une information chasse l'autre. Le feu de la cathédrale de Paris n'a pas grand-chose à voir avec les braseros des Gilets jaunes. Le choix s'impose.

À tous. Le principal intéressé ne le sait pas encore. Arnaud Jolens fait barrage aux messages pour qu'Emmanuel Macron puisse finir d'enregistrer[1]. À peine achève-t-il son discours si soigneusement préparé qu'il apprend la nouvelle : Notre-Dame est en feu ! « On annule tout ! » On ouvre les rideaux. « C'est là qu'on a vu la fumée », se souvient son épouse. Elle montre au président les photos des flammes, que vient de lui envoyer son collaborateur. En quelques instants, il se résigne. L'incendie a pris une telle ampleur. Aussitôt, dans la cour du palais, une myriade de voitures se positionne, moteur ronronnant. Le visage grave, le président de la République

1. Voir *Élysée confidentiel*, Eliot Blondet et Paul Larrouturou, Paris, Flammarion, 2021.

dévale l'escalier du perron et s'y engouffre. Son épouse à ses côtés. Unis dans les fumées de l'histoire. « C'est lui qui a voulu que je vienne avec lui, moi je ne savais pas trop », me racontera-t-elle. Mon ami et binôme de l'AFP, Jérôme Rivet, est du cortège. En route vers l'île de la Cité, le chef de l'État dicte un tweet. « Notre-Dame de Paris en proie aux flammes. Émotion de toute une nation. Pensée pour tous les catholiques et pour tous les Français. Comme tous nos compatriotes, je suis triste ce soir de voir brûler cette part de nous. »

Sur le parvis désert, bouclé par les forces de l'ordre, plane un calme trompeur. Du pied de l'édifice majestueux, les flammes qui consument la toiture sont presque invisibles. Autour du président, le visage fermé, Édouard Philippe et Anne Hidalgo. Légèrement en retrait, Brigitte Macron, visiblement émue. Il s'approche au plus près, jette un coup d'œil rapide par les grandes portes ouvertes. À cet instant, nul ne sait si le bâtiment est d'ores et déjà condamné ou s'il peut encore être sauvé, au moins en partie. Dictature de l'image, Emmanuel Macron improvise quelques mots face caméras. Son émotion est palpable.

Il entre dans une camionnette, QG ambulant des sapeurs-pompiers de Paris. L'officier qui l'accompagne lui montre les prises de vues d'un drone, qui révèlent le trou rougeoyant ayant remplacé le toit. La légendaire « forêt » de charpente n'est plus. Les flammes de l'enfer. Sur un plan griffonné, le général Jean-Claude Gallet, qui commande les 650 pompiers mobilisés, lui dresse un tableau de la situation. L'incendie a gagné le beffroi nord. Si le feu atteint le bourdon – une cloche de treize tonnes nommée « Emmanuel » (!) par le Roi-Soleil –, son poids entraînera la chute de la tour nord. Puis viendra l'effondrement de la voûte. Et enfin l'écroulement de la tour sud, comme un château de cartes. Déjà la délicate flèche dentelée de Viollet-le-Duc vient de s'affaisser. Une opération de la dernière chance peut être tentée pour éviter ce scénario catastrophe. Mais il faut envoyer un commando de vingt pompiers stopper la progression du brasier. « Il y a un risque important mais on peut le faire. Le risque est consenti et accepté », explique le général. Entre les lignes, l'officier supérieur prévient le chef de l'État que vingt hommes sont susceptibles de perdre la vie dans ce bras de fer inégal. Un vidéaste du palais capture le regard du président. Le poids des responsabilités. Le choix de jouer la vie des autres. Emmanuel Macron fixe le général. Silence suspendu, au cœur de la lutte contre le feu. Il acquiesce d'un bref signe de tête[1].

Une longue attente commence. Pour les hommes engagés. Pour le colossal édifice menacé. Le chef de l'État rentre au palais préparer les quelques mots qu'il sait devoir prononcer. Sa voiture revient en trombe dans la cour plongée dans le noir, le couple présidentiel gravit les marches, tous deux collés, serrés, soudés. Cent vingt longues minutes plus tard, les pompiers réussissent. L'incendie est circonscrit. « Emmanuel » est sauvé. Il était temps. Laurent Nuñez, visiblement soulagé, annonce que la cathédrale va tenir. Emmanuel Macron réapparaît sur le parvis, toujours avec Brigitte. « Le pire a été évité, la façade et les deux tours ne se sont pas effondrées. Cette cathédrale, nous la rebâtirons. Parce que Notre-Dame, c'est notre histoire, notre littérature, notre imaginaire, le lieu où nous avons vécu tous nos grands moments, nos épidémies, nos guerres, nos libérations, c'est l'épicentre de notre vie. C'est l'étalon d'où partent les distances et d'où l'on se mesure depuis Paris. C'est tant de livres et de peintures, c'est une cathédrale qui est celle de toutes les Françaises et de tous les Français, même ceux qui n'y sont jamais allés. » Il ajoute une petite pensée pour les catholiques. Tenant son épouse par la main, il salue les soldats du feu sur l'esplanade. Les conclusions du Grand Débat ? Pas un souffle. À chaque jour suffit sa peine. L'incendie du monument le plus visité d'Europe bouleverse le monde, jusqu'à Donald Trump, qui conseille d'envoyer des Canadair. Le seul moment où l'on peut sourire ce jour-là, même si c'est un sourire jaune.

Fausses confidences

Notre-Dame outragée, brisée, martyrisée mais toujours dressée, les regards reviennent sur les décisions attendues à l'issue du Grand Débat. Dans un premier temps, le palais maintient la conférence de presse prévue le surlendemain pour éclairer nos lanternes. Malheureusement pour le président, certains médias ont eu copie de l'allocution avortée ! Et pour cause, l'Élysée avait transmis le texte à quelques ministres et députés, et certains ne tiennent

1. Voir « La Bataille de Notre-Dame », LCI, 2019.

pas leur langue. L'une après l'autre, radios, agences et télévisions effeuillent les annonces. La colère d'Emmanuel Macron n'y change rien. Pas plus que les appels furibards de l'équipe de presse qui tente d'arrêter l'hémorragie. On apprend donc, sans solennité, sans explication, sans le poids de l'expression présidentielle, la suppression de l'École normale d'administration (ENA), la baisse de l'impôt sur le revenu pour les moins riches, l'indexation des retraites jusqu'à deux mille euros, la pérennisation de la «prime Macron», et même un «référendum d'initiative citoyenne» sur des sujets locaux, totem des Gilets jaunes. Le chef de l'État voulait aussi promettre de ne plus fermer écoles et hôpitaux jusqu'à la fin du quinquennat, sauf demande d'un maire. Dernière nouveauté : la mise en place d'une «Convention citoyenne» de cent cinquante personnes tirées au sort pour élaborer des propositions écologiques.

De fausses confidences dévoilées à la dérobée, publiques sans l'être, non confirmées par un exécutif dépité. Ces mesures si soigneusement pesées, destinées à ramener la paix sociale ne produisent, évidemment, aucunement l'effet escompté. Une bérézina de communication. Emmanuel Macron envoie à ses proches des SMS excédés et annule aussitôt, presque vengeur, la conférence de presse prévue. Mais perdre une bataille n'est pas perdre une guerre. Sans attendre, le chef de l'État ré-enfourche son cheval et s'exprime quelques heures plus tard. Le sujet ? Notre-Dame, bien sûr. Mais aussi un peu plus que cela. L'allocution présidentielle, en direct, dure six minutes. Derrière son bureau, devant quelques feuilles annotées qu'il ne regarde pas, il affirme avec ferveur : «Je veux rebâtir notre cathédrale plus belle encore. Et je veux que ce soit achevé d'ici cinq années.» Un si court délai, ambition démesurée. Rebâtir Notre-Dame, tout comme rebâtir le pays meurtri, le parallèle lui tendait les bras. En apôtre, il marque chaque mot de ses deux mains. L'incendie doit provoquer, espère cet idéaliste, une étincelle morale. Son équipe, soulagée, retrouve le sourire. Revoici le président audacieux qu'ils admirent, capable de transformer l'eau en vin, un brasier et une allocution déflorée en opportunité politique. Les sondages leur donnent raison. Six Français sur dix approuvent. Le sacré moins que l'Élysée.

Grand-messe présidentielle

Notre-Dame n'est pas trop grande pour ce volontaire qui doute peu. Il confie les clés du chantier au général Jean-Louis Georgelin – un septuagénaire fort en gueule et ancien chef d'état-major des armées qui s'installe à l'Élysée –, et encourage les donations, qui deviennent un concours de beauté entre les grandes fortunes tricolores. Quant à la conférence de presse présidentielle serpent de mer, elle est décalée au jeudi suivant. Car il est temps de répondre aux Gilets jaunes. Dans un mois, le 26 mai, jour du scrutin européen, Emmanuel Macron affrontera pour la première fois depuis son élection le verdict des urnes.

Salle des fêtes de la présidence, 25 avril 2019. Les journalistes se sont bousculés pour s'inscrire à cet événement qu'ils attendent depuis deux ans et qui s'affiche en direct sur plus de sept chaînes de télévision. Au premier rang, le gouvernement siège au grand complet. Un peu partout, plusieurs vedettes médiatiques se disputent le micro. Chaque chaîne veut voir à l'antenne *sa* question, posée par *sa* star.

Le chef de l'État fait son entrée par une porte du fond et prononce une déclaration liminaire… de presque une heure. Emmanuel Macron s'efforce à l'humilité. Cette fois, il nomme les Gilets jaunes, les crédite de «justes revendications» malgré «les violences de quelques-uns», qui, circonstance atténuante, sont rejoints par «les violences de la société», de l'antisémitisme à la haine contre la police et les médias. Non, dit-il, il n'arrêtera pas sa politique de réformes, mais les promet plus rapides et «plus humaines». Il déroule enfin la litanie de ses annonces, pour la plupart déjà déflorées. Dont une baisse de cinq milliards d'euros de l'impôt sur le revenu. Il promet de créer des maisons de services publics dans chaque canton et de supprimer non seulement l'ENA mais tous les grands corps de l'État! Sans oublier la Convention citoyenne sur l'écologie. Emmanuel Macron parvient quand même à surprendre en abandonnant la suppression de cent vingt mille postes de fonctionnaires, qui figurait dans son programme du candidat. Mais décide aussi la réindexation des pensions, qui coûtera 1,3 milliard d'euros par an. La rigueur budgétaire passe au second plan.

Au moment des questions, c'est sur lui que se focalise l'attention, bien plus que sur les mesures annoncées. Les médias – tout comme les citoyens – veulent comprendre ce dirigeant qu'ils cernent mal. Ils veulent savoir s'il a changé et comment cet orgueilleux supporte de céder. Bien qu'agacé, il joue le jeu, convaincu que l'on attend de lui cet acte de contrition. Il s'accuse d'impatience, mais pour la bonne cause et sans se renier. « Le sentiment que j'ai donné était une forme d'injonction permanente, d'être dur, parfois injuste. Je le regrette. D'abord parce que ce n'est pas ce que je suis profondément. Et parce que je pense que ça n'a pas aidé à la cause. » Le Macron nouveau supporte des questions insistantes et répétitives sur ses états d'âme. S'avançant sur un terrain vierge, il promet d'être ferme sur l'islam politique et le « communautarisme qui s'est installé dans certains quartiers ». Lassé des questions psychologiques, déçu de l'absence du débat de fond qu'il attendait, il décrète la fin de la conférence après seulement deux petites heures.

Sa douzaine d'annonces constitue un cadeau de près de sept milliards d'euros supplémentaires aux classes moyennes et modestes, soit dix-sept milliards en comptant les mesures du 10 décembre. Jamais, depuis des années, un gouvernement n'a déversé une telle manne sur les ménages. Et pourtant, si l'on en croit les sondages, l'opinion publique reste obstinément boudeuse.

Père Emmanuel

Le Macron nouveau semble plus libre d'agir à sa guise depuis que la bande des mormons a quitté le palais. De petits détails révèlent la fin de leur influence. Après presque cinq mois d'attente, les journalistes des agences de presse qui suivent le chef de l'État reçoivent, enfin, leurs précieux badges d'accès pour 2019. Un sésame que Sibeth Ndiaye avait fait bloquer durant ses dernières semaines rue du Faubourg-Saint-Honoré.

Après les Gilets jaunes, le président se sent d'attaque pour s'emparer des crises internationales. Le voilà à Berlin, où il s'efforce, en vain, de réconcilier la Serbie avec ce Kosovo que les Serbes considèrent toujours comme leur province. Pendant ce temps-là, Édouard Philippe est chargé de réunir un séminaire gouvernemental destiné à appliquer ses mesures. Dans son Falcon, il découvre avec colère les photos tweetées par les participants : « Ça a un air de goûter à la campagne, de colonie de vacances ! » Le ton «bien trop mou» d'Édouard Philippe, qui se contente d'énumérer un vague calendrier des décisions à venir, parachève son énervement. C'est donc un chef de l'État remonté comme une pendule qui intervient, le lendemain, 30 avril, en Conseil des ministres. «Bougez-vous!» enjoint-il à ceux-ci, leur ordonnant d'aller sur le terrain. Il a une crainte : les européennes dans un tout petit mois. Si LREM arrive en deuxième place, qu'on se le dise, des têtes pourraient rouler dans l'équipe d'Édouard Philippe. Pour l'heure, dans les sondages, la liste présidentielle frôle les 21,5% des voix, à égalité avec celle de Marine Le Pen. Le patron exige de ses ministres qu'ils épaulent Nathalie Loiseau, la tête de liste qui, jour après jour, révèle son manque de charisme. Il en a assez de scruter l'érosion des courbes depuis son bureau. Impossible en revanche de s'inviter dans un meeting de sa liste Renaissance, tant cela le ferait redescendre au rang d'un simple chef de parti. Mais il veut agir. Car l'enjeu va au-delà d'un succès de mi-mandat. Il souhaite acquérir, grâce à «ses» eurodéputés, un rôle d'arbitre au Parlement de l'Union pour faire avancer ses réformes. Et ainsi pouvoir présenter un bilan européen concret lors de la campagne 2022. Outre les membres du gouvernement, le président sermonne également les députés de sa majorité, qui n'en mènent pas large. «Faites des permanences, allez voir les administrations pour vérifier que les réformes sont bien mises en œuvre! On a des sondages en dessous de mon score du premier tour, en dessous de ma cote de popularité, même quand elle était au plus faible. Ce n'est pas normal!»

2022. Y penser, ne pas en parler. L'«acte II» du quinquennat – formule que répètent chaque jour conseillers, ministres et députés – n'a qu'un but : la réélection d'Emmanuel Macron. «Une méthode plus humaine, sans rien changer au cap», martèle-t-il. L'objectif? Faire adhérer, ne pas imposer. Le chef de l'État s'engage à consulter plus régulièrement les syndicats, à apaiser les relations avec la presse, à s'appuyer davantage sur le travail des parlementaires et à se mettre un peu en retrait derrière le Premier ministre. Plus exactement «en surplomb», aux dires de ses conseillers.

Au palais, 2022 est déjà dans toutes les têtes. Mais il faut d'abord franchir la haie des européennes et le mur des municipales. Le tout avec un parti présidentiel sans implantation. Le tout avec une opposition multiforme : lors de la traditionnelle cérémonie du

1er Mai à l'Élysée – une pastèque gravée au visage du chef de l'État trône sur un buffet pantagruélique –, les quatre cents invités du président doivent franchir plusieurs barrages des forces de l'ordre. Car au même moment, de l'autre côté de la Seine, un 1er Mai d'un genre différent se prépare. Quarante mille manifestants se rassemblent devant la tour Montparnasse, mélange de syndicalistes et de Gilets jaunes. Et des centaines de *black blocs* cagoulés attaquent les policiers. Parmi les protestataires, beaucoup arborent des masques à l'effigie d'Alexandre Benalla, en souvenir du 1er Mai de la Contrescarpe. Le défilé n'est qu'un long cri anti-Macron. Les *black blocs* dégradent voitures et vitrines, tentent d'attaquer La Rotonde, la brasserie parisienne préférée du couple présidentiel, protégée par un énorme cordon de CRS. Autres victimes de ce 1er Mai, les syndicats, complètement dépassés.

Rêver d'un autre monde

Sans les mormons, face à des défis successifs qu'il veut tous étreindre avec la même énergie, Emmanuel Macron glisse dans l'improvisation. Le 7 mai, l'ONU publie un rapport sombre sur l'avenir de la biodiversité dans lequel on apprend qu'un million d'espèces sont menacées d'extinction. Pour en avoir le cœur net, le chef de l'État invite les auteurs de l'étude. L'échange avec les scientifiques l'impressionne, au point qu'il concocte une déclaration sur l'heure. Sans préavis, il sort sur le gravier de la cour du palais à l'issue de la rencontre. On lui dresse un micro. Il tient à la main une feuille de papier sur laquelle il a griffonné de vagues notes. Depuis la salle de presse, on se précipite. Grave, il prononce quelques mots que n'aurait pas reniés Nicolas Hulot. Un nouveau converti qui se rêve missionnaire. « C'est la première fois qu'au meilleur niveau scientifique sont établis des faits, cruels pour nous tous et qui appellent à l'action. Ce qui est en jeu est la possibilité même d'avoir une Terre habitable. » Derrière lui, les experts des Nations unies nous jettent des regards stupéfaits et se lancent des œillades heureuses. Ils ont été entendus. Emmanuel Macron annonce plusieurs mesures, qui ne sont guère préparées. Il rappelle sa promesse de 100 % de plastiques recyclés pour 2025 et celle de se passer du glyphosate en trois ans. Il demande la réduction du gaspillage alimentaire, promet davantage de réserves naturelles et de limiter l'artificialisation des sols. Encore plus impressionnant : il accepte de répondre à brûle-pourpoint à nos questions et s'avance plus encore. Les aides fiscales, le nouveau Service national universel, la prochaine politique agricole commune ou le sommet du G7, tous devront faire de la biodiversité une priorité pour « très profondément changer notre organisation mondiale ». Belle ambition. Vaste programme.

9 mai, Sibiu, Roumanie, sommet européen. Le chef de l'État qui mène campagne pour les européennes reçoit dans la soirée un coup de fil de Donald Trump. Les services américains ont intercepté un signal en plein désert, à l'est du Burkina Faso. Deux touristes français y sont retenus en otages par un groupe armé. Il faut agir vite car les ravisseurs veulent transférer leurs prises au Mali, auprès du redoutable groupe terroriste de la Katiba Macina. Grâce aux troupes de Barkhane, l'armée française a les moyens d'intervenir.

Depuis son hôtel, en moins d'une demi-heure, le chef des armées donne son feu vert à une opération de sauvetage. Hélicoptères et drones décollent. En pleine nuit, comme le racontera le chef d'état-major François Lecointre, un commando d'une vingtaine d'hommes s'approche du campement. À découvert. Dans le silence. À une dizaine de mètres des tentes des terroristes, ils sont repérés. Deux membres du commando Hubert de la marine nationale sont abattus à bout portant. Les otages, eux, sont libérés et quatre ravisseurs, tués. Or, les soldats découvrent non pas deux otages, mais quatre ! En plus de nos deux compatriotes, il y a une Coréenne et une Américaine. Les services de Donald Trump ne nous en avaient, semble-t-il, pas informés.

L'opinion publique applaudit le succès des militaires mais se déchaîne contre les deux touristes, taxés d'insouciance criminelle et rapatriés dès le lendemain. Le chef de l'État vient les accueillir à l'aéroport de Villacoublay, accompagné du général Lecointre, qu'il a dû convaincre de se déplacer. Glacial, sans un sourire, sans un mot – y compris pour la presse cantonnée dans un hangar –, Emmanuel Macron serre brièvement les mains sur le tarmac puis tourne les talons.

Quelques jours plus tard, c'est avec émotion qu'il rend hommage aux deux hommes tombés au champ d'honneur, lors d'une poignante cérémonie aux Invalides. Devant les deux cercueils reliés par la « corde de vie » des commandos de marine, le président de la République détaille l'opération mortelle. « Dans l'obscurité d'un ciel sans étoiles, la clarté fulgurante de l'évidence. Pour sauver la vie des otages, une seule solution, mener l'assaut sans ouvrir le feu. Le maître Cédric de Pierrepont et le maître Alain Bertoncello n'hésitèrent pas. Défiant la mort pour sauver des vies, faisant preuve d'une bravoure inouïe, ils pénétrèrent, armes tenues silencieuses, dans les tentes, pour sauver les vies des nôtres et ne prendre aucun risque pour eux. Rapidement les otages furent extraits. Mais l'ennemi tira à bout portant. »

Premier sinon rien ?

Il reprend le fil de la campagne. En privé, le chef de l'État hausse le ton contre ses ministres, agacé d'avoir – une fois de plus – l'impression de monter seul au front. « Il y a une mise sous pression phénoménale du gouvernement. En gros, si on est deuxième, tout le monde va sauter, le président ne s'en cache pas. Il dit qu'il est capable de tout faire péter », confie un conseiller. Faire feu de tout bois pour convaincre et être devant le Rassemblement national. Édouard Philippe ravale son chapeau et ouvre officiellement la voie à un assouplissement de la limitation à quatre-vingts kilomètres à l'heure sur les routes secondaires. Sur certains tronçons, s'ils le souhaitent, les départements pourront revenir aux quatre-vingt-dix kilomètres à l'heure. Une marche arrière discrète qui ne change rien à l'hostilité de l'opinion publique à l'égard d'un exécutif jugé autoritaire. Même l'annonce d'une nouvelle baisse du chômage à 8,7 %, son taux le plus bas depuis dix ans, la laisse de marbre.

En ce dernier week-end avant le scrutin, la campagne se polarise encore davantage sur le duel LREM-RN. Chacun des deux camps joue cette carte à plein. Une douzaine de leaders de partis souverainistes, dont Matteo Salvini et Marine Le Pen, se réunissent à Milan pour clamer leur europhobie, épaulés depuis un hôtel parisien par l'ancien conseiller de Donald Trump, Steve Bannon. Plusieurs sondages placent le RN et sa jeune tête de liste Jordan Bardella en première place. Emmanuel Macron décide enfin de s'impliquer officiellement pour rattraper une campagne

Loiseau qu'il juge calamiteuse. La totalité des quotidiens régionaux se voit proposer une interview commune. À une condition : leur texte doit être identique, présenté sous forme de questions-réponses et relu au préalable par l'Élysée. L'opération semble rondement menée, sauf que deux journaux refusent, *La Voix du Nord* et *Le Télégramme* qui, au grand dam de la présidence, s'en expliquent dans leurs colonnes en dévoilant ces règles léonines. Peu avant le scrutin, le président promulgue la loi Pacte, qui doit simplifier la vie des entreprises. De nouveau, sans écho.

Emmanuel Macron en a pris son parti. Sa liste ne sera probablement pas en tête. Il se console avec la débandade annoncée des partis traditionnels de droite comme de gauche. L'inconnue, ce sont les Verts, même s'ils ne sont crédités que de 10 % des voix. Autant montrer sa bonne volonté écologique. Trois jours avant le scrutin se réunit pour la première fois au palais le Conseil de défense écologique annoncé par le chef de l'État le 25 avril. Avec quelques décisions phares : le blocage du projet minier « Montagne-d'Or » en Guyane, la mise en place de nouvelles réserves naturelles, un objectif « zéro artificialisation » nette des sols et une possible consigne des emballages en plastique. Le lendemain, Nicolas Hulot est l'invité de BFMTV. L'Élysée s'inquiète : va-t-il tirer à boulets rouges sur la liste Loiseau ? Appeler à voter pour l'écologiste Yannick Jadot ? La veille de l'interview, révèle *Paris Match*, vers minuit, Emmanuel Macron a appelé son ancien ministre pendant une heure. Et le lendemain, Nicolas Hulot restera modéré.

Dimanche 26 mai, jour du scrutin. Emmanuel Macron vote au Touquet et retourne à l'Élysée attendre les résultats. Autour de lui, la vieille et la jeune garde, y compris certains mormons évincés. Philippe Grangeon ou Bruno Roger-Petit se tiennent à distance d'Ismaël Emelien, qui ne s'attarde pas, ou d'un Sylvain Fort esseulé. Le maître des lieux, va-t-en-guerre, prépare déjà la suite. Il réclame de créer un pôle de Marcheurs de gauche autour de Jean-Yves Le Drian, afin de ratisser de ce côté-là en vue de 2022. Quant au « récit » de cette élection, qui confirmera la bipolarisation du paysage politique entre RN et Marcheurs, il est prêt : « Aucun changement de cap » et « intensification de l'acte II du quinquennat ».

Les résultats arrivent. RN en tête, à 23,3 %, devant En marche à 22,4 %. Le palais respire, tout se déroule mieux que prévu. Au fil de la soirée, l'écart avec le parti de Marine Le Pen se réduit à moins d'un point. Les autres formations tombent comme à Gravelotte : LR à 8,5 %, La France insoumise à 6,3 % et le PS à 6,2 %. Emmanuel Macron est ravi. N'est-ce pas un premier pas vers sa réélection ? Seul imprévu, les Verts de Yannick Jadot créent la surprise avec 13,5 % des voix.

Aux yeux du président, l'essentiel est sauf : Marine Le Pen reste son opposante principale et il tient la corde, en dépit de l'affaire Benalla et des Gilets jaunes. L'équipe d'Édouard Philippe est revigorée. Priée de relancer sans attendre les réformes : celle de la fonction publique, qui prévoit un recours accru aux contractuels, ou le serpent de mer d'une modification constitutionnelle. Sans oublier la fusion des aides sociales, ce revenu universel d'activité évoqué par le chef de l'État. Une réforme presque aussi risquée que celle des retraites.

Manu le rouge, Macron l'orthodoxe

Avec une trentaine de textes dans les tuyaux, un engorgement attend les deux Chambres. « Acte II » moins vertical oblige, Emmanuel Macron renonce à réunir le congrès avec ses fastes versaillais en juillet. La nouvelle doctrine prévoit une réconciliation avec les syndicats ? Le centenaire de l'Organisation internationale du travail (OIT), à Genève, offre la tribune idéale. D'une voix vibrante, l'ex-banquier dénonce les dérives d'un « capitalisme devenu fou » et « l'accumulation de richesses chez certains ». Il réitère son *mea culpa* face aux Gilets jaunes. Oui, il a commis des « erreurs de méthode fondamentales » en voulant trop bien faire : « Nous avons peut-être parfois construit des bonnes réponses trop loin de nos concitoyens, en considérant qu'il y avait des sachants et des subissants. » J'apprendrai un peu plus tard à reconnaître le style flamboyant de sa nouvelle plume, Jonathan Guémas, venu du centre gauche. L'ambition internationale d'Emmanuel Macron atteint des sommets quand il annonce que « la France proposera, lors du G7 qu'elle accueillera à Biarritz fin août, une coordination des organisations multilatérales. On ne peut pas défendre à l'OIT le travail décent, l'amélioration des conditions de travail et la transition écologique quand, à l'OMC [Organisation mondiale du commerce], on ouvre la voie au dumping social et écologique ! » Son rêve d'une forme de gouvernance mondiale.

Un peu plus à gauche mais tout de même à droite. C'est Édouard Philippe qui doit défendre cette ligne de crête, pas forcément très lisible pour l'opinion. En montant au perchoir de l'Assemblée ce 12 juin, le Premier ministre tient en main un discours validé la veille au soir par le quatuor incontournable de l'exécutif. Le texte sur l'assurance chômage, qui doit durcir les critères d'allocations, sera présenté une semaine plus tard. Le chef du gouvernement sort de l'ombre sur la réforme des retraites : « On ne peut pas continuer à partir à la retraite deux ans plus tôt que l'âge moyen des autres pays européens. » Édouard Philippe annonce pour le futur système à points l'instauration de ce qu'il appelle un « âge d'équilibre ». En dessous s'appliquera une décote, au-delà, une surcote. Tous dans la majorité citent le seuil de soixante-quatre ans. L'incompréhension s'installe dans l'opinion. Pourra-t-on partir plus tôt si on a commencé tard ? Ceux qui ont commencé tôt devront-ils travailler plus longtemps ?

L'imminente présentation de la réforme des allocations-chômage cristallise la colère des syndicats car il faudra avoir travaillé plus longtemps pour être indemnisés. À leurs yeux, le nouveau système n'a pour but que d'économiser trois milliards d'euros sur le dos des plus précaires. Emmanuel Macron prétend, lui, « remettre cent cinquante à deux cent cinquante mille chômeurs sur le chemin de l'emploi en trois ans ». Se voulant équilibrée, la réforme doit punir aussi les entreprises qui abusent des contrats courts. Le gouvernement rogne en outre la possibilité d'un cumul entre allocations et petits boulots. « Cette réforme repose sur l'idée fausse que s'ils le voulaient vraiment, les chômeurs retrouveraient du boulot », accuse Laurent Berger. Qui ajoute : « Devant l'OIT, Emmanuel Macron a dit que sa première mesure de justice sociale, c'était d'engager la réforme de l'assurance chômage. Cela m'a fait rire : il va falloir la chercher longtemps, la justice sociale ! »

Blouses blanches, brassards noirs

En attendant, d'autres réformes marchent au pas. C'est le cas du Service national universel, une promesse de campagne testée par deux mille volontaires, filmés au garde-à-vous et en uniforme. Le séjour de « cohésion » de deux semaines a un parfum militaire avec lever à six heures, salut aux couleurs, *Marseillaise* et cours d'autodéfense, mais une bonne odeur d'Éducation nationale avec connaissance des services publics et des institutions ou développement durable et transition écologique. Emmanuel Macron, lui qui est le premier président à ne pas avoir effectué son service national, répétons-le, rappelle pour ce lancement son attachement au patriotisme.

Mais, sur le front hospitalier, la guerre des tranchées s'enracine. Ce 18 juin 2019, cent cinquante et un services d'urgence sont en « grève » symbolique. Les soignants arborent un brassard « gréviste » sur leur blouse blanche tout en assurant les soins. Depuis février, ils tentent de se faire entendre, dénoncent leurs maigres salaires, la pénurie de personnels et les traitements parfois indignes qui en découlent pour les patients. Leur ministre, Agnès Buzyn, sous-estimant ce dossier et leur détermination, annonce du bout des lèvres une aide de soixante-dix millions d'euros avec une prime dérisoire. Pour l'heure, l'hôpital ne figure pas parmi ses priorités. Emmanuel Macron néglige ainsi les « premiers de cordée » et le secteur dont il aura le plus besoin dans huit mois pour terrasser le pire ennemi de ce quinquennat : le coronavirus.

Pour l'aider, le seconder et parfois l'excuser, l'incontournable Brigitte Macron. Le visage empathique du couple. Son ancrage dans la « banale » réalité du quotidien, par exemple lorsqu'elle évoque le « resto » qu'ils partagent, parfois. « Le Grand Débat national lui a fait beaucoup de bien. Il a évolué. Il est au plus près des gens », raconte-t-elle, toujours disponible et directe lorsqu'on la croise dans le palais. Son côté cassant ? Elle affirme ne pas le connaître sous ce jour-là. Vante avec simplicité l'humanité de son époux et concède : « C'est très curieux, ça ne transparaît pas. »

Mais Brigitte Macron fait aussi de la politique. Comment pourrait-il en être autrement, d'ailleurs ? Elle a son oreille. Et elle joue les ambassadrices en se rendant à Lyon et Marseille, là auprès de Gérard Collomb, plus loin auprès du LR Jean-Claude Gaudin et de la LREM Martine Vassal. Elle n'hésite pas à lui taper sur les doigts. Elle exècre ses petites phrases provocatrices. « Quand j'ai vu que sur un bain de foule de trois heures ce n'est que ça qui restait, je lui ai dit : "Bon, il faut éviter..." Mais c'est le brider, car il est comme ça, il parle cash», me confiera-t-elle. Elle s'oppose aux décisions qu'elle juge ineptes tout en restant à sa place, dans l'ombre. La fermeture de la salle de presse au sein de l'Élysée? L'illustration à ses yeux de relations tendues et donc contre-productives avec la presse. Elle plaide avec constance pour son maintien. Nous en percevrons bientôt les effets.

La « victoire » de Waterloo

Il est rare que les conseils européens soient réellement surprenants. Ce sont des rendez-vous très codifiés par les diplomates, aux conclusions souvent connues en amont. Ces 20 et 21 juin, à Bruxelles, à une encablure de la morne plaine de Waterloo, les dirigeants des vingt-sept doivent coopter les «top jobs» : présidents de la Commission, du Conseil et de la Banque centrale européenne ainsi que le haut représentant, le ministre des Affaires étrangères de l'Union européenne. Les noms doivent être proposés à l'unanimité par les chefs d'État et de gouvernement, puis validés par le Parlement européen. Comme le plaidait Emmanuel Macron, les vingt-sept actent la fin du système du *Spitzenkandidat*. L'Allemand Manfred Weber, leader du Parti populaire européen (PPE), ne sera pas le prochain président de la Commission. Pour parvenir à cette nouvelle donne, il a fallu une nuit de tractations mais Angela Merkel a cédé. «Nous sommes libérés de noms contraints», exulte le président français. Une victoire qu'une bonne partie des eurodéputés lui feront un jour payer. Mais pour l'instant, c'est gagné sur tous les fronts : les vingt-sept ont validé un programme quinquennal largement inspiré de ses propositions, sur une défense commune, un programme d'investissement ou une gestion conjointe des migrants.

Signe d'une confiance retrouvée, le soir même, le palais ouvre de nouveau ses portes pour la fête de la musique. Deux mille curieux envahissent la cour et voient l'icône Elton John apparaître sur le perron ! La star est venue plaider la cause du Fonds mondial contre le Sida, qui organise à Lyon une levée de fonds. La soirée se poursuit avec le groupe pop «Brigitte», qui enchaîne des chansons graves sur les femmes en détresse. Une demande explicite du couple Macron. Dans l'aube grise, sur le quai Wilson à Nantes, la police charge des fêtards qui percent la nuit. Quatorze jeunes tombent dans la Loire. L'un d'eux ne sait pas nager. Il ne remontera pas.

« Attendre que les escargots dégorgent. » Pour les élections municipales de mars 2020, Emmanuel Macron ne tranche pas au sein de ses propres troupes ceux qui défendront les couleurs de LREM. Il veut que cela se fasse naturellement. Seule certitude : la majorité présidentielle n'a pas d'implantation locale et les grandes villes – Paris, Lyon, Marseille, Lille ou Bordeaux – auront valeur de test. « Ce ne serait pas anormal qu'on se vautre », résume, fataliste, un ministre. Après la victoire européenne, la défaite française ?

Vert de rage

28 juin, Osaka, sommet du G20. Le couple Macron est l'objet de toutes les attentions – il est notamment reçu par l'empereur –, le public japonais s'enthousiasmant pour l'élégance de la première dame. Lui, héraut écolo, veut profiter de l'occasion pour crier la bonne foi de son engagement en faveur du climat. Signe de sa motivation à être entendu, il se confie à bord du Shinkansen – le TGV nippon –, bavardant à bâtons rompus avec les journalistes français qui ont fait le déplacement. Et annonce que l'Hexagone ne signera pas le communiqué final si celui-ci n'endosse pas les objectifs de l'accord de Paris de 2015. Sa déclaration à plus de trois cents kilomètres à l'heure est décoiffante : jamais Paris n'a brandi une telle menace lors de ces G20 généralement si lisses ! À bord du train à grande vitesse, Emmanuel Macron assure avoir compris l'urgence climatique. Est-il porté par le vent ? « J'agis par conviction avec la foi des convertis récents », reconnaît-il. Il dit avoir été marqué par la mobilisation des jeunes au printemps. « Les jeunes nous interpellent, ils ont raison. L'histoire nous jugera. » En écho, ce jour-là, l'Assemblée adopte le projet de loi Énergie et climat, qui prévoit une « neutralité carbone » pour 2050.

Las… le Haut Conseil pour le climat, autorité indépendante qu'il a lui-même mise en place, lui reproche des efforts insuffisants en la matière. Dans le même temps, les activistes d'un nouveau groupe – Extinction Rebellion – sont évacués à coups de gaz lacrymogène du pont de Sully à Paris, qu'ils tentent de bloquer. Le moins que l'on puisse dire, c'est que cela fait désordre quand le chef de l'État, à dix mille kilomètres de là, leur jette des fleurs ! Mais ce n'est pas le plus grave. En plein G20, la Commission européenne annonce la signature, après quinze ans de négociations, d'un accord de libre-échange avec le Mercosur. Les « usines à viande » argentines pourront à présent exporter sans taxe en Europe. Cet apport pourtant marginal dans la consommation de l'Union électrise le débat, unissant pour une fois éleveurs et écologistes. Accusé de tenir un double discours, Emmanuel Macron approuve, gêné, un « bon accord à ce stade ». Droite et gauche protestent à l'unisson. Au point que deux jours plus tard, le gouvernement annonce qu'il ne ratifiera pas le texte avant un audit sur son impact. Le président mesure l'hostilité grandissante envers ces accords commerciaux mondiaux, au nom de l'environnement et d'un rejet de la surconsommation.

Marchandages à Bruxelles

Mais à Osaka, le président n'a pas fait que s'occuper d'environnement. Ou pour être plus exacte, il s'est aussi penché sur l'environnement strictement européen. À l'autre bout du monde, il passe un accord en coulisse avec Angela Merkel, Mark Rutte et Pedro Sanchez. L'objet de ce pacte ? Les noms des futurs dirigeants de l'Union. Quarante-huit heures plus tard, le quatuor retrouve les vingt-sept à Bruxelles pour le sommet des « top jobs ». En débarquant en Belgique, Emmanuel Macron affiche son optimisme : « J'espère une décision rapide ! » nous lance-t-il avec pétulance, visiblement moins fatigué que certains d'entre nous. Cruelle erreur. Nuit blanche sans fumée blanche. « Des heures passées en palabres », s'énerve le Français. Après un saut de puce à Paris, il revient… Dans son Falcon, il a griffonné tous les noms possibles sur une feuille qu'il affiche dans le bureau de la délégation française. Il reprend ses marqueurs et réfléchit tout haut. « Ici il faut une femme, ici un PPE, ici un socialiste, ici tel pays. » Il se démène et, au fil de la nuit, lâche enfin son « plan B », le tandem féminin qu'il espérait dès le départ. Et il gagne ! La ministre allemande de la Défense, Ursula von der Leyen, une conservatrice proche d'Angela Merkel, prend la tête de la Commission européenne. La Française Christine

Lagarde hérite de la Banque centrale européenne. Un ticket féminin franco-allemand inédit. Enfin, son ami Charles Michel, Premier ministre belge, devient président du Conseil européen.

Victoire sur toute la ligne ? Sur la scène internationale, c'est incontestable. Il dispose maintenant d'une présidente de la Commission qui lui doit son poste. La presse internationale salue son succès. Mais sur la scène nationale, l'accord UE-Mercosur le rattrape. Les agriculteurs manifestent, réveillant le sentiment antieuropéen latent. Télescopage désastreux, le gouvernement autorise le même jour la ratification d'un autre traité de libre-échange, l'accord Ceta (Comprehensive Economic and Trade Agreement) entre Union européenne et Canada, signé avant son élection. Emmanuel Macron est, lui, plus que jamais préoccupé par le scrutin suivant : les municipales.

Il prétend refuser les anciennes pratiques de la politique politicienne ? Les agissements de l'un de ses proches, Jean-Marie Girier, ex-conseiller politique à l'Élysée devenu directeur de cabinet de Richard Ferrand au Palais-Bourbon, permettent d'en douter. En effet, sur papier à en-tête de l'Assemblée nationale, Girier décrit au chef de l'État en personne la stratégie d'élimination des maires PS sortants. La réaction du premier secrétaire Olivier Faure, à l'origine de cette révélation, est sans appel : « Les barbouzes de la République, ça continue, un an après Benalla ! » Comme pour mieux enfoncer le clou, Gérard Collomb confirme dans une interview : « C'est Emmanuel Macron qui choisira les candidats pour l'ensemble des grandes villes. » Cette confirmation ne surprend personne, en réalité. Tout le monde sait dans le landerneau que la commission d'investiture de LREM est convoquée au palais. Il faut dire qu'il reste des cas litigieux à trancher, notamment à Paris, entre le fidèle Benjamin Griveaux et son challenger Cédric Villani, ou à Lyon, entre le sortant Gérard Collomb et son rival David Kimelfeld. En vérité, ce ne sont pas ces concurrences qui sèment le trouble en Macronie, mais que le président refuse de choisir.

La course des escargots

Une posture qu'il maintient, envers et contre tous. « C'est étonnant de voir batailler des gens qu'on a vus monter en politique », commente-t-il, souriant, lorsque nous l'interrogeons sur le duel Griveaux-Villani, le jour où il se décide à passer une tête dans la salle de presse de l'Élysée, cette petite salle dans laquelle le président de la République et son secrétaire général Alexis Kohler, muet, se rendent pour la première fois en deux ans de « cohabitation ».

Nous sommes le 5 juillet 2019. La visite de courtoisie marque la fin d'un bras de fer éprouvant de deux longues années. Cette petite salle, Emmanuel Macron la connaît pourtant très bien. Quand il était secrétaire général adjoint de François Hollande, il est venu plus d'une fois sur le pas de la porte glisser quelques informations aux journalistes qui occupaient les lieux. Nul ne l'ignore dans la profession. Aujourd'hui, il cède avec panache : « Heureusement que nous avons arrêté ce train fou ! Mais qui donc a eu cette idée ?! » s'esclaffe-t-il, lui qui avait pourtant pris la décision d'autorité de fermer l'espace presse dès la première semaine de son élection. Qui devons-nous remercier pour ce revirement ? Les Gilets jaunes ? Brigitte Macron ? L'acte II ? L'affaire Benalla ? S'amusant de notre surprise de le voir là, à portée de questions, il passe un bon moment à nous commenter l'actualité, depuis les tensions au Moyen-Orient jusqu'à ses ambitions pour le prochain G7 de Biarritz.

Le même jour, autre bonne nouvelle, les résultats du bac tombent. Parents, élèves et gouvernement poussent un soupir de soulagement. Car des enseignants en colère retenaient des dizaines de milliers de copies, pour protester contre la réforme éclair des filières du lycée. Les établissements ont contourné l'obstacle en s'appuyant sur les notes de contrôle continu. J'en suis la première ravie : ma fille fait partie des heureux élus.

Sur d'autres fronts, le blocage reste de mise. La maire de Paris Anne Hidalgo oblige le géant pétrolier Total à retirer son *sponsoring* aux Jeux olympiques de Paris 2024. « C'est plus facile d'écarter de l'argent privé en donnant des leçons de morale que d'en trouver », commente, acide, Emmanuel Macron, qui prône depuis toujours le recours aux sponsors privés pour le bien public. Une décision de la future candidate socialiste à la présidentielle de 2022, qu'il apprécie d'autant moins qu'elle le renvoie à cette écologie qu'il ne parvient pas à domestiquer. Sur ce sujet, les annonces du président sont inaudibles. Comme ces « mesurettes » adoptées lors du deuxième Conseil de défense écologique, une taxe de quelques euros sur les billets d'avion et une réduction de deux centimes par litre de l'avantage fiscal du gazole des transporteurs routiers.

Ces contestations ne l'empêchent pas de rendre un arbitrage courageux, celui de ne plus rembourser les traitements homéopathiques. Un rapport scientifique a conclu à leur inutilité. Le chef de l'État résiste au lobbying du leader mondial Boiron, implanté à Lyon et défendu par Gérard Collomb.

Les Gilets jaunes ne sont plus que quelques milliers dans les rues chaque samedi, mais la soif de dégagisme reste vivace. Le 10 juillet, un article de Mediapart ravive encore un peu la flamme. Son titre ? « La vie de château sur fonds publics des époux de Rugy ». Photos à l'appui, l'article décrit de fastueux dîners organisés aux frais de l'État par François de Rugy et sa femme pour des proches à l'hôtel de Lassay, le logement de fonction du président de l'Assemblée. Ces réceptions datent de 2017-2018, lorsque l'élu de Loire-Atlantique occupait le perchoir. Les photos de grands crus et d'une rangée de queues de homard enflamment non seulement la toile mais l'ensemble du monde politique. Y compris dans la majorité. Même si, en privé, le chef de l'État affirme : « On ne cédera rien au comité de salut public de Mediapart », il n'offre aucun soutien public. Le ministre de l'Écologie ne fait pas partie du sérail. En off, des proches du président réclament, qui « une démission sèche », qui « une balle dans la nuque ». Benjamin Griveaux, qui vient d'être investi par LREM pour la bataille de Paris, lui porte le coup de grâce en affirmant que ces dîners sont « scandaleux ». Une vindicte dont il fera à son tour l'objet pour d'autres sombres histoires quelque temps plus tard.

François de Rugy démissionne et est remplacé par Élisabeth Borne. La ministre des Transports, une « techno », aura ainsi une double casquette et devra concilier des intérêts parfois contradictoires. Un parfait « en même temps » aux yeux d'Emmanuel Macron. Et un moyen d'en finir avec ce portefeuille maudit que les « militants » écolos qui l'occupent maltraitent. Les échéances de la nouvelle ministre sont claires. La loi Climat prévoit la « neutralité carbone» pour 2050, une baisse de 40% de la consommation d'énergies fossiles pour 2030, un taux de 10% d'énergies renouvelables en 2030 et la fermeture des quatre dernières centrales à charbon en 2022.

Greta ou Ceta?

L'environnement est au cœur des débats à l'Assemblée ce 23 juillet. Au menu des députés : la ratification du traité Ceta entre l'Union européenne et le Canada. La veille, le démissionnaire Nicolas Hulot a appelé dans une tribune les élus à voter contre. L'Insoumis François Ruffin bat le rappel : «La planète brûle mais pour vous, c'est business *as usual.*» Rassemblement national et LR sont vent debout, quand ce traité divise même la majorité présidentielle. Manigance du calendrier, ce matin-là, la jeune icône écolo Greta Thunberg vient prendre la parole dans l'hémicycle. Une semaine plus tôt, elle a été invitée par cent soixante-deux députés transpartisans défenseurs du climat emmenés par Matthieu Orphelin, un ex-Marcheur. La Suédoise, qui n'a pas la langue dans sa poche, n'est pas seule, elle est accompagnée d'une sommité scientifique mondiale, la climatologue Valérie Masson-Delmotte, vice-présidente du Groupe d'experts intergouvernemental sur l'évolution du climat (Giec).

Emmanuel Macron, dont on a vu toutes les difficultés face à la question verte, enrage. Il profite du point de presse protocolaire organisé après la visite du président des Comores pour répondre à Nicolas Hulot, son ancien ministre écolo : «Quand on s'est battu pour améliorer un texte, on ne peut pas dire quelques mois plus tard le contraire. Ou alors, il fallait le dire quand on était en responsabilité!» Pendant ce temps, au perchoir, Greta Thunberg brandit le rapport du Giec et en cite des données chiffrées, qui démontrent de façon implacable la nécessité de réduire les émissions de gaz à effet de serre. Les Insoumis accusent d'avance tout hypocrite «qui vote Ceta et applaudit Greta».

L'après-midi, le débat s'embrase. «Ce traité est désastreux sur le plan sanitaire, désastreux sur le plan environnemental et désastreux pour nos éleveurs», clament les Républicains. «L'histoire vous jugera», tonnent les Insoumis – une phrase prononcée par

Emmanuel Macron au Japon –, mais le texte est adopté. De peu : deux cent soixante-six voix pour, deux cent treize contre. Signe des temps, cinquante-deux Marcheurs se sont abstenus et neuf ont même voté contre. C'est la plus grave contestation depuis la loi Anticasseurs de février. Une courte victoire au goût de défaite. Dans les jours qui suivent et durant tout l'été, des dizaines de permanences d'élus LREM sont vandalisées par des agriculteurs ou des Gilets jaunes.

Cette session parlementaire s'achève. Elle a été riche ! Plus de soixante textes ont été adoptés. Parmi eux, une taxe de 3 % sur le chiffre d'affaires des géants du numérique (les incontournables Gafa) presque tous américains. Faute d'accord européen, le chef de l'État prend un risque. L'irréductible Gaulois part, seul, en guerre contre les mastodontes. Rétroactive au 1er janvier 2019, la taxe déclenche la colère immédiate de Donald Trump. Par un ultime vote du Sénat, la loi sur la fonction publique, qui élargit le recours aux contractuels, est adoptée sans coup férir. En revanche, l'« homardgate » incite l'exécutif à la prudence. La réforme des retraites est reportée après les municipales, peut-être même à la fin de l'année. Nos concitoyens ont tout juste découvert l'architecture de ce mystérieux système à points universel, qui comprendrait un « âge d'équilibre » à soixante-quatre ans à partir de la génération 1963. Les syndicats prévoient d'ores et déjà une mobilisation pour la rentrée.

Qui est Vladimir ? Où est Steve ?

Au cœur de l'été, le 29 juillet, le corps de Steve Maia Caniço est repêché à Nantes. On s'en souvient, lors de la fête de la musique, le jeune homme était tombé à l'eau pour ne jamais en remonter. Une enquête de l'IGPN – la police des polices – n'établit pas de lien direct entre l'intervention policière et la disparition de la victime. Mais les mots d'ordre de mobilisation se multiplient pour comprendre ce qui s'est vraiment passé cette nuit-là. À l'Assemblée, les députés de La France insoumise reprennent le cri de ralliement : « Où est Steve ? » Cette nouvelle affaire peut s'embraser.

Depuis Brégançon où il s'est installé pour l'été, Emmanuel Macron appelle Édouard Philippe et Christophe Castaner, puis le fait savoir. Il exige de « faire toute la transparence sur cette affaire et demande de prendre les initiatives nécessaires ». Trois jours plus tard, le ministre de l'Intérieur rétropédale sur l'enquête de l'IGPN et émet des doutes sur la charge policière du 21 juin. L'intervention présidentielle a calmé le jeu mais aussi donné le temps de muter le commissaire de Nantes.

L'été d'Emmanuel Macron est surtout à marquer d'une pierre blanche d'un point de vue diplomatique. Son énergie à resserrer les liens avec la Russie se matérialise par la visite de Vladimir Poutine au château de Brégançon. Un beau prélude au show international de Biarritz. Nous sommes des dizaines de journalistes à arriver ce jour-là dans les promesses de l'aube au pied du fortin présidentiel. Une poignée d'entre nous pourra même assister au début de l'entretien et poser quelques questions aux deux chefs d'État. À quelques encablures du rivage, on distingue l'énorme silhouette grise d'un navire de guerre, spectacle impressionnant totalement incongru sur la Côte d'Azur. Il s'agit de la frégate multi-missions (Fremm) *Languedoc*, l'une des dernières-nées de la flotte tricolore. En gravissant le sentier qui monte vers le cœur de ce lieu secret, nous apercevons une esplanade bétonnée : l'héliport. Des gardes républicains nous accueillent tout en haut, en grand apparat, coiffés de leurs casques à crinière. Une vision familière, certes, mais un peu étrange dans ce cadre estival digne de vacances de rêves. Après deux heures d'attente dans une jolie cour fleurie, un vrombissement au-dessus de nos têtes. Deux gros hélicoptères arrivent de Marseille. À bord, le président russe Vladimir Poutine est enfin à l'approche.

Ciel d'azur, parfum de bougainvillées et soudain, Emmanuel Macron, bronzé, qui apparaît, son épouse près de lui. Le tsar Poutine surgit côté jardin, un large sourire sur son visage d'ordinaire si figé. Dans ses mains, un gros bouquet, qu'il offre à une Brigitte Macron rayonnante. Échange d'amabilités. « Quel teint superbe vous avez ! » lance l'invité de marque au couple dans la langue de Shakespeare. « Brigitte a quartier libre, je vais la débarrasser de ma présence quelques heures », réplique son hôte. En réalité, dans ces rencontres de haut niveau, tout est codifié. Ainsi, depuis le ciel, Vladimir Poutine a pu observer la Languedoc… et il sait que les canons de cette frégate sont ceux qui, le 14 avril 2018, ont ouvert le feu sur les positions de son allié syrien Bachar el-Assad à Barzé et Him Shinshar. En connaisseur, il a sans doute apprécié la démonstration de force. « Si nous voulons dialoguer avec la Russie sur un pied d'égalité, nous explique la conseillère internationale Nathalie Baudon, nous devons être un partenaire crédible. La frégate est à lire dans ce registre. C'est grâce à des éléments comme celui-là que nous pouvons engager la Russie dans une nouvelle architecture de sécurité. En diplomatie, les gestes sont presque aussi importants que de communiquer, y compris le lieu où l'on reçoit. » D'où le choix du président de faire découvrir à son homologue russe sa résidence d'été, presque son intimité. Vladimir Poutine est visiblement séduit par cette perle sur la Méditerranée.

Les deux hommes s'asseyent sur des chaises de jardin posées sur le gravier et nous accordent quelques minutes. Le chef de l'État insiste sur la convergence de leurs intérêts. Nous les interrogeons. À quoi sert de négocier la paix en Syrie si la Russie continue à soutenir le régime ? « Demandez-vous ce qui se passerait si on ne le faisait pas », réplique Emmanuel Macron, dont la priorité reste de régler la crise iranienne. Paris compte beaucoup sur l'appui de Moscou pour convaincre Téhéran de respecter l'accord sur le nucléaire. Et veut tout faire pour que la Russie choisisse de se rapprocher de l'Union européenne plutôt que de la Chine. Moscou va-t-il continuer à réprimer ses opposants ? Vladimir Poutine réplique, avec une ironie voilée, qu'il ne souhaite pas une « situation telle que celle des Gilets jaunes » qui a selon lui fait « onze tués et deux mille cinq cents blessés ». Heureusement – peut-être – pour les relations franco-russes que la traductrice qui murmure dans l'oreille du chef de l'État – et dans nos casques – omet ces chiffres. Le président se contente d'une contre-pique, toujours aimable : « La comparaison ne vaut pas raison. Les Gilets jaunes ont été librement candidats aux élections européennes. On est dans un pays où les gens peuvent s'exprimer librement, manifester librement. » Et Emmanuel Macron promet de venir à Moscou en mai 2020 pour le soixante-quinzième anniversaire de la victoire sur l'Allemagne nazie. Ce serait un cadeau diplomatique d'importance à une Russie ostracisée depuis l'annexion de la Crimée. Les deux hommes admirent la mer sur le belvédère puis passent deux heures en tête à tête. Vladimir Poutine est resté deux fois plus longtemps que prévu. Un très bon signe pour Paris.

Pendant ses deux semaines à Brégançon, Emmanuel Macron évite la foule. À l'exception d'une rapide sortie dans une pizzeria au milieu des clients, dans laquelle le menu est à vingt-sept euros nous souligne-t-on. Ses devoirs de vacances ? Des piles de documents et des entretiens avec les chefs d'État du Golfe pour s'attaquer au dossier iranien. Une bonne nouvelle aussi, la confirmation du chômage qui recule à 8,5 %. Dès lors, les 7 % ambitionnés pour 2022 semblent atteignables. Il prend également le temps de rendre hommage à l'« Armée noire », ces tirailleurs venus du Sénégal et d'autres pays africains morts pour la France. Trois coups en un : un message contre les discriminations et donc contre le RN ; un geste diplomatique avec l'invitation des présidents Alpha Condé et Alassane Ouattara, et enfin un coup politique avec la venue de Nicolas Sarkozy, en voisin.

Vigilance et frissons

Mais déjà la fin des vacances ! Le 21 août, dans un pays encore assoupi, Conseil des ministres bronzés. « Soyez vigilants, car après le mouvement des Gilets jaunes, évidemment tout est loin d'être résolu », les sermonne Emmanuel Macron. Il réclame à son équipe « beaucoup de détermination » pour réformer, mais cette fois-ci avec la promesse d'un effort de concertation. La leçon des violences a porté. Et il accorde du crédit aux analystes qui jugent possible un retour de la colère sociale.

La veille, il s'est décidé pour un nouveau conseiller presse. *Exit* les professionnels de la communication, *welcome* Joseph Zimet, historien, l'organisateur des commémorations de la Grande Guerre. Un novice, qui ignore tout de la com politique et des chaînes d'info. « Ma mission, c'est zéro petite phrase », affirme-t-il avec emphase. Fleur au fusil, il est persuadé de pouvoir changer le style du patron Macron.

Derniers préparatifs du G7 invité à Biarritz dans quelques jours. Le palais est sur le pied de guerre. Les consignes du président sont claires : faire du *made in France* et du *clean* à tous les niveaux ! Il pousse le souci du détail jusqu'à valider en personne les menus. En coulisse, certains affirment qu'il aurait demandé à Évelyne Richard de sortir de sa retraite pour s'assurer que tout se passe bien, mais Sibeth Ndiaye, tenace, aurait mis son veto.

Finalement, à quarante-huit heures de la grand-messe des pays riches, il accepte de répondre aux questions des quelque quatre-vingts journalistes de l'Association de la presse présidentielle. L'objectif est assumé : médiatiser ses ambitions diplomatiques. Dans ces moments-là, Emmanuel Macron semble habité par son sujet. « Nous sommes fous ! Je ne suis pas d'accord avec ce système », attaque-t-il, en réclamant une nouvelle économie sociale de marché. Rien de moins. Son ambition est intacte, ses plans, grandioses et son cours, magistral. Il a semble-t-il tracé la même fresque aux ministres lors du Conseil de rentrée, l'un d'eux me confiant qu'ils en ont eu « des frissons ». Avec force, le chef de l'État nous décrit comment il veut replacer notre pays et l'Europe au centre du jeu, face aux appétits de la Chine et en profitant du retrait de Donald Trump. Emmanuel Macron répète vouloir arrimer la Russie à l'Europe et, pourquoi pas, reformer le G8. Quant à la Grande-Bretagne, en passe de quitter l'Union européenne et de conclure un accord commercial avec Washington, elle court, à ses yeux, le risque d'une « vassalisation historique » par rapport aux États-Unis. En passant, idéaliste, l'ex-banquier dénonce un « capitalisme glouton qui n'est plus durable » et des multinationales fortes d'un statut de « paradis fiscal permanent ».

En dernière minute, il complète son jeu avec une carte d'importance : une rencontre avec le Premier ministre indien Narendra Modi au château de Chantilly. Seul Xi Jinping, le Grand Timonier du XXIe siècle, manque cette année à son palmarès. Mais il ira le voir début novembre à Shanghai. Le G7 peut s'ouvrir. Son communiqué inaugural est presque lyrique avec l'affirmation qu'il s'attaquera « aux racines du mal » contre les inégalités.

#PrayForMacronmania

« Notre maison brûle. Littéralement. L'Amazonie, le poumon de notre planète qui produit 20 % de notre oxygène, est en feu. C'est une crise internationale. Membres du G7, rendez-vous dans deux jours pour parler de cette urgence. » D'un tweet, Emmanuel Macron vient de chambouler le G7 qu'il préside dans deux jours, de réaffirmer sa volonté de s'engager pour le climat et de rameuter une jeunesse dont l'une des porte-parole, Greta Thunberg, lui apporte son soutien. C'est une traînée de poudre. Jair Bolsonaro, le président d'extrême droite du Brésil, incendie le chef de l'État français en l'accusant d'avoir une « mentalité colonialiste ». La veille du sommet, Emmanuel Macron enfonce le clou et annonce à l'AFP : « Compte tenu de l'attitude du Brésil ces dernières semaines, le président de la République ne peut que constater que le président Bolsonaro lui a menti lors du G20 d'Osaka. Le président Bolsonaro a décidé de ne pas respecter ses engagements climatiques ni de s'engager en matière de biodiversité. Dans ces conditions, la France s'oppose à l'accord Mercosur en l'état. » Dans la soirée, l'Allemagne et l'Espagne protestent de ce veto tricolore car elles craignent pour leurs exportations en Amérique du Sud. Cette fois-ci, la jeunesse derrière #PrayForAmazonia, Nicolas Hulot et les syndicats agricoles applaudissent le chef de l'État. LREM est soulagée. L'Élysée promet en outre que le G7 prendra des initiatives concrètes contre les incendies. Le Brésil est sous pression. Dans le pays, devant ses ambassades, les écologistes manifestent. Contraint d'agir, le président brésilien envoie l'armée pour contenir les feux. Comme prologue à son sommet, Emmanuel Macron s'offre un coup d'éclat.

Depuis deux jours, la pétillante station balnéaire de Biarritz est ville morte, calfeutrée dans un impressionnant dispositif de sécurité. Des *check points* barrent les rues. Personne ne peut s'approcher du Bellevue, le centre des congrès Belle Époque qui abrite l'événement, ni de l'hôtel du Palais, où dormiront les dirigeants. Le déploiement de force est tel dans toute la région que, à vingt kilomètres de là, les opposants renoncent à organiser un contre-G7. Le président sait que la réussite de son sommet dépendra d'abord du bon vouloir de Donald Trump. L'Américain, d'un tweet, avait réduit à néant le G7 de 2018. Il faut donc le séduire, le circonvenir. Mais il aime, lui aussi, prendre le dessus. Juste avant de quitter Washington, le dirigeant américain menace d'imposer des droits de douane sur les vins français, en représailles à la taxe française sur les Gafa. Fâcheuse entrée en matière.

Quand Donald Trump arrive à l'hôtel du Palais, Emmanuel Macron l'accueille par une invitation surprise, un déjeuner en terrasse. Branle-bas de combat chez les conseillers car cette macronade bouscule les agendas. SuperMacron se ménage ainsi un rare tête-à-tête de deux heures avec le cow-boy. Seul au monde, face à l'océan, sans même un interprète, Emmanuel Macron sait que, les yeux dans les yeux, il peut parfois le convaincre. Nous apprendrons plus tard son incroyable coup de poker. N'anticipons pas.

Soirée inaugurale. Les sept leaders dînent autour d'une table ronde dressée sous le phare de Biarritz dans une splendide mise en scène d'Arnaud Jolens. Le chef de l'État déploie toute sa force de conviction pour obtenir une sorte de mandat informel de médiation avec Téhéran. Le dimanche matin, il s'en vante. Un peu trop vite : le président américain le dément. Pourtant, d'autres dirigeants confirment qu'il avait obtenu gain de cause.

Dimanche 25 août, premier jour du sommet. Jusque-là, tout va bien. Nous ignorons que l'hôte du week-end prépare son va-tout. Grâce au site Flightradar24, l'AFP repère un avion officiel iranien qui se pose à Biarritz. L'appareil est passé par Paris et trois capitales scandinaves. Exactement le parcours du ministre iranien des Affaires étrangères, Mohammad Javad Zarif, qui a rencontré Emmanuel Macron deux jours plus tôt. Après des heures de mutisme, le palais abat son jeu. C'est bien Mohammad Javad Zarif qui vient d'arriver dans la station balnéaire. Et pendant leur déjeuner en terrasse, le Français a quasiment convaincu l'Américain de rencontrer l'Iranien, comme le racontera son conseiller diplomatique John Bolton, qui s'y oppose. Aucune rencontre officielle entre Américains et Iraniens n'a eu lieu depuis la révolution islamique de 1979. Le chef de l'État va discrètement rencontrer le ministre iranien à la mairie de Biarritz[1], puis, en *go-between*, se précipite auprès du président américain, hôtel du Palais. Finalement,

1. Voir « Avec Emmanuel Macron : dans les coulisses du G7 », CNews, 2019.

Donald Trump refuse la rencontre. Les avertissements de John Bolton ont sans doute privé le président français d'un succès diplomatique majeur, pour lequel ses diplomates l'imaginaient déjà prix Nobel de la paix… Tant pis, ce sera pour l'Assemblée générale des Nations unies en septembre. Pour venir, le ministre iranien a pris le risque d'épuiser ses réserves de kérosène. Les groupes pétroliers occidentaux ne peuvent pas remplir le réservoir de son avion, sanctions américaines obligent. C'est Emmanuel Macron, révèle *Le Figaro*, qui a ordonné à l'armée de lui faire le plein.

Le soir tombe sur Biarritz, où le sommet se détend. On sert des plats du terroir au dîner avant une photo de famille sur la corniche. Les conjointes et conjoints ainsi que les leaders d'autres continents sont invités. Emmanuel Macron refuse l'habituel cliché à sept, image d'un club trop exclusif. C'est une première au G7.

Dernier jour, le président se démène pour arracher des décisions concrètes. À commencer par l'Amazonie, devenue test de la capacité du G7 à agir, face à ceux qui critiquent ces sommets coûteux. L'affaire se complique d'un conflit franco-brésilien. Depuis deux jours, Jair Bolsonaro ne décolère pas contre le chef de l'État français, à ses yeux responsable des critiques internationales. Ses ministres l'insultent. « C'est juste un crétin opportuniste qui cherche le soutien du lobby agricole français », tweete le ministre de l'Éducation. Jair Bolsonaro va jusqu'à se moquer du physique de Brigitte Macron, en commentant un post présentant la photo des deux couples : « N'humilie pas le type, mdr. » « M. Bolsonaro a tenu des propos extraordinairement irrespectueux à l'égard de mon épouse, commente froidement Emmanuel Macron devant la presse. Qu'est-ce que je peux vous dire ? C'est triste, mais d'abord pour lui et pour les Brésiliens. J'espère qu'ils auront très rapidement un président qui se comporte à la hauteur. Je pense que les Brésiliens qui sont un grand peuple ont un peu honte de ces comportements. » Passe d'armes *via* Twitter. Mais le Français joue avec les blancs. L'Élysée annonce que le G7 débloque vingt millions d'euros pour louer des Canadair et que l'ONU soutient la création d'un fonds international pour la reforestation. Jair Bolsonaro change plusieurs fois d'avis, avant d'accepter les fonds. Ultime pied de nez, Emmanuel Macron reçoit le cacique Raoni, adversaire déclaré du président brésilien. Cerise sur le gâteau, Donald Trump semble prêt à accepter la taxe française sur les Gafa, à condition qu'elle s'interrompe en cas de taxe internationale. C'est la liesse en bleu, blanc, rouge ! Paris échapperait aux représailles, avec en prime l'appui de Washington pour une prochaine taxe internationale.

Bouquet final ? La conférence de presse de clôture Macron-Trump, sous l'œil des caméras du monde entier. Le triomphe. « Nous n'avons pas conclu un très long texte mais une seule page, que j'ai écrite moi-même, sur des sujets essentiels sur lesquels nous sommes d'accord. » Même optimisme sur le dossier iranien. « Hassan Rohani a dit qu'il était prêt à rencontrer tout responsable dans l'intérêt de son pays. Ce que j'ai dit à MM. Zarif et Rohani, c'est que, s'ils rencontrent Donald Trump, ma conviction est qu'un accord peut être trouvé. Je souhaite que dans les prochaines semaines, nous puissions réussir à avoir un entretien au sommet avec M. Rohani. » Entre chaque déclaration, le chef de l'État se tourne vers l'allié imprévisible, loue sa présence, requiert son approbation, multiplie les démonstrations d'amitié et les embrassades. Il le flatte, encore et encore, en expliquant que le but de son hôte est de « faire des accords ». Gagné, Donald Trump acquiesce. « Si les circonstances sont convenables, je serai certainement d'accord » pour rencontrer le président iranien. Tout paraît possible lors de l'Assemblée générale de l'ONU fin septembre. Et si la rencontre a lieu, lui, Emmanuel Macron, sera dans la pièce. Le chef d'orchestre de ce G7 à rebondissements annonce aussi avoir trouvé un accord pour créer une taxe internationale sur les Gafa en 2020. Donald Trump semble approuver, le congratule pour son « *truly successful G7* ». Ils tombent dans les bras l'un de l'autre. Emmanuel Macron lève le pouce en signe de victoire. Dans un mois, Donald Trump réinstaurera des taxes sur les vins français.

Virages d'un autre âge

En attendant, Emmanuel Macron termine ce marathon au JT de France 2. « On a formidablement réussi ce sommet, la France a rayonné », claironne-t-il avant de quitter Biarritz. Mais comme il aime surprendre, le voilà qui annonce… un virage à cent quatre-vingts degrés sur la réforme des retraites ! « Je préfère que l'on trouve un accord sur la durée de cotisation plutôt que sur l'âge», assène-t-il.

D'une phrase, il enterre ainsi l'âge pivot à soixante-quatre ans prôné par son Premier ministre et tend la main à la CFDT de Laurent Berger. C'est une surprise du chef. Personne n'a été prévenu de cet arbitrage, ni Jean-Paul Delevoye, ni les syndicalistes, ni les membres du gouvernement. Édouard Philippe a dû apprécier. À son agenda, une réunion avec les partenaires sociaux était calée pour rediscuter de cet âge de départ à la retraite. Si le président change de pied, c'est qu'il sentait que la réforme annoncée passait mal. Les deux tiers des Français ne lui font pas confiance sur le sujet.

Dans l'euphorie de ce G7 tous azimuts, il tente également un virage sur l'aile en désignant Sylvie Goulard comme candidate de la France à la Commission européenne. Un pari risqué. Sa ministre démissionnaire est depuis deux ans la cible d'une enquête judiciaire pour emplois fictifs d'assistants parlementaires européens.

Troisième et dernier virage, le plus sensible : la lutte contre les violences sexuelles. L'infraction pour harcèlement de rue de la nouvelle loi n'a donné lieu qu'à sept cents contraventions. Insatisfait de ce piètre résultat, Emmanuel Macron décide de médiatiser cet archaïsme sociétal. Il se rend donc au Centre national d'appels pour les femmes battues, avec seulement deux journalistes, une consœur de *Libération* et moi-même. Le 39 19, numéro d'urgence mal connu, bénéficiera ainsi d'un coup de projecteur. Curieux, il a demandé à écouter, sans intervenir, l'un des appels de détresse. Nous nous installons dans le petit bureau d'une écoutante – appelons-la Elena – en présence aussi de Marlène Schiappa. «Tenez, monsieur le président, vous avez là un casque double», dit Elena. Au bout du fil, une femme menacée par son mari, qui ignore la présence de cet auditeur d'exception. Elena, écoutante chevronnée d'une cinquantaine d'années, répond d'une voix douce, très calme, à son interlocutrice. Celle-ci raconte, touchante, désespérée, quarante années de mariage infernales. Comme beaucoup, elle a attendu que ses enfants soient grands pour, enfin, se décider à quitter cet époux qui la frappe depuis si longtemps. Elle appelle depuis la gendarmerie de sa petite ville du Sud-Ouest, où elle vient de déposer plainte, pour la énième fois. Ce coup-ci, c'est décidé, elle veut partir. Mais elle doit passer reprendre ses affaires au domicile conjugal et elle a peur de son mari brutal, ce moment du départ étant souvent celui qui exacerbe les violences. « Les gendarmes peuvent vous accompagner », la rassure Elena. Mais ceux-ci refusent. Catégoriquement. Moue énervée du président, qui lève les yeux au ciel. Elena insiste :

— Ils doivent porter assistance aux personnes en danger.

— Ils ne veulent pas, se désole l'épouse.

Elena lance un regard interrogatif au chef de l'État et change son angle d'attaque : « Est-ce que le colonel veut bien me parler ? Non ? Et il vient de sortir ? ! » De guerre lasse, un gendarme accepte de prendre le combiné.

— Bonjour monsieur, est-ce que vous pouvez la raccompagner chez elle ?

— Non, répond le militaire, il faut un ordre d'huissier. Et ce n'est pas dans le Code pénal.

L'argument scandalise le président. Pendant un long quart d'heure, l'écoutante plaide, insiste, en vain. Emmanuel Macron griffonne un argument qu'il lui met sous les yeux : « C'est au gendarme de la protéger dans un contexte où le risque est évident. » Rien n'y fait, le gendarme s'obstine. Elena raccroche et rappelle la victime pour l'orienter vers une association qui pourra l'aider.

— Ça vous arrive souvent, ça ? l'interroge le chef de l'État.

— Oh oui, et de plus en plus. Dimanche, pareil, la gendarmerie a refusé de prendre la plainte d'une dame.

— C'est un problème de formation et de perception du danger, pas de décret ni de loi, dit-il, songeur.

Je l'interroge :

— Est-ce qu'il peut y avoir des suites localement ?

— Je crois, oui, me répond-il dans un sourire froid.

Le soir même, la Direction générale de la gendarmerie nationale lance une enquête administrative pour traitement défaillant.

Affaires, passées et à venir

« Traitement défaillant », c'est sans doute le terme qui convient le mieux à la façon dont la ministre de la Santé Agnès Buzyn appréhende les difficultés des soignants. Cela fait plus de six mois que les urgentistes tentent de se faire entendre. Près de deux cent cinquante services touchés et en grève mais toujours au travail car les malades ne peuvent pas se passer d'accompagnement, eux. La prime mensuelle de cent euros versée depuis juillet ? Les quinze millions d'euros débloqués pour recruter des renforts estivaux ? Rien n'y fait. Les urgences des hôpitaux explosent : leur fréquentation a plus que doublé en vingt ans ! Afin d'éviter un nouvel afflux de patients, la ministre refuse d'étoffer ces services pour ne pas diminuer les heures interminables d'attente. En revanche, elle annonce un plan de sept cent cinquante millions d'euros sur trois ans. En réalité, ce montant, impressionnant, n'est qu'un réemploi de sommes déjà budgétées. Aucune rallonge de salaires, aucun recrutement supplémentaire, aucune augmentation du nombre de lits. Amers, les soignants ne baissent pas la garde. Ce dossier, qui semble oublié sur une étagère, va en tomber bruyamment dans quelques mois. Ce sera même, de façon incontestable, l'affaire de ce quinquennat.

Mardi 10 septembre. Sylvie Goulard se voit attribuer par Ursula von der Leyen le vaste et stratégique portefeuille du marché intérieur. Quelques heures plus tard, la candidate commissaire est convoquée pour son « affaire » par la police judiciaire. Triste hasard de calendrier. Deux ans que la justice française était silencieuse. L'effet est désastreux.

D'autant qu'il n'est pas un cas isolé. Deux figures du Modem, dont son président François Bayrou – un proche du président –, ainsi que sa fidèle Marielle de Sarnez, sont à leur tour appelés pour la même affaire. Et la vague judiciaire ne s'arrête pas là. Richard Ferrand, soupçonné de prise illégale d'intérêts dans l'affaire des Mutuelles de Bretagne, est interrogé quatorze heures d'affilée par les juges d'instruction de Lille. Le président de l'Assemblée fait partie du premier cercle. Ministres et parlementaires de la majorité font bloc pour le défendre. Fort de l'appui du pouvoir, il clame qu'il ne démissionnera pas. Emmanuel Macron vole à son secours par le biais de Sibeth Ndiaye, qui déclare que le président lui conserve « toute sa confiance ». Les oppositions appellent en chœur à la démission du quatrième personnage de l'État.

Ce marigot vient compléter un paysage déjà bien abîmé. La semaine s'achève par un vendredi noir avec une grève du métro parisien, qui paralyse peu ou prou la capitale. Les catégories bénéficiant de régimes spéciaux, notamment les avocats, les médecins, les infirmières, les pilotes, les hôtesses ou les stewards, le personnel d'EDF, organisent à leur tour des marches de protestation. Les syndicats embrayent en annonçant des journées d'action.

Loin des humeurs tricolores, Emmanuel Macron passe une journée en Andorre, ce mini-paradis fiscal niché dans les Pyrénées, dont, tradition oblige, il porte le titre ronflant de «coprince». Des enfants endimanchés crient «Vive le prince!» en agitant des drapeaux andorrais. Toute la principauté le fête, sans savoir qu'il appuiera un an plus tard l'alignement de leur prix du tabac... Pour l'instant, le jeune président assume sans complexe cette survivance du passé. Il se dit ravi de porter le titre de prince, au nom de la tradition.

Manifestement, ce nouveau rôle l'amuse, lui qui a fait des dépenses princières pour apaiser les Gilets jaunes... Au point d'alourdir les dépenses publiques à 53,4% du PIB en 2020, un record au sein de l'Union européenne. La rigueur budgétaire? Un lointain souvenir. Le gouvernement n'a pas trouvé d'économies capables de financer ces nouvelles dépenses, ni la suppression de la taxe d'habitation. L'ajustement se fait sur les grands groupes qui verront leur impôt sur les sociétés baisser moins que prévu en 2020. Mieux vaut ménager nos compatriotes avant de relancer la réforme des retraites. Les diminutions d'impôt atteignent près de neuf milliards d'euros et les effectifs de la fonction publique restent quasiment intacts. *De facto*, le quinquennat devient moins libéral et plus social.

Petite musique de nuit

Un édito par-ci, un article par-là, fruits de propos glissés à l'oreille de journalistes choisis. Stratégie de communication classique utilisée par le palais pour faire entendre une mélopée sur une immigration plus maîtrisée. Emmanuel Macron veut en faire une priorité pour la seconde partie du quinquennat, car il y voit un moyen de renouer avec les classes populaires, au-delà des affrontements sociaux. Certains le soupçonnent de se «droitiser» par opportunisme mais sa position n'est pas une nouveauté. À peine élu, il a énoncé ce credo dont il n'a jamais démordu : oui au droit d'asile, non aux migrants économiques. Une distinction simple mais guère réaliste car les demandeurs d'asile sont souvent des migrants économiques. Et il le sait parfaitement, lui qui glissait sans illusion à des journalistes, aux tout premiers mois de son mandat : « Des réfugiés ? J'en ai pas, ce n'est pas comme Mme Merkel. Je n'ai que des migrants, moi ! Allez voir à Vintimille ! » La loi Asile et immigration de 2018 devait accélérer les expulsions après un verdict plus rapide. Elle n'a guère été appliquée.

Le chef de l'État est persuadé que ce sujet sous-tend les mécontentements, y compris celui des Gilets jaunes. Non seulement l'immigration mais aussi ce qu'il appelle le « communautarisme musulman », qui gagne des banlieues. C'est là-dessus, répète-t-il à son entourage, que se jouera la présidentielle. En privé, il s'emporte contre les ONG qu'il rend responsables des noyades en mer. Mais, publiquement, il a jusqu'ici été d'une prudence de Sioux, conscient d'être plus dur sur ce dossier que son Premier ministre et sa majorité. Tout en serinant « humanité et fermeté », il veut du concret. Parmi les pistes envisagées ? Une limitation de l'aide médicale d'État et des soins gratuits dont bénéficient les clandestins. La mélopée se mue en petite musique… et même en fanfare lorsque l'on apprend qu'Emmanuel Macron s'invite le 16 septembre au pot de rentrée des parlementaires de la « majo ». Quand ce président jupitérien s'adresse à ses troupes au grand complet, ce n'est jamais une mondanité. Les élus Marcheurs, déjà inquiets d'une reprise des tensions sociales, s'alarment de ses intentions sur l'immigration.

La jambe gauche des Marcheurs n'a pas forcément tort. Avant d'attaquer sur ce sujet clivant, Emmanuel Macron redresse quelques nœuds papillon de travers. « Ceux qui disent que ces commissions d'investiture pour les municipales, ce n'est pas légitime, je veux bien. Mais ils oublient qui les a faites et comment ! » Dans la salle, tous les regards se tournent vers Cédric Villani, très mal à l'aise. Se sachant visé parce qu'il refuse le choix de Benjamin Griveaux pour la bataille de Paris, le mathématicien s'éclipse dès le discours terminé. Mais nul n'échappe ce soir-là à la colère du patron. « Il faut arrêter de se faire plaisir avec des amendements bidon et être plus au contact des territoires. » Les municipales approchent, il faut davantage aller sur le terrain, pourrait être le résumé de ce petit cours de politique locale pour les nuls. « Vous êtes nés d'un dégagisme qui a construit son propre dégagisme. C'est la vie ! » Sourires gênés. Le plus dur reste à venir.

L'immigration. « Nous n'avons pas le droit de ne pas regarder ce sujet en face, lance-t-il. Le choix qui nous est posé, c'est de savoir si nous voulons être un parti bourgeois, ou pas. Les bourgeois n'ont pas de problème avec l'immigration. Les classes populaires, elles, vivent avec. » Emmanuel Macron pense aux Calaisiens confrontés à la « jungle ». Remous dans la salle, choquée du terme « parti bourgeois ». Mais il cogne : « Il y a une forme de cécité. On est comme les trois petits singes, on ne veut pas regarder. Il y a dans notre République la montée d'une forme de sécession à l'égard de la chose publique, au nom d'un projet politique qui se fonde sur une religion, l'islam. Il faut regarder en face ce qu'est le communautarisme, sinon on continuera à avoir des quartiers qui basculent. Et certains qui nous taxent de naïveté ou d'inefficacité. » Pour ceux qui doutent encore de la ligne à suivre, il met les points sur les *i* : « En prétendant être humaniste, on est en fait laxiste. »

La soirée terminée, il demande à l'un de ses conseillers d'appeler Cédric Villani. Il veut l'assurer que ses propos ne le visaient pas. Emmanuel Macron déteste se brouiller.

Applaudissements tièdes. La pilule du « parti bourgeois » passe mal. Les propos du chef de la majorité s'étalent dans les médias. « Les députés, il s'en fout. Ce qu'il voulait, c'est parler aux Français », décrypte un ministre. Les jours suivants, une brise de fronde souffle dans les rangs. Aurélien Taché, ex-PS – il quittera LREM sept mois plus tard – invite à l'Assemblée Carola Rackete, capitaine du navire humanitaire *Sea Watch 3*. La jeune Allemande incarne ce que la presse appelle le « grand écart » du parti présidentiel. Dans une lettre ouverte, trente-cinq députés de la « majo » exhortent à ne pas toucher à l'aide médicale d'État. La ligne dure affichée divise, y compris au palais, où s'affrontent à coups de notes et de textos les conseillers, « libéraux » d'un côté et « régaliens » de l'autre. Ces derniers tiennent désormais le haut du pavé. La bataille en amont de cette intervention d'Emmanuel Macron a été épique. Il y avait ceux qui réclamaient que ne soit même pas mentionné le mot « islam », quand d'autres poussaient à une prise de position encore plus tranchée. Le président a choisi, lui qui regrette de ne pas avoir à ses côtés un Jean-Pierre Chevènement pourfendeur du communautarisme musulman et du voile. Prochaine étape ? Le débat parlementaire sur l'immigration, où il espère l'instauration de quotas. Nul ne peut plus en douter, la chasse aux électeurs de droite est ouverte.

Un semblant d'ordre régnant dans ses rangs, Emmanuel Macron tourne son regard vers l'Assemblée générale des Nations unies qui l'attend et son rêve d'y orchestrer la rencontre historique Trump-Rohani. Il ne fait sans doute pas grand cas d'un bref communiqué de cinq syndicats de la Régie autonome des transports parisiens (RATP), qui annoncent une grève « illimitée » à partir du 5 décembre contre la réforme des retraites. Date symbolique : c'était l'une des dates clés de la mobilisation de 1995 contre le plan Juppé sur les retraites. Même les heurts violents qui éclatent à Paris le samedi 21 septembre ne paraissent pas le distraire de son objectif. En ce week-end des journées du patrimoine, Paris voit converger à la fois une marche pour le climat, une manifestation syndicale sur les retraites et un rassemblement de Gilets jaunes sur les Champs-Élysées. Un concert de casseroles que des *black blocs* viennent renforcer. À Pantin, une directrice d'école épuisée se suicide au cœur de son établissement. Sa lettre, poignante, évoque un requiem de détresse face à sa surcharge de travail. Elle bouleverse le monde enseignant et l'opinion. « Dans notre pays, nous aimons être dirigés mais nous voulons tuer les dirigeants », livre le chef de l'État au magazine *Time* avant de s'envoler pour New York.

Réalité et rêves

Détendu, à vingt mille pieds au-dessus de l'Atlantique, il redevient Emmanuel Macron. Blagueur et râleur. Les jeunes qui manifestent pour le climat ? Au lieu de le critiquer et de défiler, qu'ils agissent concrètement ! Qu'ils ramassent des détritus au bord des rivières ou s'en prennent aux régimes climatosceptiques, par exemple, « qu'ils aillent manifester en Pologne ! ». Une petite phrase de plus, pas vraiment celle d'un converti. Il récidivera quelques heures plus tard à New York où la frêle Greta Thunberg tonne contre les chefs d'État réunis aux Nations unies dans un discours qui fera date : « Comment osez-vous ? Vous avez volé mes rêves et mon enfance ! Des écosystèmes entiers s'effondrent. » La lumineuse Suédoise annonce attaquer en justice plusieurs pays, dont la

France, pour inaction climatique. Froidement, le président juge qu'elle est trop radicale. Et, livrant le fond de sa pensée, tranche : « On ne peut pas tout arrêter et rester là avec une lampe à huile ! »

Quarante-huit heures chrono pour arracher une rencontre historique à Donald Trump et Hassan Rohani. Le chef de l'État est à New York avec cette seule obsession. Ce défi l'électrise. Pendant deux jours, nous serons témoins de ses allers-retours entre les deux hommes. À peine son Falcon est-il posé qu'il fonce vers l'hôtel Lotte, où loge l'Américain. Lever les sanctions contre Téhéran ? Pourquoi pas, dit ce dernier, si Téhéran s'engage à limiter son influence. Contact pris avec la délégation iranienne et rendez-vous fixé le soir même à l'hôtel Millennium, où loge l'Iranien. Entre-temps, Emmanuel Macron joue au poker. Avec Angela Merkel et Boris Johnson, il accuse l'Iran d'être responsable de l'attaque menée trois jours plus tôt, depuis le Yémen, contre les puits de pétrole d'Arabie saoudite. Coup de bluff avant son entrevue du soir. Satisfait, l'Américain est prêt à rencontrer l'Iranien. Première manche gagnée.

Vers dix-neuf heures, accompagné de trois ministres, Emmanuel Macron se rend au Millennium. Ils entrent dans le salon où les attend la délégation iranienne. Nous patientons, assis par terre sur une moquette feutrée. À sa sortie, une heure quarante plus tard, le président prend soin de garder une expression impénétrable. On apprend qu'il est parvenu à faire rire son hôte en décrivant ce dialogue avec Donald Trump comme un tango où aucun ne voudrait avancer le pied le premier. « Nous, les religieux, nous ne dansons pas beaucoup », a souri Hassan Rohani. Le lendemain, il repart à l'assaut… mais ni l'Iranien ni l'Américain n'acceptent de faire le premier pas. Deuxième manche perdue.

Nous l'attendons pour son point de presse final, avion prêt à repartir. Soudain, nous apprenons qu'il est retourné voir l'Iranien ! Sur les réseaux sociaux, une incroyable vidéo : une rencontre fortuite entre Boris Johnson, Hassan Rohani et Emmanuel Macron dans le hall du Millennium. « Vous devez vous mettre sur le bord de la piscine et sauter en même temps ! » lance le Britannique. Dans la précipitation, les collaborateurs de l'Élysée installent un pupitre et autorisent les caméras. Dispositif exceptionnel. Il va faire une annonce. Un coup de théâtre diplomatique ? Mais Emmanuel Macron ne dit rien de l'entrevue espérée. « J'ai fait ce que j'avais à faire et une rencontre ne dépend que d'eux. Je ne vais pas rester à New York en attendant leur bon vouloir, j'ai à faire à Paris », affirme-t-il. Je commence à le cerner. Et cette étincelle dans les yeux... il cache quelque chose. Mais quoi ?

Une semaine plus tard, la presse américaine révèle qu'il croit encore, alors, à ce moment précis, à la possibilité d'un coup de fil entre l'Américain et l'Iranien. Donald Trump a promis d'appeler Hassan Rohani à vingt et une heures précises. Sans connaître la réponse de l'intéressé, la délégation française envoie des techniciens installer une ligne sécurisée entre les deux hôtels. En nous quittant, discrètement, le président se rend au Millennium et attend devant le boîtier téléphonique. Il veut décrocher lui-même, mettre les deux hommes en contact et s'assurer que leur discussion, fruit de tant d'efforts, a bien lieu. Si Donald Trump appelle à l'heure dite, Hassan Rohani, lui, ne décroche pas. « Sur le fond, il était d'accord, mais il a cédé aux durs du régime », nous expliqueront les diplomates. Emmanuel Macron utilise la ligne sécurisée pour informer Donald Trump de son échec. Cet optimiste estime ne pas avoir tout perdu : il reste le seul interlocuteur des deux parties. Sauf qu'après cet épisode, leurs relations iront se dégradant et l'occasion ne se représentera plus.

Rêves et réalité

Quitter les hauteurs diplomatiques, retourner au contact et convaincre de la nécessité de cette réforme des retraites si redoutée. Deux jours à peine après son retour de New York, Emmanuel Macron s'apprête à reprendre son bâton de pèlerin, direction Rodez, pour expliquer, encore et encore, ce texte auquel il croit et tient.

Pschitt. Claude, la fille de Jacques Chirac, appelle le chef de l'État pour le prévenir de la mort de son père. Le rêve de Rodez s'évanouit. La réalité d'obsèques nationales s'impose. Heureusement, les conseillers du palais, prévoyants, apportent aussitôt le plan « Obsèques Chirac », préparé depuis des mois. Il a été remanié après l'incendie de Notre-Dame, qui devait initialement accueillir la messe funéraire. Dans le regard d'Emmanuel Macron, raconte un proche, on lit l'idée qu'un jour, quelqu'un, dans ce même bureau, soufflera : « Macron est mort, qu'est-ce qu'on fait ? »

Avec Jacques Chirac, c'est l'ancien monde qui disparaît. Ce monde qu'Emmanuel Macron s'échine à renouveler. Où les Français pardonnaient beaucoup à leur président, à condition qu'il les aime avec la même indulgence. L'Élysée décide d'ouvrir ses portes au public pour quarante-huit heures. Quelques centaines de personnes viennent en chuchotant signer des livres d'or. Hommage aux Invalides, puis messe à Saint-Sulpice et une journée de deuil national, la commémoration dure trois jours. À la télévision, le président souligne avec une certaine mélancolie combien Jacques Chirac était aimé.

Le 30 septembre, en l'église Saint-Sulpice, toutes les personnalités politiques qui ont compté depuis trente ans sont là, amies comme ennemies, aux côtés du pouvoir actuel. Un mariage unique entre l'ancien et le nouveau monde. Au premier rang, Emmanuel Macron et son épouse, ainsi que Nicolas Sarkozy, François Hollande et Valéry Giscard d'Estaing. Derrière eux, des rangées de figures un peu oubliées. Mais aussi des célébrités, notamment Vladimir Poutine et Bill Clinton. Le grand âge n'empêche pas VGE de lancer une pique au goût de revanche contre son rival de toujours : « Chirac était toujours en retard, eh bien, ça continue ! » La famille Le Pen, elle, n'a pas été invitée. Le grand public ne s'en soucie guère. La plupart de nos concitoyens reprocheront aux médias d'en avoir trop fait sur ce décès. L'indifférence et l'oubli ensevelissent l'ancien monde.

9

FEU DE TOUTES PARTS
Octobre 2019-12 mars 2020, matin

« Vous avez raison d'avoir peur. » Cette injonction, ce cri d'effroi et cette réminiscence de la punchline « la France a peur » du présentateur du 20 heures Roger Gicquel, qui a marqué notre pays il y a plus de quarante ans, émane d'Éric Zemmour, le polémiste d'extrême droite, plume acérée de la théorie du « grand remplacement », qui n'a pas de mots assez durs pour dénoncer l'« islamisation de la rue » et qui n'hésite pas à comparer l'islam au nazisme. Il se fait remarquer en cette fin d'année lors d'une convention organisée par la nièce de Marine Le Pen, Marion Maréchal, plus intransigeante que sa tante. Sa récente condamnation pour incitation à la haine religieuse ne freine pas l'essayiste, qui fustige une « guerre d'extermination de l'homme blanc hétérosexuel, le seul auquel on interdit les comportements les plus naturels de la virilité depuis la nuit des temps, le seul auquel on fait porter le poids du péché mortel de la colonisation ». Son ennemi ? L'immigré musulman. Le débat passionnel qui assoit son discours – et peut confisquer le cœur de la future présidentielle – conforte Emmanuel Macron dans son analyse. Le chef de l'État reste persuadé que ce sujet sera crucial dans le duel contre le RN qu'il s'attend à livrer en 2022. C'est du moins ce qu'il dit à ceux de ses interlocuteurs avec qui il parle « régalien », quand, dans d'autres boucles, il débat écologie, Europe ou entrepreneuriat. Il l'a signifié à ses troupes : il est prêt à incarner une ligne dure contre les migrants illégaux pour défendre la souveraineté républicaine. Le président saisit l'occasion du soixante-dixième anniversaire du Conseil de l'Europe à Strasbourg pour dénoncer à nouveau le « détournement évident » du droit d'asile par des demandeurs venant de pays sûrs. « Si nous laissons le droit d'asile devenir objet de détournement, de trafic, il disparaîtra. »

Au moment où Emmanuel Macron parle immigration à Strasbourg, nos compatriotes découvrent que les policiers eux-mêmes peuvent manifester. Les policiers ! Eux sans qui la colère des Gilets jaunes risquait de tourner mal. Cette profession qui en compte cent cinquante mille en dénombre vingt-sept mille dans la rue, une mobilisation inédite depuis 2001. Épuisés par des mois de samedis «jaunes», ils partent en guerre contre la réforme des retraites qui menace leurs avantages, et dénoncent le malaise persistant dans leurs rangs, où les suicides se multiplient. Yves Lefebvre, le patron du syndicat Unité SGP Police, en appelle au chef de l'État. Un fil direct se noue entre les deux hommes. Il resservira.

Après les policiers, les enseignants, puis les cheminots, puis la RATP, puis les professions libérales et encore et toujours les urgentistes manifestent. La réforme des retraites est leur cible commune. Les chefs d'orchestre traditionnels, CGT et FO, reviennent au pupitre et annoncent un 5 décembre de contestations massives dans tout le pays. Dans l'ancien monde, on ne s'en inquiéterait pas plus que cela car les cortèges restent minces pour l'instant. Et la Macronie compte toujours sur son principal argument : l'abolition des privilèges. Mais ces nouveaux indignés, souvent persuadés que seul le recours à la violence leur permettra de se faire entendre, ne sont pas que des privilégiés.

En attendant, la loi Bioéthique commence son parcours à l'Assemblée. C'est la seule grande réforme sociétale du quinquennat. Avec elle, Emmanuel Macron tient une promesse : celle d'autoriser les couples de femmes et les femmes célibataires à recourir à la procréation médicalement assistée. Pour la droite, c'est la porte ouverte à la gestation pour autrui (GPA), autrement dit aux mères porteuses. Le 6 octobre, une manifestation anti-PMA réunit soixante-dix mille personnes dans la capitale. Mais huit Français sur dix sont pour. La fille aînée de l'Église rejoint ses voisins européens. Une semaine plus tard, le texte est voté sans difficulté. Sauf sur un point : l'Assemblée rejette la reconnaissance automatique des enfants conçus par GPA à l'étranger. *Le Canard enchaîné* révèle que le président, furieux de cette forme de légalisation de la GPA hors du territoire national, est intervenu dans la nuit. Il sait que le sujet est un chiffon rouge pour la droite et les milieux catholiques. La loi prévoit en revanche deux petites révolutions, celle d'autoriser les enfants nés d'un don à avoir accès à l'identité du donneur, s'il est d'accord, et la possibilité de conserver ses gamètes, sperme et ovocytes. Les Françaises n'auront plus à faire le voyage en Espagne ou aux Pays-Bas.

Faire front sur tous les fronts

Emmanuel Macron est un homme persévérant qui ne recule pas devant l'affrontement. Plus que jamais, ces six mois le prouvent. Le 3 octobre, il est attendu à Rodez pour le débat sur la réforme des retraites qui a dû être reporté en raison du décès de Jacques Chirac. La caravane médiatique est d'ores et déjà sur place… mais au moment où il quitte le palais, une terrible nouvelle tombe : au cœur de Paris, au sein de la préfecture de police de la capitale, un fonctionnaire a poignardé à mort quatre de ses collègues. Sa course meurtrière a été stoppée net par un jeune policier. Comme nous l'apprendrons bientôt, l'assassin est un agent, qui s'est radicalisé à la vue de tous, arborant le *qamis* traditionnel et refusant de serrer la main des femmes. Très vite, il s'avère que le manque de réaction de la hiérarchie constitue une erreur impardonnable et humiliante dans le centre névralgique de la police. Le président hésite. Il ne peut s'abstenir d'une visite, pas plus qu'il ne veut battre en retraite sur ce débat à Rodez. De plus, il doit encore et toujours défendre cette réforme en vue de la grève et des manifestations annoncées pour le 5 décembre. Avec Édouard Philippe, Emmanuel Macron se rend donc à la préfecture de Paris avant de s'envoler pour l'Aveyron. Il n'y arrive qu'avec une demi-heure de retard.

Face aux cinq cents personnes qui l'attendent de pied ferme, il entre en scène avec impatience pour défendre son système de points. Depuis quelques semaines, un sentiment du « tous perdants » gagne du terrain : la Macronie est en train de rater la bataille de l'opinion. Même l'allié François Bayrou a mis en garde contre une réforme trop brutale : « Si on claque les régimes spéciaux, on est morts. Si on touche les capitaux accumulés par les professions libérales, on est morts. Si on touche à la valeur du point sans instance indépendante où siègent les syndicats, on est morts. »

C'est immédiatement perceptible dans la salle surchauffée, l'ambiance n'est plus la même qu'au printemps. D'entrée, le visage sombre, le président de la République demande une minute de silence pour les victimes du quadruple meurtre de la préfecture. Ensuite, sans arrondir les angles, presque coupant, il détaille son projet. Envoie promener sans ménagement une avocate qui demande à conserver le régime spécial de sa profession. « Il faut débusquer tous les égoïsmes ! » Tord le cou aux régimes spéciaux : « Parce qu'on me dira, vous faites pour les policiers donc pour les gendarmes. Ensuite on me dira, vous faites pour les gendarmes, pourquoi pas pour les infirmiers et infirmières ? Et puis on va refaire nos régimes spéciaux. En deux temps trois mouvements, on y est ! » Ironie du sort politique, cette phrase semblera prémonitoire dans quelques mois, lorsque le gouvernement cédera à diverses catégories.

Pour mieux se faire comprendre, le chef de l'État s'essaye même à l'argot : « Les simulateurs individuels, c'est de la pipe, il est impossible de dire les gagnants et les perdants puisqu'on n'a pas encore fixé les critères ! » Autre argument ? « Si le système n'était pas en déséquilibre, pourquoi est-ce que j'irais me fader une réforme ? » La pénibilité, critère que réclament les syndicats ? Il ne la concède que pour les risques ou le travail de nuit. D'ailleurs, répète-t-il, entêté : « Je n'aime pas le mot "pénibilité" car ça suppose que le travail, c'est pénible, et moi, j'aime le travail. » Devant le scepticisme poli de l'assistance, il s'échauffe et oublie toute prudence lorsqu'un enseignant l'interpelle. « C'était le pacte social, un mauvais salaire mais une bonne retraite. Mais ce n'est plus souhaitable. » Il compte y mettre fin, en revalorisant les salaires des enseignants, toutefois avec des contreparties, comme la réduction de leurs vacances ou l'augmentation de leur temps de travail. Et qu'on ne s'avise pas de l'embobiner. « Je connais le métier, j'ai une grand-mère et une épouse qui ont fait votre métier. Il n'est pas vrai qu'on peut être devant des élèves jusqu'à soixante-cinq ans ! » Et de terminer par ce pronostic, presque une sentence : « Puisque la règle d'or dira qu'on n'a pas le droit de baisser les retraites, il faudra alors demander des contributions supplémentaires aux salariés ou décider de travailler plus longtemps. »

Il est près de vingt-deux heures trente. L'échange, vif, a duré plus de quatre heures, mais il en faut plus pour l'asseoir. Que son équipe se débrouille, il se rendra le lendemain, à la première heure, au sommet de l'élevage de Cournon, à trois heures de route.

Les élus locaux l'ont supplié toute la journée de faire le détour. Le secteur va mal et s'abstenir serait incompris. La veille, deux députés LREM y sont venus défendre l'accord Ceta mais ont été chassés par les huées. Un affront qu'il compte relever. Nul – ou presque ! – n'est averti de ce changement de programme. Son cortège part en trombe vers Clermont-Ferrand, après une ronde dans les hôtels afin de récupérer les affaires des uns et des autres. Il est trois heures du matin lorsque nous arrivons. La préfecture, avertie en catastrophe, mobilise des gros bras pour sécuriser les allées étroites du salon. Télés et radios sont finalement prévenues, mais trop tard pour être présentes à l'ouverture du salon. C'est, évidemment, calculé pour éviter des bousculades dans un espace restreint, que des agents au coude-à-coude s'efforcent de rendre sûr au maximum.

La nouvelle de la venue du prestigieux visiteur le précède tout de même. À son arrivée, il découvre un comité d'accueil houleux, une foule d'éleveurs énervés qui l'attendent devant l'entrée. Ceta, importations de viande bovine, véganisme ou attaquants de boucherie, tout nourrit leur animosité. Sans hésiter, le visage tiré, le président se jette dans la mêlée. « J'ai dormi deux heures », glisse-t-il à la volée. Néanmoins, dans cette cohue, Emmanuel Macron passe une heure à faire face aux plus vindicatifs. Sourire aux lèvres, il parle mondialisation heureuse, argue qu'il faut importer pour pouvoir exporter et que « de toute façon, 70 % de la viande qu'on mange dans les restos est étrangère ». En passant, il engueule hors caméra les leaders syndicaux pour l'expulsion des élus LREM la veille, mais multiplie les déclarations d'amour aux éleveurs, répétant : « J'aime manger de la viande. » À l'un qui lui reproche de se contenter de mots, il réplique par ce cri du cœur : « Si on commence à dire que ça ne vaut plus rien, autant rester chez soi devant un écran de télévision sans prononcer une parole. Parfois, l'application concrète d'une loi, c'est deux ans après. Pour les gens, c'est très dur à comprendre. » Entre caresses aux vaches, poignées de main et échanges du tac au tac, son bain de foule improvisé dure cinq longues heures. Même les vaches souffrent de la bousculade. À son passage, prise de peur, une Salers rousse, coincée dans une grille, s'arrache une corne. Ses meuglements pitoyables couvrent la parole présidentielle, quand le nouveau communicant du palais, Joseph Zimet, tente maladroitement d'évacuer les journalistes en empoignant lui-même une perche pour la détourner. Au passage, le président a annoncé qu'il se rendrait sur le site de l'usine Lubrizol à Rouen. Un mois s'est déjà écoulé depuis l'incendie qui a dégagé une épaisse fumée noire, dispersé des odeurs à vomir et engendré des retombées de suie sur quelque deux cents communes à la ronde.

La journée du chef de l'État s'achève par des propos lyriques sur les journalistes « indispensables dans la société », à l'occasion du centenaire de *La Montagne*, le quotidien du cru. Pour autant, en visitant l'exposition consacrée aux unes historiques de ce titre, il refuse toute question.

Climat d'indifférence

Paris, 4 octobre. Édouard Philippe ouvre, dans le désintérêt général, les travaux de la Convention sur le climat. Cent cinquante citoyens tirés au sort, sur lesquels les conseillers « aile gauche » du palais fondent de grands espoirs. Pour Philippe Grangeon, cette Convention doit symboliser l'« acte II » – encore et toujours – du quinquennat, c'est-à-dire à la fois une ambition écologique et une démocratie plus directe. Le chef de l'État s'est engagé à donner une suite concrète, soit par décret, soit par un projet de loi, soit par un référendum, aux propositions de ces conventionnels tirés au sort fin août. Pendant six week-ends de trois jours, ils auront droit à des cours et des conférences avant de présenter leurs recommandations fin janvier. Bien évidemment, la démarche contrarie les associations, qui s'estiment contournées. Ce qui n'est pas pour déplaire au président.

D'autres sont également de mauvaise humeur et ne s'en cachent plus vraiment. Depuis le 16 septembre et le recadrage sévère du patron, de nombreux élus LREM boudent. Une dizaine sort carrément des rangs, quand de plus en plus de voix s'élèvent pour critiquer leur idole d'hier, en particulier ceux qui sont issus des troupes socialistes. Certains murmurent à l'oreille des journaux qu'Emmanuel Macron « fait du Sarko, quand il chassait sur le terrain du FN ». Ce désamour est encore aggravé par des désaccords sur les investitures aux municipales. Ébranlé, le chef de file des députés de la majorité Gilles Le Gendre alerte dans une note – révélée par *Le Monde* – le chef de l'État sur cette dangereuse graine de fronde. Ces élections s'annoncent mal. LREM renonce à imposer des candidats partout et soutient des maires sortants « Macron-compatibles ». Pour la plupart, de droite.

Dans une autre indifférence générale, Donald Trump abandonne les Kurdes. Sans prévenir ses alliés, le président cow-boy annonce par un simple tweet le retrait de ses troupes de Syrie. Il laisse ainsi le champ libre à Recep Tayyip Erdoğan pour étouffer toute velléité d'indépendance du peuple kurde, à cheval depuis la nuit des temps entre l'Iran, l'Irak, la Turquie et la Syrie. Les Peshmergas, pourtant le bras armé des alliés dans la lutte contre Daech, sont laissés à leur propre sort. Le tollé occidental n'y change rien. Dix-huit mille cavaliers de l'apocalypse sous uniforme turc franchissent la frontière syrienne. L'Otan, dont la Turquie est membre ? L'Union européenne, dont la Turquie frappe à la porte ? Qui pour agir ?! La diplomatie tricolore révèle ses limites. Emmanuel Macron n'a d'autre choix que d'ordonner le repli des soldats français déployés dans cette zone. C'est la fin de la coalition internationale contre l'État islamique. Une entente bel et bien enterrée lorsque, vingt jours plus tard, les États-Unis éliminent le chef historique de Daech, Abou Bakr al-Baghdadi.

Il pleut sur la ville, il pleut sur son cœur. François Hollande et Nicolas Sarkozy, l'ensemble du gouvernement aligné sur les pavés mouillés de la préfecture de police de Paris. Emmanuel Macron, regard sombre, voix ferme, martial, rend hommage aux quatre agents assassinés par leur collègue radicalisé. L'horreur change son approche. De libéral *made in USA*, plutôt modéré sur les questions de laïcité, le chef de l'État s'est peu à peu converti en pourfendeur inflexible des extrémistes islamistes. Il est las. Et en colère. « Je l'ai vu ce jour-là avec tout le poids de la France sur ses épaules. Il devait, à nouveau, aller voir les familles endeuillées », se rappelle un proche. « Vos collègues sont tombés sous les coups d'un islam dévoyé et porteur de mort qu'il nous revient d'éradiquer », lance-t-il. Il appelle la nation à se mobiliser contre l'« hydre islamiste ». La formule est osée. Elle fera date. Après avoir longuement hésité, il a renoncé à utiliser le mot « guerre ». Il appelle nos compatriotes à construire une « société de vigilance », à « savoir repérer à l'école, au travail, dans les lieux de culte, près de chez soi, les relâchements, les déviations, ces petits gestes qui signalent un éloignement d'avec les lois et valeurs de la République ». Jamais il n'est allé si loin contre l'islamisme. « Ce n'est en aucun cas un combat contre une religion, mais contre son dévoiement qui conduit au terrorisme. » Du discours à la pratique, il y a parfois une ligne de crête de laquelle il est délicat de ne pas tomber.

Quelques jours plus tard, plusieurs ministres trébuchent sur le port du voile, ce sujet sparadrap, ce volcan faussement endormi. L'étincelle ? Une femme en *hijab*, qui accompagne la classe de son fils pour une séance du conseil régional de Bourgogne-Franche-Comté. En l'apercevant, Julien Odoul, élu RN, demande à la présidente de lui faire retirer son voile et tweete : « Après l'assassinat de nos quatre policiers, nous ne pouvons pas tolérer cette provocation communautariste. » L'affaire s'embrase. Le ministre Jean-Michel Blanquer déclare que le voile n'est « pas souhaitable dans nos sociétés ». Son collègue Bruno Le Maire ajoute qu'il n'est « pas l'avenir souhaitable de la société française », au nom de l'égalité femmes-hommes. Gérald Darmanin enfonce le clou et dénonce « les petites filles de la République qui ne vont pas toutes à l'école ». Mais d'autres ministres contredisent leurs collègues, de Marlène Schiappa, qui s'indigne qu'une mère soit prise à partie devant son fils, à Sibeth Ndiaye, qui n'a « pas de difficulté à ce qu'une femme voilée participe à une sortie scolaire ». Les députés Marcheurs, eux aussi, se divisent sur le sujet. La porte-parole Aurore Bergé, aussitôt désavouée par plusieurs de ses pairs, affirme vouloir voter la proposition de loi de l'élu de droite Éric Ciotti, qui interdit le voile dans les sorties scolaires. L'humoriste controversé Yassine Belattar s'en mêle et annonce sa démission du Conseil présidentiel des villes, demandant avec ironie à Emmanuel Macron de « légaliser les musulmans ». Avec de tels amis, le chef de l'État n'a pas besoin d'ennemis !

Nous profitons d'un point presse pour l'interroger. Prudent, il botte en touche : « Vous voudriez me mettre le singe sur l'épaule mais il est sur la vôtre ! » Avant d'ajouter, niant l'évidence, qu'« il y a une unité du gouvernement ». En fait, c'est plus tard, lors d'une tournée à La Réunion, qu'il décidera d'exprimer le fond de sa pensée.

Dans une phrase maladroite, qui sort de travers et qu'il corrige aussitôt : « Le port du voile dans l'espace public n'est pas mon affaire. Dans les services publics, à l'école, c'est mon affaire. » Il reprend la copie et précise : « Le port du voile dans l'espace public n'est pas l'affaire de l'État. » Le public ne retiendra que : « Le voile, ce n'est pas mon affaire. » Un pied de nez désinvolte à la laïcité. Son ambition en la matière ? Déplacer le débat vers un nouveau combat, le « séparatisme » de l'islam intégriste d'avec les « valeurs de la République ». Le nouveau terme – jusqu'ici réservé aux Corses – est dit et répété à l'Élysée. « Il y a aujourd'hui des femmes et des hommes qui disent : "De par ma religion, je n'adhère plus aux valeurs de la République." Et ça, c'est un problème pour moi, avec une revendication qui devient politique. » Le chef de l'État vise l'islam « politique », pas l'islam tout court. L'enjeu reste de convaincre de cette subtilité.

Goulard au placard

Il perd de vue cette même subtilité lorsque les eurodéputés rejettent peu de temps après sa candidate à la Commission, Sylvie Goulard. La claque diplomatique, violente, ne le laisse pas de marbre. Fait exceptionnel, Emmanuel Macron laisse même éclater sa colère devant nous. « Ce qui m'importe, c'est le portefeuille du commissaire français. Mais j'ai besoin de comprendre ce qui s'est joué. Du ressentiment. Peut-être de la petitesse. » Pour lui, il s'agit ni plus ni moins d'une vengeance du groupe de droite PPE, qui ne lui a jamais pardonné l'éviction de leur chef de file pour le poste de président de la Commission. « J'ai soumis trois noms à la présidente von der Leyen. Elle m'a dit : "Je veux travailler avec Sylvie Goulard." Elle a appelé les trois présidents de groupe et elle m'a dit : "C'est bon, ça leur va." On m'a dit : "Votre nom est formidable, on le prend ! " Et puis on me dit finalement : "On n'en veut plus." Les mêmes ! Donc il faut qu'on m'explique. Moi, j'aime que, quand les engagements sont pris, ils soient tenus. Voilà, j'ai partagé avec vous toutes les coulisses. »

C'est exact. Et contraire à tous ses principes dits et répétés. Autre fait exceptionnel, il attaque publiquement la présidente de la Commission. Un mois plus tard, le chef de l'État désignera un grand patron, Thierry Breton, PDG d'Atos et ex-ministre de l'Économie, l'un de ses soutiens de campagne. Cette fois, les eurodéputés le valideront.

Lyon, 10 octobre. Grand-messe dans la capitale des Gaules qui réunit États membres et ONG pour renflouer le Fonds mondial contre le Sida, la tuberculose et le paludisme. « Je ne laisserai personne sortir de cette pièce tant que les quatorze milliards n'auront pas été obtenus », prévient Emmanuel Macron. Accroché à son téléphone, il enchaîne les coups de fil à ces chefs d'État qu'il tutoie. Encore deux ultimes appels au Qatar et aux Émirats arabes unis, une dernière rallonge de Bono et Bill Gates sur le fil, pari tenu ! Il peut annoncer fièrement à l'auditoire avoir récolté... (petit silence théâtral) 13,8 milliards de dollars. « Il manque deux cents millions d'euros ! On s'est retrouvés à quelques-uns avec Peter (Sands) – le directeur du Fonds – et Bill (Gates), on va mettre soixante millions en plus côté français et Bill m'a dit, comme à chaque fois, si c'est comme ça, je matche ! » Triomphe sur l'estrade, longue poignée de main avec Bill Gates les yeux dans les yeux, ovation debout. Moment d'euphorie. Ces quatorze milliards, c'était l'objectif, celui qu'il avait promis à Elton John le soir de la fête de la musique.

Presque le même montant que celui sur lequel s'accordent, à reculons, les ministres des Finances de la zone euro pour un budget commun à leurs dix-neuf pays : dix-sept milliards. Une somme dérisoire au regard de l'ambition initiale du président français, mille milliards d'euros ! Les grands projets européens qu'il imaginait restent lilliputiens. L'Europe du Nord, Allemagne comprise, refuse de trop verser dans un pot commun au profit de pays latins aux poches trouées. Un enterrement de première classe pour sa proposition la plus chère. Visiblement trop chère pour les pays de l'Union apôtres de la rigueur budgétaire.

Septième ciel

Emmanuel Macron est ainsi : éruptif, jamais assoupi. En revenant de La Réunion, il accorde un – long – entretien à *Valeurs actuelles*. D'ores et déjà, ce fait brut en dit long sur son état d'esprit : l'hebdomadaire est d'opinion ancrée à droite, très à droite.

Il prend cette décision seul, ou presque, conscient que ce choix va entraîner de nombreuses secousses. L'architecte de cette prise de parole sans filtre ? Bruno Roger-Petit, le conseiller Mémoire, qui, lors de la remise de la Légion d'honneur à Michel Houellebecq, lui a présenté Geoffroy Lejeune, directeur de la rédaction de « *VA* ». Ce soir-là, Geoffroy Lejeune lance au chef de l'État :

— Vous êtes très bon quand vous venez sur le terrain de nos valeurs.

— C'est celui que je préfère, sourit Emmanuel Macron.

Mouvement de plaques tectoniques. Dans l'avion du retour du piton de la Fournaise, donc, le chef de l'État se livre. « Vous pourrez tout prendre. » Il ne relira même pas avant publication. Arrivé depuis peu, Joseph Zimet reste coi. Pendant quarante minutes, le président répond sur les sujets les plus sensibles, avec le langage parfois cru qu'il utilise en privé. Julien Odoul, l'élu RN qui a pris à partie une femme voilée ? « Il s'est fait baiser », c'était une militante. Éric Zemmour ? « Le discours de Zemmour [sur l'islam] ne sert à rien là-dessus. Il a sa clientèle, il a son truc, je respecte. Et c'est un type que j'aime bien à titre personnel, il est intelligent et tout, mais politiquement, c'est mortifère. » Les Français ? Ils sont « parfois faux culs ». Enfin, à l'instar de l'ultra droite, Emmanuel Macron s'échauffe contre ceux qu'il appelle les « droitsdelhommistes » et fustige « des gens qui ne sont pas intégrés, qui sont en sécession de la République ».

Septième ciel journalistique. Même amendé à la dernière seconde – l'Élysée s'est réveillé –, cet entretien reste explosif. Il faut dire que le président suggère, entre autres, un délai de carence de trois mois pour l'aide médicale d'État. De toute évidence, il sème ses petites pierres en vue du scrutin de 2022 sur le chemin du Rassemblement national. Un sondage montre alors que 61 % de nos compatriotes jugent l'islam « incompatible avec les valeurs de la société française » et que 73 % souhaitent l'interdiction de tout signe religieux ostensible pour les sorties scolaires.

Édouard Philippe sera dans la même logique lorsqu'il renforcera les règles pour décourager le « tourisme médical », que la Macronie dénonce de manière plus ou moins assumée.

Le Premier ministre reste sur le front de l'immigration. Il présente une vingtaine de mesures censées prévenir l'immigration clandestine et envisage la mise en place de quotas de migrants pour les filières en manque de main-d'œuvre à l'été. La garde des Sceaux Nicole Belloubet monte au créneau et s'y oppose. En visite en Chine, Emmanuel Macron la recadre en direct : «J'ai fixé un cap, le gouvernement l'applique. Je ne commente pas des propos de ministres ni les états d'âme.» C'est dans cette atmosphère qu'un appel à manifester «contre l'islamophobie» est lancé pour le 10 novembre à Paris.

Nuit et brouillard

Cet appel n'est pas le seul. Le paysage contestataire paraît plus étendu que jamais. Plus inquiétant, il semble capable de s'unir pour faire de cet automne 2019 un hiver avant l'heure. Et si, le 16 novembre, les Gilets jaunes fêtaient le premier anniversaire de leur mouvement disparate en convergeant avec les opposants à la réforme des retraites? Et si, le 5 décembre, cheminots et agents de la RATP étaient rejoints par toutes les catégories visées par cette réforme incomprise? Et si les soignants, dont le mécontentement n'est toujours pas éteint, descendaient dans les rues? D'autant qu'entre en vigueur, dès le 1er novembre, le premier volet de la refonte de l'assurance chômage, cette réforme que les syndicats clouent au pilori en expliquant que c'est une «trappe à pauvreté». Inquiet, le gouvernement transige. Christophe Castaner annonce que les policiers seront, enfin, payés de leurs trois millions et demi d'heures supplémentaires en retard. Quand Emmanuel Macron se rend sur le site de Lubrizol, où l'accueil qui lui est réservé est chaud.

Pour tout dire, à ce moment-là, une sorte de brouillard tombe sur le palais. Le progressisme et les promesses de modernisation du pays? 71 % de nos concitoyens estiment que le chef de l'État ne comprend pas les réalités du quotidien, quand 55 % d'entre eux persistent à soutenir les Gilets jaunes, pourtant responsables directement ou indirectement de samedis de guérilla urbaine. Arrogance et déconnexion du président et de son entourage reviennent en boucle, tournent et retournent. Un exemple parmi d'autres? Le général Jean-Louis Georgelin, missionné par

Emmanuel Macron pour piloter la reconstruction de la cathédrale de Paris, s'emporte contre l'architecte en chef. Quoi, ce dernier veut reconstruire la flèche à l'identique, quand le maître de l'Élysée a demandé un « geste architectural » ?! « L'architecte en chef, qu'il ferme sa gueule pour que nous puissions sereinement faire le meilleur choix pour Notre-Dame ! » explose le haut gradé. Quand le général fulmine et donne dans le grossier, c'est la voix d'Emmanuel Macron qu'entend l'opinion.

Brouillard rue du Faubourg-Saint-Honoré, mais pénombre et nuit par ailleurs. Le 7 novembre, dans une interview à *The Economist*, le chef des armées déclare l'Alliance atlantique « *brain dead* », c'est-à-dire en état de « mort cérébrale ». Sa réponse au retrait américain, coup de poignard dans le dos en Syrie. Sa réponse à l'acharnement meurtrier turc contre les Kurdes sans que l'Otan moufte. Il faut « clarifier les finalités stratégiques de l'Otan », réclame le président. De Recep Tayyip Erdoğan à Angela Merkel, tous désapprouvent ces critiques. Le *New York Times* révélera plus tard que la chancelière a réprimandé le chef de l'État sur le registre : « Encore et encore, je dois recoller les bouts de tasse que tu as cassés pour qu'on puisse ensuite s'asseoir et prendre une tasse de thé ensemble. »

Nuit noire. Dans cette interview, Emmanuel Macron enterre sans autre forme de procès la règle européenne qui limite les déficits à 3 % du PIB. À ses yeux, c'est « un débat d'un autre siècle ». Adieu, le candidat de la vertu budgétaire. Nul ne le sait alors, mais il anticipe involontairement ce que les finances publiques vont devoir affronter dans quelques mois en raison d'un virus très onéreux.

Bibi à l'hémistiche

Une journée pas comme les autres. Le 14 novembre 2019, Emmanuel Macron se trouve à ce qu'il appelle, avec préciosité, « l'hémistiche » de son quinquennat. Ce jour-là, il va au combat à Épernay. On est loin d'une « séquence territoriale » vantée par le palais, censée montrer sa connexion avec les régions. La Champagne, ses monuments aux morts mais aussi ses Gilets jaunes bien vivants qui scandent à gorge déployée : « On est là, on est là, même si Macron ne l'veut pas, nous on est là. » Épernay, ville fantôme, peuplée de forces de l'ordre mais sans un passant, sans une voiture, sans un bus. Super-inspecteur, le chef de l'État rencontre les directeurs des services publics du département et vérifie l'action gouvernementale jusqu'au dernier kilomètre. C'est visible, il se délecte de ces moments où il touche du doigt l'effet de ses paroles, énoncées d'en haut et appliquées en bas. Mécanique merveilleuse. Un attaché de presse nous dévoile la « surprise » du jour : le président va nous présenter un « plan hôpital ». Hasard du calendrier, bien sûr, au même moment, les soignants manifestent une fois de plus dans le pays, formant une marée blanche de rage. Pour l'heure, il est attablé avec des élus et des responsables viticoles. Excellents coteaux champenois, hôtes qui le cuisinent. Pour la première fois, le ministère de la Santé lance une campagne pour *Dry January*, comprenez un mois de janvier sans alcool, une mode venue d'outre-Atlantique. Tout est ficelé, dossier de presse envoyé. Les viticulteurs s'inquiètent. Janvier ? Le mois de l'Épiphanie arrosée reste précieux pour les ventes. Il écoute et d'un mot chamboule tout : « Vous pouvez faire savoir qu'il n'y aura pas de janvier sec », raconte l'un des convives. Associations abandonnées en rase campagne.

Retour à la sous-préfecture. Sur la place, une petite foule a franchi les barrages, dont une trentaine de chasubles jaunes. Contact mais sans étincelles, le courant ne passe pas. « Il nous fout dans la merde tout le temps », répète une Sparnacienne. « Je suis vigilant, je réponds aux angoisses et aux peurs légitimes », essaye le chef de l'État, un peu las. On l'interroge sur la « coagulation des luttes ». Il décrypte : « Je distingue la colère qui vient de très loin et ceux qui ont un projet de désordre, qui ont perdu à la présidentielle. » Devant lui, une jeune fille, les yeux dans les yeux. Elle griffe. « La précarité tue. » Violent slogan de ralliement des étudiants. Désabusé, s'extrayant de l'échange, le président rejoint le bâtiment. Impassible au pupitre, il annonce... une prochaine annonce ! La promesse d'un plan « conséquent », mais pour plus tard, on ne sait ni quand ni combien. Déconnecté.

Le soir venu, lors de sa réunion avec des hauts fonctionnaires aux petits soins, il plonge dans les méandres de la Marne. Un exemple ? Les maisons France services, guichets uniques pour toutes les administrations, son cheval de bataille, fonctionnent-elles ? Il rêve de lieux capables de résoudre tous les problèmes administratifs. Mille huit cents de ces maisons doivent ouvrir pendant le quinquennat mais la réalité peut être décevante. Les maires sont réticents, ils craignent la fermeture de services publics. Autre obstacle, ils ne veulent qu'un agent par maison. Comme dans celles des services publics installées en leur temps par François Hollande, et notoirement inefficaces. « Les maires n'ont pas compris ! Il faut deux ou trois agents ! Il faut des gens qui répondent, pas qu'on les renvoie vers des sites internet ! » se récrie Emmanuel Macron. Et puis les élus des quartiers préféreraient que leur population sorte de leur ghetto plutôt qu'ouvrir une maison sur place. En marge, on lui parle aussi des primes à la casse, qui n'attirent pas à cause de leur limitation aux revenus modestes. « C'est trop intelligent, ça ne marche pas », réfléchit-il. Fin de la séquence.

Ce jour-là, j'entends son amertume quand le conseil municipal lui suggère de revaloriser les bases de la taxe foncière. Il bondit : « On va s'amuser ! On n'entendra que les endroits où ça flambe. Personne ne le portera, sauf Bibi. Et Bibi, il en a déjà assez pris. »

Le 16 novembre, il pourrait encore prendre, Bibi. C'est le premier anniversaire des Gilets jaunes, ce mouvement venu de partout et de nulle part, ce mouvement éphémère qui dure, dure et dure encore, ce mouvement qui a donné naissance aux « ultra jaunes », des casseurs plus proches des *black blocs* que de qui que ce soit d'autre. Des revendications initiales, demeurent le référendum d'initiative citoyenne, des slogans anti-Macron et la dénonciation des violences policières. Pour l'occasion, le préfet décide de « nasser » les manifestants, dont certains dégradent des monuments de la capitale. L'un d'entre eux, victime d'un tir de LBD, est éborgné. Le lendemain, Didier Lallement, venu constater sur place les dégâts, est pris à partie par une sexagénaire. « Nous ne sommes pas du même camp, madame ! » Cette petite phrase marque les esprits. Comme si cet émissaire intraitable incarnait la fracture du pays.

Maires à terre

Trois jours plus tard se tient le dernier congrès des maires avant les municipales. Comme l'année précédente, Emmanuel Macron multiplie les gestes à leur égard. Une valse en deux temps : un passage porte de Versailles au congrès en tant que tel, puis une réception de deux mille d'entre eux à l'Élysée le lendemain soir. Quand il monte sur scène, le silence est pesant. Tout miel, il attaque, flatteur : «Je ne suis pas maire, mais je suis maire de la commune France.» Néanmoins, provocateur, toujours, il laisse quelques sarcasmes lui échapper : «Sur la taxe d'habitation, si beaucoup de vos électeurs vous reprochent la baisse, faites-le-moi savoir ! Vous aurez même le droit d'empocher les félicitations qu'ils doivent au gouvernement !» Le patron de ces élus de terrain, François Baroin, le suit sur scène. Ce n'est pas octobre rouge, le maire de Troyes fait néanmoins un croche-pied au chef de l'État : «Vous avez décidé de supprimer un impôt qui ne vous appartient pas.» Là, seulement, les maires applaudissent à tout rompre. Mi-temps.

Le lendemain soir, changement de décor et changement de ton. Dans la salle des fêtes de l'Élysée, tous tournent dans une valse éperdue autour du maître des lieux. Incroyable ballet de ces messieurs rondouillards aux cheveux blancs, qui jouent des coudes pour décrocher un improbable selfie avec le président. Ils se bousculent. Ils s'empoignent. Ils en viennent presque aux mains. J'en vois même un qui – non, je n'ai pas la berlue ! – se faufile à quatre pattes pour s'approcher de l'inaccessible Graal.

Lui, véritable statue du commandeur, droit au milieu du tumulte, plie mais ne rompt pas. On lui colle un portable sous le nez pour la petite nièce ? Grand prince, il marque le pas, s'exécute. Ce soir-là, Emmanuel Macron est d'une sérénité dans la tempête, qui force l'admiration. Soudain, la mer déchaînée s'entrouvre et son épouse apparaît. Elle avale les quelques mètres qui les séparent et se jette littéralement dans ses bras. Il la serre sur son cœur, rayonnant, peut-être surpris d'être toujours en vie. Mais elle disparaît – «Reste, Brigitte ! ... Elle part déjà ?» –, trop brève bouffée d'oxygène, il est de nouveau happé, frêle esquif dans les flots démontés. Beaux joueurs, les derniers quémandeurs lui font une haie d'honneur jusqu'à la sortie. Il n'en néglige aucun.

Comme le maire du palais, Joseph Zimet veut soigner ses interlocuteurs, c'est-à-dire nous, les journalistes. Afin de «porter le récit» (*sic*), il se lance donc dans l'exercice périlleux de briefings hebdomadaires à la presse. Le matin du beau bal des édiles de terrain, il justifie la réduction des déplacements présidentiels, notamment un voyage en Côte d'Ivoire prévu à la mi-décembre, en raison du « mur du 5 décembre ». Le mur du 5 décembre ? L'expression, qui circule à l'Élysée, dévoile l'inquiétude qui règne au sommet de l'État. D'autant que les policiers, eux aussi inquiets pour leur retraite, se joindront au mouvement. Le pays s'installe dans une attente résignée.

Plus aucune initiative gouvernementale n'est entendue. L'application numérique « Mon compte formation », sur laquelle chacun peut consulter son compte personnel de formation ? Comme tous les autres textes ou réformes, elle reste dans l'ombre. Seul dossier incontournable et qui prend la lumière ? Les mesures pour lutter contre les violences conjugales, point d'orgue du « Grenelle » organisé depuis septembre. Afin d'accompagner ces avancées auxquelles il tient, Emmanuel Macron effectue une visite surprise au tribunal de Créteil. Il y écoute longuement, avec une extrême attention, une victime qui, pendant quarante ans, a vécu sous l'emprise d'un mari violent. Une femme touchante qui évoque sa détresse et à laquelle il tente de répondre par des solutions. Mais comment soigner de tels traumatismes ? Il s'accroche instantanément aux aspects pratiques de cette triste affaire. Le bailleur HLM de cette femme continuait d'exiger son loyer, sans accepter de résilier son bail, alors que son mari était en prison ? Il prend des notes et pose un regard interrogatif à sa conseillère juridique. « C'est un bon point, pas sûr qu'on l'ait couvert. » En filigrane, le chef de l'État vient de transmettre un ordre. Dans le couloir, une autre femme en pleurs lui agrippe la main. Il passe une demi-heure à tenter de la réconforter.

Veillée d'armes

Route de Gao à Ménaka, Mali, le 25 novembre. Cela fait trois jours que des soldats de l'opération Barkhane pourchassent des djihadistes repérés dans cette zone désertique. L'opération, d'envergure, mobilise trois hélicoptères, un Cougar et deux Tigre. La nuit tombe. Elle est sans lune et complique des conditions d'opération déjà très difficiles. Soudain, sans que l'on sache ni comment ni pourquoi, une collision. Depuis le Liban dans les années 1980, jamais la France n'a payé un tel tribut. Deux hélicoptères, treize soldats âgés de vingt-deux à quarante-trois ans.

Pour Emmanuel Macron comme pour nos compatriotes, c'est une défaite. Et un électrochoc. Des milliers de personnes regardent passer en silence leur cortège funéraire sur le pont Alexandre-III, avant son entrée dans la cour des Invalides. Le chef de l'État, visiblement affecté, y prononce un éloge poignant. Au premier rang, le président malien Ibrahim Boubacar Keïta, ainsi que tous les chefs de parti. Dans l'opinion publique, un doute s'instille. Que font nos armées, si loin, avec seulement quelques milliers d'hommes pour surveiller une région grande comme dix fois la France ? Est-ce efficace ? Les attentats se multiplient dans cette région du Sahel – une vaste bande de terre de dix pays qui s'étendent de l'Atlantique à la mer Rouge –, gagnent du terrain. Certains soupçonnent Paris de chercher à renouer avec son passé colonial. De telles accusations indignent le président. Plus que d'autres, en tant que chef des armées, il ressent la perte de chaque soldat tricolore. À ses yeux, une ligne rouge a été franchie.

Son courroux couvait sans doute depuis longtemps. Trois jours plus tard, lors du sommet de l'Otan à Londres le 4 décembre, Emmanuel Macron laisse éclater sa colère contre le rejet antifrançais au Sahel. Pour le 16 décembre, il convoque à Pau cinq des présidents du Sahel en vue d'une « clarification ». « Qu'ils nous demandent d'être là et qu'ils l'assument. La France n'est pas là avec des visées néocolonialistes. J'ai besoin que ces chefs d'État l'affirment politiquement, dans leur pays, devant leurs opinions publiques. » Aux yeux d'Emmanuel Macron, c'est la condition *sine qua non* du maintien de Barkhane. Sinon ? « J'en tirerai les conséquences. » Le chef de l'État est donc prêt à mettre fin à la présence française au Sahel, lui qui fondait dessus tant d'espoirs. Quelle désillusion depuis sa visite sur la base de Gao juste après son élection, lorsqu'il affirmait que nos soldats ne quitteraient pas ce sol avant d'en avoir éradiqué le terrorisme. Petite satisfaction après sa sortie sur la « mort cérébrale » de l'Otan, l'Organisation décide d'engager une réflexion stratégique sur ses objectifs.

Le mur du 5 décembre. Cheminots, RATP, pilotes, contrôleurs aériens, EDF, routiers, raffineries, enseignants, étudiants, policiers, avocats, magistrats, éboueurs... Le pays est dans la rue. Grève massive et d'une durée inconnue. Pour défendre «la mère de toutes les réformes», Édouard Philippe, digne héritier d'Alain Juppé, se trouve en première ligne, droit dans ses bottes, comme son mentor en 1995. Ironie de l'histoire, le Premier ministre n'est pas le plus convaincu du gouvernement par ce texte. Comme une large partie de la droite, sa famille politique, il préférerait sans doute la bonne vieille méthode d'une hausse de l'âge de la retraite, sans s'encombrer d'un obscur système à points. Sans attendre, les ministères préparent des «plans de continuité» pour les transports, l'accueil dans les écoles ou les hôpitaux et le recours au télétravail, encore si peu usité. Qui pourrait imaginer que, dans trois petits mois, le coronavirus en ferait une obligation?

Jeudi noir

Le jeudi 5 décembre, enfin. La grève s'appuie sur un soutien solide de 60 %, qui a encore grimpé de cinq points en une semaine. Tous s'organisent pour une journée sans transports, sans école et sans services publics. Beaucoup posent un jour de congé. Autour du palais, de hautes barrières métalliques bloquent de nouveau les rues. La mobilisation est aussi forte qu'attendue : entre huit cent mille et un million et demi de manifestants. Sous les banderoles, les oppositions renaissent. Jean-Luc Mélenchon à Marseille, Yannick Jadot à Paris ou Marine Le Pen qui envoie ses cadres la représenter. Un pays au ralenti, aux gares désertées, aux écoles fermées, aux entreprises bloquées, mais où les slogans fleurissent. «Retraite à points, métro, boulot, caveau, non merci», «Point par poing, vous battrez en retraite», «On veut des ronds, pas des points» ... Tous convaincus que, sous prétexte de plus de justice, la réforme va baisser les pensions. Les fonctionnaires ont compris qu'ils en seront les grands perdants. Ce que savait d'ailleurs, dès l'été 2017, l'équipe du candidat Macron, comme le dévoilent les mails des *Macron leaks*. La France n'a pas connu de tels défilés depuis la loi Travail de François Hollande. Même les placettes des petites communes sont envahies. Un air de dimanche flotte sur le pays. La police aussi fait grève! Des Gilets jaunes se joignent au mouvement mais c'est une démonstration de force réussie des syndicats, avec 25 % à 42 % de grévistes et les inévitables heurts entre *black blocs* et forces de l'ordre. La grève « illimitée » est en orbite.

Édouard Philippe, donc. « Je présenterai mercredi l'intégralité du projet. » Après des mois dans le flou, nos concitoyens vont savoir à quelle sauce ils vont être croqués. En passant, le Premier ministre lâche quelques concessions. Aux enseignants ? Il promet une hausse des revenus. Aux cheminots ? Que la réforme ne s'appliquera qu'aux nouveaux entrants. Revoici donc la clause du grand-père du président, dont le chef du gouvernement ne voulait pourtant pas. Pour parachever cette semaine périlleuse, au beau milieu de ce maelstrom paraît un scoop embarrassant. Jean-Paul Delevoye, le « M. Retraites » du chef de l'État, entré au gouvernement, a omis de déclarer des revenus illégaux pour un ministre. Et François Bayrou est mis en examen dans l'affaire des euro-assistants parlementaires. Finalement, Emmanuel Macron et le trio de choc – Édouard Philippe, Alexis Kohler et Benoît Ribadeau-Dumas – tranchent. L'âge pivot est maintenu. Un dîner est organisé au palais pour en avertir les différents chefs de la majorité présidentielle.

Salon des ambassadeurs de l'Élysée, ambiance bien peu diplomatique. La discussion, vive, se poursuit après minuit. Les opposants aux mesures d'économie et à l'âge pivot, emmenés par Philippe Grangeon, François Bayrou et Richard Ferrand, plaident. Ils obtiennent de légers adoucissements : la première génération concernée ne sera pas celle de 1963 mais de 1975, et l'âge pivot ne sera instauré qu'à partir de 2027. « On est bien d'accord que si on fait ça, on se brouille avec la CFDT », implore Philippe Grangeon. « On assume », rétorque le trio des « durs ». « Une partie de notre électorat nous attend sur l'équilibre budgétaire », lance un invité. « Il faudrait peut-être prévenir Berger », avance un autre. Non, Emmanuel Macron a décidé d'y aller en force. Si la réforme passe, tant mieux. Si ça casse, Édouard Philippe servira de fusible.

Philippe le Hardi

Mardi 11 décembre. Édouard Philippe, qui s'exprime à la première personne, descend dans l'arène. Principales annonces ? La suppression de tous les régimes spéciaux – sauf pour les policiers, pompiers, gardiens de prison et militaires –, un « âge d'équilibre » – le terme « âge pivot » est trop mal perçu – qui repoussera l'âge de la retraite à taux plein à soixante-quatre ans. La première génération concernée sera celle de 1975. Les jeunes de dix-huit ans entreront dans le nouveau système dès 2022. La retraite minimum passera à mille euros pour une carrière complète. Ceux qui gagnent plus de cent vingt mille euros par an seront soumis à une cotisation supplémentaire, histoire de prouver qu'il ne s'agit pas d'une réforme « pour les riches ».

Consternation dans les rangs. Syndicaux, d'abord, car ni leur démonstration de force, ni l'appui de l'opinion n'ont pesé. Laurent Berger, indigné, indique aussitôt que la CFDT sera de la manifestation monstre prévue le 17 décembre. Accablement dans les rangs de la majorité, ensuite. Alarmés, des députés Marcheurs interrogent le chef du gouvernement : « Comment récupère-t-on la CFDT ? Le groupe est chamboulé de ne pas avoir Berger avec nous. » Mais où est donc passée la promesse d'Emmanuel Macron d'une réforme consensuelle ? Les élus anticipent d'ores et déjà les invectives et les insultes qu'ils recevront sur les marchés, comme pendant la crise des Gilets jaunes. Sur France Inter, le lendemain matin, Sibeth Ndiaye, en s'emmêlant les pinceaux sur le futur âge de départ, ne ramène pas la sérénité dans les rangs, bien au contraire.

Le climat social devient polaire. La grève des transports continuera pendant les vacances de Noël. Torpiller la trêve des confiseurs ? Du jamais-vu ! Mais nos concitoyens persistent et soutiennent les grévistes, quand un millier de CRS – sur près de onze mille –, se déclarent « malades ». En urgence, le ministre de l'Intérieur accorde le maintien du régime spécial pour tous les policiers et plus seulement ceux qui travaillent sur le terrain. Une entorse flagrante au régime universel promis. Édouard Philippe tente de rassurer les enseignants en leur promettant dix milliards d'euros de revalorisation de salaires, mais l'engagement est flou et les profs n'y croient pas. Le Hardi a-t-il pris un risque en tordant le bras du roi de France ?

Le triste record de durée de la grève des transports de 1995 est dépassé. Fonctionnaires, avocats, magistrats, internes, médecins et enseignants battent le pavé. Jean-Paul Delevoye démissionne. Cheminots, pilotes, hôtesses, routiers, gendarmes, pompiers, surveillants pénitentiaires, contrôleurs aériens, danseurs de l'Opéra ou marins, tous et bien d'autres obtiennent des aménagements. Sibeth Ndiaye annonce, à la surprise générale, que les partenaires sociaux peuvent proposer d'autres solutions. Lesquelles ? « Soit la baisse des pensions, soit l'allongement des durées de cotisation, soit la hausse des cotisations. » Laurent Berger, reçu à Matignon, en ressort découragé. Et pourtant, c'est lui, le leader de la CFDT, qui propose, enfin, en début d'année, une issue sous forme de « conférence de financement », énième réunion pour tenter d'inventer des sorties de crise. À une condition : le retrait préalable de l'âge pivot, dans les trois jours. Entre-temps, les manifestations qui perdurent virent à la violence. Les vidéos des incidents avec des policiers deviennent virales. Le Premier ministre bat en retraite. Ou presque. Syndicats et patronat auront jusqu'au mois d'avril pour trouver douze milliards d'euros afin d'équilibrer les comptes. Sans augmenter les charges sur le travail, ni baisser les pensions, ni augmenter l'âge de départ… Faute d'accord, le gouvernement légiférera par ordonnance. L'âge pivot pourra revenir. Une trêve temporaire donc, qui promet un printemps de nouveau bloqué. Le dilemme est repoussé à plus tard. L'échéance d'avril sera balayée par le coronavirus. Qui sait comment, sans la pandémie, ce conflit se serait terminé ?

Nous n'en sommes pas là. Pour l'heure, au palais, on se calfeutre. Une journaliste passe un coup de fil trop insistant ? L'Élysée annonce que le chef de l'État renonce à sa future pension et qu'il ne siégera pas au Conseil constitutionnel, dont les anciens présidents sont membres à vie. En prenant la parole en ce dernier jour de décembre 2019, Emmanuel Macron ignore qu'à dix mille kilomètres de là, une urgentiste de Wuhan examine les radios d'un malade atteint d'un virus inconnu. Depuis près de deux semaines, elle voit défiler des patients fiévreux, sur lesquels aucun médicament ne produit d'effet. Le verdict va tomber, inquiétant. Il s'agit d'un nouveau « coronavirus-Sras ». Les Chinois s'apercevront vite qu'il peut se transmettre entre humains, par postillons ou par le toucher.

Mille médecins, exit Buzyn

Derrière les incessantes clameurs pour les retraites, le gémissement de détresse de l'hôpital. La mobilisation des blouses blanches ne faiblit pas. Parallèlement à la grève des transports, elle colle à l'exécutif comme un sparadrap. Avec l'énergie du désespoir, plus d'un millier de médecins hospitaliers, dont six cents chefs de service, menacent d'une démission collective. Si le gouvernement n'ouvre pas de négociations urgentes sur l'avenir de l'hôpital, ils quitteront leur fonction au 31 janvier. Le collectif Inter-Hôpitaux réclame moyens, hausse des salaires et réouverture de lits. Sans oublier le rattrapage des huit milliards d'économie exigé des hôpitaux publics depuis dix ans. Leur colère rejoint celle des urgentistes, en grève symbolique depuis neuf mois. Agnès Buzyn refuse tout net. Un mois plus tard, c'est elle qui démissionnera.

Les manifestations contre la réforme des retraites connaissent un nouveau départ. Des avocats jettent théâtralement leur robe aux orties. Des enseignants brûlent des piles de vieux manuels scolaires. Des musiciens de l'opéra de Paris donnent un concert gratuit en plein air. Des manifestantes déguisées en « Rosie la Riveteuse » – une icône bien connue de la culture populaire américaine –, combinaison bleue et gants jaunes, dansent en chantant *À cause de Macron*, l'un des hymnes de la grève. L'intersyndicale annonce une nouvelle journée d'action pour le 24 janvier, jour de l'examen du texte en Conseil des ministres.

L'exécutif tente toujours de croire que le mouvement s'essouffle. Lors d'un séminaire gouvernemental le 15 janvier, Édouard Philippe martèle sa feuille de route, à savoir plan de lutte contre l'islam radical en mars, réforme de la haute fonction publique en avril et projet de loi sur la dépendance à l'été. Traduire : serrer les dents et faire le dos rond.

Au moment de ses vœux à la presse, Emmanuel Macron nous sert le même plat. Une pincée de sel d'autodérision sur la salle de presse : « Vous avez vécu cela comme un président qui dirait : "Si vous voulez travailler il n'y a qu'à traverser la rue." Cette formule ne m'a pas porté chance ! » Un nuage de poivre optimiste sur le conflit : il y aura « soixante-six millions d'âges pivots ». Mélanger le tout et perdre tout le monde. Avec, pour dessert, une note sucrée un chouïa décalée, lorsqu'il ironise sur l'étiquette de « président des riches » qui lui colle. « Je ne peux même plus aller skier dans les Pyrénées, tout le monde croit que je suis à Courchevel ! » Plaisanterie d'initié.

La machine élyséenne et ses obligations pèsent. Le 17 janvier, le couple Macron s'offre une discrète sortie au théâtre pour aller voir une comédie fantastique, *La Mouche*, aux Bouffes du Nord, une salle du nord de Paris. Mais le secret de la visite est éventé. Derrière eux, le reporter militant Taha Bouhafs – celui qui a filmé Alexandre Benalla à la Contrescarpe – les filme furtivement et tweete la vidéo. « Je suis actuellement au théâtre des Bouffes du Nord (métro La Chapelle). Trois rangées derrière le président de la République. Des militants sont quelque part dans le coin et appellent tout le monde à rappliquer. Quelque chose se prépare… la soirée risque d'être mouvementée. »

Un véritable appel à la chasse à l'homme, avec effet immédiat. En une demi-heure, près de deux cents contestataires affluent devant le théâtre. La police tente de les refouler mais quelques-uns atteignent la salle. En catastrophe, Emmanuel et Brigitte Macron sont exfiltrés dans un salon adjacent, le temps de ramener le calme. Une dizaine de minutes plus tard, le chef de l'État regagne son siège et met un point d'honneur à assister à la fin de la représentation. Inquiète, son épouse reste assise au fond. Ils quittent les lieux par la scène puis s'engouffrent dans la voiture officielle, qui démarre en trombe. Le président se voit brutalement rappeler, s'il l'avait oublié, le sentiment de détestation qu'il inspire à une partie de l'opinion. Le même soir, un cocktail incendiaire dégrade La Rotonde.

Guerre de mouvement

Les murs du palais étouffent l'écho de ces incidents. Le temps d'un week-end, l'Élysée se transforme en mini-foire de Paris, pour la bonne cause : la défense de l'industrie française. Dans la cour d'honneur, les jardins et les salons, cent vingt produits bleu, blanc, rouge sont exposés au grand public, des cabines de douche aux tracteurs. Qu'importe si des dizaines de milliers de manifestants contre la PMA pour toutes s'époumonent non loin de là. « C'est la première séquence positive depuis des mois », soupire un conseiller. Devant des patrons de PME invités, Emmanuel Macron tente, une fois encore, de convaincre cette opinion publique si hostile. « Je veux bien tous les jours me faire appeler président des riches, je ne suis pas le défenseur de qui que ce soit, s'écrie-t-il avec une amertume de plus en plus fréquente. Ayez donc le courage d'expliquer que les résultats économiques positifs sont liés à des mesures impopulaires ! » Son accusation de lâcheté s'adresse-t-elle au gouvernement ? Aux patrons dont il trouve le soutien trop tiède ? Dans la foulée, il s'envole pour deux jours en Israël. Retour le vendredi, jour fatidique de la présentation de la réforme en Conseil des ministres. Jour, également, d'une nouvelle grande manifestation. Le jour ou jamais.

Nous sommes une soixantaine de journalistes français à atterrir à Tel-Aviv pour suivre sa visite. Nous avons tous en tête, Emmanuel Macron compris, cette tirade de Jacques Chirac contre des soldats israéliens trop pressants, avec un accent français à couper au couteau : « *What do you want ? Me to go back to my plane and go back to France ?* » La scène l'avait transformé en héros dans les pays arabes. Nous savons que le chef de l'État adore cette séquence. En 2017, lors d'une bousculade au G7 de Taormine, il n'avait pas pu s'empêcher de l'imiter. Rien de tel n'est censé se produire à l'occasion de ce déplacement destiné à fêter le soixante-dixième anniversaire de la libération des camps nazis. Son programme, modeste et soigneusement balisé, ne prévoit qu'une courte visite du domaine français de Sainte-Anne, sans promenade dans la vieille ville.

Mais nous commençons à le connaître. Ne voudra-t-il pas braver l'interdit ? « Débrouillez-vous, je veux faire un tour dans la vieille ville », lance-t-il à son équipe en atterrissant. Au matin, l'Élysée nous avertit discrètement que le président arrivera de l'autre côté de la vieille ville et se promènera dans les ruelles, au Saint-Sépulcre, sur l'esplanade des Mosquées et devant le mur des Lamentations. Prévenus au dernier moment, des soldats israéliens ont juste le temps de se positionner. Et c'est un Emmanuel Macron tout sourire, ravi de ce tour de passe-passe, qui surgit au coin d'une échoppe, accompagné d'une vingtaine de conseillers, accompagnateurs et gardes du corps. « Regarde, me dit un photographe, il porte sous son costume un gilet pare-balles et pare-couteaux. » Invérifiable. Mais je sais qu'il porte parfois des gilets de protection sous sa chemise. Il s'arrête à chaque étal, bavarde avec les boutiquiers et des touristes étonnés. Mais à l'entrée du domaine de Sainte-Anne, comme pour Jacques Chirac à l'époque, les soldats israéliens veulent se positionner à l'intérieur et lui bloquent le passage. Emmanuel Macron prend à partie l'officier israélien têtu : « Je suis président de la République française et c'est moi qui sais ! » Les Israéliens persistent, il éclate de colère. « Pas de ça avec moi ! Tout le monde sort ! » Rien ne se passe. « Attention, il y a des caméras partout, il faut calmer le jeu », lui chuchote un conseiller, qui craint le ridicule d'un échec. Mais Emmanuel Macron préfère l'incident à l'humiliation. Il hausse le ton. « *Guys !* crie-t-il en anglais, en claquant des mains, pour mieux se faire entendre. *Go out ! Everybody knows the rules ! Keep calm ! Nobody has to provoke nobody*[1]. » Le tout avec un accent franchouillard qui aurait fait rougir de plaisir Jacques Chirac. En repartant à pied vers l'esplanade des Mosquées et le mur des Lamentations, il reconnaît l'un des deux officiers israéliens responsables de l'incident. « Viens là », lui dit-il en l'entourant de ses bras pour une chaleureuse accolade. « Allez ! » lance-t-il au second en lui ouvrant les bras. L'Israélien l'étreint à son tour, ému, conquis.

C'est escorté d'un petit groupe de soldats israéliens, résignés et nerveux, qu'il parcourt l'esplanade des Mosquées dégagée de ses visiteurs. Dans la douce lumière dorée du crépuscule, il devise avec un responsable musulman qui gère le lieu. Et ce n'est qu'à la nuit tombée qu'il arrive devant le mur des Lamentations. Pour lui permettre de s'approcher, on a évacué de ses touristes un pan entier du lieu. Il s'arrête dans une petite tente, se coiffe d'une kippa noire et s'avance, seul, l'air grave et inspiré. Il pose ses mains sur les moellons millénaires, comme pour se pénétrer de leur place incontournable au cœur du Croissant fertile. Et le leader palestinien Mahmoud Abbas, qui l'attend ? Ce n'est qu'à vingt-deux heures trente qu'il se rend à Ramallah. Il a cinq heures de retard.

Comme un cadeau à ses hôtes israéliens, le lendemain, il évoque le procès de l'assassin de Sarah Halimi, une vieille dame

1. « Sortez ! Tout le monde connaît les règles ! Restez calmes ! Personne ne doit provoquer personne. »

défenestrée par antisémitisme. La cour d'appel vient de juger l'accusé irresponsable et la Cour de cassation doit trancher. « Le besoin de procès est là », dit Emmanuel Macron, frôlant la pression sur le système judiciaire.

Guerre de positions

Vendredi 24 janvier, Conseil des ministres, cinquante et unième jour du mouvement. Jour J, celui de l'adoption des deux textes de loi, l'une organique, l'autre ordinaire, de cette réforme des retraites attendue devant les chambres mi-février. Sont entérinés la création d'un système universel par points et le principe de l'âge pivot. Une déclaration de guerre. L'après-midi même, des centaines de milliers d'opposants défilent dans toute la France en scandant : « Macron démission ! » 70 % de nos concitoyens soutiennent les contestataires. Mais l'exécutif n'est pas au bout de ses peines. Un avis au vitriol du Conseil d'État pointe du doigt une rédaction trop rapide, sans sécurité juridique, et une étude d'impact « lacunaire ». L'opposition jubile. Le soir même, le couple Macron retourne au théâtre pour applaudir, aux Folies Bergère, le comédien Alex Lutz. Le président s'attarde, salue le public, se montre. Jean-Marc Dumontet, ami du couple, tweete sa joie et une photo du président. Qu'on se le dise, Emmanuel Macron n'a pas peur de la foule.

En revanche, certains acteurs de sa propre troupe le fatiguent. Des semaines que les cadres de la Macronie le poussent à intervenir dans le duel fratricide des municipales, notamment à Paris, pour « débrancher » Cédric Villani, dont le maintien fait de l'ombre au prétendant du parti, Benjamin Griveaux. Ne pas agir ? Sa façon de dire non. Ce week-end-là, les cadors d'En marche montent sur scène et Sibeth Ndiaye y va de sa petite pique envers le candidat récalcitrant : « Il pense qu'il a un destin et que son destin, c'est Paris, ils se prennent tous pour Emmanuel Macron ! » De guerre lasse, le chef de l'État convie le mathématicien et lui demande de « se rapprocher » de Benjamin Griveaux. À la sortie, Villani s'épanche. « La conversation fut agréable, mais aujourd'hui j'acte une divergence majeure. Entre l'appartenance à un appareil politique et l'engagement pour la ville qui m'a fait, je choisis de rester fidèle aux Parisiens en maintenant ma candidature librement. » Une fin de non-recevoir qui pousse le parti à l'exclure aussitôt. Emmanuel Macron doit aussi agir en coulisse pour tenter de départager deux de ses ministres, Didier Guillaume et Jean-Baptiste Lemoyne, concurrents à Biarritz. Finalement, il leur demande à tous deux de céder la place.

Après le théâtre, la bande dessinée. Emmanuel Macron se rend au Festival international d'Angoulême, histoire de sortir la tête de cette réforme des retraites ou des guerres picrocholines des municipales. Pour éviter un mauvais gag, il arrive dans une ville sous bulle avec force police, manifestants éloignés et journalistes écartés d'un déjeuner avec des auteurs, dont certains râlent au sujet de leurs maigres revenus – la moitié d'entre eux gagnent moins que le Smic. Mais l'imprévu guette. Et s'invite en la personne de Jul, que le chef de l'État connaît. Il a emmené l'auteur de *Silex and the City* en Chine. À ce déjeuner, Jul arrive avec une idée en tête : faire passer un message contre les violences policières. Il porte un tee-shirt qu'il a lui-même graffé : on y voit le Fauve, la mascotte du festival, éborgné. Une allusion limpide aux victimes des LBD. Sous le bras, Jul en apporte un second, qu'il offre au président. Le repas est ponctué d'échanges plus ou moins musclés sur l'écologie et les blessés des manifestations, puis Jul tend son tee-shirt. « Ça l'a fait marrer et grincer des dents à la fois », racontera le dessinateur à la sortie. Culotté, il propose un selfie à Emmanuel Macron, qui accepte. Clic-clac, le cliché les montre tenant le vêtement, le slogan bien en évidence. Jul envoie aussitôt la photo à un journaliste, qui la poste sur Twitter. Brasier chez les policiers. Le chef de l'État brandissant le slogan de ses opposants ?! Emmanuel Macron explique : « Je suis totalement en désaccord avec cette stigmatisation de la police. Mais même si je suis en désaccord avec Jul, je dois défendre la créativité, la liberté d'expression, y compris l'insolence. Et s'il y a des policiers et des gendarmes qui ne respectent pas la déontologie, je souhaite qu'ils soient poursuivis et sanctionnés de manière exemplaire. »

Guerre parlementaire

Vingt-deux mille amendements en commission, dont dix-neuf mille déposés par la seule France insoumise. « Ce n'est même plus de l'obstruction, c'est du ZADisme législatif ! » s'énerve Olivier Véran, député LREM encore inconnu et rapporteur de la réforme des retraites. Leur examen n'aura pas de fin. Si le gouvernement ne veut pas reculer sur ce texte, il pourrait être contraint d'avoir recours à l'article 49.3 de la Constitution, qui permet de faire passer une loi sans la voter. Un signal qui serait du plus mauvais effet dans l'opinion, un mois avant des municipales s'annonçant déjà délicates. La cote de popularité du chef de l'État chute encore, à 34 %, et les manifestations continuent.

L'étude d'un autre texte à l'Assemblée se retourne contre Emmanuel Macron. Une proposition de loi visant à allonger le congé pour le deuil d'un enfant, que le gouvernement rejette avec insouciance. L'Élysée, aux aguets, monte au front. « Le président de la République a demandé au gouvernement de se pencher rapidement sur ce problème et a surtout donné la consigne de faire preuve d'humanité », nous annonce Joseph Zimet. Concrètement ? Le chef de l'État semble taxer d'inhumanité ses propres troupes. Et les députés de la majorité, loyaux petits soldats qui appliquent les consignes, se sentent trahis. Résultat, des textes aussi importants que le « plan handicap » rencontrent peu d'écho.

Dans l'ombre, mais légèrement éclairé par de premiers sondages, un ennemi terrible progresse. Il détrône même cette réforme des retraites, pourtant abcès de fixation des contestations. 83 % de nos concitoyens s'en inquiètent. L'Organisation mondiale de la santé décrète un état d'alerte. Cent soixante-dix personnes sont officiellement décédées du Covid-19 en Chine. Plusieurs dizaines de cas ont été repérés de par le monde, dont cinq dans l'Hexagone.

Le 3 février, Emmanuel Macron arrive en Pologne pour deux jours. Il n'est pas des plus détendus, entre réforme des retraites qui s'enlise, tee-shirt qui hérisse les forces de l'ordre et congé pour le deuil d'un enfant qui le dessert. En outre, la Pologne n'est pas une alliée. Tenue par la droite populiste du PiS (parti Droit et justice), Varsovie bloque toutes les propositions européennes de Paris. Elle a même mis son veto à l'agenda de neutralité carbone en 2050.

Mais le président cherche des appuis et le pays pourrait – peut-être – devenir un bon client des réacteurs nucléaires tricolores. Au bout de vingt-quatre heures courtoises et diplomatiques, le chef de l'État change de ton devant les étudiants de la célèbre université Jagellon de Cracovie. « Ne croyez pas ceux qui vous disent : "L'Europe va me donner de l'argent d'une main pour faire ma transition climatique mais elle va me laisser [faire] mes choix politiques de l'autre." Ce n'est pas vrai ! » lance-t-il aux spectateurs attentifs.

Quelques jours plus tard, on retrouve la même attention dans les yeux de plus de trois cent cinquante députés de la majorité présidentielle conviés à l'Élysée, à la rencontre de leur mentor. Une attention toutefois doublée d'une certaine tension à l'idée d'affronter le patron. En effet, ils connaissent ses colères. Et plus que quiconque, ils mesurent la haine que le président de la République et ses réformes peuvent susciter auprès de certains de nos concitoyens.

Glaçant

Séance de câlinothérapie en Macronie. Durement bousculés dans leurs circonscriptions en raison de la pilule sur les retraites qui ne passe décidément pas, ces élus de terrain viennent le cœur plein d'espoir. Ils attendent d'Emmanuel Macron qu'il s'explique, s'excuse peut-être, à tout le moins se réconcilie avec sa base. Ils veulent sortir de cette réforme qui les paralyse et cherchent un nouvel horizon. Ils veulent aussi, sans doute, être reconnus pour leur loyauté et estimés pour celle-ci. D'ores et déjà, quatorze révolutionnaires parmi eux ont franchi le Rubicon.

La salle des fêtes est installée en configuration « grand débat » : eux, sagement assis, lui, debout, micro à la main, au centre de tous les regards. Aimable et disert, il trace la voie. « La fin du quinquennat, après les retraites, c'est le régalien et l'écologie. Il faut choisir quelques enchantements simples et se mobiliser à fond sur les deux dernières années. Cinq à dix sujets simples qu'on scandera partout. » Puis, d'une voix égale, Emmanuel Macron aborde le sujet sensible, cet appel à plus d'humanité. Le texte de loi sur le congé pour deuil d'un enfant ? « Je me suis exprimé pour qu'il y ait un pare-feu.» Aucune excuse, plutôt des avertissements. Presque des menaces. «Les gens qui faisaient les plateaux sur BFM en solitaire n'ont jamais été réélus, notre avenir n'est pas dans la création de chapelles.» Le texte sur la réforme des retraites, que les oppositions fustigent pour son amateurisme? «Si les professionnels, ce sont ceux qu'on a virés il y a deux ans et demi et que les amateurs, c'est vous, alors soyez fiers d'être amateurs!»

Applaudissements hésitants pour ce compliment un peu perfide. Que l'opinion va comprendre comme une critique de ses propres fidèles. Les élus, eux, cherchaient un peu de chaleur. Ils ressortent, sur les graviers de la cour du palais, plutôt réfrigérés.

Mais l'Élysée est déjà sur un autre front, celui de l'écologie. Des mois que l'on attend ce moment. L'ambition? Convaincre de l'engagement d'Emmanuel Macron en faveur de la lutte contre le réchauffement climatique. Le lieu, hautement symbolique? La mer de Glace, glacier d'anthologie dont ne reste plus qu'une pauvre langue bleutée. Il est le premier président à s'engager dans les cinq cents marches qu'il faut affronter pour l'atteindre. Belles images. Réelle performance. Symbole tangible. Choix idéal.

La veille de ce rendez-vous, nous étions une petite vingtaine de journalistes à nous retrouver dans une brasserie de Chamonix. Durant le dîner, nous avons découvert une vidéo qui commençait à circuler. Une masturbation en gros plan, publiée par un site inconnu qui affirmait qu'il s'agissait de… Benjamin Griveaux! Des images que le candidat LREM à la mairie de Paris aurait envoyées à une maîtresse. Improbable. Comment imaginer qu'un homme politique en campagne, qui met sans cesse sa famille en avant, prenne un tel risque?! Cela paraît trop gros pour être vrai, mais dans son propre parti, certains confirment l'impensable.

C'est donc avec cette terrible hypothèse en tête que deux ou trois d'entre nous accompagnent le président ce matin-là. Lui, en tenue de ski bleu et rouge, apparaît fringant sur le sentier enneigé, suivi d'une escouade de scientifiques. Il nous lâche quelques mots d'un ton distrait: «Je n'imaginais pas une fonte aussi rapide. C'est impressionnant.» Il semble avoir la tête ailleurs. Est-il au courant de la *sextape* glaçante? Nous ignorons que quarante-huit heures plus tôt, le grivois a avoué et appelé à l'aide. Emmanuel Macron, effaré, a exigé qu'il se retire de la campagne. Pour l'instant, il descend puis remonte prestement les marches, sa suite ahanant derrière lui. Petit discours plat sur le climat. Au fond de la salle, des chuchotements. La rumeur enfle. Le président compterait « débrancher » Benjamin Griveaux au plus vite. Perdre les municipales dans la capitale pour une *sextape* relève du pire scénario possible. L'ex-député LREM Joachim Son-Forget jette un froid en tweetant un lien vers la fameuse vidéo.

Très tard le jeudi soir, en rentrant de Chamonix, le patron prend son téléphone. Le lendemain matin, le visage dévasté, la voix tremblante, Benjamin Griveaux déchausse. L'artiste russe qui a posté la vidéo, Piotr Pavlenski, est mis en examen, et Emmanuel Macron – chat échaudé… – demande à son coordonnateur du renseignement, Pierre Bousquet de Florian, d'enquêter sur un éventuel complot russe. Officiellement, jamais le président ne s'exprimera sur cette affaire. Mais, en privé, selon *Le Canard enchaîné*, il aurait lancé, exaspéré : « Mais quelle connerie ! Comment a-t-il pu faire ça ? Il y a des choses qu'on ne peut plus faire quand on est publiquement exposé. Et certainement pas commencer une improbable carrière de cinéaste. »

Reste à remplacer l'impétrant. La solution ? Agnès Buzyn. On la dit ambitieuse et très intéressée par une carrière politique. Tous s'accordent sur sa compétence. Après un rendez-vous au palais où elle a dit « oui » au président, en pleine menace épidémique et alors que le monde hospitalier est très remonté contre elle, la ministre de la Santé quitte donc son portefeuille et descend dans les arènes de Lutèce. Une décision difficile à prendre. Pour preuve : lors de la passation de pouvoirs à son successeur, Olivier Véran, elle affirme être ravie de relever ce défi pour Paris, avant de fondre en larmes.

Le lendemain, un touriste chinois, octogénaire et hospitalisé à l'hôpital Bichat, décède du Covid-19. C'est le premier mort du coronavirus hors d'Asie.

« Porte ouverte » au Covid-19

Pour l'heure, la priorité est encore claire : lutter contre l'islamisme radical en amont des municipales. Un texte de loi est en chantier. Le président a été alerté sur le sujet par de nombreux maires et préfets, qui décrivent la multiplication des écoles islamistes, des fillettes voilées ou des clubs de sport infiltrés par des salafistes. Le 18 février, Emmanuel Macron se rend dans la banlieue de Mulhouse pour évoquer le « séparatisme islamiste ». Contrairement aux habitudes, aucun briefing préalable n'est organisé pour la presse, signe d'hésitation sur les mesures qui seront annoncées. Le lieu choisi pour porter le message est un commissariat de Bourtzwiller, un quartier populaire, théâtre de violentes émeutes en 2005. Bourtzwiller est à la fois « quartier de reconquête républicaine » et « territoire de lutte contre la radicalisation ». Ou, pour le dire autrement, une cité appauvrie gangrenée par l'islam radical. Le quartier abrite l'une des plus grandes mosquées d'Alsace, mais aussi l'une des plus grandes églises pentecôtistes de France, celle de la Porte ouverte chrétienne. Contrairement à ce que tout le monde croit alors, l'actualité ne viendra pas du premier édifice religieux mais du second. Et bien plus vite qu'on ne le pense.

Au commissariat, ambiance légère, presque badine. Le chef de l'État plaisante avec les agents. « Vous voulez déposer plainte, vous avez des ennuis ? » sourit une policière. « Ce serait trop long ! » pouffe-t-il. Un policier déplore des procédures pénales qui s'éternisent ? Sourcil en point d'interrogation, le chef de l'État se tourne vers Christophe Castaner. « Le Conseil constitutionnel a retoqué le texte », se défausse ce dernier, clairement sur ses gardes. En un regard, je perçois la pression incessante que le président fait peser sur ses ministres.

Le mot est passé dans tout le quartier. Au bout de la rue bloquée par les forces de l'ordre, plusieurs dizaines d'habitants s'attroupent pour l'apercevoir ; la dominante est aux jeunes issus de l'immigration et à quelques femmes voilées. Il va à leur rencontre. Très vite, ils sont plus d'une centaine derrière les barrières. D'un geste, il intime aux gardes du corps d'ouvrir. Emmanuel Macron se retrouve happé par une petite foule bienveillante mais revendicative.

— Pourquoi vous faites toujours un problème avec l'islam ? Vous voulez nous stigmatiser, lui lance un jeune.

— L'islam politique n'a pas sa place dans la République, rétorque-t-il.

Apercevant une caméra, une jeune femme voilée remonte un pan de tissu sur le bas de son visage. La voici filmée en voile intégral à côté du président. Le dos tourné, il n'a rien vu. Quand on le lui signale, choqué de ce qui semble être une provocation, il tourne les talons, prêt à replonger dans la foule pour se justifier. Son équipe l'en dissuade. Ce geste n'était qu'éphémère. La jeune femme a ensuite posé, le visage découvert, pour un selfie avec lui.

Arnaud Jolens a fait afficher les mots « Liberté, Égalité, Fraternité » sur le pupitre présidentiel, histoire de rappeler ces valeurs jugées menacées. C'est une première. Emmanuel Macron n'annonce, pourtant, ce jour-là, que des mesures consensuelles, notamment le rappel des imams étrangers qui devront être remplacés par des imams français. Rien à voir avec le grand plan attendu. Le reste du programme, nous dit-on, attendra un second déplacement la semaine suivante, entre les deux tours des municipales.

— Dieu merci, on m'a donné un titre de séjour de dix ans, mais pourriez-vous me naturaliser ? le hèle un jeune homme.

— Je préférerais que vous disiez : « Je remercie la France » plutôt que « Dieu merci » ! le reprend en souriant le chef de l'État, satisfait de cette blaguounette républicaine et laïque, qui clôt la journée.

Au même instant, à deux cent cinquante mètres, le coronavirus s'engouffre sur le territoire national. Dans l'église de la Porte ouverte, deux mille cinq cents fidèles venus de tout le pays, outre-mer compris, chantent et prient pendant cinq jours. Un cluster, comme on le dira bientôt. Demain, les nombreux contaminés répandront le virus dans plusieurs régions. Sans ce rassemblement, notre pays aurait sans doute connu moins de cas. Emmanuel Macron a eu de la chance. Ce jour-là, il aurait serré la main d'une personne infectée, selon Radio France. Le coronavirus s'invite désormais dans les bulletins d'actualité, sans vraiment émouvoir la population. C'est même avec incrédulité que nos concitoyens découvrent que plusieurs villes d'Italie du Nord sont mises sous cloche. Un confinement digne de Wuhan, que les commentateurs jugeaient impossible dans une démocratie. Beaucoup sont persuadés que les Italiens sont mal préparés ou leurs hôpitaux, mal équipés. Pour autant, l'épidémie semble brusquement proche. Ce qui n'empêche pas Emmanuel Macron, accompagné de onze ministres, de se rendre à Naples pour un sommet franco-italien. Le virus n'est actif que dans le nord du pays et « il est important d'être présent » aux côtés des Italiens pour les soutenir, nous assure le palais.

La fin de l'oisiveté

26 février 2020. Un enseignant de l'Oise meurt du coronavirus. Il est la première victime française de cette pandémie. Juste avant de décoller pour Naples, Emmanuel Macron fait un crochet par l'hôpital de La Pitié-Salpêtrière où l'homme est décédé. Le chef de l'État ne porte pas de masque et l'expression « geste barrière » reste inconnue. « On a devant nous une crise, une épidémie qui arrive, on va devoir l'affronter au mieux », dit-il, posément, après avoir serré les mains des soignants. Confiant, il assure de la « pleine mobilisation des services de santé français, qui figurent parmi les plus performants au monde ».

À ce moment, notre pays compte dix-huit cas avérés. Ce jour-là, le professeur Éric Caumes l'avertit pourtant que nous allons connaître une situation « à l'italienne », où les morts se comptent déjà par dizaines. Peu le croient. L'opinion s'intéresse davantage au cri de colère de François Salachas, un neurologue qui agrippe la main du président en réclamant des moyens pour sauver l'hôpital. « Ça n'a rien à voir avec la crise actuelle ! » s'écrie ce dernier, agacé. Et pourtant… Covid-19 et dénuement des dispensaires vont vite se télescoper. D'autant que le même soir, trois mille supporters de la Juventus de Turin sont à Lyon pour affronter l'Olympique lyonnais. Une autre belle, très belle porte d'entrée en dépit de la victoire des Lyonnais.

Autre lieu, autre spectacle. Le gratin du cinéma se presse salle Pleyel pour la cérémonie des César, quand le nouveau ministre de la Santé, Olivier Véran, bientôt aussi célèbre qu'une star du grand écran, décide d'organiser un point de presse. Il recommande de ne plus se serrer la main, ni de se faire la bise. Changement d'atmosphère. Pour la première fois, il explique le principe des mesures barrières. Rares sont nos concitoyens à suivre ces conseils. Faire un « check » avec le pied ou le poing reste matière à plaisanterie, jusque dans la cour de l'Élysée.

Pourtant, en vingt-quatre heures, le nombre de cas dépistés a doublé. De retour d'Italie, cette fois sérieusement inquiet, Emmanuel Macron décide de réunir en urgence, dès le samedi 29 février, un Conseil de défense spécialement consacré au coronavirus. Une première dans la République. Le format militaire appliqué sur le plan sanitaire. Le même jour, il convoque également un Conseil des ministres exceptionnel. Toutefois, pour l'instant, il refuse de fermer la frontière avec nos voisins transalpins. Ce serait contraire à ses principes européens.

Nul ne parle non plus des municipales. Deux jours plus tôt, nous avons interrogé Sibeth Ndiaye, qui nous assure dans un bel éclat de rire : «J'ai participé à toutes les réunions ministérielles qui concernent le coronavirus et dans aucune de ces réunions la question ne s'est posée d'annuler les élections municipales ! »

Le 29 février, tout s'accélère. À l'issue du Conseil de défense extraordinaire, Olivier Véran annonce une série de restrictions spectaculaires. Les rassemblements de plus de cinq mille personnes en milieu fermé sont interdits. Le semi-marathon de Paris du lendemain tout comme la dernière journée du salon de l'agriculture sont annulés. Dans l'Oise, les déplacements sont limités et des écoles, fermées. Désormais, le ministre tiendra un point de presse chaque soir. Résolument optimiste, il espère que « le pic est derrière nous». Au point que les matchs de foot du week-end, avec leurs dizaines de milliers de supporters, se dérouleront normalement. Les Bourses mondiales, elles, commencent à dévisser.

Chaque jour est une surprise

La confusion s'impose à l'ordre du jour. Lundi 2 mars au matin, l'agenda hebdomadaire du chef de l'État prévoit sa présence au dîner annuel du Crif et un déplacement dans le Gers. Deux heures plus tard, un nouvel agenda est publié. Il n'y est plus question du Crif, ni du Gers, ni même d'un nouveau voyage pour évoquer le séparatisme islamiste. Pas plus d'ailleurs, nous précise-t-on à l'Élysée, que d'un séjour en Polynésie jusque-là prévu à la mi-avril. Tout semble remplacé par une nouvelle posture, que le palais met à présent à toutes les sauces, en tous lieux et à toute heure : « Le président protecteur ».

Confusion d'abord, lorsque l'on apprend que le Conseil des ministres du 29 février n'a pas porté que sur cet inquiétant virus. Édouard Philippe, prenant l'opinion et l'opposition par surprise, annonce aux députés qu'il va ainsi recourir à l'article 49-3 pour faire voter la réforme des retraites. Ce texte sera donc adopté en première lecture, sans débat et sans vote. Si cette décision était prévisible, son *timing* fait scandale. Le Premier ministre semble profiter de la crise sanitaire en gestation pour passer en force. C'est d'ailleurs la première fois que la majorité présidentielle conduite par Emmanuel Macron utilise le 49-3.

Confusion encore dans les choix successifs de l'exécutif sur les nouveaux gestes barrières. Tout commence dans le centre de crise du ministère de la Santé. Dans des couloirs étroits où tout le monde est entassé, Emmanuel Macron arrive souriant. L'atmosphère l'électrise. « Je ne serre plus les mains, ça fait bizarre ! Nous sommes prêts, nous sommes en capacité de faire face à cette crise. »

Cette visite serait rassurante sans un tweet de trois lignes, qui paraît l'après-midi même sur le compte présidentiel. « Nous réquisitionnons tous les stocks et la production de masques de protection. Nous les distribuerons aux professionnels de santé et aux Français atteints par le coronavirus. » Brusquement, on découvre un problème dont seuls les professionnels de santé s'inquiétaient. De combien de masques dispose notre pays ? Les réserves stratégiques sont estimées à cent soixante millions d'unités, nous répond le palais, sans préciser combien sont nécessaires pour affronter le Covid-19.

Deux jours plus tard, le chef de l'État préside un nouveau Conseil de défense sanitaire, juste avant le Conseil des ministres. Ce tir groupé va devenir une habitude. La France compte quatre morts et plusieurs nouveaux foyers d'infection. À l'issue de la réunion, nous interrogeons la porte-parole. Faut-il porter un masque ? Y en a-t-il assez ? Elle est catégorique et rassurante. Sibeth Ndiaye nous répète que les masques ne sont utiles que pour le personnel soignant. Pour le grand public, ils sont non seulement superflus mais déconseillés « quand on n'est pas malade ». Superflu aussi, à l'entendre, de se faire tester quand on n'a pas de symptôme. Olivier Véran explique, lui, que nous passerons bientôt au « stade 3 » de l'épidémie et que l'on pourra alors alléger les contraintes collectives, puisque le virus circulera largement. Les masques fantômes commencent à hanter les esprits. Mais le ministre de la Santé, médecin, est lui aussi affirmatif : « L'usage des masques est inutile. »

Confusion toujours concernant les élections qui se profilent. Sibeth Ndiaye, la main sur le cœur, martèle, l'air exaspéré : « Nous n'allons pas reporter les municipales sur tout le territoire national, évidemment ! Je crois qu'il faut dire à l'ensemble des Français que cette situation est maîtrisée et que le pays ne va pas s'arrêter de fonctionner purement et simplement, y compris si nous avons une épidémie de coronavirus. C'est important à comprendre. On a l'impression que nos enfants n'iront plus à l'école, qu'on n'ira plus travailler. Si on est dans une phase épidémique, notre objectif est d'en atténuer les effets. Les métros continueront à circuler, les transports en commun continueront à circuler et la vie du pays ne s'arrêtera pas, nous prenons toutes les précautions pour que cela soit possible. » Le président et le gouvernement se feront-ils tester ? « Nous n'avons pas à nous tester si nous ne sommes pas des cas contacts, réplique la porte-parole du gouvernement, sauf si vous avez échangé des fluides… On n'est pas dans ce cas à ma connaissance pour les membres du gouvernement ! » Est-il envisageable que le Conseil des ministres se tienne un jour en visioconférence ? L'hypothèse la fait rire. Question absurde, exprime-t-elle en filigrane. Tout comme nous, elle l'ignore, mais bientôt, très bientôt, l'ensemble des économies modernes passera en mode télétravail.

Confusion, enfin, lorsque Sibeth Ndiaye explique que les « sociétés savantes » – terme désuet cher à Emmanuel Macron – indiqueront la bonne manière d'utiliser et de distribuer les masques. Un journaliste s'étonne qu'au stade 3, le gouvernement français prévoie un pays qui fonctionne normalement, alors que son homologue italien ferme écoles et universités. « Certains pays qui ont adopté des mesures de confinement n'ont pas empêché le virus de circuler », rétorque-t-elle. Avant de marteler avec force le message présidentiel : ce sont les experts qui guident les décisions du pouvoir.

Le lendemain, Emmanuel Macron réunit les principaux chercheurs travaillant sur les traitements et les vaccins. Vingt-cinq sommités serrées autour d'une table. En désaccord, alors qu'ils doivent servir de boussole. Quelques-uns prônent la recherche de l'immunité collective. Il faudrait que 70 % de nos concitoyens contractent la maladie pour que le pays soit tranquille. Mais si la mortalité est de 1 %, cela signifierait des centaines de milliers de morts ? Personne n'ose de telles spéculations.

Puisque le palais a décidé de mettre les savants en avant, autant qu'ils s'expriment. Un micro est installé dans la cour pour Jean-François Delfraissy, immunologue respecté qui dirige l'alliance de chercheurs pour des traitements. Le système hospitalier est-il prêt à encaisser le choc d'un certain nombre de malades graves ? « On n'a pas d'inquiétude véritable sur la capacité du système hospitalier à répondre à une situation de crise mais certains cliniciens ont évoqué des difficultés », nous dit-il, prudent. Il ne parle pas des masques.

Les Français ne savent pas encore que le pays manque non seulement de ceux-ci, mais également de tests et de lits de réanimation – on en compte seulement cinq mille, c'est-à-dire trois fois moins qu'en Allemagne. Olivier Véran annonce le déblocage de deux cent soixante millions en urgence pour les hôpitaux. Les soignants n'ont pas obtenu une telle somme en des mois de grève. Clairement, la situation inquiète l'exécutif.

Fort de café

De là à l'avouer... Le 6 mars, Emmanuel Macron, accompagné d'une petite cour de conseillers et de journalistes, effectue une visite surprise dans une maison de retraite parisienne. Le chef de l'État est doctement venu expliquer à nos concitoyens qu'il leur faut s'abstenir d'aller voir leurs proches âgés qui sont les plus vulnérables face au Coronavirus. Les quatre-vingt-treize seniors de cet Ehpad sont enchantés. Le président les salue en joignant ses mains à l'indienne, le geste qu'il adopte désormais. Devant les caméras, il recommande de « limiter au maximum les visites aux anciens, ne pas serrer les mains, ne pas toucher ». Louable intention ! Sauf qu'il déjeune ensuite avec les vieilles dames, ravies, qui l'entourent, le touchent. « Oui, au fond, c'était un peu bizarre, on ne s'en est aperçu qu'après coup », admet dans un souffle un conseiller. Interrogé sur l'éventuelle clôture des écoles, Emmanuel Macron se fâche, tant cette seule idée le hérisse : « Si on fermait tout, il n'y aurait plus de soignants ! Dans la phase 3, l'épidémie sera là, donc elle sera moins mordante dans la vie quotidienne. » Le président comprend qu'il s'avance peut-être un peu trop, il ne fait que résumer ce qu'on lui a expliqué. «Je ne dis pas de bêtises?» demande-t-il, un peu inquiet, au directeur général de la Santé, Jérôme Salomon, qui l'accompagne. «Et il faut pouvoir tenir. Si on prend des mesures qui sont très contraignantes, ce n'est pas tenable dans la durée.»

Tout le personnel politique pense, comme lui, que ce pays de grève dure et de Gilets jaunes n'accepterait jamais trop de contraintes. Ce soir-là, accompagné de son épouse, le revoici au théâtre Antoine de Jean-Marc Dumontet. Il a cédé à la demande de son ami, inquiet du souci sanitaire et de ses conséquences sur la fréquentation du public. Clin d'œil de l'histoire, la pièce raconte les affres d'un président victime d'affreuses démangeaisons du nez juste avant son discours d'installation. «La vie continue. Il n'y a aucune raison, mis à part pour les populations fragilisées, de modifier nos habitudes de sortie», assure en partant le vrai président.

Mais quelques heures plus tard, dans la nuit du 7 au 8 mars, l'Italie, qui compte déjà trois cent soixante-six morts, confine sa moitié nord. Seize millions de personnes doivent rester chez elles. Un électrochoc pour notre pays, qui n'a perdu «que» dix-neuf personnes. De nouveau cas sont découverts et, à l'Assemblée, un député est hospitalisé. Olivier Véran interdit les rassemblements de plus de mille personnes. Des événements sportifs et culturels sont annulés en cascade.

L'économie tousse. C'est dans cette ambiance de veille de catastrophe que nous apprenons, le 9 mars, avec surprise, tôt dans la matinée, que le chef de l'État maintient sa promesse d'aller, avec son épouse, inaugurer le Café joyeux. Le Café joyeux? Un établissement éphémère sur les Champs-Élysées, qui emploie des personnes handicapées mentales.

Dès neuf heures, en cette belle matinée de printemps, nous sommes près de deux cents, employés, invités et journalistes, à attendre Emmanuel Macron dans l'établissement plein comme un œuf. Sans aucun souci des distances sanitaires ou presque. Sans masques, puisque la doctrine du moment veut qu'ils soient inutiles. Quand la voiture officielle arrive, l'assemblée a été chapitrée, il faudra laisser un cercle autour du couple présidentiel. Ils surgissent, souriants, saluant, les mains jointes. Autour d'eux, une timide distance sanitaire est plus ou moins respectée. L'assistance, elle, est joyeusement agglutinée pendant que lui prononce quelques phrases vibrantes sur les «premiers de cordée». La distanciation s'avère finalement impossible à respecter lorsqu'il fait un petit tour dans la cuisine exiguë. Et d'autant plus quand une fillette trisomique se jette dans ses bras. Le président, qui adore les enfants, ne résiste pas à l'enlacer avec tendresse et poursuit ensuite la visite, un bras autour de ses épaules. Le public est chaleureux, Emmanuel Macron en est si heureux que, sur un coup de tête, il descend à pied la plus belle avenue du monde, tenant la main de son épouse, discutant à distance avec quelques commerçants.

Ce soir-là, au vu de la flambée des cas, le Premier ministre italien ordonne le confinement général de son pays dès le lendemain. Une première en Europe. Tout est fermé, hormis les commerces essentiels. Les images de malades alignés sur le ventre et entubés font la une des JT. À l'étonnement de nos concitoyens, les Italiens, non seulement acceptent, mais approuvent la décision de leur gouvernement. Une leçon pour le monde. Et le jour suivant, les dirigeants de l'Union tiennent leur premier sommet par visioconférence, à l'initiative du président français. Emmanuel Macron craint, déjà, un chacun pour soi où toute coordination serait oubliée.

Le chef de l'État, nous annonce le palais, s'exprimera à la télévision le jeudi 12 mars. Pour dire quoi ? Une seule chose est sûre, il ne sera pas question, nous assurent ses proches, de fermer les écoles. «Il va sans doute s'employer à rassurer», affirme Sibeth Ndiaye, qui n'en sait pas plus. Pour gérer la crise, pour légitimer ses décisions, le président veut disposer de son propre commando d'experts. Il décide donc de créer un conseil scientifique présidentiel, avec dix savants reconnus. Il les convoque le 12 au matin. Leur analyse lui permettra de préparer son allocution du soir. Il ne s'attend pas au tableau effrayant qu'il va découvrir. Que nous allons découvrir.

10

DRÔLE DE GUERRE
11 mars-14 juillet 2020

Quarante-huit morts. Le mercredi 11 mars, la France se réveille comme assommée. Le nombre de décès a doublé en quatre jours. Dans le monde, le Covid-19 a déjà tué 4566 personnes dans une centaine de pays, selon les chiffres officiels. Résolument rassurant, le gouvernement affirme que l'Hexagone est bien équipé en lits de réanimation. Le pic ne sera qu'un mauvais moment à passer. La veille au soir, le directeur général de la santé Jérôme Salomon, sans être complètement pris au sérieux, a prévenu que nous devions nous préparer à un scénario de fermeture «à l'italienne». D'ores et déjà, de nombreux États se barricadent. Du jour au lendemain, Donald Trump interdit l'accès du sol américain à tous les Européens, sauf aux Britanniques. Ce virus serait donc sensible à la nationalité ?!

«On n'est pas dans une situation dans laquelle on va devoir arrêter le pays ! Il faut raison garder ! 80 % des personnes infectées ne tombent pas malades.» Il y a une semaine, Emmanuel Macron, rationnel, s'emportait contre les Cassandre. Mais les choses changent vite, très vite. Force est de constater que ce coronavirus contracte le temps. Et à la veille de l'intervention présidentielle que tous attendent, Sibeth Ndiaye nous donne des réponses qu'elle n'a pas.

Elle est catégorique, un confinement généralisé est hors de question. «Le but est de ne pas mettre le pays à l'arrêt. Nous voulons des mesures proportionnées.» Fermer les frontières ? «La fermeture des frontières ou prendre la température aux aéroports n'a pas été utile.» L'argument massue qui justifie tous les choix faits ? «Le gouvernement a décidé de prendre l'avis d'un comité scientifique avant chaque décision. » Ce « pas-de-politique-mais-du-scientifique » doit, aux yeux de l'exécutif, faire taire toute critique. Comme le « pragmatique-et-pas-politique » du début du quinquennat. Sibeth Ndiaye assure que les hôpitaux vont activer leur « plan blanc » et qu'aucun service de réanimation n'est submergé. En résumé ? « La situation est sous contrôle. » Ce qu'il faut avant tout, c'est appliquer les gestes barrières, rester à un mètre de distance et se laver les mains. Pas de confinement donc, est-ce certain ? « Nous ne l'excluons pas par principe mais nous espérons que nous n'arriverons jamais à ces mesures de confinement. Ce n'est pas une décision politique, c'est étayé scientifiquement et nous n'en démordrons pas ! » La preuve ? Le programme présidentiel se poursuit normalement. « Il n'y a aucune raison de freiner l'examen de la réforme des retraites au Parlement, qui reprendra le cours normal de ses travaux après les élections municipales. » Et d'ajouter, sarcastique : « Je ne vois pas bien le rapport avec l'examen de la loi Retraites, sauf à dire qu'il ne faudrait pas que l'Assemblée se réunisse ! »

Soudain, l'un de nous pose la question que personne n'ose formuler : « En rythme exponentiel, on arrivera à sept millions de cas dans deux mois. S'il y a 5 % de cas graves, cela fait trois cent cinquante mille hospitalisations. Le système de santé peut-il les absorber ? » Sous-texte : si la maladie fait 1 % de morts, on atteindrait donc les soixante-dix mille décès ? Brusquement tendue, Sibeth Ndiaye parvient à rester impassible. « Ce sont des chiffres statiques, dit-elle sans les récuser. La "stratégie de freinage" est justement d'empêcher que ces cas graves ne se produisent tous en même temps. » Mécanique, elle rappelle que l'État remboursera le chômage partiel pour toutes les entreprises touchées, jusqu'au Smic. Pourquoi ne pas tester largement la population ? « On a décidé de ne tester que les cas les plus graves, c'est étayé scientifiquement. » Bizarre, tester les malades hospitalisés n'aura aucun effet préventif, si ?

Seule conséquence de l'épidémie que la porte-parole du gouvernement consent à reconnaître : la privatisation d'Aéroports de Paris est suspendue. Le Covid-19 a réussi à faire avorter un projet qu'une pétition forte d'un million de signatures n'avait pas empêché de décoller.

Et comment ne pas minimiser l'épidémie quand, trois heures plus tard, le chef de l'État préside une cérémonie en l'honneur des victimes du terrorisme ? Cinq cents invités, assis en rangs serrés, parmi lesquels le roi et la reine d'Espagne, les « ex » Nicolas Sarkozy et François Hollande, mais aussi Édouard Philippe et une brochette de ministres. Devant cet aréopage, Emmanuel Macron affirme que le terrorisme ne vaincra pas. « Nous ne renoncerons à rien. Surtout pas à rire, à chanter, à penser, à aimer. Surtout pas aux terrasses, aux salles de concert, aux fêtes de soir d'été. Surtout pas à la liberté. »

De son côté, le 12 mars au matin, Jean-Michel Blanquer tranquillise les esprits. Fermer les écoles ? « Jamais ! » C'est tout juste si on ne s'attend pas, pour le soir même, à un simple appel présidentiel à bien se laver les mains.

Édouard Philippe réunit même à Matignon, dès neuf heures, les présidents des assemblées, des groupes parlementaires, des associations d'élus et les chefs de parti. Objectif : organiser le premier tour des municipales. Les têtes d'affiche sont toutes là, de Marine Le Pen à Jean-Luc Mélenchon. Gérard Larcher, le président du Sénat, un briscard de la politique locale, souligne de concert avec le Premier ministre que ce scrutin sera l'occasion de prêcher les règles sanitaires qui s'imposent.

Exactement au même moment, au palais, Emmanuel Macron comprend.

L'ennemi à nos portes

En début de matinée, les journalistes télé installés depuis l'aube sur le trottoir de l'avenue de Marigny voient arriver à l'Élysée la douzaine de sommités du nouveau conseil scientifique présidentiel. Un virologue, un médecin, des infectiologues, une réanimatrice, un anthropologue… Et un outsider, l'infectiologue de Marseille Didier Raoult, pour l'heure inconnu du grand public. Emmanuel Macron apprécie son franc-parler, au point qu'il l'a imposé dans ce petit groupe qui, lui, ne l'aime guère. Le conseil, présidé par Jean-François Delfraissy, doit présenter au chef de l'État et à son premier cercle – Alexis Kohler et Philippe Grangeon – la situation épidémique, mais aussi ses recommandations.

Changement d'époque. Changement de perspective. Tournant d'un quinquennat. L'exposé du professeur Delfraissy est glaçant. Faute d'action, explique-t-il d'une voix neutre, le pays comptera entre trois cent mille et cinq cent mille morts. De telles projections s'appuient sur la modélisation de l'Imperial College britannique, une institution de référence. Le conseil scientifique demande l'application de mesures draconiennes au plus vite : fermeture de tous les établissements scolaires, des bars et des restaurants, limitation des transports en commun, télétravail ou encore interdiction des rassemblements de masse. Dès ce jour-là, il évoque la nécessité d'un confinement général, selon lui inévitable. Emmanuel Macron a voulu l'avis des scientifiques, il l'a, il va le suivre.

Reste la question des municipales, dans quatre jours, quatre petits jours. Les scientifiques refusent de se prononcer, le sujet étant trop politique. À la mi-journée, le chef de l'État est décidé à annuler le scrutin. Mais Édouard Philippe et son directeur de cabinet, Benoît Ribadeau-Dumas, auxquels Emmanuel Macron a demandé en urgence de se joindre à la réunion, arrivent à l'Élysée. Le Premier ministre a dû annuler son dernier meeting de campagne au Havre. Certain de l'emporter, il a toutes les raisons de s'opposer à un report du vote. Et il juge que le protocole sanitaire proposé suffira. Alexis Kohler et Benoît Ribadeau-Dumas sont du même avis. Au sein du quatuor, Emmanuel Macron se retrouve en minorité. C'est alors qu'en plein après-midi, le site du *JDD* révèle ses doutes sur le maintien de l'élection. Bombinette. Les leaders de droite comme de gauche s'insurgent contre « un déni de démocratie ». En fin d'après-midi, Emmanuel Macron appelle Gérard Larcher, lui aussi catégoriquement opposé au report. Devant ce front commun, le président cède. Mais décide d'appliquer toutes les mesures préconisées, y compris la fermeture des écoles, à laquelle il se résout avec tristesse. Celle des commerces, elle, n'est pas encore actée, pas plus, d'ailleurs, qu'un confinement général.

Le conseil scientifique a également, lors de cette première réunion, enchaîné les sombres prévisions, annonçant que, dans six à huit semaines, la pandémie va exploser. Qu'elle va clairement occuper le devant de la scène internationale pendant toute l'année 2020 et peut-être même au-delà. Le quinquennat est touché. Fortement et durablement. Mais les mots ne reflètent pas toujours la prise de conscience des maux. Y compris chez les sachants, ces experts qui viennent de s'exprimer avec franchise devant le chef de l'État. Avant de quitter les salons, tous posent pour une photo de groupe. Serrés. Souriants. Sans masque.

Efforts de guerre

Vingt-cinq millions de personnes regardent leur écran, à l'écoute du chef de l'État. Un record absolu dans l'histoire de la télévision tricolore. Même les Bleus en 1998 avaient fait moins, avec vingt et un millions de supporters ! Peu avant vingt heures, enfermé dans son bureau avec Édouard Philippe et Alexis Kohler, Emmanuel Macron a peaufiné son texte. Plus le temps d'enregistrer. Il parlera en direct, sans filet. Il décide d'ultimes mesures *in extremis*, comme l'allégement des charges pour les entreprises, ajouté directement sur son prompteur.

« Cette épidémie est la plus grave crise sanitaire qu'ait connue la France depuis un siècle, commence-t-il, solennel, mais nous n'en sommes qu'au début. » D'un ton grave, pour une fois avec des mots simples, il annonce des décisions inédites : crèches, écoles, collèges, lycées et universités seront fermés dès lundi et jusqu'à nouvel ordre. Les personnes âgées ou vulnérables sont priées de rester chez elles mais – paradoxalement – pourront aller voter aux municipales des 15 et 21 mars. « Les scientifiques considèrent que rien ne s'oppose à ce que les Français, même les plus vulnérables, se rendent aux urnes. » En revanche, tous sont invités à « limiter leurs déplacements au strict nécessaire ». Enfin, sur le plan économique, promet l'ex-banquier, « tout sera mis en œuvre pour protéger salariés et entreprises grâce à un mécanisme exceptionnel et massif de chômage partiel ».

« Quoi qu'il en coûte. » Les mêmes mots que Mario Draghi en 2012, lorsque le président de la Banque centrale européenne prenait la parole pour sauver l'euro et déclarait : « *Whatever it takes.* » Ce soir-là, Emmanuel Macron affirme la primauté des vies sauvées sur l'économie. Il n'est plus banquier, il est président de la République. Le quinquennat change de visage. En une petite phrase, il envoie aux pelotes la rigueur, chère à Édouard Philippe, Alexis Kohler and Co., chère à l'Union européenne, chère à son cœur. Le plus surprenant reste sa conclusion. Il se projette à très long terme, comme si le monde avait déjà définitivement changé. « Il faudra demain tirer les leçons du moment que nous traversons, interroger le modèle de développement dans lequel s'est engagé notre monde depuis des décennies et qui dévoile ses failles au grand jour, interroger les faiblesses de nos démocraties. Ce que révèle d'ores et déjà cette pandémie, c'est que la santé gratuite sans condition de revenu, notre État providence, n'est pas des coûts ou des charges, mais des biens précieux. Il est des biens et des services qui doivent être placés en dehors des lois du marché. Déléguer notre alimentation, notre protection, notre capacité à soigner, notre cadre de vie à d'autres est une folie. Nous devons reprendre le contrôle, construire plus encore que nous ne le faisons déjà une France, une Europe souveraines qui tiennent fermement leur destin en main. Les prochaines semaines et les prochains mois nécessiteront des décisions de rupture en ce sens. Je les assumerai. » Toutes les ambitions d'un Emmanuel Macron qui se veut visionnaire sont réunies.

Ce n'est pas réellement une épiphanie. Le 10 décembre 2018, pour dénouer la crise des Gilets jaunes, il assurait déjà : « Nous ne reprendrons pas le cours normal de nos vies. » Concrètement, que seront ces « décisions de rupture » ? Le virage social, réclamé à cor et à cri par les Gilets jaunes, va-t-il être pris grâce au Covid-19 ? Seul le président serait capable d'expliquer comment, notamment, concilier mondialisation et relocalisation. Avec cette allocution, Emmanuel Macron revêt un costume à sa mesure, celui du sauveur d'une nation menacée. Trop jeune pour connaître la guerre, il trouve là, enfin, un adversaire à sa mesure, retors.

Nos concitoyens comprennent aussitôt. À peine s'est-il tu que les plus inquiets dévalisent leur supermarché. La vision d'Emmanuel Macron ? Les futurs qui chantent ? L'urgence est d'abord de remplir le frigidaire, faire des stocks de riz, eau, pâtes et papier toilette.

L'arrière va-t-il tenir ?

Serrer la vis. Faire prendre conscience. C'est Édouard Philippe qui joue le rôle de garde-chiourme. Dans la foulée de l'allocution présidentielle, le Premier ministre interdit les rassemblements de plus de cent personnes, ce qui signifie la fermeture de presque tous les lieux culturels, jusqu'à la restriction des mariages. Pour toutes les entreprises qui le demandent, l'État prendra en charge 100 % du chômage partiel, soit 84 % du salaire net, sans plafonnement. C'est un effort gigantesque, unique en Europe, qui coûtera plusieurs dizaines de milliards d'euros. Les entreprises peuvent demander des reports de charges et de taxes. Le gouvernement ouvre grands les coffres. La traduction dans les faits du « quoi qu'il en coûte » du chef de l'État.

Et alors que nul n'en sait rien, Philippe le Hardi martèle que porter un masque « ne sert à rien » quand on n'est pas malade. Un entêtement dont va faire montre, encore et encore, l'exécutif pendant des semaines.

Vendredi 13 mars, une merveilleuse soirée de printemps où le bilan fait déjà état de soixante et un décès. De nombreux Parisiens insouciants s'attablent en terrasse, ce que découvre le Premier ministre en quittant son bureau de l'hôtel Matignon. On le dit scandalisé par cette légèreté. Le lendemain, tout s'accélère au sommet de l'État. Le conseil scientifique se réunit par visio pour faire un point et avancer de nouvelles mesures. Vers dix-neuf heures trente, alors que des centaines de milliers de nos compatriotes se retrouvent dans les restaurants ou s'agglutinent sur les boulevards, le chef du gouvernement annonce, sans préavis, qu'à partir de ce samedi à minuit, tous les commerces et lieux non essentiels recevant du public doivent fermer. Jusqu'à nouvel ordre. « Nous avons vu trop de gens dans les cafés, dans les restaurants, s'énerve-t-il, il faut sortir de chez soi uniquement pour faire les courses essentielles, faire un peu d'exercice ou pour voter. » Seuls les magasins alimentaires, pharmacies, banques, bureaux de tabac ou stations-essence restent ouverts.

Vers vingt-trois heures, François Bayrou et des présidents de région appellent Emmanuel Macron pour le presser de reporter les municipales du lendemain. Agacé de cette tardive prise de conscience, le chef de l'État reste ferme sur la position de l'exécutif – qui n'était pas la sienne, rappelons-le. De toute façon, il semble trop tard pour reculer. À Bruxelles, la Commission prend la mesure de cette crise. Elle promet une « flexibilité maximale » sur les règles de Maastricht – des mots qu'attendait Emmanuel Macron.

Largement poussée par Paris, elle annonce aussi de nouveaux crédits aux États les plus touchés par la pandémie et des prêts garantis aux entreprises européennes. Plus que jamais, le président veut profiter du Covid pour renforcer le multilatéralisme. Il appelle ses homologues du G7 et les convainc de tenir un sommet virtuel. Une première. L'Europe, devenue l'épicentre de l'épidémie avec un nombre record de décès, se met sous cloche. Dans une partie de l'Allemagne mais aussi en Autriche, Belgique, Bulgarie, Espagne, République tchèque et Portugal, les commerces non essentiels comme les cafés et les restaurants, ainsi que les établissements scolaires, ferment. De nombreuses frontières se dressent au sein de l'Union, parfois même sans consultation du voisin. En Espagne, la population est confinée dès le samedi à minuit, sous contrôle de la police et de l'armée.

Dimanche 15 mars, premier tour des municipales. Les électeurs se voient proposer du gel hydro-alcoolique, l'unique arme contre le virus. Les rideaux des isoloirs ont été décrochés. Rares sont ceux qui portent des masques, denrée introuvable, un scandale en devenir. Sous l'œil des caméras, Emmanuel Macron et son épouse votent au Touquet. Le couple met en scène son respect des consignes, suit le marquage au sol et apporte ses propres stylos. En sortant, rassurant, citant avec prudence à chaque phrase la caution des savants, le président explique : « Le virus se propage lorsqu'on se tient pendant un quart d'heure à moins d'un mètre de quelqu'un, par projections, nous disent les scientifiques. Il était légitime, notre comité scientifique me l'a redit hier, de pouvoir aller voter en prenant les précautions d'usage. » Pour autant, il ne peut qu'être embarrassé par la petite foule de Touquettois qui se presse sans plus de précaution pour l'approcher. Le revers de la médaille.

La majeure partie de nos concitoyens a préféré l'exode. Triste record, l'abstention est définitivement le premier parti de France avec 55,3 %, dix points de plus qu'au premier tour des municipales de 2014. De plus, la tenue du second tour semble de plus en plus improbable. Tous les spécialistes s'accordent sur une flambée imminente de l'épidémie. Résultat de cet échec démocratique ? Les trois quarts des communes réélisent leur maire sortant, cinq mille d'entre elles devant organiser un tour supplémentaire. La tendance la plus frappante : une vague verte dans les grandes villes mais aussi une claque pour LREM, loin derrière les partis traditionnels. La majorité présidentielle ne parvient qu'à gagner une soixantaine de villes, en soutenant des sortants, le plus souvent de droite. À Paris, Agnès Buzyn n'obtient que 17,6 % des voix. Un camouflet capital. Seule exception, Édouard Philippe – qui n'a jamais adhéré à En marche ! – affiche un score de 43,6 %.

Chef de guerre

Lundi 16 mars, Élysée, vingt heures, nouvelle allocution présidentielle. Trente-cinq millions de spectateurs attentifs, du jamais-vu dans l'histoire de la télévision. « Nous sommes en guerre, martèle, grave, le chef des armées. L'ennemi est là, invisible, insaisissable, qui progresse. Et cela requiert notre mobilisation générale », insiste-t-il avec, en tête, très certainement, les appels de ces présidents (du Conseil de la République), chefs de guerre qu'il admire tant, les Clemenceau et les de Gaulle. Six fois, Emmanuel Macron va ainsi répéter à nos compatriotes que ce Covid-19 est un ennemi mortel. Père de la nation, il s'autorise quelques conseils : « Occupez-vous des proches qui sont dans votre appartement, dans votre maison. Donnez des nouvelles, prenez des nouvelles. Lisez, retrouvez aussi ce sens de l'essentiel. » Ses propos, pour la première fois ou presque, s'écrivent en bas de l'écran, histoire de joindre la théorie à la pratique.

Nous sommes une douzaine de journalistes de l'AFP, réunis par messagerie instantanée pour couvrir son discours. S'il annonce un confinement général, l'AFP publiera un « flash », le niveau le plus élevé de ses alertes, réservé aux événements historiques. « Après avoir consulté, écouté les experts, le terrain, et en conscience, j'ai décidé de renforcer encore les mesures pour réduire nos déplacements et nos contacts au strict nécessaire. Dès demain midi et pour quinze jours au moins, nos déplacements seront très fortement réduits. Cela signifie que les regroupements extérieurs, les réunions familiales ou amicales ne seront plus permises. Se promener, retrouver ses amis dans le parc, dans la rue, ne sera plus possible. [...] Seuls doivent demeurer les trajets nécessaires pour aller faire ses courses [...], pour se soigner, pour aller travailler si le travail à distance n'est pas possible et pour faire un peu d'activité physique, mais sans retrouver des amis ou des proches. Toutes les entreprises doivent s'organiser pour faciliter le travail à distance.» Il zappe le mot «confinement» et l'AFP ne publie pas de flash. Il opte pour des périphrases compliquées et peu précises. Il reste volontairement vague car il veut incarner le cap. Aux ministres de s'occuper des détails. «Le gouvernement précisera les modalités dès ce soir, après mon allocution.» Pour sa part, il ajoute juste que les soignants recevront des masques, eux qui commencent cruellement à manquer de la seule protection efficace contre le Covid-19.

S'il ne prononce pas le terme qui fait peur – Christophe Castaner le fera, lui, dès la fin de son allocution –, le président évoque clairement un confinement du quinquennat en annonçant, à la surprise générale, un gel de toutes les réformes. Toutes?! Toutes, y compris celle des retraites, véritable abcès de fixation de l'action de l'exécutif depuis des mois : «Toute l'action du gouvernement et du Parlement doit être désormais tournée vers le combat contre l'épidémie. De jour comme de nuit, rien ne doit nous en divertir. [...] Dès demain, un projet de loi instaurera l'état d'urgence et permettra de légiférer par ordonnances pour gérer la crise.» Emmanuel Macron ne s'arrête pas là. Il demande aussi à «tous les acteurs politiques, sociaux, associatifs et à tous les Français l'union nationale». Un écho à l'Union sacrée de 1914. Mais aussi un ajournement, *sine die*, du second tour des municipales. «Aucune entreprise, quelle que soit sa taille, ne sera livrée au risque de faillite, aucune Française, aucun Français, ne sera laissé sans ressources», promet-il. Grâce à des reports de charges fiscales et sociales, à des prêts garantis par l'État de trois cents milliards d'euros et à une aide massive au chômage partiel. «Beaucoup de certitudes, de convictions sont balayées, seront remises en cause», lance-t-il avec un peu d'exaltation. Avant ces mots énigmatiques : «Le jour d'après, quand nous aurons gagné, ce ne sera pas un retour au jour d'avant. Nous serons plus forts moralement, nous aurons appris et je saurai aussi avec vous en tirer toutes les conséquences. Toutes les conséquences.»

Défaite en rase campagne

Silence sur les villes. Paris, belle endormie. Nos concitoyens se réveillent en terre inconnue. Nul ne sait les conséquences économiques, sociales, psychologiques ou politiques de la mise à l'arrêt du pays. Le ministère de l'Intérieur publie sur son site le mode d'emploi du confinement. On y trouve des réponses aux questions du quotidien, du type : « Puis-je sortir pour promener mon chien ? » Ce document publié dans l'urgence est la traduction, mot pour mot, de celui du gouvernement italien.

Au palais, c'est le désert des Tartares. Couloirs vides, cours offertes au vent. On attend l'ennemi, en l'absence des conseillers priés de télétravailler. Plus aucun visiteur n'est visible. Seuls demeurent sur place l'indispensable Alexis Kohler, la chefferie de cabinet qui organise les déplacements, les gardes du corps et quelques conseillers clés. Le président lui-même suit un protocole strict. Personne n'entre dans son bureau, ses parapheurs sont nettoyés et les poignées de main, proscrites. Des contraintes que ce tactile déteste. On le ravitaille souvent en gel hydro-alcoolique car il passe son temps à se laver les mains. Le président tourne en rond. C'est décidé, nous annoncent ses conseillers, il ne se confinera pas. Il sortira pour aller à la rencontre de nos concitoyens. Il estime qu'il est de son devoir d'être à leur côté. À l'Élysée, personne n'est masqué mais, désormais, seuls deux journalistes pourront, au nom de leurs confrères, poser des questions à la porte-parole après le Conseil des ministres.

Confinement, jour 1, premier scandale. Agnès Buzyn, déstabilisée par sa défaite aux municipales dans la capitale, bourrelée de remords d'avoir abandonné en pleine crise son poste de ministre de la Santé, craque. En larmes, elle avoue à Ariane Chemin du *Monde* qu'elle savait pertinemment en quittant son ministère que l'épidémie allait exploser. Qu'elle en avait averti, en vain, Édouard Philippe. Et aussi qu'elle savait que les municipales n'auraient jamais lieu. « On aurait dû tout arrêter, c'était une mascarade. » Sa confession fait l'effet d'une bombe. Ainsi, l'exécutif aurait menti et organisé un scrutin de pacotille ? Toute la Macronie, président compris, est taxée de mensonge d'État. C'est peu de dire qu'Emmanuel Macron est furieux. D'autant que l'enjeu peut devenir juridique. Édouard Philippe craint les procès post-pandémie. À raison : deux jours plus tard, un collectif de médecins accuse le Premier ministre et Agnès Buzyn de s'être abstenus de prendre les précautions sanitaires qui s'imposaient, un délit puni d'emprisonnement.

Face au poison de la division, la potion d'un druide marseillais : Didier Raoult, infectiologue, infect avec les médias et chantre de l'hydroxychloroquine, un antipaludéen qui ferait disparaître le virus en six jours chez les trois quarts des patients. Gros bémol : l'étude dont il se prévaut ne porte que sur vingt-quatre patients ! Toutefois, en dépit des mises en garde du monde médical, unanime, Sibeth Ndiaye évoque des résultats « prometteurs ». Comme d'autres, beaucoup d'autres, l'exécutif cherche, alors, une issue de secours. À tout prix. L'hydroxychloroquine va séduire les optimistes et les sceptiques de la parole officielle. Son plus fervent défenseur : Donald Trump.

L'exécutif démasqué

Depuis le début de cette pandémie, le gouvernement explique doctement que les masques sont inutiles, quand l'on n'est pas atteint par ce virus. Ces protections seraient réservées aux personnels soignants. Au point que leur vente est même interdite au grand public, lequel n'en aurait nul besoin, puisque ces masques – si l'on en croit la *doxa* de l'exécutif – sont « inutiles quand on n'a pas de symptômes ». *Quid* du cas des contaminés asymptomatiques, contagieux, dont on sait maintenant qu'ils sont majoritaires ? Silence radio. Si le gouvernement a bien promis de fournir en masques hôpitaux et médecins de ville, les uns et les autres se retrouvent en rupture de stocks. Les seconds manquent à la fois de masques chirurgicaux pour les malades et de masques FFP2, plus hermétiques, pour se protéger eux-mêmes.

Nos concitoyens font leurs additions : si chaque masque doit être changé toutes les quatre heures, combien de millions faudra-t-il pour équiper tous les médecins et infirmières pendant des semaines ? Brusquement, le « stock stratégique » de notre pays – cent soixante-dix millions de pièces –, solennellement réquisitionné par le président, semble dérisoire. Le doute s'installe.

Ce discours sur la non-utilité des masques serait-il inventé pour gérer la pénurie ? L'administration aurait-elle fait preuve d'une imprévoyance quasi criminelle ? Où sont donc passés les milliards de masques accumulés en 2010 par Roselyne Bachelot, alors ministre de la Santé, qui craignait une pandémie de virus H1N1 ? À l'époque, elle avait été moquée. Reconvertie en chroniqueuse télé, elle se moque à son tour.

Sibeth Ndiaye doit faire face à ce halo de défiance. Embarrassée, la porte-parole reconnaît du bout des lèvres que nous souffrons d'une pénurie. « Il y a eu récemment quelques difficultés logistiques, mais les masques arrivent dans les pharmacies depuis hier. Nous avons une gestion parcimonieuse de ces masques avec priorité absolue aux soignants. » Un bel euphémisme. Elle tente ensuite de détourner le feu des critiques en s'emportant contre des « vols inadmissibles » dans les hôpitaux, comme ces quinze mille masques volatilisés dans un établissement de Montpellier. Mais les caissières des grandes surfaces et autres professions qui se retrouvent en première ligne face au coronavirus, comment les protéger en l'absence de masque ? Sibeth Ndiaye réplique que les rares usines françaises ont été mobilisées et que le gouvernement a passé des commandes massives à l'international. Sauf que, comme notre pays, le monde entier cherche à se procurer les précieuses protections. Les Français comprennent que l'Hexagone n'est plus la super-puissance sanitaire qu'il avait pu être. Le lendemain, Olivier Véran, mis sur le gril par une commission du Sénat, avoue l'impuissance du pouvoir. Début mars, « nous nous retrouvons donc avec cent cinquante millions de masques chirurgicaux et pas de masques FFP2. Considérant la situation de relative pénurie dans laquelle nous nous trouvions, j'ai saisi les sociétés savantes en leur demandant de définir une doctrine de résilience, c'est-à-dire de déterminer qui, parmi les soignants, qu'il s'agisse des médecins, des infirmières, à la ville, à l'hôpital, etc., devait utiliser tel ou tel masque. » Un aveu de mensonge pour tenter de contrôler la pénurie. Ce sentiment s'ancre profondément dans les esprits. Il sape durablement la crédibilité de l'exécutif.

Cinq mille mais, par un prompt renfort, douze mille

19 mars, un soleil radieux. Coup de fil énigmatique du palais. Le président se rend dans un lieu confidentiel et nous sommes deux journalistes à être embarqués. Le cortège file dans la capitale déserte. Pas un véhicule. Pas un piéton. Nous sommes seuls au monde dans Paris, ville morte. Le silence n'est déchiré que par nos sirènes, ces sirènes qui permettent de griller les feux rouges, une prérogative spectaculaire des cortèges officiels qui perd là tout son sel. On en vient à regretter la foule dans ce paysage post-apocalyptique troublant.

Notre destination mystère : l'institut Pasteur. Emmanuel Macron veut rencontrer la crème des chercheurs. Blouse blanche pour tous, président compris, mais personne ne porte de masque. Bâtiment vide, hormis une dizaine de scientifiques qui nous attendent dans le service des maladies infectieuses. Notre groupe coagule dans un étroit couloir, dont les panneaux vitrés laissent apercevoir des savants en combinaison étanche. Comme dans les films, ils manipulent avec précaution des éprouvettes. Une équipe télé, collée-serrée comme nous, filme la scène. Le chef de l'État met son nez aux vitres et échange avec les experts. Ces derniers jours, il a épluché les articles scientifiques et se lance dans une discussion pointue sur les isostructures, les enzymes et les réactifs indispensables aux tests. Il veut savoir si nous aurons bientôt des tests salivaires en bandelettes. « Les Américains gardent tous les réactifs pour eux », ricane un chercheur. Regards entendus, sourires jaunes. Nous comprenons qu'ils évoquent une pénurie de tests en France, dont l'exécutif n'a jamais fait mention. « C'est une éponge », s'extasie un scientifique, admiratif de la mémoire du chef de l'État. Ce dernier accepte ensuite de répondre à nos questions, afin de communiquer avec une population dont il est désormais coupé. Une annonce ? L'octroi de cinq milliards d'euros pour la recherche. Et l'hydroxychloroquine ? Sourire en coin, indéchiffrable.

— Êtes-vous déjà venu à Pasteur ?

— Oui, quand j'étais inspecteur des Finances, j'ai passé six mois ici et j'ai fait un rapport pour recommander de leur donner plein d'argent. Il a sûrement été mis aux oubliettes !

Il éclate de rire en songeant à sa candeur d'alors. Il sait maintenant qui prend les décisions.

Lors du conseil scientifique suivant, il revient sur la polémique des masques. « Je félicite ceux qui avaient prévu tous les éléments de la crise une fois qu'elle a eu lieu ! » Il peut se permettre une once d'arrogance : sa cote de popularité vient de faire un saut de cabri de treize points et de franchir le cap des 50 % de satisfaits pour la première fois depuis 2017. Ce soir-là, il se serait néanmoins bien passé de la provocation de Sibeth Ndiaye. À un journaliste qui lui demande : « Où sont les masques » pour les professions qui en ont besoin, elle rétorque : « Vous savez quoi ? Je ne sais pas utiliser un masque. Je pourrais dire, je suis ministre, je me mets un masque. Mais en fait, je ne sais pas l'utiliser ! Les masques ne sont pas nécessaires pour tout le monde. Parce que l'utilisation d'un masque, ce sont des gestes techniques précis, sinon on se gratte le nez sous le masque, on a du virus sur les mains, on en a une utilisation qui n'est pas bonne et ça peut même être contre-productif. »

Cette repartie, cinglante, déchaîne les moqueries. La porte-parole ne ment-elle pas ? Et Emmanuel Macron avec elle ? Ne sont-ils pas simplement en train de tenter de justifier la pénurie ? À la décharge de Sibeth Ndiaye, précisons que l'Organisation mondiale de la santé (OMS) recommande alors de réserver les masques aux soignants. Il n'empêche : les oppositions de droite comme de gauche, tout comme les soignants, lancent à l'exécutif un procès en impréparation, non seulement pour le manque de masques mais aussi de tests, de blouses, de charlottes, de respirateurs, bref, de tout. Les masques deviennent l'obsession d'une opinion qui commence à se retourner. Sans parler des aficionados de l'hydroxychloroquine. Une polémique sur les règles du confinement, jugées trop laxistes, s'invite même en justice. Le 22 mars, le Conseil d'État ordonne au gouvernement de restreindre l'autorisation de sortir pour un jogging. Emmanuel Macron tente d'apaiser et plaide dans le *JDD* : « On ne fait sans doute pas tout parfaitement, car on ne sait pas tout, mais chaque jour, on essaie de corriger les erreurs. » Dans les pharmacies, on ne trouve plus de gel hydro-alcoolique, ni même de thermomètres. En revanche, les hôpitaux réussissent en un temps record à accroître considérablement le nombre de lits de réanimation, qui passent de cinq mille à dix mille puis douze mille. Comment ? Grâce au report de la plupart des opérations non urgentes. Le dimanche 22 mars, l'Assemblée, en format de poche réduit à une vingtaine de députés, vote à main levée l'état d'urgence sanitaire pour deux mois.

Testons les « coronabonds »

Quinze mille morts, plus d'un milliard de confinés. La Terre s'enterre. Les grands événements mondiaux sont annulés, du festival de Cannes au G7. À l'autre bout du monde, le Japon, envisage de supprimer ses JO d'été prévus à Tokyo. Quand l'Allemagne prépare un plan de soutien économique de huit cent vingt-deux milliards, le Royaume-Uni se résigne à se mettre sous cloche et la Chine lève les restrictions dans le berceau du virus, à Wuhan. Un signe à la fois rassurant et irritant, qui rajoute à l'incompréhension sur les origines de cette pandémie.

Les géants pharmaceutiques se lancent dans une fructueuse course au vaccin et plusieurs promettent d'aboutir dans les dix-huit mois, ce qui semble un record inespéré. Chargé d'apporter les mauvaises nouvelles, Édouard Philippe, garde-chiourme, nous annonce, le 23 mars, la prolongation du confinement pour plusieurs semaines. Les ministres ont ordre de ne pas voyager tandis qu'Emmanuel Macron s'agite sur le terrain. Nouveau déplacement surprise dans un hôtel parisien réquisitionné pour des SDF, comme il l'avait promis. Leur terrible sort a fait la une, lorsque certains ont été verbalisés pour non-respect du confinement ! Quelque deux mille places d'hôtel ont été mises à leur disposition, comme le président le souligne à ces nouveaux résidents ravis d'avoir un toit. Une nouvelle fois, Emmanuel Macron prend le temps de discuter avec ces accidentés de la vie. Il s'offre même, au passage, la revanche de rappeler son ambition de ne plus voir personne à la rue, engagement de début de mandat dont beaucoup s'étaient moqués. Retourner l'énergie de son adversaire, toujours.

Toutefois l'opinion est versatile. En sept jours, elle se renverse. Certes, 90 % de nos concitoyens approuvent le confinement, mais 70 % estiment que l'exécutif ne leur dit pas la vérité, 65 % le jugent responsable de la pénurie de masques, dénoncée par les médecins sur tous les plateaux, et seulement 37 % se fient à lui pour sortir de la crise. Rappelons qu'une semaine après le début du confinement, notre pays compte sept cent trente mille salariés au chômage partiel, payés intégralement par l'État. Le « président des riches » Emmanuel Macron répète à l'envi, avec un sarcasme incrédule, qu'il a « nationalisé les salaires ».

Dans ce climat électrique, la moindre gaffe ministérielle ne pardonne pas. Didier Guillaume, en charge de l'Agriculture, invite ainsi ceux qui n'ont plus d'activité à aller dans les champs aider les agriculteurs. On se gausse de ce ministre qui veut faire traverser le pays aux confinés pour les envoyer à la campagne, même si son appel rencontre un franc succès. Mais on ne pardonne pas à Sibeth Ndiaye son ironie grinçante pour éteindre la polémique : « Nous n'entendons pas demander à un enseignant qui aujourd'hui ne travaille pas, compte tenu de la fermeture des écoles, de traverser la France entière pour aller récolter des fraises gariguette ! » Les professeurs, qui se démènent pour assurer leurs cours à distance, s'indignent. Sibeth Ndiaye, chose rare, s'excuse : « *Mea culpa.* Mon exemple n'était vraiment pas le bon. Je suis la première à mesurer combien l'engagement quotidien des professeurs est exceptionnel. »

Plus important, discrètement, il faut changer de doctrine sur les tests. L'OMS, depuis le 16 mars, a enjoint le monde à « tester, tester, tester ». Mais Paris n'a pas commandé les réactifs nécessaires que toute la planète s'arrache. Trop tard, l'Hexagone n'a pas les moyens de tester à grande échelle. Les yeux rivés outre-Rhin – où l'on teste dix fois plus –, les Gaulois réfractaires condamnent leurs dirigeants. Ils se rêveraient presque Allemands. Pourtant, c'est notre puissante voisine qui bloque le lancement d'emprunts européens, seuls susceptibles de nous aider à financer notre ruineux – mais généreux – « quoi qu'il en coûte ». Avec huit autres dirigeants européens, Emmanuel Macron publie un appel à l'Union européenne pour ces « coronabonds », afin de faire pression sur les pays d'Europe du Nord, Allemagne comprise. Discrètement, la chancelière en a été avertie, le but est de la convaincre sans la braquer.

Un peu plus loin, l'Inde se confine à son tour. Trois milliards de personnes sur la planète sont désormais assignées à résidence. Exception notable des États-Unis, où malgré six cents morts déjà recensés, Donald Trump persiste à nier la gravité de la situation.

Le pouvoir a ses raisons...

Exercer le pouvoir est une chose, inverser la vapeur en est une autre. Le 25 mars n'est pas un jour comme les autres. Deux moments marquent cette date hors norme. Au matin, vingt-cinq ordonnances sont adoptées en Conseil des ministres. Un record depuis 1958. Des textes qui installent le filet de sécurité destiné à atténuer le séisme économique consécutif au Covid-19. Puis Emmanuel Macron s'envole pour Mulhouse, le brasier de l'épidémie, où les hôpitaux sont exsangues. L'armée vient d'installer un hôpital de campagne d'une trentaine de lits de réanimation. C'est peu à l'échelle de l'épidémie, mais chaque place est précieuse.

Masqué, le chef des armées arpente le village de toiles. De façon inattendue et imprévue, le palais fait dresser une estrade pour une allocution. Aucun discours n'a été rédigé. Le président est sans filet. Le verbe clair, il promet, avec toute la solennité d'un serment personnel, un «plan massif d'investissement et de revalorisation des carrières pour l'hôpital. C'est ce que nous leur devons». Cette annonce, celle que les urgentistes réclament depuis un an, surprend les équipes élyséennes. A-t-il, enfin, entendu les appels désespérés des médecins ? Ou le directeur général de l'Assistance publique-Hôpitaux de Paris (HPHP), Martin Hirsch, qui a déclaré, affolé : «Là, j'ai une visibilité de trois jours» ? Les hôpitaux parisiens sont au bord du gouffre et très bientôt, ils vont devoir «trier» les malades car tous ne peuvent avoir de lit.

En réalité, le chef de l'État a été, de son propre aveu, convaincu par deux infirmières qu'il a rencontrées une demi-heure plus tôt, là, sous une tente, comme il le raconte à la journaliste Corinne Lhaïk[1]. Pendant vingt minutes, elles lui ont décrit leur salaire de misère et leur travail épuisant. Il en a versé des larmes. Et a décidé, dans l'instant, cette annonce fracassante. «Cette rencontre est l'événement qui m'a conforté en ce sens. J'ai dit à ces femmes qu'on ne pouvait pas rester dans cette situation, avec des gens de bonne volonté qui se crèvent la paillasse, qu'on ferait un plan massif. Je prends alors l'engagement de manière définitive. Je le fais de manière telle que par-derrière il n'y a plus moyen de reculer. Parfois la manière de dire les choses fait que le système les redigère ou pas.

1. Dans *Président cambrioleur*, Paris, Fayard, 2020.

Là, je le dis avec une telle intensité qu'il ne pouvait pas ne rien en sortir. » Parole de chef d'État et limite de son pouvoir. Même lorsqu'il prend des décisions, lorsqu'il les annonce publiquement, s'il ne les énonce pas avec assez de force, le « système » les avale. Ces discours publics, qui prennent l'opinion à témoin, ce sont ses armes antisystème.

En quittant l'estrade, interrogé par quelques journalistes, le président promet des importations de masques et explique avoir été la victime du « monde d'avant », qui n'a pas fait de stocks.

Vague de scepticisme

Ne pas se laisser déborder. « Nous n'en sommes qu'au début », prévient Édouard Philippe qui annonce la prolongation du confinement jusqu'au 15 avril, peut-être plus tard. La vague épidémique submerge les hôpitaux du Grand Est et d'Île-de-France. Notre pays compte maintenant deux mille morts. L'Italie, en avance de neuf jours, en déplore dix mille. Seule bonne nouvelle, le pic semble, enfin, y avoir été atteint. La France espère donc connaître la même décrue vers le début du mois d'avril. En attendant, les autorités organisent de délicats transferts de malades, par TGV ou par hélicoptère, depuis les régions les plus touchées vers celles qui ont des places en réanimation. Stratégie audacieuse, unique en Europe, qui évite de trier les malades faute de place. « Nous sommes passés à un cheveu de la catastrophe », racontera plus tard Martin Hirsch.

Ne pas se laisser déborder. Du bout des lèvres, Olivier Véran autorise finalement l'usage de l'hydroxychloroquine, mais uniquement dans les cas graves, malgré les doutes émis par l'OMS. Il faut calmer les partisans du traitement, qui se font de plus en plus virulents. À les entendre, le gouvernement et ses experts empêcheraient un franc-tireur génial de guérir le pays, car les grands laboratoires pharmaceutiques se sentiraient menacés par ce médicament bon marché. Les défenseurs de Didier Raoult sont légion à Marseille, où il a forgé sa réputation. C'est un défi au pouvoir parisien. Le cas Raoult cristallise la rivalité des deux villes et la fracture Nord-Sud, dans une forme de populisme scientifique. L'espoir qu'il suscite gagne une partie du grand public et même des médecins. Sans oublier les pays qui ont adopté son protocole, en particulier en

Afrique, où la chloroquine est banale. Mais l'autorisation accordée du bout des lèvres par Olivier Véran, uniquement pour les cas graves, ne suffit pas aux pro-Raoult. Le comité scientifique du président, dont l'iconoclaste infectiologue a très vite claqué la porte, décide avec tout autant de réticence d'intégrer l'hydroxychloroquine dans un essai thérapeutique. Didier Raoult conteste, lui, la méthode scientifique des tests en double aveugle pour démontrer l'efficacité d'un traitement. Perdus dans ces controverses d'experts, les patients ont l'impression de moins compter que les débats eux-mêmes.

Édouard aux mains d'argent

Il était temps. Le Premier ministre redonne l'avantage à l'exécutif en tenant, pendant deux longues heures sur demande de l'Élysée, une conférence de presse d'une pédagogie exemplaire. Une étrange discussion en mode Covid, avec un unique journaliste, Jérémy Marot de l'AFP, qui pose les questions émanant de tous ses collègues. Il apparaît ainsi aux antipodes des envolées présidentielles ou des provocations de Sibeth Ndiaye. Transparent, précis et honnête, le moins que l'on puisse dire, c'est qu'Édouard Philippe fait grande impression. Installé devant deux écrans où s'affichent cartes et courbes, entourés de médecins, le chef du gouvernement reste sobre, factuel et modeste. Il souligne que le nombre de cas double tous les trois jours, assure que les questions que se posent nos concitoyens sont «légitimes». Pour la première fois, il aborde franchement le sujet des tests et des masques. Et fait volte-face sur la doctrine. Oui, il faut porter des masques! Il recommande même au grand public l'usage de masques alternatifs en tissu – «une bonne façon de se protéger». À l'Élysée, on applaudit cette prestation avec une pointe de jalousie. La France compte 2314 décès à l'hôpital. Bientôt seront également dénombrés les morts dans les Ehpad, jusqu'ici invisibles. Olivier Véran ajoute que la France a commandé un milliard de masques à la Chine et promet des livraisons imminentes, ainsi que des millions de tests.

Emmanuel Macron veut à son tour reprendre la main et retourne sur le terrain. Direction Angers, en masque, blouse et charlotte, au milieu des rotatives de l'une des trois seules usines de masques de l'Hexagone. Puis au centre de crise du Quai d'Orsay, qui reçoit les appels au secours de milliers de nos compatriotes coincés à l'étranger, faute d'avions. Avec l'aide de l'Union européenne, le ministère organise le rapatriement de plus de cent trente mille personnes dans des vols spéciaux, un pont aérien impressionnant. Ni le président ni ses ministres ne sont masqués et tous sortent en grappe sur le perron, sans respect des distances de rigueur. L'image déclenche une salve de critiques. Au point que l'Élysée s'en prend aux chaînes d'info. Est-ce cette polémique qui a joué ? Le soir même, le port du masque est recommandé pour tous. Paris s'aligne enfin sur ses voisins. Les laboratoires privés sont finalement autorisés à pratiquer des tests. Pour la première fois, le nombre de malades en réanimation diminue en Italie. C'est une lueur d'espoir.

Emmanuel Macron, lui, rêve de profiter de la pandémie pour transformer le pays. Ses conseillers sont priés de réfléchir au « monde d'après », sans tabou. Loin de la déprime sanitaire, un curieux souffle d'aventure, de « tout est possible » règne dans les couloirs du palais. On cite avec ferveur le Conseil national de la Résistance. Une référence à double entrée, d'ailleurs, selon celui qui s'en prévaut. Certains veulent pousser le réformateur disruptif, libéral et européen à se muer en Clemenceau, apôtre de la souveraineté nationale. À condition qu'il surmonte une popularité érodée et l'accusation d'insouciance et de mensonge sur la gestion des masques, quand Angela Merkel en Allemagne et Giuseppe Conte en Italie dépassent les 70 % d'approbation. Le 6 avril, la France franchit le cap des dix mille morts. Le terrible pic est atteint.

Tchao Pantin

« C'est une guerre. Elle va durer. Mon rôle est de superviser. Je donne des instructions stratégiques en fonction de l'évolution du terrain, pour permettre à chacun de faire. Je dois être au front », déclare le président qui se rend dans un centre de santé de Pantin, près de Paris. Beaucoup des soignants qu'il croise ont déjà attrapé le Covid. Inévitablement, on lui raconte manque de masques et blouses de fortune. Lorsqu'il quitte le bâtiment, une clameur. Des dizaines de confinés le hèlent depuis leur balcon, des applaudissements à peine troublés par de rares invectives. Ravi, Emmanuel Macron discute mais d'autres, plus loin, lui adressent de grands signes. Comme aimanté, il s'avance de quelques pas dans une artère commerçante. Beaucoup de passants font leurs emplettes. En quelques instants, ils sont des dizaines autour de lui, smartphone à la main. Personne n'est masqué. Embarrassé par cet attroupement, une hérésie en plein confinement, le chef de l'État les salue tout en leur enjoignant, mollement, de rentrer chez eux.

Une chaîne d'info a capté la scène. Il paraît s'affranchir des règles qu'il a lui-même imposées. De telles gaffes de communication font oublier les efforts économiques colossaux qu'il a décidés pour soutenir activité et emploi. Dépensant des dizaines de milliards, il a jeté aux orties le dogme du déficit réduit, de la rigueur, de la baisse de la dette et des règles européennes. Largement poussée par Paris, la Commission commence à plancher sur un plan de relance de cinq cents milliards. Une réunion en visioconférence des ministres des Finances capote après seize heures de discussions non-stop. Les tractations sur un emprunt commun achoppent sur le veto des pays « frugaux ». Angela Merkel, clé de la décision, traîne des pieds. Il fait son siège, semaine après semaine. Peu à peu, le confinement produit ses effets. Le nombre des patients en réa reflue.

Le chef de l'État prendra la parole le lundi 13 avril. L'AFP publie une alerte. Nos concitoyens ne souhaitent qu'une chose : la fin de ce confinement hors du temps.

La meilleure défense, c'est l'attaque. Les médias, ou plus exactement les scientifiques invités sur les plateaux, critiquent le professeur Raoult ? Au surlendemain de son bain de foule contre-productif à Pantin, Emmanuel Macron improvise une visite, sans presse – petit coup de pied de l'âne aux journalistes qui guettent ses fautes –, chez l'infectiologue, dans son bastion de l'institut hospitalo-universitaire de Marseille. Le président a le culot de s'afficher aux côtés de l'ennemi des sommités scientifiques avec lesquelles il travaille, l'un des cauchemars de son propre ministre de la Santé ! Didier Raoult est le défenseur d'un traitement qui déchaîne les passions. Tous nos compatriotes, y compris son gouvernement, découvrent l'information par un communiqué du palais, publié à son arrivée sur place. « C'est dingue qu'il soit parti le voir », lâche un ministre, estomaqué.

Brigitte Macron, qui a parfois Didier Raoult en ligne, s'est peut-être fait son avocate. L'une de ses amies, comme de nombreuses stars de la télévision, a été soignée par l'infectiologue et ne tarit pas d'éloges sur l'hydroxychloroquine. Didier Raoult reste le héros maudit du combat contre l'épidémie. Emmanuel Macron adore ces « grandes gueules », qui font vibrer une partie du pays. Il y entend une caisse de résonance avec la France profonde. Comme le bouillant animateur de débats de CNews, Pascal Praud, avec qui il échange des SMS depuis 2018. Tout en adoubant les scientifiques reconnus, il ne veut pas se couper de ces 60 % de Français qui croient au traitement controversé. Delfraissy et Raoult, en même temps !

Postés sur Twitter, les clichés de la présidence montrent le professeur, masqué, trônant derrière son bureau, le chef de l'État modestement assis en face de lui. Le Marseillais s'affranchit pourtant délibérément des méthodes reconnues et la plupart des scientifiques contestent ses résultats. Le druide phocéen est devenu un phénomène politique, un Gilet jaune de la médecine. Le président préfère l'avoir de son côté, comme il le confiera plus tard au *Point* : « Didier Raoult est une personne qui a un contentieux avec l'institution française. Il en a nourri beaucoup de rancœurs. Il s'est toujours battu pour la recherche. Il a été ostracisé et il est dans un syndrome de colère. Je suis allé le rencontrer pour ne pas accréditer l'idée qu'il était ostracisé. Ma conviction est qu'il incarne aujourd'hui un phénomène social. » Et puis le président préfère sûrement les coups de gueule d'un Raoult aux critiques des pontes de la médecine sur sa gestion de la crise. Il n'a pas promu son traitement, puisque Olivier Véran ne l'a autorisé que pour les malades en stade final, alors qu'il s'agit en principe d'un soin préventif. Il salue un homme vénéré par une partie de l'opinion. Didier Raoult ne pourra pas dire qu'il n'a pas été écouté.

La fascination pour le désagréable Raoult est telle dans son entourage que certains le voient en candidat populiste en 2022, comme dans la série *Baron noir*, que tous ont regardée au palais et à laquelle Bruno Roger-Petit a prêté sa plume. Emmanuel Macron brosse aussi dans le sens du poil ces élus de droite qui ont pris fait et cause pour le traitement miracle. Plusieurs l'en remercient publiquement.

Quelques semaines plus tard, fort de nouvelles études défavorables à l'hydroxychloroquine, c'est avec satisfaction qu'Olivier Véran interdit sa prescription à l'hôpital.

Tricher n'est pas jouer

Poser avec un médecin populaire mais douteux est une chose. Poser sciemment dans un montage trompeur en est une autre. Quelques heures avant de décoller pour Marseille, Emmanuel Macron passe par l'hôpital du Kremlin-Bicêtre pour saluer les soignants. Là encore, sans journalistes mais avec son équipe de presse, qui poste ensuite sur Twitter une courte vidéo dans laquelle il est applaudi à tout rompre par des infirmières. Sauf que les images, ces images, sont tronquées, trompeuses. L'invective d'une soignante CGT a été coupée au montage. Sur le film diffusé par le palais, on ne l'entend pas prendre à partie le président sur les conditions de travail des personnels hospitaliers, pas plus qu'on ne l'entend appeler ses collègues à applaudir tous les soignants. « Ce n'est surtout pas Macron que nous avons applaudi ! » se scandalise une infirmière le lendemain dans la presse, quand une autre précise : « Elle a dit au président que nous étions en grève depuis des mois et qu'il n'avait jamais répondu présent. » Bien évidemment, cette grossière manipulation – incompréhensible – réalimente la méfiance.

Il va donc parler le 13 avril. Mais pour dire quoi ? Hasard, morbide, des chiffres : treize mille de nos concitoyens ont été emportés par le Covid-19 à ce moment-là. Treize, chiffre porte-bonheur ? Ce qui est sûr, c'est qu'Emmanuel Macron va devoir se montrer convaincant. Seuls 38 % des Français lui font encore confiance. L'impatience grandit. La situation exacerbe les inégalités. Si les uns ont trouvé refuge à la campagne, d'autres étouffent dans de minuscules appartements. De nombreux couples explosent. Beaucoup veulent voir le bout du tunnel. Mais quand ?

À l'Élysée, dans le plus grand secret, le chef de l'État a tranché. Il a pris son parti en petit comité, avec le Premier ministre, le ministre de la Santé et un haut fonctionnaire bombardé coordinateur du déconfinement, un certain Jean Castex, cinquante-quatre ans, ancien collaborateur de Nicolas Sarkozy. Seuls ces trois hommes et une poignée de conseillers savent que le président a choisi la date du 11 mai. Seul contre tous. Contre son conseil scientifique, partisan de la fin mai. Contre Édouard Philippe et Alexis Kohler, eux aussi favorables, par prudence, à une date plus tardive.

Face à ce virus inconnu, le 11 mai est son pari personnel. Emmanuel Macron veut éviter une récession et une déprime générale. Et surtout rouvrir les écoles, son choix le plus controversé. Tant pis pour tous ceux, majoritaires, qui voulaient les maintenir fermées jusqu'aux grandes vacances. Chez les Macron, l'école, c'est sacré. Même pour quelques semaines. Ils ne laisseront pas tomber les décrocheurs. Son épouse Brigitte a d'ailleurs pesé dans sa décision de rouvrir plus tôt. C'est elle qui lui a fait prendre conscience des séquelles psychologiques du confinement. Il n'avait dans ce domaine, s'aperçoit-elle, pas la moindre information. La première moitié de la crise du Covid a été gérée en suivant scrupuleusement l'avis des scientifiques. La seconde sera menée à l'intuition et aux audaces politiques. Emmanuel Macron prend son risque.

Libres ! Ou presque...

13 avril 2020. Date des soixante-sept ans de son épouse Brigitte. Et de cette quatrième allocution présidentielle destinée à affronter l'ennemi sournois qu'est ce coronavirus. Plus de trente-six millions de nos concitoyens le regardent cette fois-ci, avides de savoir quand ils vont être enfin libérés, un nouveau record. Emmanuel Macron apparaît fatigué mais bronzé. Le fruit de ses longs après-midi de travail dans les jardins du palais. Serein, il délivre son message : ce sera le 11 mai, donc. Un déconfinement progressif, sauf pour les personnes vulnérables ou âgées qui sont priées de rester chez elles, à l'abri. À quel âge et jusqu'à quand? Rien n'est dit. Pour les autres, il ne s'agira pas vraiment d'un retour à la normale. Les rassemblements de plus de dix personnes resteront interdits. Adieu les festivals estivaux. Le masque sera obligatoire dans les transports en commun et des tests massifs seront mis en place. Autre annonce choc, qui prend tout le secteur de l'éducation de court – dont Jean-Michel Blanquer, qui avec ses équipes planchait sur une date plus

tardive –, crèches et écoles rouvriront à la même date, progressivement. Le président promet aussi une aide exceptionnelle aux plus modestes et prolonge l'aide au chômage partiel.

Il est un autre domaine dans lequel le chef de l'État surprend. Il réclame une « annulation massive » de la dette des pays africains afin de les aider à lutter contre le virus. C'est un credo partagé par de nombreux créanciers. Deux jours plus tard, le G20 suspendra le remboursement de celle des pays les plus pauvres, africains pour nombre d'entre eux. Emmanuel Macron, hyperactif dans les visioconférences internationales qui rythment le confinement, a poussé à la roue. Et s'affiche de nouveau comme un protecteur pour l'Afrique, dont la réussite lui semble seule à même d'éviter une immigration de masse.

Avec cette forme d'exaltation qui l'entraîne dans les moments clés, le président parle d'« ébranlement intime et collectif », d'une chance offerte pour une sorte de régénérescence de la nation. Et termine par ce vœu intrigant : « Sachons nous réinventer, moi le premier. » Aux ministres de gérer le prosaïque. « Le gouvernement présentera d'ici quinze jours les détails de l'après-11 mai. » En clair ? Édouard Philippe et Jean Castex ont deux semaines pour éclaircir les nombreuses zones de flou laissées par son discours. Il esquisse à peine une critique de la gestion de la crise. Pas vraiment une autocritique mais plutôt une observation sur ses troupes, quand il lance : « Comme vous, j'ai vu des ratés, encore trop de lenteurs, des procédures inutiles, des faiblesses aussi de logistiques. Nous retrouverons les jours heureux », conclut-il, citant le Conseil national de la Résistance. Le « se réinventer », c'est l'une de ces formules poétiques de Jonathan Guémas qui lui plaisent tant, tout comme le « jour d'après », le « je suis en guerre » ou le « quoi qu'il en coûte ». Ces deux hommes se sont bien trouvés.

Juste après l'allocution, il retrouve une quinzaine d'éditorialistes pour une explication de texte. Emmanuel Macron veut que tous comprennent qu'il est le patron. Le seul patron. Et que cette décision du 11 mai lui appartient. « Beaucoup poussaient à ne pas rouvrir les écoles. Plusieurs scientifiques étaient plus prudents. Mais, à la fin, c'est moi qui décide », triomphe-t-il. Le politique a donc repris le dessus sur la science. Mais il dit avoir appris de cette pandémie : « Il faut embarquer les gens, sinon ça ne vaut rien.

C'est le défaut que j'ai eu parfois. C'est cela, se réinventer, car il y a eu un moment du quinquennat où j'étais sabre au clair. »

Édouard Philippe ne savoure pas cette nouvelle forme du « je suis votre chef », que le président avait lancé en son temps aux militaires. Pas plus qu'il apprécie de ne pas avoir été cité dans cette prise de parole. Comme il n'aime guère, non plus, se retrouver dans la position de simple exécutant, lui, le chef du gouvernement, qui a tout de même tenu le gouvernail en ces temps démontés. Entre le lyrisme de l'un et le pragmatisme de l'autre, entre le goût du jeu cher à l'un et le principe de précaution qui guide l'autre, le fossé s'est creusé.

Deux semaines, deux semaines seulement pour tout préparer ! Édouard Philippe renâcle face au risque de déconfiner trop tôt. Pour autant, il va mettre un point d'honneur à respecter la deadline édictée, au jour près. À Matignon, les réunions interministérielles se succèdent pour tout concrétiser. Un deuxième budget rectificatif est élaboré dans l'urgence, un mois seulement après le premier, fondé sur l'hypothèse d'une récession de 6 %. Dès le lendemain, il est adopté, puis validé au Parlement dans la foulée. Il intègre une prime exceptionnelle aux soignants et une aide aux plus modestes. Au total, l'État engage cent dix milliards d'euros de dépenses urgentes.

Le prix de la liberté

Le président se montre bien moins indulgent avec les râleurs, ces bénéficiaires d'aides inconnues partout ailleurs dans le monde. Nous sommes dans le salon Murat, qui accueillait jadis le Conseil des ministres. Depuis un mois rebaptisée « salle Covid », la prestigieuse pièce est équipée d'un grand écran et de liaisons sécurisées. Ce jour-là, Emmanuel Macron, en bras de chemise, réunit des figures de la gastronomie tricolore, d'Alain Ducasse à Philippe Etchebest en passant par Michel Sarran. Les chefs veulent obtenir une date pour la réouverture de leurs restaurants fermés depuis un mois. Après avoir écouté leurs doléances, il leur fait la leçon dans une conclusion filmée : « On va se parler tous franchement. Ce qu'on est en train de faire collectivement et que vous acceptez quand même tous gaiement depuis le début de cette crise, c'est une nationalisation des salaires et des charges. L'État, vous faites appel à lui quand il s'agit de payer ! Dans d'autres pays, les acteurs que vous êtes, ils tombent en faillite ! » Il arbore un sourire un zeste forcé, avec une pointe de mécontentement et une pincée de ras-le-bol. L'Emmanuel Macron rentre-dedans est toujours là.

Au cœur de la machine, Jean Castex distribue bons et mauvais points aux ministres qui rendent leur copie. Le conseil scientifique énumère des mesures sanitaires contraignantes pour rouvrir les écoles, comme l'interdiction de contacts entre élèves durant les récréations. Enseignants et parents sont méfiants, d'autant que l'Italie maintient ses classes fermées jusqu'en septembre. La veille de la présentation du plan de déconfinement, la gauche conteste la réouverture, quand la droite attaque sur la gestion des masques.

Le 28 avril, jour J, Édouard Philippe joue sans doute sa place à la tête du gouvernement. Nouvelle petite brouille au sein de l'exécutif ? Le Premier ministre veut annoncer son plan devant les députés avec un vote dans la foulée, quand le chef de l'État préférerait que ces derniers puissent avoir le temps d'en débattre. France Inter révèle ce désaccord. L'anecdote rallume les feux du divorce entre eux.

Le moment de la présentation est venu, c'est le début de la fin. Maître Philippe ne veut pas de grand soir et il veut même désacraliser une date jugée précoce. Il annonce donc un déconfinement progressif. Mais pour maître Macron, cette lenteur et cette « timidité » des mesures cassent la dynamique qu'il souhaite insuffler. Prudence d'un côté, euphorie de l'autre, dichotomie au sommet de l'État. Certes, nos concitoyens pourront sortir de chez eux, mais à moins de cent kilomètres de leur domicile. Certes, les commerces pourront rouvrir, mais pas les bars, restaurants, cinémas ou théâtres. Certes, les écoles pourront de nouveau accueillir leurs élèves, mais dans un échelonnement qui s'étale sur plusieurs semaines. L'Assemblée, impatiente comme la majeure partie de nos compatriotes, entérine : trois cent soixante-huit pour et cent trois abstentions bienveillantes, du groupe LR et d'une partie des socialistes.

Se « réinventer » avec le même exécutant, perçu comme un rabat-joie ? L'alchimie semble compliquée. Certes, entre les deux têtes de l'exécutif, les dissensions sont rares, mais elles sont profondes. Au moment des Gilets jaunes, sur la taxe carbone, le Premier ministre n'a pas voulu lâcher, quand le chef de l'État souhaitait la geler. Lors des grèves contre la réforme des retraites, Édouard Philippe s'est accroché à l'âge pivot, alors qu'Emmanuel Macron était prêt à le jeter à l'eau. Sur le déconfinement, le premier voulait le 11 mai, le second n'en était pas satisfait. Le nœud du désaccord? Les RIM. Les réunions interministérielles systématiques d'Édouard Philippe, qui retardent l'application des décisions du patron. Un problème ? Quel problème ? On fait une « RIM » ! Au palais, c'en est même devenu une blague. Le Premier ministre sera donc remplacé, et à court terme. Cette perspective commence à transpirer. De quoi aiguiser les appétits. Les jours suivants, l'ambitieux Bruno Le Maire lance une campagne d'interviews dans les médias, sans vraiment se cacher de briguer le poste. Mais ses gros sabots agacent. L'ancien ministre de Sarko devrait savoir qu'Emmanuel Macron déteste qu'on lui force la main. En revanche, il adore étonner.

L'épidémie marque le pas. Certes, le nombre de morts dépasse les vingt-cinq mille, mais les services de réanimation ne comptent plus « que » quatre mille patients Covid, contre sept mille deux cents lors du pic du 9 avril. Nos compatriotes regardent avec envie nos voisins allemands qui, grâce à une politique de tests à grande échelle, comptent moins de cinq mille victimes. Berlin rouvre ses magasins et lève les restrictions. Au pic de la pandémie, Angela Merkel alignait onze mille places libres en soins intensifs. La comparaison alimente les critiques et le palais lâche, acerbe : « Les Allemands font bien mieux, évidemment ! » Reste que l'on voit le bout du tunnel. La préoccupation économique prend le pas sur la question sanitaire.

Offensives de mai

L'économie, ce sont aussi les luttes sociales qu'elle sous-tend. À la veille de cette fête du travail sous cloche, Emmanuel Macron tente d'adresser un clin d'œil *via* les réseaux sociaux : « Retrouver nos 1er Mai joyeux, chamailleurs. » Sur cette vidéo, il apparaît bronzé et souriant, mais ce « chamailleurs »... mot d'une autre époque, mot paternaliste et surtout mot de trop. La gauche, qu'il unit contre lui, lui renvoie les violences policières des 1er Mai précédents. Mais à dix jours de la réouverture du pays, rien ne semble atteindre le chef de l'État. Il est empli d'optimisme et d'énergie, radieux et transporté par l'immense défi de faire repartir la nation.

C'est donc d'excellente humeur qu'il reçoit les producteurs de Rungis venus lui offrir le brin de muguet traditionnel. En plein confinement, le président a tenu à maintenir au palais, en tout petit comité, cette tradition de l'Ancien Régime. Les fleuristes offrent une botte de clochettes blanches à Brigitte Macron. La scène fleurit sur huit pages dans *Paris Match*, l'arme *people* du couple. La première dame y glisse même un mot de soutien en faveur de Didier Raoult et confie qu'il l'a appelée. « Il a soigné plusieurs de mes amies et l'une d'elles lui a donné mon numéro. » Elle révèle aussi, en filigrane, son influence sur le déconfinement. L'ancienne professeure insiste sur l'importance d'un retour rapide des élèves en classe. Redoute-t-elle que nos concitoyens ne retiennent du quinquennat que des mauvais souvenirs ? « Tout dépendra de comment on sort du confinement », lâche-t-elle.

Elle a raison. Sans attendre, des polémiques émergent. Des médecins, écœurés de voir des masques à profusion en vente libre dans les supermarchés, haussent le ton. Y avait-il des stocks cachés ? En fait, la France commence à recevoir les livraisons chinoises. Sera-ce suffisant, quand ils deviendront obligatoires dans les transports ou lieux publics ? Et comment mettre en place sept cent mille tests par semaine ? L'école, surtout, cristallise les angoisses. Les maires redoutent d'être tenus pour responsables de contaminations en cas de manquements à la sécurité. Plus de trois cents édiles d'Île-de-France, dont Anne Hidalgo, réclament dans une lettre ouverte à Emmanuel Macron le report de leur réouverture. Attentif à ménager la droite dure, le président prend soin d'appeler pendant près d'une heure le polémiste Éric Zemmour, qui s'est fait insulter et agresser dans la rue en ce 1er Mai. C'est la première fois qu'ils se parlent. L'essayiste salue l'élégance du geste et racontera plus tard que le chef de l'État lui a donné raison sur la volonté des musulmans de « dominer l'infidèle ». Surprise qui n'en est pas vraiment une : Emmanuel Macron lui aurait demandé de rédiger une note sur l'immigration, l'une de ses méthodes habituelles pour flatter. Un mois plus tard, le président appellera aussi l'humoriste Jean-Marie Bigard, qui l'a pourtant quasiment insulté au moment de la fermeture des bars, afin de lui dire que lui aussi aimerait qu'on « arrête d'emmerder les Français ». L'amuseur public, étonné, en jouera.

Une semaine après l'Assemblée, Édouard Philippe est devant le Sénat. Pendant que le Premier ministre s'évertue à convaincre la Chambre haute d'une date qu'il n'a pas choisie, le chef de l'État fait feu de tout bois dans une visioconférence internationale dont il est l'un des artisans. Avec l'ONU et l'OMS, il a plaidé pour une structure capable de coordonner un accès mondial aux traitements et aux vaccins, baptisée Act-A. Paris n'a pas les moyens de jouer un rôle matériel dans l'opération, mais le président s'en fait l'avocat, au nom de la coopération mondiale. En ce 4 mai, l'Union organise une levée de fonds. L'objectif? Trouver sept milliards et demi d'euros. Soudain, triomphant, il exulte. L'opération a réussi. La France apportera cinq cents millions d'euros dans la corbeille de la mariée. Se prenant au jeu de nos questions, Emmanuel Macron donne quelques détails. Et oublie qu'au Sénat, le chef du gouvernement s'exprime au même moment. Cette déclaration improvisée fait de l'ombre au plaidoyer du Premier ministre, froissé.

Mais est-ce vraiment un hasard? Depuis quelques jours, la France semble touchée par une nouvelle maladie : la « Doudoumania ». Les sondages des deux têtes de l'exécutif se croisent. Quand le président chute, le Premier ministre s'envole. L'opinion récompense la franchise de l'un, lorsque les fluctuations de l'autre sont dénoncées. Quant à Act-A, rares sont les médias qui s'y intéressent.

La réouverture des écoles inquiète? Emmanuel Macron se rend dans un établissement de Poissy. Il veut rassurer élèves et enseignants, malgré l'avalanche de normes sanitaires qu'il trouve en privé démesurées, fruit de l'imagination bureaucratique de Matignon. Le 5 mai, il débarque dans une classe de primaire, avec un élégant masque en tissu noir, brodé d'un liseré tricolore. Sauf que les enfants ne le reconnaissent pas… Souriant, il tire un instant son masque vers le bas pour un espiègle : « C'est qui ?! » On le lui reprochera. Mais foin de désinvolture face à un enfant qui l'interroge sur les « bons côtés » du coronavirus. Le petit garçon pense-t-il aux canards aperçus sur le macadam parisien ? aux oiseaux revenus en nombre dans les campagnes ? aux villes silencieuses ou aux cygnes réapparus sur la Seine ? « Le virus rend les gens malades, je ne l'aime pas, lui répond Emmanuel Macron, mais il peut avoir des bons côtés, mieux accompagner celles et ceux qui soignent, prendre plus soin des autres et un peu réfléchir à nos vies. »

Le tigre de l'Élysée

Psy ou philosophe, parfois Don Quichotte difficile à suivre, Emmanuel Macron choisit ce jour-là de s'occuper des artistes. Fin avril, des stars l'ont interpellé dans une lettre ouverte. Jeanne Balibar, Catherine Deneuve, Jean Dujardin ou encore Omar Sy lui réclamaient la prolongation d'un an des droits des intermittents. Au ministère, on renvoie depuis des semaines aux décisions du patron, dont le « plan culture » est attendu avec impatience. Comme pour les restaurateurs, pour annoncer ses choix, le président veut des têtes d'affiche. Sur les écrans de la « salle Covid » apparaissent la chanteuse Catherine Ringer, les réalisateurs Éric Tolédano et Olivier Nakache, le chef d'orchestre Sébastien Daucé, les actrices Norah Krief et Sandrine Kiberlain ou le metteur en scène Stanislas Nordey. La dernière demi-heure est filmée et diffusée par le palais.

Renversé sur sa chaise, en manches de chemise, bras croisés derrière la nuque, l'acteur principal spécule à voix haute et s'échauffe tout seul. « On entre dans une période où on doit en quelque sorte enfourcher le tigre, et donc le domestiquer. Il ne va pas disparaître, le tigre, il sera là. Et la peur sera là dans la société. Le seul moyen qu'il ne nous dévore pas, c'est de l'enfourcher. » Le ministre de la Culture Franck Riester, assis à sa droite, en demeure interdit. Et le président d'ajouter, les yeux perdus au plafond : « Je repensais aux phrases que Simon Leys avait sur Robinson Crusoé, en disant que les vrais idéalistes sont des grands pragmatiques. Il a cette formule : quand Robinson part, il ne part pas avec des grandes idées de poésie ou de récit. Il va dans la cale chercher ce qui va lui permettre de survivre. Du fromage. Du jambon. Des choses très concrètes. Pour pouvoir ensuite inventer quelque chose et créer. Robinson, quand le naufrage est là, il ne se prend pas les mains dans la tête en essayant de faire une grande théorie, il prend d'abord du jambon et du fromage, mais il a en lui cette capacité à réinventer une histoire unique. Je crois qu'on a ça. » Les grands idéalistes sont des pragmatiques, l'aphorisme qu'il cite lorsqu'on lui reproche de discuter avec des dictateurs. Ce n'est pas la première fois qu'il brandit Robinson et son jambon. Mais le combo tigre-jambon-fromage suscite incompréhension, rires et étonnement. Notre président ne serait-il pas un peu « perché » ? Le félin annonce dans la foulée des aides concrètes, à commencer par la plus attendue, le prolongement des droits des intermittents jusqu'à fin août 2021. « On parle toujours de l'Allemagne mais ils n'ont pas ce régime », glisse-t-il, revanchard. Paralysé depuis deux mois, le monde du spectacle respire. Toutefois, aux yeux du chef de l'État, cette aide doit s'accompagner de contreparties. Il réclame un donnant-donnant, par exemple la participation, durant l'été, à des missions culturelles dans les écoles de quartiers défavorisés. « On a des millions d'enfants, souvent issus de l'immigration, qui avaient pour habitude de partir au pays et qui ne pourront pas le faire, explique-t-il, on a besoin de vous à l'école, si vous êtes prêts à donner un ou deux après-midi ». Le message est vaguement culpabilisant.

Jusque-là, tout va bien. *Grosso modo*, nos compatriotes respectent les consignes édictées pour ce déconfinement. Ce n'est d'ailleurs pas une ruée à l'extérieur, beaucoup de salariés restent en télétravail. Des centaines de milliers de citadins regagnent leur logement. Quelque quatre cent mille entreprises et commerces rouvrent et une partie des douze millions de salariés en chômage partiel recommencent à travailler. La rentrée des classes, qui s'échelonne donc, se passe correctement. Édouard Philippe prend même la liberté d'annoncer que nous pourrons partir en vacances cet été, avec la levée de la limitation des cent kilomètres. Le Premier ministre serre un peu plus le nœud coulant autour de son cou. Jusque-là tout va bien, mais notre pays compte vingt-sept mille morts du Covid-19.

Champ de bataille

Clemenceau moderne dans des tranchées d'un nouveau genre, le président retourne auprès des soignants épuisés par des semaines de mobilisation. Le voici, donc, invité surprise, dans l'unité Covid de la Pitié-Salpêtrière. Les chefs de service ? Poliment sceptiques. Seule journaliste présente, je l'entends pourtant promettre le lancement de grandes négociations, estampillées « Ségur de la santé », du nom de l'avenue qui abrite le ministère occupé par Olivier Véran. Puis Emmanuel Macron se retrouve dans le hall de l'hôpital, au milieu des soignants. Il n'a sans doute pas mesuré leur colère. Infirmiers, aides-soignants ou agents des services hospitaliers font bloc et enchaînent envolées mi-agressives, mi-suppliantes. Une infirmière plante son regard dans le sien. Elle lui répond pied à pied et réclame de nouveaux moyens. Joseph Zimet, censeur, m'empêche de filmer cet échange tendu. Peine perdue, plusieurs soignants le captent et publient aussitôt des vidéos de la scène sur les réseaux sociaux. Emmanuel Macron parvient à calmer le jeu en promettant un « plan massif d'investissement et de revalorisation » pour l'hôpital. Il va plus loin. Il reconnaît une « erreur » sur la réforme du système de santé engagée deux ans plus tôt. Un aveu rare. « On sera au rendez-vous », répète-t-il, touché. Mais la fragilité est éphémère. « Monsieur Macron, vous pensez qu'on a vraiment besoin d'une médaille ? » l'apostrophe un infirmier railleur, qui fait allusion à la « médaille de l'engagement » annoncée par Sibeth Ndiaye pour les soignants quelques jours plus tôt. « La médaille, si vous n'en voulez pas, vous ne la prenez pas ! » rétorque le président avec vivacité. Encore une repartie cinglante qui termine sur Internet.

Il revient à l'Élysée avec le sourire, mais conscient d'avoir sous-estimé la colère des urgentistes depuis près d'un an. La faute, selon lui, à Agnès Buzyn. « Elle m'avait dit que les manifestants étaient des extrémistes, politisés et très minoritaires », me glisse-t-il. S'il veut éviter leur retour dès la levée du déconfinement, il comprend qu'il doit agir très vite. Deux jours plus tard, Olivier Véran annonce le début des négociations du « Ségur » avec l'objectif d'adopter un plan avant l'été.

Autre lieu, autre bataille. Le chef de l'État profite de l'accalmie pour commémorer la première bataille de Charles de Gaulle, à Montcornet, dans l'Aisne. Le palais a maladroitement demandé aux participants de retirer leur masque pendant l'hommage, Emmanuel Macron n'étant pas masqué pour son discours. Ce qui fournit l'occasion au président des Hauts-de-France, Xavier Bertrand, potentiel rival en 2022, de déclencher un mini-esclandre en refusant d'ôter le sien. Et en le faisant bruyamment savoir. La campagne présidentielle vient, peut-être, de s'engager ici, en plein champ.

En attendant cette guerre – Macron *versus* Bertrand – qui n'aura peut-être pas lieu, l'Europe, enfin, avance. Deux mois qu'Emmanuel Macron tente de convaincre Angela Merkel d'accepter un emprunt européen commun pour financer le plan de relance géant de l'Union. À la manœuvre, Clément Beaune, l'habile « M. Europe » du chef de l'État. La chancelière, qui approche de la fin de sa carrière, fait savoir au président qu'elle soutiendra ses positions. « Le fruit de trois ans de relations de confiance », selon Clément Beaune. Illustration parmi d'autres de cette confiance retrouvée : le couple franco-allemand descend dans les mêmes hôtels pour les sommets. Et le soir, au bar, Angela Merkel et Emmanuel Macron partagent un verre de vin. Elle aime les rouges tricolores.

Unions sacrées

Le matin du 18 mai, conférence de presse surprise des deux dirigeants. Dans le jardin d'hiver du palais, nous découvrons une installation inédite. Le président debout, à côté d'un grand écran sur pied où apparaît le buste d'Angela Merkel, à sa hauteur. Un dispositif en miroir est installé à Berlin. Chacun se regarde par écran interposé. L'innovation, frappante, met en valeur leur initiative historique : Paris et Berlin proposent un plan de relance européen de cinq cents milliards d'euros, sous forme de subventions pour les pays les plus touchés par le Covid, financé par un emprunt effectué au nom de l'Union. La dette sera remboursée au niveau européen, au prorata du poids de chaque pays. Ce pour quoi la France plaide depuis si longtemps. Victoire sur toute la ligne. Mais gagner une bataille ne suffit pas à gagner une guerre. Il faut à présent l'unanimité des vingt-sept.

Ce succès diplomatique est aussi à usage interne. La débandade de l'Union aurait été un peu la sienne. Ursula von der Leyen salue aussitôt ce plan «Merkron». Ils peuvent compter sur une autre alliée de poids, Christine Lagarde, la présidente de la BCE, décidée à utiliser tous les outils monétaires pour soutenir une relance keynésienne. La crise du Covid, qui allait faire exploser l'Europe, l'a peut-être sauvée.

Mais les milliards annoncés ne préservent pas la Macronie d'un sérieux revers politique. Le parti du président, au fonctionnement critiqué, sans ligne claire et peu structuré, continue à voir des députés de son aile gauche le quitter. Il perd la majorité absolue à l'Assemblée en raison de la création d'un nouveau groupe de centre gauche, baptisé Écologie démocratie solidarité, composé largement de dissidents Marcheurs, menés par Matthieu Orphelin, Aurélien Taché, Cédric Villani ou encore l'ex-ministre PS Delphine Batho. Même si le chef de l'État dispose toujours d'une majorité, grâce au soutien des députés centristes du Modem et d'Agir, sa position est fragilisée.

Éviter que ce soit le cas de l'économie. Le gouvernement se déploie sur tous les fronts pour soutenir un pays qui doit impérativement redémarrer, et multiplie les plans d'aide sectoriels. Trou dans la raquette, les parcs à thèmes ignorent toujours s'ils pourront rouvrir. Notamment le Puy-du-Fou, fondé par le souverainiste Philippe de Villiers, avec qui le président entretient d'excellentes relations. Le chef de l'État a d'ailleurs appelé lui-même le vicomte mi-avril pour lui promettre une prompte réouverture. Mais Matignon ne délivre pas la moindre autorisation. Ulcéré, ce dernier interpelle Emmanuel Macron sur Twitter. «J'ai eu Édouard Philippe au téléphone. Il refuse la réouverture du Puy-du-Fou, contrairement à la parole du président. Ils veulent nous briser.» Ce dernier vole à son secours, par SMS : «J'ai pris la décision de rapatrier le dossier à l'Élysée et de le traiter en Conseil de défense. Parce qu'au Conseil de défense, c'est moi le patron», écrit-il au vicomte.

Comme promis, le mercredi suivant, Emmanuel Macron profite d'un Conseil de défense Covid pour donner son feu vert à la réouverture des parcs à thèmes le 2 juin, dont le Puy-du-Fou. Il en informe aussitôt Philippe de Villiers, qui s'empresse de publier son SMS, constellé des majuscules : «DÉCISION prise ce matin en Conseil de DÉFENSE : on commence dès aujourd'hui le travail en vue de la réouverture, objectif 2 juin. Mandat est donné au préfet de commencer le travail dès aujourd'hui. »

Édouard Philippe trouve la méthode cavalière, quand la gauche dénonce un passe-droit. Une semaine plus tard, dans une interview, Philippe de Villiers prend un malin plaisir à enfoncer un coin entre les deux têtes de l'exécutif : « Le 17 mai, j'ai eu une conversation avec Emmanuel Macron et je lui ai dit : « Pourquoi il fait ça, Philippe, pourquoi on ne déconfine pas plus vite ? » Il m'a dit : « Philippe, il gère son risque pénal. Il y avait un désaccord entre eux sur le rythme du déconfinement. » À Matignon, ces philippiques ne sont guère appréciées.

Le 2 juin, justement, Édouard Philippe annonce les modalités de la deuxième phase du déconfinement. Emmanuel Macron, lui, renouera avec ses allocutions télévisées le 14 afin de présenter un vaste plan de relance. À deux ans de la prochaine présidentielle.

Il lui faut d'ailleurs surveiller le réveil des batailles politiques. Aux États-Unis, George Floyd, un Afro-Américain, meurt des suites d'une brutale interpellation policière. Les images choquantes de l'agent qui l'a étouffé avec son genou pendant plus de huit minutes font le tour du monde. Malgré le Covid, des manifestations gagnent les quatre coins des États-Unis, menées par le mouvement Black Lives Matter (« Les vies noires comptent »). Les réseaux sociaux s'enflamment. L'indignation rencontre un puissant écho en France. Tout particulièrement dans les quartiers sensibles, en mémoire du décès, sept ans plus tôt, d'Adama Traoré, un jeune Noir de vingt-quatre ans, également au cours d'une interpellation policière. À l'appel de sa sœur Assa et du collectif La Vérité pour Adama, vingt mille personnes manifestent à Paris. Alors que tout rassemblement à plus de dix reste interdit. Emmanuel Macron intervient pour désamorcer le mouvement : « Le président a demandé au Premier ministre et aux différents membres du gouvernement concernés de s'emparer des différents volets du sujet, la déontologie policière, la politique de la ville et le racisme, ainsi que le décès d'Adama Traoré. » Le chef de l'État a visiblement appris des Gilets jaunes la rapidité, en tentant d'agir avant que les protestations ne fassent boule de neige.

Le 13 juin, ils sont plus de quinze mille à protester contre un « racisme systémique » et le « privilège blanc ». L'arbitrage revient au

Conseil d'État qui, en début de soirée, lève l'interdiction de manifester, à condition de respecter les gestes barrières. Le soir même, le président soutient les policiers mais, pour envoyer un signal aux manifestants, confirme l'interdiction de la clé d'étranglement.

14 juin. Il y a trois mois, Emmanuel Macron mettait le pays à l'arrêt. Cette fois, il veut être celui qui le ramène à la vie et le projette même dans l'après. De fait, le président n'a qu'un souhait : reprendre le fil de ce quinquennat si perturbé et dont il a, d'une certaine manière, l'impression d'avoir été dépossédé. Tous dans les couloirs du palais entendent le tic-tac du compte à rebours de 2022. « Nous avons six cents jours », répètent ses conseillers. Pour retrouver le souffle réformateur des débuts. « Il s'agit, aux yeux du président, d'un contrat moral avec ses électeurs », disent les uns. « C'est son ADN », estiment les autres. C'est surtout la seule chose qui le passionne.

Les Français, tout comme leur dirigeant, veulent se croire libérés du virus qui sévit au Brésil. Il n'annonce pourtant pas de grand soir, dans cette allocution vespérale. Plutôt des bonnes nouvelles pratiques comme la réouverture des crèches, écoles et collèges le 22 juin, et celle des bars et restaurants à Paris. Mais, surtout, il condamne les déboulonneurs de statues, présents dans les rangs des manifestations en faveur d'Adama Traoré, et dénonce la « réécriture haineuse du passé ». Cahin-caha, on remet sur les rails le calendrier législatif.

Vert de peur

Emmanuel Macron est surtout absorbé par ses réflexions stratégiques. En partie sur le second tour des municipales, qui s'annoncent comme une bérézina pour LREM. Et en partie, déjà, sur les régionales de mars 2021. Il fait pression sur Renaud Muselier, président LR de l'Association des régions de France, pour faire reporter de six mois ce scrutin. Car deux présidents de région, Xavier Bertrand (Hauts-de-France) et Valérie Pécresse (Île-de-France), ses adversaires les plus crédibles pour 2022, bénéficieraient, en cas de réélection, d'un tremplin idéal… « Je n'ai aucune raison de faire de cadeaux aux régions, car c'est là que se situe l'essentiel de mon opposition », dit-il en substance. « Ce n'est pas le cocu qui paie la chambre ! » Mais bien plus que ces calculs, il préfère s'enquérir tous azimuts de ce que pourrait être ce « monde d'après » qui l'inspire. Son avènement passerait sans doute par un remaniement avant le 14 Juillet, option dont les conseillers parlent désormais ouvertement. Ce qui n'était qu'une vague hypothèse en mars a pris corps pendant le confinement. Va-t-il, oui ou non, évincer son fidèle et très populaire Édouard Philippe, pivot de sa conquête des électeurs de droite et apprécié de la gauche modérée ? Le Havrais est difficile à remplacer. « C'est 50-50 », pensent les cadres de la majorité. Et le secret le mieux gardé de l'Élysée. Le Premier ministre, lui, ne se fait guère d'illusions. En le recrutant en 2017, le chef de l'État l'avait averti qu'il comptait le remplacer à mi-mandat[1].

Le deuxième tour des municipales, le 28 juin, s'avère aussi désastreux pour LREM que le premier, celui du 15 mars, juste avant le confinement. Une impressionnante vague verte propulse des écologistes, alliés à la gauche, à la tête de plusieurs grandes villes. La socialiste Anne Hidalgo, alliée aux Verts, garde Paris haut la main. Lyon élit l'écologiste Grégory Doucet, qui éjecte Gérard Collomb, l'ami du président, allié de LR. Marseille choisit la liste de l'écologiste Michèle Rubirola.

Le soir venu, à l'Élysée, devant son premier cercle, le chef de l'État commente longuement. Il est convaincu qu'il s'agit d'un vote « plus sociologique que politique », autrement dit d'un vote bobo. Le succès des Verts s'explique pour lui par l'attrait de nouveaux entrants disruptifs. Sous cette apparente sérénité, il se méfie des écologistes. Et ce depuis le début de son quinquennat. Le scénario d'un dangereux opposant Vert en 2022 circule au palais depuis 2017. Mais officiellement, l'Élysée ne commente pas. Au Havre, confortablement réélu avec 59 % des voix, Édouard Philippe arbore un modeste sourire.

Les municipales, le président veut les « enjamber ». Dès le lendemain du vote, il reçoit les cent cinquante membres de la Convention citoyenne sur le climat. Une grand-messe verte, qui lui permet de contre-attaquer immédiatement après la poussée écolo. Ce qu'il

1. Dans Arthur Berdah, *Emmanuel Macron, vérités et légendes*, Paris, Perrin, 2021.

n'avait sans doute pas prévu, c'est qu'après des mois à écouter des experts, ces citoyens tirés au sort se sont convertis à des solutions souvent radicales. Leurs propositions mêlent des mesures de principe, comme l'ajout d'une mention pro-environnement dans la Constitution, à des transformations du quotidien : limitation des vols intérieurs courts, interdiction des terrasses chauffées et de l'éclairage des magasins la nuit ou encore réduction de la vitesse sur autoroute à cent dix kilomètres à l'heure.

Le président veut bâtir une digue contre la vague verte, la détourner dans les jardins de l'Élysée, où il reçoit les cent cinquante « conventionnels ». Les « citoyens » exposent leurs propositions, puis le chef de l'État révèle ce qu'il en fera. Cette matinée doit être mémorable, montrer le virage écologique du quinquennat, par le peuple et pour le peuple. À ses yeux, le doublé parfait. Convaincu d'avoir remporté son pari de réinventer la démocratie directe, il est si satisfait qu'il envisage déjà de dupliquer cette méthode sur d'autres sujets. Les politiciens classiques, Édouard Philippe en tête, sont plus réticents. Le Premier ministre ne s'est pas privé d'exprimer des réserves sur plusieurs de leurs cent cinquante propositions.

Un ovni politique mérite un décor à la hauteur. Arnaud Jolens, a fait installer deux cents chaises en arc de cercle sur la pelouse qui s'étire en pente douce devant l'élégante façade du palais. Impressionnés, les citoyens prennent place, non sans avoir fait de nombreux selfies devant le bâtiment. C'est en compagnie d'Édouard Philippe, dont le sort est toujours en suspens, qu'Emmanuel Macron surgit d'un petit bosquet pour se diriger vers l'estrade centrale. Au premier rang, une bonne partie du gouvernement a été convoquée. Les porte-parole de la Convention plaident leur cause avec ferveur, énumérant leurs demandes. Enfin, le chef de l'État s'empare du micro. Et s'écrie avec audace : « Je retiendrai cent quarante-trois propositions sur cent quarante-six ! » C'est un petit coup de théâtre, tant ces recommandations tous azimuts seraient dignes d'un candidat écologiste en 2022.

S'il dit vrai, ce peut être un véritable changement de priorités, porteur également d'un flot de contestations. Il explique avoir cependant pris trois « jokers », c'est-à-dire écarté trois propositions : la limitation de la vitesse sur autoroute à cent dix kilomètres à l'heure (« Je ne veux pas que vous connaissiez le même sort que moi »), taxer de 4 % les dividendes des grandes entreprises (« Il ne faut pas décourager les investisseurs») et la modification du préambule de la Constitution, qui placerait l'environnement au-dessus des valeurs fondamentales. Suggestion qui a déjà provoqué la colère du Premier ministre. Mais, pour tout le reste, il promet de transmettre ces propositions «sans filtre» au gouvernement ou au Parlement, ou de les soumettre à un référendum. Son engagement est d'autant plus téméraire que nombre d'entre elles sont vagues, économiquement ou socialement délicates, ou encore extrêmement coûteuses. Personne, et surtout pas le président, ne s'attarde à un examen trop détaillé de leur faisabilité. C'est l'intention qui compte.

En reprenant ce large éventail, Emmanuel Macron retire aux écologistes leur fonds de commerce et les pousse à une surenchère peu crédible. Il profite aussi de la crise du Covid et de la manne financière qu'elle entraîne. Le futur plan de relance, explique-t-il, intégrera plusieurs de leurs idées, comme une prime à la casse majorée, des aides à la rénovation des bâtiments et une relance du fret ferroviaire. Il s'engage donc à faire élaborer dès septembre une loi qui englobera leurs demandes. Les cent cinquante applaudissent avec enthousiasme.

Mais même cette prise de position vert foncé ne modifie pas son image cristallisée d'écologiste de salon. Un sondage réalisé dans la foulée montre que 58% de nos concitoyens ne croient pas son engagement sincère. Le fruit de son aval à l'accord Ceta et de son refus d'inscrire l'interdiction des glyphosates dans la loi. Il a encore tout à prouver. Et le soutien de LREM à des maires de droite face à des alliances gauche-écologistes accentue l'impression d'un président qui préfère l'entreprise à l'environnement.

Cavalier seul

2 juillet. Un tournant, majeur, du quinquennat. Édouard aux mains d'argent ou Philippe le Hardi? Continuer ou évincer? Emmanuel Macron a tranché. À présent, il doit l'annoncer au Premier ministre. C'est en une fin de journée ensoleillée qu'il l'invite dans son bureau, le reçoit longuement puis le raccompagne jusqu'à sa voiture, la main posée chaleureusement sur son épaule.

Les deux hommes se sourient, émus, sans doute un peu mélancoliques, selon un proche. Édouard Philippe rentre en sifflotant à Matignon, sans rien révéler à ses collaborateurs, qui n'osent l'interroger. Il ne leur dévoilera le verdict que plusieurs heures plus tard... Et ce soir-là, dans la salle des fêtes, le couple Macron fête les quatre-vingt-douze ans de Line Renaud, leur amie depuis Bercy, avec des invités très *people*, de Muriel Robin à Dany Boon, de Bertrand Delanoë au couple Xavier Niel-Delphine Arnault.

D'autres noms de personnalités circulent alors à Paris. Mais pour un casting bien plus politique : la saga de Matignon. Jean-Yves Le Drian, le seul survivant du gouvernement socialiste de François Hollande ? Pascal Canfin, l'ancien directeur général du WWF France ? Gérald Darmanin, le ministre du Budget contre lequel une plainte pour viol a été déposée ? Laurence Tubiana, pilier des négociations de la COP 21 de 2015 ? Seules certitudes : l'accent mis sur l'écologie et le « quoi qu'il en coûte » colle mal avec le maintien du dauphin d'Alain Juppé à Matignon. Et cette saga dégrade fortement les annonces écolos.

Le lendemain matin, double communiqué. Édouard Philippe remet au chef de l'État la démission de son gouvernement. Il cède la place à Jean Castex, totalement inconnu du grand public. Une surprise absolue. Si le nom de ce « M. Déconfinement » du président était parfois cité, ni les analystes, ni les milieux politiques ne croyaient sérieusement à sa nomination. Il travaille pourtant depuis trois mois main dans la main avec le chef de l'État pour piloter le déconfinement. C'est lui qui a élaboré le plan de fin avril, dirigeant les ministres avec autorité. Emmanuel Macron lui a fait confiance dès 2017, en le nommant délégué interministériel à la préparation des JO 2024. Réputé pragmatique et exécutant fiable, ce maire LR de Prades (six mille habitants), passé par la Cour des comptes et l'ENA, n'a en revanche aucun poids politique national. C'est aussi la première fois que notre pays se dote d'un Premier ministre à l'accent régional, petit hommage aux terroirs. Avec ses phrases ponctuées de « Dieu merci ! », il est censé réconcilier Paris – et Emmanuel Macron – avec la France des Gilets jaunes.

L'étonnement frôle la déception. Certains imaginaient le président tirant les leçons des municipales pour nommer une figure de l'écologie, ou une femme, ou un militant du virage social. Mais

Jean Castex semble être le lieutenant idéal dont il a besoin pour présider à sa guise d'ici 2022. Et l'aider, comme Édouard Philippe, à conserver l'appui de la droite modérée, devenue le cœur de son électorat. Il ne pouvait pas se permettre de pencher à gauche, lui qui veut continuer à « fracturer la droite ». C'est aussi le signe d'un regain de concentration du pouvoir. Personne n'imagine Jean Castex tenir tête au président ou freiner ses réformes. *Exit* aussi le directeur de cabinet d'Édouard Philippe, l'incontournable Benoît Ribadeau-Dumas. Fini les si fréquents déjeuners à quatre à l'Élysée. Alexis Kohler perd des relais. En 2022, Emmanuel Macron pense pouvoir – et devoir – gagner seul.

Au galop !

Le nouveau Premier ministre ? Un optimiste d'airain. Heureusement, au vu de sa feuille de route. Sa première tâche sera de conclure le Ségur de la santé, bloqué faute d'accord avec les syndicats, malgré les plus de six milliards mis sur la table. Déçues de ne pas obtenir les trois cents euros par personne qu'elles réclament depuis dix-huit mois, les blouses blanches campent sur leurs positions. Jean Castex est aussi chargé de régler « à court terme » l'inextricable dossier de la réforme des retraites. Sans oublier de finaliser le plan de relance et les remises en chantier des réformes de l'assurance chômage et de la dépendance.

Avant cela, en un week-end, il faut boucler un nouveau gouvernement. Bon élève, le nouveau Premier ministre rend immédiatement sa carte de membre des Républicains pour adhérer à La République en marche. Un geste d'allégeance qu'Édouard Philippe n'a jamais consenti. Plus que jamais, les Marcheurs se retrouvent de nouveau, sans enthousiasme, avec à leur tête un ancien Républicain. Remanier le gouvernement en seulement deux jours, voici qui serait une première dans ce quinquennat. Le Macron nouveau annonce aussi qu'il s'exprimera le 14 Juillet, renouant avec une tradition qu'il avait supprimée en arrivant. Tant pis pour Jean Castex, qui n'était visiblement pas au courant et venait d'annoncer sa déclaration de politique générale pour le 8 juillet. Elle devra attendre la prise de parole présidentielle, nous annoncent les communicants de l'Élysée. Exactement comme pour Édouard Philippe en 2017.

Le chef de l'État réussira-t-il à débaucher de nouveaux poids lourds de droite ou de gauche ? Va-t-il, comme dans *Baron noir*, réunir les ministères en quelques grands pôles ? En quarante-huit heures, l'affaire est pliée. Nous patientons dans la cour, lorsque, à dix-neuf heures, Alexis Kohler égrène les noms des heureux élus. Rien de révolutionnaire. Ce gouvernement est renouvelé pour un tiers. Première surprise : Gérald Darmanin, à trente-sept ans seulement, est promu à l'Intérieur. Les journalistes s'étonnent. Même si les faits remontent à 2009, le président prend le risque de nommer à Beauvau un homme poursuivi pour viol ! Joseph Zimet, gêné, minimise : « Il semble que les choses vont dans le bon sens pour sa plainte, cela n'a pas posé d'obstacle. »

Autre nom inattendu, le ministère de la Justice revient au bouillant avocat Éric Dupond-Moretti, ténor du barreau, connu pour ses propos cinglants contre les magistrats. Emmanuel Macron comme son épouse apprécient depuis longtemps ce flamboyant orateur, que la première dame est allée applaudir au théâtre de La Madeleine l'année précédente. Il a défendu Abdelkader Merah, Bernard Tapie ou Jérôme Kerviel. On le surnomme « Acquittator » ou encore « l'Ogre des prétoires ». C'est aussi un chasseur passionné, qui étrille les écologistes, ainsi qu'un pourfendeur des féministes. Il a même proposé de supprimer l'École nationale de la magistrature. Les syndicats de magistrats y voient aussitôt une déclaration de guerre.

Le président a aussi l'idée inattendue d'offrir le portefeuille de la Culture à Roselyne Bachelot, l'ex-ministre de la Santé de Nicolas Sarkozy. Merci le Covid : cette passionnée d'opéra a retrouvé une formidable cote de popularité pour avoir constitué dans les années 2000 un gigantesque stock de masques. « Deux choix paillettes du président », glisse une petite main. Décidément, le « patron » a toujours de la ressource. « Ceux qui croisent Emmanuel Macron ont tous droit à la même blague, raconte *Le Point*. Le président se dresse, tout sourire, devant son interlocuteur et balance tout de go : "Surprise du chef ! " Ou encore : "Vous avez vu ça ? Coup du sombrero ! " »

Au fond, les grands équilibres ne sont pas modifiés. Les postes clés restent aux mains d'hommes issus de la droite, comme Bruno

Le Maire à l'Économie, Gérald Darmanin à Beauvau, sans oublier le Premier ministre lui-même. Tous anciens collaborateurs de Nicolas Sarkozy. L'Élysée se fend même d'une longue explication pour assurer que le gouvernement n'est pas « sarkozyste ». Le Modem obtient le maintien de ses trois ministres. Nouvelle venue, la députée ex-Verte Barbara Pompili décroche la Transition écologique, élargie au Logement, à la place de la discrète Élisabeth Borne. Ce ministère clé a déjà vu passer trois titulaires.

Exit Christophe Castaner, qui avait perdu la confiance des policiers et accumulé les gaffes. Mais aussi Sibeth Ndiaye, l'ex-porte-parole, l'une des dernières de la bande triomphale de 2017. Son départ marque la fin d'une époque. Ses maladresses, son langage cru, ses provocations, son ton cinglant et ses tirades antimasques ont cristallisé la rancœur de l'opinion. Chacune de ses apparitions rappelait ce que nos concitoyens considèrent comme un mensonge d'État. Le président, qui ne veut jamais se brouiller avec personne, lui a proposé plusieurs autres portefeuilles, qu'elle a refusés. Il a finalement chargé Alexis Kohler de couper le cordon.

Et ce sera l'une des dernières fois que les journalistes verront Joseph Zimet. Pour sa communication, le président engage un professionnel : Clément Leonarduzzi, ex-dirigeant du pôle Influence de Publicis, qui le conseillait déjà dans l'ombre. Cet expert de la gestion de crise saura orchestrer une campagne.

Philippe Grangeon, rare tenant de l'aile gauche, tire sa révérence. Fin juillet, le palais dévoilera onze noms de secrétaires d'État, dont Clément Beaune qui hérite du portefeuille des Affaires européennes. Au total, quarante-deux membres. Très loin du gouvernement resserré des débuts. Cap sur 2022.

Quelques-uns auront une gueule de bois le lendemain : ces secrétaires d'État qui ont fait l'antichambre pour obtenir le titre de ministre délégué. Ils croyaient voir, enfin, s'ouvrir devant eux la porte du Conseil des ministres. Raté, le patron change aussitôt la règle. Les ministres délégués ne sont plus invités au Conseil. Inutile d'insister.

Sans doute le président a-t-il sous-estimé l'impact désastreux de la nomination de Gérald Darmanin auprès des milieux féministes. Sa plainte pour viol suscite des articles à charge jusque dans la presse internationale. Et éclabousse celui qui l'a nommé, malgré ses mesures sur l'égalité femmes-hommes. Le lendemain matin, quelques manifestantes tentent même de s'approcher de Beauvau, gardé comme une forteresse. Éric Dupond-Moretti est également dans leur collimateur pour ses propos méprisants sur le mouvement #MeToo. La taille du gouvernement n'est pas la seule manifestation du retour à des canons plus classiques : quelques jours plus tard, Emmanuel Macron approuve la reconstruction de la flèche de Notre-Dame à l'identique, renonçant au « geste architectural contemporain » qu'il avait imaginé.

Comme promis, dès le lendemain, le nouveau Premier ministre s'invite à une réunion décisive du Ségur de la santé, apportant sur la table une rallonge de plus d'un milliard pour les salaires des soignants. Ils toucheront cent quatre-vingt-trois euros de plus par mois. Moins que les trois cents espérés, mais assez pour signer un accord, même si le résultat leur semble maigre après une année de grèves. Les deux nouvelles têtes de l'exécutif peuvent se féliciter d'avoir mis un terme à cet interminable conflit. Elles ne pensent plus qu'au programme des « six cents jours », oubliant un peu vite que le virus semble revigoré par la saison hivernale.

11

SÉRIE NOIRE
13 juillet-16 octobre 2020

Déconfiné et en sourdine, sans flonflons ni lampions. Un 14 Juillet à l'image de la période, hors norme. La plupart des villes annulent bals et feux d'artifice. Sur les Champs-Élysées, pas de parade militaire, mais un sage défilé, à pied, autour de la place de la Concorde, qui se termine par un « hommage aux soignants ». Le palais a planché sur une chorégraphie élaborée, dont le clou est le panache blanc de la patrouille de France. Une poignée de blouses blanches est applaudie. La journée serait sans nuages si ne flottait au-dessus de l'Obélisque une petite grappe de ballons affichant une pancarte : « Derrière les hommages, Macron asphyxie l'hôpital. »

Fort d'un déconfinement qui semble réussi, Emmanuel Macron compte répondre aux mécontents lors de son interview télé, sur TF1 et France 2. Nouveau Premier ministre, nouveau gouvernement, nouveau Macron ? Il veut parler relance, écologie et discriminations.

Les journalistes commencent par la « détestation » qu'il suscite. La comprend-il ? Oui, dit-il, avant de se lancer dans une longue justification, entre un semi-*mea culpa* – pour s'être mal expliqué – et la promesse de « ne pas changer de cap mais de méthode ». Quand il aborde l'épidémie, il est loin de l'euphorie de mai. Il paraît même inquiet. « Il y a dans beaucoup de pays voisins une remontée », constate-t-il, et, dans le nôtre, le taux de contagion se trouve encore une fois au-dessus de « un ». En passant, il annonce une nouvelle contrainte : « Je souhaite que dans les prochaines semaines, on rende obligatoire le masque dans tous les lieux publics clos, par exemple à partir du 1er août. » Cette prescription sera finalement effective encore plus tôt, seulement sept jours après l'entretien télévisé. Le chef de l'État recommande de porter le masque au maximum, y compris dehors, mais, il l'assure, en cas de deuxième vague épidémique, « nous serons prêts ! ». Masques et tests, rien ne manquera, cette fois-ci. Et il n'y aura plus de confinement généralisé.

Emmanuel Macron tente ensuite de dessiner les derniers six cents jours de son quinquennat, avec un *leitmotiv* : davantage de dialogue social. Même si « la méthode utilisée durant les trois premières années du quinquennat a permis de faire des réformes inédites ». Elle avait donc du bon, cette méthode ! Les questions gênantes s'enchaînent. Favorise-t-il les riches ? Va-t-il rétablir l'ISF pour appuyer la relance ? Ce nouveau gouvernement est-il de droite ? Pourquoi nommer Jean Castex ?

Son tir de barrage : l'annonce d'un plan de relance massif de cent milliards d'euros. Du jamais-vu après quarante ans de rigueur. Il s'engage à aider les jeunes, notamment *via* l'embauche d'apprentis qui sera quasiment gratuite pour les employeurs. Il annonce également la création de cinq cent mille contrats d'insertion. Qu'il semble loin, le temps d'un président supprimant les emplois aidés ! *Exit* le Macron libéral, *welcome* Green Emmanuel : investissements dans l'économie verte. De la filière hydrogène à la rénovation des logements, en passant par le retour des trains de nuit ou la suppression des vols courts. Autant de demandes des « conventionnels ». Enfin, le Macron nouveau promet un référendum pour inscrire l'environnement et la biodiversité dans la Constitution, un coup politique audacieux.

Et cette réforme des retraites si contestée ? Il élude. Ni oui ni non. Au passage, Emmanuel Macron défend Gérald Darmanin sur l'affaire de la plainte déposée à son encontre pour viol. « J'ai avec lui une relation de confiance, d'homme à homme. » Maladresse insigne. Mais le libéral qui sommeille n'est jamais loin. Le président demande aux salariés d'accepter, s'il le faut, des baisses de salaire et aux entreprises de « modérer leurs dividendes ». Ce qu'il se garde de préciser, c'est que le plan de relance consiste en bonne partie en allégements de taxes pour les entreprises : vingt milliards de cadeaux fiscaux en 2021-2022, notamment avec la suppression des impôts de production. Une revendication de longue date du patronat, obtenue sans contrepartie, ni sur l'emploi, ni sur l'environnement.

Quant aux plaies de l'hôpital, elles restent béantes : l'après-midi, les déçus du Ségur de la santé défilent par milliers, avec des slogans anti-Macron. Ancien ou nouveau, les blouses blanches ne voient pas la nuance.

Ce 14 Juillet s'achève en une douce soirée d'été, dont le président profite pour baguenauder dans les jardins des Tuileries, au bras de son épouse. Une rare échappée belle. Seuls quelques gardes du corps les accompagnent. Emmanuel Macron a mis un blouson de cuir, se glissant, un bref instant, dans la peau d'un homme normal. Est-il amer d'avoir reconnu cette « détestation » exprimée par une partie de nos concitoyens ? Seule certitude, il va la mesurer, concrètement.

Apercevant le couple, un groupe de Gilets jaunes lui emboîte le pas, bruyamment. Ces derniers reviennent de la manifestation des soignants et en ont encore les slogans en bouche : « On est là ! On est là ! » scandent les uns ; « Macron démission ! » entonnent les autres. Surexcité, l'un, un chouïa éméché, filme et commente à voix haute : « C'est incroyable, on tombe sur la bête noire ! » Ils pourchassent les Macron, comme des bêtes curieuses. Dans un premier temps, Emmanuel Macron se retourne et les exhorte au calme, comme le ferait n'importe quel anonyme en couple qui souhaite que l'on respecte son intimité. Peine perdue. Le président n'hésite donc pas : il s'arrête pour engager la discussion. Convaincre, encore. Affronter, toujours. Florilège :

— Pourquoi vous avez remis la Brav (les policiers à moto) ? C'est des violents.

— Ce n'est pas le président de la République qui fait ça et il y en a, chez vous, qui sont violents.

— On a respiré du gaz à mort y a une heure.

— Vous n'êtes pas des modèles de respect non plus.

— Mais vous savez qu'il y a des problèmes, rétorquent-ils, énumérant le pouvoir d'achat, la justice fiscale et la réforme des retraites.

— La police s'est mise là parce que vous n'avez pas fait que manifester, ça a cassé massivement. [...] Le sentiment d'injustice, je l'entends.

Brigitte Macron s'est éclipsée. L'échange se détend. « On est un jour férié, je me balade avec mon épouse et vous m'interpellez, soyez cool. » Il est calme et souriant. Les chasseurs de couple présidentiel, sans doute flattés du temps qu'il leur accorde, finissent par le remercier.

— J'arrive même pas à le maudire, dit l'un.

— Tant mieux ! lui répond le chef de l'État.

Il a maîtrisé cette éruption, mais une simple promenade est devenue pour lui une prise de risque.

Une belle soirée décidément trop courte. Le nombre de cas de Covid remonte, inquiétant. Réaliste, l'exécutif fait machine arrière sur tous les fronts. Jean Castex repousse à début 2021 la réforme de l'assurance chômage, tout comme les concertations sur les retraites.

Idées lumineuses pour nuits blanches

A contrario, côté européen, ça avance ! Les vingt-sept se retrouvent en présentiel le 17 juillet. Le couple Macron-Merkel recherche l'accord de tous pour son plan de relance et la mise en place d'un emprunt commun. Il leur faut donc convaincre les « frugaux », c'est-à-dire l'Autriche, le Danemark, les Pays-Bas et la Suède, rejoints par la Finlande. La partie s'annonce difficile. Deux jours s'embourbent en vains échanges. Le samedi soir, grand coup de bluff : Emmanuel Macron et Angela Merkel, en butte à l'inflexible Néerlandais Mark Rutte, quittent la table. Le président laisse même entendre qu'il fait préparer son avion pour repartir. En réalité, il rentre à pied pour retrouver au bar de l'hôtel Angela Merkel, Giuseppe Conte et Ursula von der Leyen. Leur discussion s'étire jusqu'à trois heures du matin. Les alliés conviennent de réduire leur demande de subventions directes à quatre cents milliards.

Il faudra encore deux jours de tractations avant que Charles Michel tweete, enfin, le 21 juillet, à 5 h 31 : « Deal ! » Un accord est trouvé sur un plan de relance de sept cent cinquante milliards d'euros, dont trois cent quatre-vingt-dix milliards de subventions directes, financées par un emprunt commun au nom de l'Union. Sommet à marquer d'une pierre blanche. En échange, les « frugaux » obtiennent des rabais importants de leur contribution à l'Union, quand Paris touche quarante milliards. Pour le chef de l'État, c'est une victoire politique majeure.

Nuit presque aussi courte de retour à Paris, où Emmanuel Macron va à la rencontre des forces de l'ordre. Accompagné de Gérald Darmanin et Didier Lallement, le chef de l'État, accoudé à un comptoir d'accueil, promet aux policiers une prime de nuit et les écoute exposer leurs craintes sur les vidéos qui les mettent en cause. Mains sur les hanches, il opine. « Vous avez raison sur le harcèlement avec la vidéo. Il y a un moment où il faut faire image contre image. » Gérald Darmanin, c'est l'atout de droite décomplexée du président. Le jeune ministre de l'Intérieur déclare ainsi qu'il « faut stopper l'ensauvagement d'une certaine partie de la société ». Il sait que ce terme, cher à Marine Le Pen, va créer des remous, mais il sait aussi qu'il bénéficie du soutien d'Emmanuel Macron. Le gouvernement lance une offensive sur la sécurité du quotidien, dont le Premier ministre a fait sa priorité, à coups d'annonces dont une amende forfaitaire pour les consommateurs de cannabis.

En même temps, le chef de l'État veut des communications « vertes » avant la pause estivale. Il convoque un Conseil de défense écologique pour décider des actions concrètes et coûteuses. Qu'importe, elles seront intégrées aux cent milliards du plan de relance. L'accord européen tombe à pic ! Les propriétaires devront faire des travaux s'ils louent des passoires thermiques d'ici 2023, les terrasses chauffées seront interdites – mais seulement après l'hiver 2020 –, deux nouveaux parcs naturels seront créés et le budget des aides à la rénovation des bâtiments se verra doublé. Reste à progresser sur le front sociétal. La loi autorisant la PMA pour toutes est enfin adoptée.

L'été meurtrier

Tous voudraient l'oublier, passer à autre chose, mais la pandémie est toujours là. Seul dans le désert estival, Olivier Véran recommande le port du masque en extérieur et en fait distribuer huit millions. Emmanuel Macron, parti pour Brégançon fin juillet, emporte dans ses bagages le dernier avis du conseil scientifique, qui ne sera rendu public que le 4 août, lequel est limpide : il y a une reprise de l'épidémie et une seconde vague est « hautement probable », à l'automne ou à l'hiver. De quoi glacer l'été. Pour autant, sa publication ne trouble guère la torpeur de la période.

Juste avant de partir en congé, le chef de l'État a nommé dix-huit nouveaux préfets. Le plus vaste remaniement depuis 2017. Il applique le *spoil system* annoncé dès sa prise de fonction, pour que ses décisions ne soient pas enterrées par des bureaucrates.

C'est à Toulon, où il déjeune avec Hubert Falco – l'un de ces maires de droite modérée qu'il veut séduire –, que le président apprend le drame. Deux terribles explosions viennent d'anéantir le port de Beyrouth, faisant des centaines de morts et des milliers de blessés. Réflexe immédiat : aider ce pays ami. Premier à réagir sur la scène internationale, le président appelle aussitôt son homologue Michel Aoun et lui annonce son arrivée avec des cargaisons d'aide humanitaire. Mais son dessein, beaucoup plus ambitieux, est de modifier le système politique libanais fondé sur les confessions religieuses. Il demande à Michel Aoun de lui organiser une rencontre avec tous les chefs de parti. Il sait que la population du pays du Cèdre, dont près de la moitié vit dans la pauvreté, honnit ses dirigeants. Ce drame, le fruit d'une cascade de négligences, est l'occasion de tourner une page. Emmanuel Macron brûle de pousser ce pays en faillite à se réformer, pour débloquer l'aide internationale dont il a besoin. La seule annonce de son arrivée déclenche une vague d'espérance.

Dans une ambiance survoltée, il atterrit à Beyrouth, accueilli par Michel Aoun. Masqué, en bras de chemise, il marche dans les décombres. Les sinistrés, encore sous le choc, se précipitent, emplis d'une émotion que le président n'a sans doute pas anticipée. Il apparaît en sauveur. Aucun responsable du pays ne s'est encore risqué à venir dans le quartier dévasté. « Le peuple veut la chute du régime ! » « Aidez-nous ! » « Révolution ! » « Vous êtes notre seul espoir ! » La scène tourne presque à l'émeute. Emmanuel Macron se permet de critiquer ouvertement le pouvoir en place : « Je ne vous laisserai pas tomber. Je vais leur proposer un nouveau pacte politique. Je reviendrai le 1er septembre. S'ils ne savent pas le tenir, je prendrai mes responsabilités avec vous. » Il étreint des femmes en pleurs, enlève son masque pour des embrassades. « Je ne suis pas en train de donner un *diktat* aux dirigeants, mais les trois semaines qui viennent sont décisives.» Ce n'est plus un *diktat*, c'est un ultimatum. Le chef de l'État français le répète aux chefs des partis, Hezbollah compris. Il leur demande de but en blanc de renoncer au système d'équilibre confessionnel en place depuis trente ans. Exige la formation d'un nouveau gouvernement d'union nationale, afin de mettre en œuvre des réformes dont il dresse une liste. Annonce son retour le 1er septembre, pour inspection, en quelque sorte. Et précise que, sans réformes, le Liban ne touchera pas l'aide internationale de 11,6 milliards de dollars promise mais jamais versée. «Beaucoup a été détourné, beaucoup ont touché de l'argent, c'est certain», accuse-t-il. Emmanuel Macron évoque même de possibles sanctions individuelles. Nombreux sont ceux qui applaudissent. Pour ses ambitions diplomatiques, c'est un instant clé, une bataille gagnée, un moteur.

Dès son retour à Brégançon, il met sur pied une conférence internationale de soutien pour le Liban. Et sollicite tout son réseau, Donald Trump, l'émir du Qatar, des dirigeants européens et des organisations internationales. Il parvient à lever deux cent cinquante millions d'euros. Il appelle aussi Vladimir Poutine, pour s'inquiéter cette fois de l'élection présidentielle manifestement truquée au Bélarus, et invite Angela Merkel le 20 août. Les Macron posent, enfin, en une de *Paris Match* : le président en jet-ski, le président et Nemo, ou le président qui enlace sa femme face à la mer.

Pourtant, ce n'est pas un été en pente douce. Le 9 août, au Niger, un groupe armé tue huit personnes, dont six humanitaires français. Emmanuel Macron exige une riposte immédiate contre l'organisation terroriste responsable, l'État islamique dans le Grand Sahara (EIGS). Il tranche vite, sans tergiverser, qualité appréciée des militaires. Une semaine plus tard, les soldats français éliminent plusieurs cadres de l'EIGS.

Après trois semaines, il revient à Beyrouth afin d'ordonner à tous les partis la mise en place d'un nouveau gouvernement sous quinze jours, libéré du système confessionnel. Dans un pays – une région – où les tractations politiques prennent généralement des mois... Les responsables locaux promettent. Et c'est un Emmanuel Macron radieux qui vient annoncer cette victoire lors d'une conférence de presse. Cette fois, il va réussir à faire avancer les choses. «Les forces politiques se sont engagées à former un gouvernement dans les quinze jours, déclare-t-il avec fierté. Un gouvernement de mission fait par des professionnels, des gens probes et compétents, qui lanceront les réformes nécessaires. Le mandat est clair, explicite, impératif. » Il s'échauffe, passe au grec ancien : « Peut-être que le *kairos* est là ! » Le *kairos* ? Le moment clé. Souriant jusqu'aux oreilles, il répond longuement à des journalistes sceptiques. Devient même poète : « Comme dit Rimbaud, on n'a pas le droit de rester des assis. » Enfin, il s'engage à revenir en décembre pour vérifier l'avancée des réformes. Les journalistes libanais sont conquis, mais l'actualité nationale le rattrape, sous la forme d'une ultime question d'une journaliste de France Info : « *Charlie Hebdo* vient d'annoncer que demain, jour du début du procès de l'attentat de 2015, il republiera en une les caricatures de Mahomet, qui l'avaient transformé en cible des djihadistes. Qu'en pensez-vous ? » Sans barguigner, il défend le droit à la caricature et au blasphème.

Derrière le masque

15 août, trois mille trois cents cas en vingt-quatre heures. Olivier Véran sonne l'alarme, quand Emmanuel Macron veut croire – encore et toujours – à un quasi-retour à la normale en septembre. « Vivre avec le virus », plus ou moins naturellement, est pour lui le seul choix. Il ne croit ni à un traitement, ni à un vaccin avant longtemps. À contrecœur, il ordonne de nouvelles restrictions, notamment l'obligation du masque en entreprise, le 1er septembre. Quand Angela Merkel et sa délégation arrivent à Brégançon le 20 août, leurs précautions sanitaires étonnent les officiels tricolores, qui nous glissent, l'air un peu fatigués : « Eh ben, ils ne plaisantent pas, les Allemands. Nous, à côté... »

Dernière semaine d'août, le président rentre à l'Élysée. Son objectif ? Présenter en détail ce plan de relance, qui n'en finit plus d'être annoncé puis réannoncé. Las, la deuxième vague se précise... Il se résigne donc à reporter ce projet censé relancer son quinquennat. Au Conseil des ministres, pour la première fois, tous sont masqués. Les indicateurs de contagion passent au rouge.

L'impérieuse nécessité d'expliquer ces revirements successifs à l'opinion conduit le chef de l'État à accepter l'invitation de l'Association de la presse présidentielle. Ce sera en format conférence de presse non filmée, hors du palais. Comme il sent bien que nos concitoyens ne comprennent ni sa ligne, ni la situation sanitaire, durant deux heures, il se prête à toutes les questions, non sans avoir d'abord regretté la perte d'autorité du « chef qui doit cheffer » et du respect dû aux diplômes, aux « sachants ». Il enchaîne avec optimisme sur le plan de relance, l'occasion, justement, de financer les transformations qu'il souhaitait. Du judo avec le Covid, en quelque sorte. Mais, surtout, il insiste sur cette politique sécuritaire et contre l'islam radical dont il veut faire une priorité. Une priorité pour le reste du quinquennat. Et une priorité pour la campagne présidentielle. Son discours cite aussi de plus en plus le concept de « souveraineté », non seulement européenne mais française, dont il a parlé lors d'un déjeuner avec Jean-Pierre Chevènement. Illustration de cette nouvelle rhétorique ? L'annonce de la relocalisation de la fabrication du Doliprane, au nom de la « souveraineté sanitaire ».

Au palais, on estime que beaucoup de nos compatriotes se sentent dépassés, privés de la maîtrise de leur destin et même menacés dans leur identité. Un sentiment de « dépossession ». Sur ce thème, il prépare une manœuvre de rentrée, en deux étapes. D'abord au Panthéon le 4 septembre, pour présenter la loi contre l'islam radical.

Désormais, sur sa photo de profil Twitter, le président porte un masque.

Foisonnement de « en même temps »

Cent milliards. Le plus grand plan de dépenses publiques depuis 1945. L'occasion rêvée pour vanter le credo européen du chef de l'État, qui va payer, au sens propre. Le budget 2021, présenté fin septembre, sera lui aussi le plus dépensier, le plus social et le plus écologique que la gauche a jamais osé rêver. Adieu, la promesse présidentielle de réduire le nombre de fonctionnaires. Oubliés, les critères de rigueur de Maastricht. *In fine*, le déficit dépassera les 8 % du PIB et la dette publique, les 110 %. Et alors ? Les taux sont bas, l'endettement, facile. Ces sommes massives rendent dérisoires les fières annonces des débuts. La filière hydrogène recevra ainsi deux milliards d'euros, alors que le « plan hydrogène » de l'Emmanuel Macron pré-Covid se chiffrait à cent millions…

Mais acheter la paix sociale – une critique facile pour des oppositions en mal d'audience – ne suffit pas. Emmanuel Macron ouvre d'autres fronts.

Le 4 septembre, sous la nef du Panthéon, l'instant de vérité. Jusqu'où ce modéré ira-t-il contre l'islam radical ? Quand il prend la parole devant l'immense Marianne de pierre blanche, lui, que l'on croyait soucieux de ne froisser personne, adopte un ton tranchant. Il prend parti, sans ambiguïté, contre le « séparatisme » religieux. « L'égalité devant la loi implique que les lois de la République sont toujours supérieures aux règles particulières. C'est pourquoi il n'y aura jamais de place en France pour ceux qui, souvent au nom d'un Dieu, parfois avec l'aide de puissances étrangères, entendent imposer la loi d'un groupe. » Il promet un projet de loi « contre le séparatisme » dès l'automne et réaffirme crânement le droit au blasphème, sujet ultrasensible en ce premier jour du procès des tueurs de *Charlie Hebdo*. C'est un virage net vers une laïcité plus intransigeante. Mais le chef de l'État ne va pas au bout de sa pensée. Il ne prononce pas, ce jour-là, le mot « islamisme », pourtant clairement visé. Sans doute pour éviter d'être accusé de stigmatiser les musulmans. Il conclut par un plaidoyer contre les discriminations, contrepoids social de sa raideur régalienne. Et remet lui-même leur décret de naturalisation à plusieurs nouveaux Français de multiples origines. L'intégration à la française. En même temps.

Le président du conseil scientifique pourrait avoir le bon goût de se taire. Car le lendemain, les moues éloquentes des proches d'Emmanuel Macron traduisent leur irritation lorsque Jean-François Delfraissy, sans préavis, sonne le tocsin. L'infectiologue déclare que l'épidémie est repartie à un niveau tel que le gouvernement « va être obligé de prendre un certain nombre de décisions difficiles, dans les huit à dix jours maximum ». Prédiction ? Injonction, plutôt. Le séminaire gouvernemental, qui devait évoquer la sécurité, bascule sur l'épidémie. Mais le chef de l'État est têtu. Covid ou pas, il refuse de renoncer à ses réformes. Surtout si d'autres veulent le lui imposer. Il sait cependant que le pays, convalescent, ne supportera plus des mutations au pas de charge. Ses conseillers eux-mêmes sont divisés entre les tenants de l'« apaisement », reportant les réformes, et ceux pour qui, sans réforme, le quinquennat n'a plus de sens. Le président, alors, essaie de nouveaux «en même temps». Une écologie de progrès et non de décroissance. Un dialogue social de compromis. Une lutte contre l'islamisme autant que contre les discriminations.

Lors d'une visite éclair à Ajaccio, Emmanuel Napoléon remet de l'ordre dans les rangs. «Il y a un conseil qui est là et il donne un avis scientifique. Après, il y a des dirigeants démocratiquement élus qui prennent des décisions pour l'avenir du pays. Nous ne sommes ni dans le gouvernement des scientifiques, ni dans le gouvernement de l'à-peu-près.» Voici Jean-François Delfraissy prévenu. «Demain – jour d'un énième Conseil de défense sanitaire – ce ne sera pas le grand soir.» Après ledit conseil, Jean Castex apparaît sur le perron de Matignon et annonce... rien! Pas la moindre restriction. Le Covid-19 ne va pas reprendre le pouvoir.

En coulisse, on apprend que ce conseil a été houleux. Le président s'est violemment emporté contre Olivier Véran pour la lenteur des résultats des tests, gros point noir depuis des semaines. «Un million de tests par semaine, c'est bien beau, mais si les résultats arrivent trop tard, ça ne sert à rien! On ne va pas faire payer à l'ensemble des Français le fait qu'on n'est pas bons sur les tests!» Le chef de l'État rejette donc la fermeture des bars et restaurants réclamée par le ministre. Le Premier ministre est prié de ne pas parler de deuxième vague mais seulement de «dégradation manifeste» et d'assurer que le gouvernement ne veut pas «mettre entre parenthèses notre vie sociale». Pourtant, une nouvelle vague monte bel et bien sur le monde.

Or Emmanuel Macron n'entend pas céder un pouce de terrain. Il veut «vivre avec le virus» et faire tourner le pays avec ce dernier. Tel Cambronne à Waterloo, il a l'audace d'inviter au palais une centaine d'entrepreneurs de la *French tech*, le gratin du numérique français. En salle des fêtes, ces élégants invités masqués, assis côte à côte sur des chaises espacées, semblent surpris d'être là. À la tribune, sans masque, le président se félicite d'organiser le premier événement de grande ampleur sous les ors de la République depuis le confinement. «On est en train de démontrer qu'on peut continuer à faire des événements en période Covid, même s'il faudra vivre avec le virus, sans doute pour des semaines, peut-être des années.» Des années? Aucun doute, il n'y croit pas. Sabre au clair, il poursuit : « Les gens qui vous disent : "On aura un vaccin au mois de mars prochain ou d'avril", très sincèrement vous trompent, on va sans doute durablement vivre avec le virus. »

Au pas de charge, heureux de retrouver les milieux d'affaires, Emmanuel Macron renoue avec son franc-parler pour se moquer des écologistes qui s'opposent à la 5G. Les enchères publiques pour l'attribution de ces fréquences sont imminentes. « Oui, la France va prendre le tournant de la 5G, parce que c'est le tournant de l'innovation. J'entends beaucoup de voix qui s'élèvent pour nous expliquer qu'il faudrait relever la complexité des problèmes contemporains en revenant à la lampe à huile ! Je ne crois pas que le modèle Amish permette de régler les défis de l'écologie contemporaine ! » Un joli mot de Cambronne nouvelle version contre les élus de gauche et environnementalistes qui lui réclament un moratoire. Mais cet hypermnésique aurait-il oublié que ce moratoire figure parmi les propositions de la Convention citoyenne qu'il s'est engagé à reprendre « sans filtre » ? Sans attendre, les écologistes crient à la caricature. Le chef de l'État va bientôt devoir s'expliquer sur ce « sans filtre », qui commence à devenir bien embarrassant.

En même temps, lointaine campagne au Levant, le Liban. Quinze jours sont passés, sans nouveau gouvernement. Son ultimatum a été ignoré. Emmanuel Macron est si furieux qu'il organise à brûle-pourpoint une conférence de presse. Du jamais-vu depuis le début du quinquennat. Tirs d'artillerie et charge de cavalerie : c'est une « trahison collective, j'ai honte » pour eux, tempête-t-il. Il fixe une nouvelle sommation de six semaines.

Se séparer du Covid-19

L'obsession d'Emmanuel Macron ? Ne pas se retrouver prisonnier de cette pandémie. Certes, l'affronter, mais ne pas la laisser lui confisquer son mandat. C'est à cette aune qu'il faut comprendre les décisions qu'il prend alors. Comme celle de doubler le congé paternité, une mesure peu coûteuse, consensuelle, féministe et facile à mettre en place, qu'il annonce lui-même, déplacement à l'appui. Dès 2021, ledit congé sera porté à un mois, dont sept jours obligatoires. Il l'annonce lui-même sur les réseaux sociaux.

Le vendredi 2 octobre, le président monte également au front pour défendre le projet de loi contre le séparatisme, texte qu'il considère comme l'un des plus importants du quinquennat. Nous allons y revenir.

Mais le Covid, encore le Covid, toujours le Covid. Olivier Véran dévoile les décisions du dernier Conseil de défense. Cette fois, le chef de l'État a donné son aval au durcissement que réclame son ministre depuis deux semaines. Les projections des scientifiques sont désormais aussi inquiétantes qu'en mars. Treize mille cas en un jour. Finies, les décisions locales annoncées par les préfets. La riposte est nationale. Comme l'a préconisé Jean-François Delfraissy, les restrictions visent les vingt grandes métropoles, classées en catégories « rouge », « rouge renforcé », ou en « alerte maximale ». Ce brusque tour de vis provoque un électrochoc. Nos concitoyens ont le sentiment d'une gestion improvisée. Jean Castex monte au créneau, en plateau : « Si nous n'agissons pas, cela pourrait vouloir dire reconfinement. » Mais le Premier ministre serait peut-être plus crédible s'il n'avouait pas de façon candide, devant des millions de téléspectateurs, ne pas avoir téléchargé l'application StopCovid pour laquelle le gouvernement a lancé une campagne de publicité. « StopCovid, c'est intéressant quand vous allez dans le métro, moi, je ne prends plus le métro », se défend-il, maladroit. Plusieurs de ses ministres, présents dans le public, font en direct le même aveu. Devant son poste, Emmanuel Macron explose. Résultat ? C'est à lui que les deux tiers des Français ne font toujours pas confiance pour lutter contre l'épidémie, entre allergiques aux contraintes et prudents qui prônent de tout refermer.

La loi contre les séparatismes. Une pluie fine, au petit matin, la mairie des Mureaux. Nous sommes une trentaine de journalistes à attendre le chef de l'État. Auparavant, nos sacs sont, comme toujours, « reniflés » par un chien démineur à la recherche d'explosifs. La veille, le nouveau conseiller sécurité du président, le préfet Frédéric Rose, nous a décrit la progression de l'influence salafiste à coups de sombres exemples : écoles clandestines dans lesquelles des petites filles voilées sont endoctrinées, pressions dans les services publics pour imposer la norme religieuse, prosélytisme dans des clubs de sport et discours de haine. Il a désigné l'adversaire :

l'islam radical. Le palais n'a donc plus peur d'employer le terme. Emmanuel Macron compte jouer cartes sur table et expliquer qu'il ne vise pas l'islam mais sa dérive violente. Un risque politique assumé. Le président profite d'une fenêtre de tir qui ne s'est pas encore refermée malgré l'épidémie.

Ce texte est d'importance. Pour en maintenir la date, il a commis une impolitesse diplomatique : il a quitté un Conseil européen consacré aux tensions avec la Turquie et chargé Angela Merkel de le remplacer, y compris pour la conférence de presse finale. Il revient donc de Bruxelles, a dormi seulement quatre heures, ce que personne ne pourrait imaginer, à le voir enjoué, dispo et combatif. Les Mureaux, sa modeste salle des mariages, mais surtout ses quartiers difficiles, qui bénéficient depuis 2018 d'un dispositif de « reconquête républicaine ». En direct sur toutes les chaînes d'info, le chef de l'État présente son plan de lutte contre le « séparatisme islamiste ». Il marche sur un fil, entre les accusations de laxisme naïf et les soupçons d'islamophobie ou de racisme. Il lui faut veiller à ne pas diviser son propre camp, traversé par les mêmes fractures. Au gouvernement même, les tenants d'une laïcité stricte, majoritaires, menés par Jean-Michel Blanquer et Gérald Darmanin, sont en conflit avec ceux qui craignent que l'exécutif n'aille trop loin.

Pendant la campagne de 2017, Emmanuel Macron avait critiqué une « laïcité revancharde ». Cette fois, le ton a changé. Il a écouté de nouvelles influences, dont les maires de terrain. Son discours est sans ambiguïté, dès les toutes premières minutes : « Nous devons nous attaquer au séparatisme islamiste. Et à l'islam radical qui nie la République », déclare-t-il, répétant à plusieurs reprises qu'il faut « nommer les choses ». Tout en se défendant du moindre amalgame avec les musulmans, il dénonce la négation de principes comme l'égalité femmes-hommes, avant de récapituler les exemples anxiogènes de Frédéric Rose. Alors, il annonce sa mesure phare, l'instruction obligatoire à l'école dès l'âge de trois ans, pour mettre fin aux classes clandestines. Enfin, il veut « libérer l'islam en France des influences étrangères », un combat aux lourdes implications diplomatiques. D'autant que, improvisant, il affirme que l'islam est en crise partout dans le monde.

Ce jour-là, le président – à moins que ce ne soit déjà le candidat à sa réélection – dénonce la ghettoïsation de certains quartiers. Il attaque tous ceux qui poussent les enfants de la République à

« revisiter leur identité par un discours postcolonial ou anticolonial », et qui, quoique n'ayant jamais connu la colonisation, tombent dans la haine. À ses yeux, l'islamisme et cette pensée « décoloniale » semblent liés. Un lien qu'il appelle en privé, tout comme une partie de la droite, l'« islamo-gauchisme ». Emmanuel Macron affiche l'ambition démesurée de réorganiser le culte musulman, ce que ses prédécesseurs ont tenté en vain depuis quarante ans. Bien accueillie par la droite, relativement épargnée par la gauche, son intervention rencontre un réel succès politique. Son discours désinhibe la ligne dure de sa majorité.

Quelques jours plus tard, Gérald Darmanin, devant l'Assemblée, n'hésitera pas à accuser les députés de La France insoumise de soutenir un « islamo-gauchisme qui détruit la République ». Dans la foulée, Jean-Michel Blanquer attaquera l'ensemble du monde universitaire où « l'islamo-gauchisme fait des ravages », car « le poisson pourrit par la tête ». La politique n'est pas qu'affaire de nuances. Pas plus en France qu'ailleurs. Des États-Unis aux pays musulmans, les propos du chef de l'État sont âprement glosés. Au fil des jours, les commentaires deviennent critiques, puis franches colères.

La parenthèse – violente – séparatiste, à peine ouverte, se referme. La pandémie retient toutes les lumières. La deuxième vague, inexorable, submerge l'Hexagone comme l'Europe, plus sombre qu'en mars. La crise reporte mécaniquement certaines propositions de la Convention sur le climat, notamment la taxation d'un secteur aérien cloué au sol par le coronavirus. Entre écologie, sécuritaire, séparatisme et sanitaire, tenir un discours global, comme en rêve Emmanuel Macron, est impossible.

Désert de larmes

Une catastrophe peut en chasser une autre. Arrière-pays niçois, crues dans la vallée de La Roya, 4 octobre 2020. Dix morts. Huit disparus. Des vies et des villages emportés. Aussitôt, profondément touché, désireux d'agir, le président s'y rend. Six vols en hélicoptères, trois haltes dans des bourgades et une dernière étape à Nice avec les sauveteurs. Une journée intense, une rencontre avec le drame et ses victimes, des moments qu'il vit avec flamme.

Dès qu'il atterrit, il est accueilli avec ferveur par des habitants reconnaissants. Dans chaque village, il rassure, réconforte et s'attarde interminablement, emporté par cette effusion collective. Les gestes barrières ? Ils n'ont pas lieu d'être, tous ont trop besoin de chaleur. À Tende, il serre dans ses bras des vieilles dames en pleurs et étreint avec émotion un enfant qui aide à déblayer. Ému, le chef de l'État décide à l'improviste de s'exprimer le soir même sur toutes les chaînes de télévision. Il promet cinquante millions d'euros d'aide aux sinistrés et la reconstruction en un mois de la ligne ferroviaire emportée par les flots.

De telles heures en éclipsent d'autres. Même si elles ne sont pas anodines. Une poignée de jours avant le déplacement dans la vallée désolée, il était, instant privilégié, avec son épouse, devant une association pour promouvoir le nouveau congé de trois mois destiné à ceux qui aident leur enfant handicapé. Une visite professionnelle en couple, cela ne leur était plus arrivé depuis leur matinée au Café joyeux, juste avant le grand confinement. Assis côte à côte, ils discutent à bâtons rompus avec les parents. Détendus et complices. « Avec Brigitte, nous faisons beaucoup de choses en commun. » Son œil pétille, tous s'esclaffent, presque gênés de leur intimité. À proximité, une centaine de soignants, banderoles au poing : « Plus de fric pour l'hôpital public ». Bien évidemment, il va à leur rencontre. La scène est filmée en direct, les télévisions ne s'intéressent plus aux congés payés des aidants. Il parlemente, argumente, tente de convaincre pendant plus d'une demi-heure. Quand il repart, enfin, il récolte quelques maigres applaudissements. La colère hospitalière s'enracine.

Un peu comme les forces françaises de l'opération Barkhane, au Sahel. Depuis le début des années 2010, Paris déploie des troupes – jusqu'à cinq mille cent hommes – pour lutter contre les djihadistes avec des succès, mais aussi des revers. Or, que font les autorités maliennes ? Elles poignardent les efforts tricolores en libérant, en échange d'otages, deux cents djihadistes dont beaucoup ont été capturés – parfois au prix du sang – par les soldats français. Un revers de taille. La dernière Française détenue en otage dans le monde, Sophie Pétronin, soixante-quinze ans, est ainsi libérée avant d'être rapatriée. Emmanuel Macron décide de l'accueillir à l'aéroport militaire de

Villacoublay avec un petit laïus. Sauf que, la veille au soir, la septuagénaire explique qu'elle s'est convertie à l'islam durant sa détention, qu'il faut désormais l'appeler « Maryam », qu'elle a vécu sa détention « comme une retraite spirituelle » et qu'elle refuse de qualifier ses ravisseurs de « terroristes ». Elle se dit même impatiente de retourner vivre au Mali. Ses déclarations déclenchent une vague d'insultes sur les réseaux sociaux. Au palais, c'est la consternation. Le président prend ses distances. S'il la salue sur le tarmac, il repart aussitôt. Sans un mot. Une ex-otage qui défend ses ravisseurs djihadistes, à l'heure où le chef de l'État lance une offensive contre les islamistes, n'est pas du meilleur effet.

Un retournement de situation que n'avaient pas vu venir les « diplos ». Les diplos ? Les membres de la cellule diplomatique du gouvernement, un état au cœur de l'État. Pour un diplomate, y accéder est le Graal. Leur petit groupe a ses quartiers rue de l'Élysée, au flanc de l'enceinte présidentielle. Chargés de concrétiser les ambitions internationales du président, ils ne rendent compte qu'à lui. Depuis quelques mois, un nouveau tandem les dirige d'une main de fer : Emmanuel Bonne, le « sherpa » d'Emmanuel Macron, et son adjointe, Alice Rufo, fille d'un célèbre psychanalyste. Les coulisses de la cellule ne s'étalent jamais au grand jour, c'est une règle d'or en diplomatie. Toutefois, depuis quelque temps, plusieurs collaborateurs dénoncent des maltraitances. Au point que l'Élysée engage un audit interne pour soupçons de harcèlement. L'affaire est dénoncée dans plusieurs journaux. Le tandem sera-t-il sanctionné ? C'est mal connaître le « patron ». Il met un point d'honneur à ne pas céder aux critiques. « Désormais, ils sont invirables », résume un proche.

« Ce n'est plus moi le maître des horloges. C'est le Covid. » Cet aveu d'Emmanuel Macron, le 14 octobre, en dit long sur sa profonde déception. Ce soir-là, devant plus de vingt millions de nos concitoyens, il a une pensée particulière pour les jeunes – « C'est dur d'avoir vingt ans en 2020 » –, lorsqu'il annonce six semaines de couvre-feu dans les plus grandes métropoles dès vingt et une heures. La confiance dans un exécutif accusé de piloter à vue chute à 35 %, contre 45 % en mai.

Avait-il un autre choix ? Depuis le 10 octobre, notre pays compte près de vingt-sept mille nouvelles contaminations en vingt-quatre heures. L'atmosphère s'assombrit encore lorsque le professeur Delfraissy déclare qu'un reconfinement local n'est pas à exclure et que l'épidémie durera au moins jusqu'à l'été, suggérant même la possibilité intermédiaire d'un couvre-feu, terme que l'on n'a plus entendu depuis la Seconde Guerre mondiale.

Au cours d'un Conseil de défense, les scientifiques présentent au chef de l'État des modélisations terrifiantes. Quoi que l'on fasse, lui disent-ils, nous atteindrons le chiffre de neuf mille personnes en réanimation mi-novembre, bien davantage que les capacités hospitalières. Emmanuel Macron, même s'il souhaite atténuer les restrictions au maximum, se résigne donc au couvre-feu, à l'instar d'autres pays d'Europe.

Quelques heures après l'intervention présidentielle, piqûre de rappel d'une polémique désastreuse : des policiers perquisitionnent le domicile et les bureaux d'Olivier Véran, de l'ex-ministre Agnès Buzyn, de l'ex-porte-parole Sibeth Ndiaye, du directeur général de la Santé Jérôme Salomon et même de l'ex-Premier ministre Édouard Philippe. Tous sont sous le coup d'une enquête sur la gestion (ou la non-gestion) des masques. Le *timing* de la justice ne pouvait être pire. Dans les couloirs de l'Élysée, on commence à craindre qu'Emmanuel Macron ne devienne « le président qui porte la poisse ». Un sparadrap qui tue une réélection. « Churchill a perdu celles juste après la guerre », ressassent ses proches.

Samuel Paty

Vendredi 16 octobre, dix-sept heures. L'ultime soirée avant le couvre-feu du lendemain. Le pays tourne au ralenti avant de se claquemurer contre le Covid. À Conflans-Sainte-Honorine, devant le collège du Bois-d'Aulne, un Tchétchène de dix-huit ans guette la sortie d'un professeur d'histoire-géographie. Il le suit et l'attaque au couteau, au cri de « Allah Akbar ». Acte atroce, il le décapite. Puis poste sur Internet un cliché abominable de la tête coupée, gisant sur le trottoir. La victime s'appelle Samuel Paty. Son meurtrier, qui a grandi en France, s'est radicalisé en regardant des vidéos islamistes. Il a repéré le message d'un parent d'élève qui s'en prenait au professeur pour avoir montré, dans un cours sur la liberté d'expression, deux des caricatures de Mahomet publiées par *Charlie Hebdo*. Son assassinat, c'est une attaque contre l'éducation, contre la liberté d'expression, contre *Charlie Hebdo*, contre le droit au blasphème. La décapitation, la signature de Daech.

Immense émoi. Y compris chez le président de la République, qui s'est engagé quelques jours auparavant à défendre ces valeurs. Dès qu'il apprend l'horreur, Emmanuel Macron se précipite à la cellule de crise du ministère de l'Intérieur, de l'autre côté de la rue, puis décide de se rendre sur place dans la foulée, avec plusieurs ministres. Avec l'équipe télé de pool, j'embarque dans le cortège, qui fend le crépuscule. Nous arrivons sur une esplanade déserte et silencieuse, plongée dans une brume glaciale. Les rues alentour sont bouclées, le reste de la presse est maintenu à distance. Le chef de l'État, vite rejoint par Gérald Darmanin, revenu en toute hâte du Maroc, disparaît dans l'établissement noyé dans l'ombre. À l'intérieur, le président discute avec le personnel d'encadrement du collège, sous le choc. Un collègue m'envoie le tweet de l'assassin avec le cliché terrifiant. Emmanuel Macron l'a vu, forcément. En sortant, on nous annonce qu'il fera une déclaration. L'équipe télé installe sa caméra sur le bitume, éclairée par un spot aveuglant et le cameraman marque d'un scotch l'emplacement auquel le chef de l'État devra se tenir.

Au bout d'une heure, ce dernier sort du bâtiment, livide, les traits profondément creusés. Il ôte son masque. S'avance vers la caméra. Derrière lui, la proviseure, le préfet et le procureur antiterroriste se positionnent. Silence. D'une voix blanche, il prend la parole, pèse ses mots. « Un de nos concitoyens a été assassiné, aujourd'hui, parce qu'il enseignait, parce qu'il apprenait à des élèves la liberté d'expression, la liberté de croire et de ne pas croire. Notre compatriote a été lâchement attaqué, a été la victime d'un attentat terroriste islamiste caractérisé. Je veux dire ce soir à tous les enseignants de France que nous sommes avec eux, que la nation, tout entière, sera là à leurs côtés aujourd'hui et demain pour les protéger, les défendre, leur permettre de faire leur métier, qui est le plus beau qui soit : faire des citoyens libres. Il n'y a pas de hasard si, ce soir, c'est un enseignant que ce terroriste a abattu, parce qu'il a voulu abattre la République dans ses valeurs, les Lumières, la possibilité de faire de nos enfants, d'où qu'ils viennent, qu'ils croient ou qu'ils ne croient pas, quelle que soit leur religion, d'en faire des citoyens libres. »

Il aspire une goulée d'air. Cherche ses mots, les yeux au ciel, et ajoute : « Cette bataille, c'est la nôtre et elle est existentielle. » Il détache ces paroles : « Ils ne passeront pas. L'obscurantisme et la violence qui l'accompagne ne gagneront pas. Ils ne nous diviseront pas. » Tout en parlant, il me regarde droit dans les yeux, sans doute sans me voir. Inconsciemment, il tortille l'élastique de son masque entre ses doigts, lui qui contrôle toujours parfaitement sa posture.

Il n'a jamais paru si bouleversé.

12

LA FLÈCHE DU PARTHE
17 octobre-17 décembre 2020

Terrorisme et épidémie. Le « en même temps » du pire. Ce meurtre bouleverse tous et toutes mais aussi l'agenda du pouvoir. Le Premier ministre reporte un déplacement au cours duquel il devait annoncer des mesures contre la pauvreté. Ce n'est plus le moment de tenter un rééquilibrage à gauche. L'attentat remet le régalien et ses partisans au premier plan. Le chef de l'État demande à ses conseillers, de sa plume Jonathan Guémas au metteur en images Arnaud Jolens, d'élaborer une cérémonie à la hauteur de l'émoi national. Le dimanche suivant, soit deux jours après la mort de l'enseignant, des dizaines de milliers de personnes se rassemblent pour défendre la liberté d'expression. Le soir même, Emmanuel Macron réunit l'élite de la lutte antiterroriste. Chacun est prié de proposer des ripostes. L'objectif? Durcir la loi présentée aux Mureaux. Un hasard, ce texte a été annoncé juste avant l'attentat. Si ce n'avait pas été le cas, droite et extrême droite auraient eu beau jeu de fustiger le laxisme de l'exécutif face aux islamistes radicaux. Décision est prise d'agir contre la propagande sur Internet, comme un retour de la loi contre la haine en ligne, censurée par le Conseil constitutionnel en 2020. L'occasion de remettre sur le métier cette promesse de campagne. La présidence laisse fuiter les propos belliqueux que le patron tient à ses ministres. « La peur va changer de camp. Les islamistes ne doivent pas pouvoir dormir tranquilles dans notre pays. Nous allons livrer un combat à mort. La République est une bonne fille, mais elle ne se laissera pas violer. Nous allons décapiter les organismes islamistes. » On croirait entendre Vladimir Poutine qui promettait de « buter les terroristes jusque dans les chiottes. » Un plan d'action contre les milieux radicalisés, avec coups de filet et dissolutions d'associations, est promis pour la semaine suivante.

Le président envoie au front Gérald Darmanin, l'un des seuls membres du gouvernement au poids politique suffisant pour le rôle. À lui de mener contrôles et arrestations, d'afficher des résultats rapides. Le ministre dissout deux associations proches des salafistes, mais dérape sur le sujet des rayons halal ou kascher des supermarchés, à ses yeux marchepieds du communautarisme. Il trouve écho chez une partie de l'opinion, où l'hostilité contre l'immigration passe en tête des inquiétudes. Emmanuel Macron laisse dire, en dépit de son aile gauche, notamment Richard Ferrand qui ironise sur les rayons de spécialités bretonnes.

21 octobre 2020. L'hommage à Samuel Paty. La cour d'honneur de la Sorbonne. Le silence mais aussi, surtout, l'émotion. Palpable, dès l'entrée du cercueil sur *One* de U2, le morceau préféré du défunt. Derrière le pupitre blanc se succèdent un ami de la victime, une prof et une élève. Puis, tendu, Emmanuel Macron. Arnaud Jolens s'est surpassé. Les colonnes s'illuminent en bleu blanc rouge, une immense silhouette de Marianne et le triptyque « Liberté, égalité, fraternité » apparaissent en cursives de lumière. Le visage grave, face à la dépouille du défunt et devant tout le gouvernement, le chef de l'État prononce un éloge vibrant. « Votre professeur est tombé parce qu'il avait fait le choix d'enseigner, assassiné parce qu'il avait décidé d'apprendre à ses élèves à devenir citoyens », dit-il, la gorge serrée. Il répète : « Nous ne renoncerons pas aux caricatures, aux dessins. » Une ode à la raison, à la résistance aux islamistes, qu'à nouveau il accuse nommément. « Nous continuerons, professeur », conclut le président, proche des larmes. Comme un serment. Sur la place de la Sorbonne, devant un écran géant qui diffuse la cérémonie réservée à quatre cents invités, tous masqués, une foule applaudit Samuel Paty. Est-ce un instant historique, comme le souhaitait Emmanuel Macron ? « C'est un peu son *Charlie Hebdo* », murmure un proche.

Au-delà de cet instant, émouvant, la vertigineuse ambition d'Emmanuel Macron est de réformer l'islam de France. Et de créer un « islam des Lumières ». Il convoque donc au palais les représentants du Conseil français du culte musulman (CFCM) et les presse de reconnaître officiellement, par le biais d'une charte signée, la primauté des lois et valeurs républicaines sur leur religion. Dont l'égalité hommes-femmes et le mariage pour tous. Ils sont aussi priés de créer un Conseil des imams qui « labellisera » les imams français. L'Élysée est convaincu que les religieux devront s'incliner. Si les branches les plus radicales renâclent, elles seront, nous dit-on, « démasquées ».

L'esprit encore empli de colère, le président rend visite à la cellule anti-islamiste de la préfecture de Seine-Saint-Denis. Quand il ressort, le regard noir, il se plante devant les caméras. « Ce sont des actes qui sont attendus par nos concitoyens. Ces actes s'intensifieront ! » Il rappelle avoir fait fermer plus de trois cent cinquante lieux radicalisés depuis un an et nous détaille les redressements fiscaux et sociaux qui ont été diligentés, l'une des armes employées, faute de mieux, contre les groupes radicaux. Cette nouvelle priorité mobilise toute son énergie. Elle occulte le plan de relance, déjà relégué au second rang par le Covid-19, qui devait pourtant être le pilier de la stratégie de rentrée.

Le président désarmé

L'Emmanuel Macron que l'on croise alors n'est pas l'homme que l'on rencontre depuis tant de pages. Le volontariste, le combattant, a laissé la place à un attentiste, un incrédule. Pour tout dire, il paraît désarmé. Sur son bureau, la lutte antiterroriste et la bataille sanitaire se disputent le haut de la pile.

Le 23 octobre, à l'hôpital de Pontoise, il effectue un « déplacement Covid ». Pessimiste, comme son conseil scientifique, il évoque des reconfinements locaux, lui qui écartait catégoriquement cette éventualité une semaine plus tôt. Il ne croit toujours pas qu'un vaccin puisse être mis au point en quelques mois. Il n'en aime, sans doute, guère le principe même, lui qui, en parlant du sérum russe Spoutnik, avertit que l'on n'autorise pas à la légère un produit que « l'on va inoculer dans votre corps ».

Pourtant, l'espoir se précise. Les firmes américaines Pfizer et Moderna annoncent le dépôt d'une autorisation de mise sur le marché fin novembre pour des vaccins à ARN messager.

Contrairement au président, dont les doutes sont largement partagés dans le pays, États-Unis et Allemagne parient sur ces découvertes majeures et se préparent déjà à vacciner en masse. « La France fait-elle de même ? » lui demandé-je. Ce jour-là, toute espérance semble l'avoir quitté. Il paraît mélancolique et s'emploie à doucher les optimistes. « On peut tout à fait en fin d'année, début d'année prochaine, commencer à avoir des vaccinations. Est-ce que cela sera une stratégie nationale qui permettra de répondre au virus ? C'est peu vraisemblable. On pourra commencer à tester des vaccins mais pas déployer une stratégie vaccinale si vite. On a parfois nourri des espoirs sur des traitements, maintenant sur des vaccins, puis on s'est aperçus que ça ne fonctionnait pas totalement. On aura plus de visibilité à la fin du premier trimestre 2021, je crois que c'est une perspective plus sûre. » Emmanuel Macron n'évoque aucune mobilisation vaccinale. L'impossibilité de maîtriser la situation lui est certainement insupportable. La France passe le cap du million de cas et des trois cents décès par jour. Et un million de personnes ont basculé dans la pauvreté depuis le début de la pandémie.

Les trois quarts de nos concitoyens sont désormais sous couvre-feu.

En défendant le droit au blasphème et aux caricatures, aux Mureaux puis de nouveau devant le cercueil de Samuel Paty, le chef de l'État a obtenu le résultat escompté, tout du moins sur son propre territoire. Plus personne ne peut l'accuser de nier cette question de l'islamisme radical. En revanche, à l'étranger, dans les pays arabes mais pas seulement, il est fortement critiqué. Lui, jusqu'ici si populaire à l'international, devient un ennemi. Au Pakistan, en Indonésie, en Turquie, des manifestants brûlent le drapeau tricolore – et même un portrait de Jean Castex ! – et appellent au boycott des produits français. Sous chaque tweet du président apparaissent désormais des rafales d'injures en arabe. On l'accuse d'être un « croisé » antimusulman. Son homologue turc lui conseille avec fiel de « faire examiner sa santé mentale ». De colère, Emmanuel Macron fait rappeler son ambassadeur en Turquie. Mais le palais s'inquiète d'un éventuel terreau pour des attentats, d'autant que les menaces de mort se multiplient. On brûle des drapeaux français ? Un malentendu. Il croit aux vertus de l'explication rationnelle. Avec culot, le chef de l'État va se justifier sur la chaîne qatarie Al-Jazeera, média vedette des pays arabes. Non, les caricatures n'ont pas été publiées à son initiative mais par des journaux libres. Chez nous, les dessinateurs se moquent des dirigeants politiques, lui compris, et de toutes les religions. Non, la France n'a pas de problème avec l'islam. Et la Turquie, qui appelle au boycott de nos produits, n'a ni presse libre, ni possibilité de caricaturer le Prophète ou ses dirigeants. Ses paroles n'ont guère d'effet sur les extrémistes. Deux jours plus tard, Al-Qaïda appelle à la « vengeance » contre lui.

Mais les attaques ne s'arrêtent pas là. Des titres prestigieux de la presse britannique et américaine le mettent aussi en accusation. Pour leurs éditorialistes, l'universalisme à la française nie les discriminations raciales ou religieuses. De virulents « articles d'opinion » accusent Emmanuel Macron d'islamophobie ou d'« inciter » les pays musulmans à la colère. Le *Financial Times* lui reproche de s'en prendre à tous les musulmans. Ses conseillers protestent auprès de la direction du quotidien, qui lui accorde un droit de réponse. « Allez visiter les quartiers où des petites filles de trois ou quatre ans portent le voile intégral ! » y écrit le chef de l'État. L'agence Associated Press et le site Politico l'attaquent pareillement. Chaque fois, l'Élysée intervient et obtient souvent gain de cause, avec retrait ou amendement des articles. Mais la fracture existe. Le *New York Times*, dans un édito au vitriol, décrit un président de la République furieux qui décroche son téléphone alors que « certains des reportages qui ont le plus offensé les Français reflétaient simplement l'opinion de Français noirs et musulmans qui ne voient pas le monde tel que les élites françaises le souhaitent », affirme son auteur. Paris n'en a pas fini avec ces thèses *woke* contre les discriminations, que le palais découvre à peine et qui sont si éloignées de son credo universaliste.

Nouvelles vagues

Très concrètement, nos concitoyens semblent moins préoccupés par les extrémistes musulmans que par la menace d'une nouvelle mise sous cloche imminente. Or, les statistiques hospitalières sont déprimantes : le nombre de patients a doublé en quinze jours et, dans certaines régions, dépasse les scores de la première vague. Sur la table du président, trois options, entre lesquelles il doit choisir comme un chirurgien, avec soin et sans faiblir. Première option, un reconfinement général. Deuxième option, un couvre-feu avancé à dix-neuf heures. Troisième et dernière option, un confinement le week-end. Car il est maintenant certain que le couvre-feu à vingt et une heures ne suffit plus, au vu des cinquante mille cas quotidiens. De plus, Jean-François Delfraissy expose des prédictions proprement effrayantes : à ce rythme-là, notre pays comptera quatre cent mille morts dus au Covid-19. Davantage que le nombre d'habitants de la ville de Nice, par exemple.

Jusqu'ici partisan de décisions modérées – « On a besoin que les entreprises fonctionnent, elles ont besoin d'avoir de la présence au travail », plaidait-il encore le 14 octobre –, Emmanuel Macron avertit ses ministres qu'il va devoir prendre des mesures « très dures ». L'Élysée annonce une allocution télévisée pour le lendemain soir, en pleines vacances de la Toussaint. Une vague d'angoisse traverse le pays. Chacun a bien compris que les bonnes nouvelles étaient peu probables. Signe de grandes manœuvres, Jean Castex reçoit les chefs des partis, des groupes parlementaires et des associations d'élus. Une dizaine de ministres viennent plancher à Matignon. Est-ce pour préparer un reconfinement ? Pendant ces ultimes heures de sursis, les députés LREM votent le plan de relance, avec le soutien de la droite.

Mercredi 28 octobre, vingt heures. Résignés, plus de trente-trois millions de nos concitoyens écoutent Emmanuel Macron leur annoncer un reconfinement national à partir du vendredi 30 octobre et jusqu'au 1er décembre au moins. Le retour des attestations et des amendes. Le chef de l'État livre les modélisations catastrophiques qu'il a entendues quelques jours auparavant. Cette décision s'impose, explique-t-il, si l'on veut éviter que l'épidémie ne cause quatre cent mille morts. « Quoi que nous fassions, près de neuf mille patients seront en réanimation à la mi-novembre, soit la quasi-totalité des capacités françaises. » Il répète les assertions des savants. Seule exception à la fermeture des commerces non essentiels, les écoles, collèges et lycées, qui resteront ouverts. Sur ce point, il s'est fait sa religion. Il ne fermera ni classes ni Ehpad, petits et grands ont besoin de sociabiliser. Ce confinement sera donc moins strict qu'au printemps. Pour autant, le taux d'acceptation de cette contrainte est de 65 %, loin des 85 % de mars.

Jean Castex expose aux députés les détails de la mesure, lorsqu'un assistant vient lui chuchoter quelques mots. Il se fige. Le sort s'acharne. Dans la basilique Notre-Dame de Nice, un jeune Tunisien clandestin a poignardé le sacristain, décapité une femme et égorgé une autre. Le président se rend aussitôt sur place. Le visage fermé, il y constate que la France est attaquée, une fois de plus. Quatre mois se sont écoulés depuis qu'il comptait reprendre l'initiative en s'appuyant sur le nouveau gouvernement, depuis son plan de relance de cent milliards d'euros et l'espoir que le pays puisse « vivre avec le virus ». Mais d'une crise à l'autre, d'un drame à l'autre, seul son projet de loi sur le séparatisme islamiste a survécu à la tourmente.

Le reconfinement commence par un casse-tête, de ceux que le chef de l'État abhorre. Tout part des libraires, furieux de devoir garder portes closes quand les grandes surfaces culturelles restent ouvertes. La Fnac, par exemple, qui vend aussi des ordinateurs, profite de la dérogation accordée aux magasins informatiques, classés « essentiels », pour garder accessibles ses rayons livres. *Idem* pour les hypermarchés alimentaires, qui proposent des vêtements ou des jouets quand les boutiques spécialisées, elles, doivent fermer. À l'approche de Noël, c'est une concurrence déloyale et une provocation. Pour calmer leur colère, en toute logique, Jean Castex ordonne la fermeture des rayons non alimentaires des grandes surfaces. Les clients se heurtent ainsi à des barricades de scotch devant les présentoirs de chaussettes ou d'ouvrages. On peut acheter des produits d'hygiène (essentiels), mais pas de maquillage (non essentiels). La fronde des petits commerçants, relayée par des maires, est prise au sérieux à l'Élysée. Le palais sait que tout repose sur l'acceptabilité des mesures. La hantise des Gilets jaunes, toujours… L'État ouvre largement son porte-monnaie. Le fonds de compensation pour pertes d'activité des commerçants voit son plafond passer de mille cinq cents à dix mille euros par mois.

Quoique reconfiné, le pays n'a pas le même visage qu'en mars. Dans les rues des métropoles largement fréquentées, les embouteillages sont de retour. Si tous se disent favorables aux restrictions, beaucoup abusent des dérogations pour vivre presque comme avant. Pourtant, les hôpitaux affichent déjà 80 % de leurs capacités. Emmanuel Macron laisse fuiter sa colère contre les maires qui rouvrent des commerces. Il exige que le gouvernement sévisse.

La diplomatie emmurée

C'est une constante depuis 2017. Jamais le chef de l'État n'a fait le lien entre immigration et terrorisme. Il tient à ce distinguo, qui lui permet de se différencier de l'extrême droite. Mais après l'attentat de Nice, commis par un migrant clandestin, la donne a changé. Les frontières redeviennent une valeur à défendre. Pour le Covid-19 aussi, d'ailleurs. En mars, lui qui faisait dire par Sibeth Ndiaye : « Le virus n'a pas de passeport » ne peut que constater que les départements limitrophes de l'Italie ou de la Belgique présentent davantage de cas.

En ce 5 novembre, nous voici donc devant le col du Perthus, qui relie la France et l'Espagne. Emmanuel Macron y annonce aux douaniers un doublement de leurs effectifs, car les réseaux de trafiquants et de passages clandestins sont « de plus en plus souvent liés aux réseaux terroristes ». C'est pourtant lui qui, pendant sa campagne, ironisait : « On va mettre un planton à chaque mètre carré de la frontière que nous avons avec tous les pays membres de l'Union européenne ? C'est ridicule. » Il regarde en l'air, satisfait de voir les drones qui surveillent les sentiers. Ce choix du Perthus n'est pas un hasard. L'Espagne est l'une des principales portes d'entrée des migrants d'Afrique du Nord, dont certains sont radicalisés. Emmanuel Macron compte d'ailleurs partir en croisade pour un durcissement des contrôles au sein de l'espace Schengen. Ce sera l'un de ses combats, lorsque Paris prendra la présidence tournante de l'Union, au premier semestre 2022. Juste avant la présidentielle.

Mais le Covid, toujours lui, l'empêche de vraiment se faire entendre. Le soir même, Olivier Véran annonce cinquante-huit mille nouveaux cas en vingt-quatre heures. Un record en Europe. Jean-Luc Mélenchon ne fait pas mieux : sa déclaration de candidature à la présidentielle tombe dans l'indifférence.

Joe Biden, *at last*. Après quatre jours de dépouillement et de rebondissements, le candidat du parti démocrate accède à la

Maison-Blanche le 7 novembre. *Exit* Donald Trump. Emmanuel Macron se contente d'un tweet de félicitations. « Agissons ensemble ! » Il ne connaît pas l'heureux élu et ses diplomates n'ont jamais eu de contacts avec son équipe. On imagine mal une opération de séduction comme celle qu'il a tentée avec son prédécesseur. Il vient de perdre son meilleur adversaire. Dans les instances internationales, Emmanuel Macron, ardent défenseur du multilatéralisme, l'homme du « *Make our planet great again* », avait acquis une stature d'anti-Trump. Les frontières étant closes, aucun déplacement aux États-Unis n'est envisageable à court terme. Le Covid étouffe sa diplomatie personnalisée.

Ses deux tentatives avec Angela Merkel pour arrondir les angles entre les Arméniens du Haut-Karabagh et l'Azerbaïdjan, soutenu par la Turquie, ne sont pas plus heureuses. Si un cessez-le-feu est signé le 9 novembre, il l'est sous l'égide de Vladimir Poutine et il consacre les victoires territoriales de l'Azerbaïdjan, qui s'empare de plusieurs districts dans lesquels vivaient des Arméniens. Une défaite qui est aussi celle de l'Europe, incapable de s'imposer comme arbitre. Coïncidence cruelle, cette paix amère survient la veille du « Forum pour la paix » organisé par Emmanuel Macron le 11 novembre. Un forum entre soi. Il ne réunit que six dirigeants internationaux. Six sur les cent quatre-vingt-treize États membres des Nations unies.

95 % des places en réanimation sont occupées par plus de quatre mille huit cents malades. La situation est grave, mais pas autant que le prédisait le prestigieux institut Pasteur, qui évoquait neuf mille patients à la mi-novembre. Le président retient la leçon, amèrement. Sans doute se promet-il, ce jour-là, de ne plus jamais croire aveuglément les experts. Pour autant, il maintient le confinement au moins jusqu'au 1er décembre. L'exécutif veut « sauver Noël », la fête familiale. Le réveillon du 31, lui, ne passera, *a priori*, pas l'année. Nos concitoyens semblent accepter ces règles sans broncher, peut-être parce qu'elles sont souvent contournées.

La vaccination. À petits pas comptés. Le porte-parole du gouvernement, Gabriel Attal, annonce que celui-ci étudie des scénarios de vaccination. Avec une infinie prudence. L'exécutif n'ignore pas que seule la moitié de nos compatriotes déclare vouloir se faire vacciner, ce qui est le plus faible taux d'adhésion au monde. Plutôt que de promouvoir un vaccin pourtant inespéré, cette fois, contrairement à toutes les crises de son quinquennat, Emmanuel Macron décide de ne surtout, surtout, heurter personne. Sans doute parce que lui-même n'est pas convaincu.

La tentation du pire, *copwatch*

« Les journalistes doivent pouvoir faire leur travail librement et en toute sécurité. » Ce rappel à l'ordre de la Commission européenne s'adresse à la France. La France. Le pays des Lumières. Le pays des droits de l'homme. Un camouflet à l'international pour Emmanuel Macron. Mais aussi une fracture dans son propre camp.

Petit retour en arrière. Le président et son ministre de l'Intérieur sont décidés à s'attaquer au *copwatch* (le fait de filmer la police pour en faire connaître les éventuelles dérives). La proposition de loi Sécurité globale que l'Assemblée commence à examiner de 16 novembre comprend un nouvel article, le 24, qui punit d'un an de prison et de quarante-cinq mille euros d'amende la diffusion – « avec intention de nuire » – d'images de policiers ou de gendarmes en intervention. Ce délit flou devra modifier la loi de 1881 sur la liberté de la presse. Le ministre l'a fait rajouter mi-octobre, quand le chef de l'État recevait des syndicats de policiers en colère après l'attaque au mortier d'un commissariat. Seule la « volonté de nuire » peut être sanctionnée, mais qui la prouvera ? Les journalistes s'insurgent, comme la gauche. Ce texte empêcherait tout reportage sur des interventions policières. De surcroît, Gérald Darmanin demande de « flouter les visages des policiers et des gendarmes ». La moindre diffusion d'une opération en direct serait donc interdite. Le 17 novembre au soir, au moment où les députés commencent à examiner l'article 24, plusieurs milliers de contestataires manifestent à Lyon, Grenoble, Toulouse, Bordeaux, Marseille, Rennes, et devant l'Assemblée à Paris, en dépit du confinement. La scène dégénère en affrontements avec les forces de l'ordre. Des journalistes sont empêchés de filmer, un reporter de France 3 passe douze heures en garde à vue, sans motif. Les opposants à l'article 24 n'auraient pu rêver meilleur argument. Maladroitement, Gérald Darmanin déclare le lendemain que, désormais, les membres de la presse devront se déclarer au préalable à la police pour couvrir des manifestations. C'est un tollé. Le ministre rétropédale. À l'intérieur de l'hémicycle, le débat est tendu. « La liberté recule dans notre pays », s'écrie Jean-Luc Mélenchon.

Si la droite soutient l'article 24, le Modem lâche le parti présidentiel. La fissure gagne l'intérieur de LREM, dont l'aile gauche veut renoncer. Jean Castex est contraint d'intervenir. Il convoque, en urgence, ensemble, le ministre de l'Intérieur et le patron des députés LREM, Christophe Castaner. À la sortie, Matignon annonce que l'article 24 fera l'objet d'un amendement gouvernemental, avec l'ajout d'une phrase qui garantira le droit d'informer. « On a gagné ! » Sur la boucle Telegram du parti, la jambe gauche des Marcheurs triomphe. À l'Élysée, Emmanuel Macron, sur le front de la crise sanitaire, reste muet. Cependant, en privé, il s'emporte contre le ministre qui a jeté de l'huile sur le feu. Le vendredi, l'article 24, complété, est adopté. Le ministre de l'Intérieur, qui a arraché son maintien, a lui aussi gagné.

Mais ce bricolage ne calme pas les opposants. Le lendemain, 21 novembre, plus de vingt mille manifestants se rassemblent encore à Paris. On y trouve, pêle-mêle, des Gilets jaunes, des journalistes, des syndicats, des communistes, des Verts, l'extrême gauche… Le garde des Sceaux, lui-même, s'indigne : « On ne peut pas poursuivre en droit pénal français des gens pour une intention ! » Quand Gérald Darmanin trouve « choquantes » certaines images de la dispersion brutale d'un camp de migrants en pleine capitale, il reconnaît ainsi l'utilité des vidéos qu'il souhaite interdire ! *In fine*, l'Assemblée adopte le texte mais une trentaine de députés LREM se sont abstenus et dix ont voté contre. Les Marcheurs ne vont plus vraiment tous dans la même direction.

Fermer, ouvrir, entrouvrir… écouter !

Mauvaise période pour l'unité. La majorité se déchire sur les bancs de l'hémicycle, quand les conseillers du chef de l'État s'opposent entre pro et antidéconfinement, complet ou partiel. Le pic de la seconde vague semble franchi mais la situation sanitaire est à peine meilleure qu'avant le couvre-feu. Peut-on rouvrir ? Autour du président, c'est la cacophonie. Cependant le patron a tranché :

assouplir, tel est son devenir. Il l'annoncera le 24 au soir, pour sa huitième allocution depuis le début de la crise.

Sa première intention était de déconfiner complètement le pays dès le 1er décembre. Rouvrir les magasins. Supprimer ces attestations et cette limitation des sorties à une heure et dix kilomètres. Finalement, pressé par les « enfermistes », il opte pour une voie moyenne, un desserrement en plusieurs étapes. Il annonce donc, ce soir-là, un compromis un peu bancal, décidé la veille, à l'arraché. On pourra sortir trois heures, sur un rayon de vingt kilomètres, avec attestation. Les petits commerces pourront rouvrir. Les offices religieux sont autorisés « dans la stricte limite de trente personnes ». Une erreur sans doute due à la précipitation, que le Conseil d'État corrigera quelques jours plus tard par un 30 % de la jauge de l'édifice concerné. Piste verglacée pour les vacanciers, les stations de ski resteront fermées à Noël. Détail révélateur, Emmanuel Macron dévoile cet arbitrage alors que son Premier ministre « négocie » encore avec les professionnels des stations. Enfin, le chef de l'État s'est converti à la vaccination de masse. Elle commencera fin décembre pour les personnes les plus fragiles. Mais, fidèle à ses préventions en la matière, il promet qu'elle ne sera pas obligatoire.

Lever des restrictions alors que la circulation du virus est encore importante, un nouveau pari risqué. L'opinion l'accueille avec mauvaise humeur, sans se soucier du bras de fer qui divise en coulisse les proches du président.

Bras de fer et clés de bras. En ce pluvieux après-midi du 25 novembre, journée contre les violences faites aux femmes, Emmanuel Macron se rend sur le terrain. Direction : les locaux parisiens de l'association Une femme, un toit, recueillant celles qui ont fui un conjoint violent. Je m'efforce de rester discrète dans cette petite pièce où, assis dans un cercle de personnes, il écoute quatre d'entre elles raconter leur histoire. Chaleureux, presque paternel, le voici, non plus « spécialiste de tout », mais « conseiller en tout ».

Une jeune femme, la voix tremblante, lui raconte comment elle a « offert sa virginité » à un homme qui s'est révélé violent. Elle n'ose plus appeler son père, qui l'avait mise en garde. Visiblement ému, il la chapitre gentiment, un peu gauchement, à l'aide de mots d'avant. « En fait, vous êtes tombée amoureuse d'un salaud ! Il ne faut pas avoir honte des choix que l'on fait par amour. Vous avez vécu les choses sincèrement, comme une femme amoureuse ! Votre père, c'est vraiment trop con de ne pas l'appeler ! Vous n'allez pas vous sentir coupable, en plus ! Je trouve que vous dépendez trop du regard des autres. » Ses remarques font tiquer la responsable de l'association, qui lance avec une pointe d'ironie : « Bon, ben, merci docteur ! Mais vous êtes aussi psy ? » Sa dénégation se perd dans les rires de l'assistance. Emmanuel Macron ignore que les spécialistes des violences faites aux femmes ont pour devise : « Quand il y a des coups, il n'y a pas d'amour. »

Il reste une heure de plus que prévu avec les jeunes victimes, heureux d'écouter leurs mots, leur sincérité, dans cette réunion presque intime. Il est fier d'apporter une réponse concrète avec les bracelets électroniques d'éloignement, même s'ils restent encore trop rares. Pour l'une d'entre elles, décidée, qui cherche un emploi d'agent de sécurité, il demande à un membre de son cabinet de l'aider. « Mais pas à l'Élysée, s'esclaffe-t-il. Mon responsable de la sécurité, il s'appelait Alexandre Benalla et il a merdé, alors je ne peux plus dire qu'on a une filière ! » Il rit de bon cœur. Il écoute aussi attentivement la responsable de l'association lui décrire le cauchemar des règles pour les femmes qui sont à la rue. Dix jours plus tard, il répondra concrètement à la précarité menstruelle. L'expression l'a frappé. Il s'est laissé convaincre de fournir des protections gratuites.

L'article 24, quarante-huit heures pour y croire…

Deux jours, seulement deux jours après le vote de la loi Sécurité globale et de son fameux article 24, la démonstration par l'exemple. Une violence policière flagrante et raciste. Exactement les images que l'exécutif voulait éviter. Une vidéo de surveillance qui montre, pendant de longues minutes, des policiers en train de tabasser un producteur de musique noir, Michel Zecler, dans l'entrée de son studio d'enregistrement parisien. Vague d'indignation. Gérald Darmanin suspend les auteurs des coups de poing, mais n'endigue pas la colère. Le calme n'est pas encore revenu dans les rangs de LREM. Christophe Castaner demande une tolérance zéro contre le racisme. Les proches de l'« aile gauche » du président, Richard Ferrand et Stéphane Séjourné, se joignent au concert, tout comme le garde des Sceaux. « Il faut filmer ! » lance ce dernier. Même la presse internationale s'en mêle. « Le plan illibéral de Macron pour protéger la police française », titre le *Financial Times*. Illibéral ? Qui s'oppose aux hommes libres et indépendants, la critique favorite d'Emmanuel Macron contre le régime du Hongrois Viktor Orbán qui, d'ailleurs, s'en revendique.

Il n'a plus le choix. Cet article 24, il doit s'en occuper. L'après-midi même, discrètement, il convoque Gérald Darmanin. Le ministre est prié non seulement de faire taire la polémique, mais aussi de condamner clairement les policiers fautifs. Pour amender l'article 24 sans retrait officiel, le chef de l'État et le responsable de la place Beauvau s'accordent sur une curieuse solution : une commission indépendante, sous la houlette de Matignon, sera chargée de réécrire ce fameux paragraphe. Un article déjà voté, rappelons-le. Ils espéraient éteindre un incendie ? Ils le ravivent ! Les députés LREM, qui avaient loyalement approuvé, entrent en rébellion. Dès le lendemain, vendredi 27 novembre, tous les parlementaires condamnent en chœur ce désaveu. Jean Castex, déjà fraîchement accueilli par son parti d'adoption, doit reculer et promettre de ne pas toucher un article qui « ne saurait relever que du Parlement ».

Le président se voit contraint de descendre dans l'arène. Le soir même, dans une longue vidéo, il s'adresse directement aux internautes. « Les images que nous avons tous vues de l'agression de Michel Zecler sont inacceptables. Elles nous font honte. La France ne doit jamais se résoudre à la violence ou à la brutalité, d'où qu'elles viennent. » Il réclame « une police exemplaire ». « Ceux qui font appliquer la loi doivent respecter la loi. Je n'accepterai jamais que la violence gratuite de quelques-uns entache le professionnalisme » des autres. Fidèle à sa méthode de la prise à témoin de l'opinion, il termine en donnant publiquement ses ordres. Sa technique pour sortir des impasses. « Je demande au gouvernement de me faire rapidement des propositions pour réaffirmer le lien de confiance qui doit naturellement exister entre les Français et ceux qui les protègent, et pour lutter plus efficacement contre toutes les discriminations. » Le soir même, les quatre policiers incriminés sont placés en garde à vue.

Cela n'empêche pas les manifestations du samedi contre la loi Sécurité globale de rassembler plusieurs centaines de milliers d'indignés. Les affrontements font quatre-vingt-dix-huit blessés parmi les policiers.

Emmanuel Macron doit, maintenant, taper du poing sur la table. Depuis deux semaines, « l'affaire Michel Zecler » occulte à la fois sa future loi contre le séparatisme et l'effet de soulagement qu'il escomptait du déconfinement. Le dimanche, le palais nous fait savoir qu'il a appelé le producteur de musique pour lui exprimer sa « honte ». Il convoque également de nouveau Jean Castex et Gérald Darmanin. Le président et le Premier ministre veulent modifier l'article 24, le ministre de l'Intérieur s'arc-boute. La réunion tourne court. Le lundi midi, le chef de l'État organise une nouvelle rencontre avec les principaux ministres concernés et les chefs des groupes de la majorité. Les participants seront autorisés à raconter aux médias sa colère froide. « La situation dans laquelle vous m'avez mise aurait pu être évitée, lance-t-il à Gérald Darmanin. En tant que président de la République, je suis garant de cet alliage entre liberté et ordre, et je ne veux pas passer d'un côté ou de l'autre. L'illibéralisme, ce n'est pas notre identité ! » Reste à trouver une issue honorable pour tous.

Pour une fois, la majorité prend la vedette. En sortant de l'Élysée, Christophe Castaner, Patrick Mignola et Olivier Becht, chefs des groupes LREM, Modem et Agir, tiennent ensemble une conférence de presse. Les trois hommes promettent avec satisfaction une réécriture complète de l'article 24 pour réaffirmer le droit d'informer. C'est une suspension de fait. Emmanuel Macron n'est pas mécontent d'apparaître comme celui qui tempère Gérald Darmanin. Sans pourtant jamais désavouer publiquement celui qui défend les forces de l'ordre. Car les deux tiers des Français considèrent que les violences chez ces derniers sont « marginales et le fait d'une minorité de policiers qui agissent seuls ».

Ancien monde et jeunesse

L'affaire Zecler indigne, comme, avant elle, celle de George Floyd aux États-Unis, tout particulièrement les jeunes. Le chef de l'État ne peut pas laisser s'opérer un tel rapprochement. Il doit se faire entendre de la jeunesse, aller à la conquête d'une génération maltraitée par le coronavirus, inquiète du réchauffement climatique et scandalisée par les discriminations. Il accorde donc une interview à Brut, média en ligne qui pourfend régulièrement les brutalités policières. Sur le terrain de ses détracteurs, à nouveau. Il terminera même par des questions-réponses sur Snapchat, le réseau des ados. Le risque politique est limité, sa cote auprès des dix-huit / vingt-cinq ans, élevée.

Une pierre tombale sur son chemin. Valéry Giscard d'Estaing, quatre-vingt-quatorze ans, est emporté par le Covid-19. Pour Emmanuel Macron, VGE était la figure archaïque d'un président-monarque. Il se borne donc à une sobre allocution, lui qui déteste être comparé au défunt. Nouveau Giscard ? Très peu pour lui ! Ils ont cependant bien des points communs, ces chefs d'État quadras, brillants, centristes, réformistes et europhiles, qui ont fait preuve d'une intelligence indéniable mais pas vraiment de modestie… D'autant que les nombreux documentaires sur l'héritage de Giscard d'Estaing, de l'IVG à la majorité à dix-huit ans, ne le laissent pas indifférent. Lui aussi veut laisser une trace dans l'histoire. Or, il manque de tels trophées à son palmarès. Malheureusement, Emmanuel Macron n'est pas certain que le Covid lui laisse le temps de dérouler ses réformes.

Deux heures trente d'interview et de discussions sur les réseaux sociaux, sept millions de vues, cent mille interactions. Le conseiller communication, Clément Leonarduzzi, est ravi du succès d'audience du président sur Brut, auprès d'un public qui boude les médias traditionnels. Emmanuel Macron, lui, se montre satisfait de ses réponses offensives, presque provocantes, parfois colériques, face aux critiques sur sa politique environnementale. On lui reproche de ne pas avoir repris « sans filtre » les propositions de la Convention citoyenne ? C'est lui qui s'insurge avec aplomb contre l'expression ! « Je ne veux pas dire que, parce que les cent cinquante citoyens ont écrit un truc, c'est la Bible ou le Coran ! ». Donc pas « sans filtre », mais retravaillées avec le Parlement et le gouvernement. D'ailleurs, « je n'ai de leçons à recevoir de personne, car personne n'en a autant fait depuis dix ans sur l'environnement ».

Mis au défi par Rémy Buisine, le journaliste qui a souvent filmé des bavures, il cite l'expression « violences policières » pour mieux la contester. Une vaine polémique surgit : a-t-il, oui ou non, admis le concept ? Certainement pas. Condamner les individus, oui, le système, non. Il reconnaît que certains membres des forces de l'ordre commettent des violences mais dénonce en retour celles qui ont eu cours contre une policière « attaquée par des fous », des « gens ensauvagés » – le terme du RN repris par Gérald Darmanin. En même temps, malgré le risque de déplaire aux policiers, il admet un problème de contrôle au faciès – « Aujourd'hui, quand on a une couleur de peau qui n'est pas blanche, on est beaucoup plus contrôlé » –, fidèle au Macron de campagne, qui y voyait une forme de harcèlement des populations d'origine étrangère. Mais n'est-ce donc pas accuser la police de racisme systématique ?

Pour éteindre la polémique, il annonce une prochaine plateforme de signalement des discriminations. Et des rues seront rebaptisées avec les noms de trois à cinq cents Français issus de l'immigration et de la diversité. Il cherche ainsi des initiatives qui rassemblent les mémoires, une sorte d'antidote au déboulonnage des statues. Il faut rétablir l'équilibre entre antiracisme et anti-islamisme, à quelques jours de la présentation du projet de loi « séparatisme » le 9 décembre.

Vient enfin l'inévitable question : se représentera-t-il ? Sa réponse de Normand n'est pas l'habituelle dérobade de ses prédécesseurs. « Peut-être que je devrais faire des choses dures dans la dernière année, qui rendront impossible le fait que je sois candidat… »

Soudain, à la fin de l'interview, alors que le chef de l'État rassemble ses notes, Rémy Buisine appelle les internautes à se mobiliser pour la manif du lendemain contre la loi Sécurité globale. Désagréablement surpris, le président réagit par un : « Surtout, ne soyez pas violents ! » un peu surréaliste.

Sur le plateau de Brut, il s'est surtout aliéné des syndicats policiers, qui appellent désormais à une grève des contrôles. Une gaffe qu'il veut rattraper. Il décide donc, quelques jours plus tard, manœuvre osée, d'enjamber à la fois son Premier ministre et son ministre de l'Intérieur pour s'adresser personnellement aux syndicats de policiers, auxquels il annonce l'organisation, dès janvier, d'un « Beauvau de la sécurité », une vaste négociation pour réformer leur institution et améliorer ses moyens. Les syndicats transmettent sa lettre à la presse. Punition après le cafouillage sur l'article 24, le ministre est mis devant le fait accompli.

Dicible et indicible

« On ne sait pas tout sur ce vaccin, comme on ne sait pas tout sur le virus. » Sur Brut, Emmanuel Macron, chef de l'État, premier personnage du pays, a laissé place au doute. Ou, pour le dire autrement, il a conforté les 60 % de nos concitoyens qui doutent des nouveaux sérums à ARN messager. Encore plus grave, le président veut croire qu'il y a d'autres voies. « Le vaccin arrive. Est-ce que c'est la seule réponse ? Non. » Derrière lui, tous ses ministres relaient ce message anxiogène. Le gouvernement a bien annoncé – enfin – une stratégie vaccinale, mais Jean Castex s'est borné à suggérer timidement d'accomplir un « geste altruiste », presque comme un sacrifice dangereux. Chaque jour, le gouvernement au complet insiste sur le principal message venu d'en haut : pas d'obligation. Même pas pour les soignants et le personnel des Ehpad, malgré le haut risque de contagion. « Si nous appelions à se faire vacciner, ce serait contre-productif, étant donné la défiance envers le pouvoir », murmurent les plus audacieux. Olivier Véran, bien que médecin, doit lui aussi exprimer sa compréhension pour des « doutes légitimes » et marteler que l'injection ne sera pas obligatoire. Le ministère de la Santé élabore même un volumineux manuel de quarante-cinq pages destiné aux Ehpad, censé garantir qu'aucun senior ne sera vacciné contre son gré. L'immunisation sera un parcours du combattant : consultation préalable avec le médecin, consentement par écrit, délai de cinq jours pour se rétracter, second rendez-vous pour l'injection. L'exécutif donne l'impression de lui-même craindre ces nouveaux remèdes. Et les « antivax » deviennent encore plus nombreux.

Rémy Buisine s'inquiète d'ailleurs des réticences affichées du président.

— Quand vous dites qu'on ne sait pas tout sur le vaccin, je me dis, en tant que citoyen : « C'est inquiétant. »

Emmanuel Macron surenchérit, à coups de grec.

— On ne sait pas tout ! En grec, *pharmakon* veut dire à la fois « médicament » et « poison » ! Il faut évaluer le bénéfice-risque.

— Que dites-vous aux méfiants ? relance l'intervieweur.

Le chef de l'État persévère :

— Je leur dis : n'ayez pas un propos définitif. Le vaccin d'avril ne sera pas celui de janvier, il y aura des vaccins en avril faits avec d'autres techniques.

Le message est clair : il déconseille les ARN messager.

Les Français ne sont plus que 39 % à vouloir recourir à l'injection, un score qui s'amenuise de jour en jour. Olivier Véran applaudit la prudence de l'Europe, qui s'est accordé trois semaines de plus que le Royaume-Uni pour examiner les nouveaux produits.

En matière de diplomatie, des instants révélateurs peuvent surgir dans l'endroit le plus inattendu. Même lors des échanges convenus devant la presse, qui concluent systématiquement la visite d'un chef d'État étranger.

Ce matin-là, lorsque Emmanuel Macron reçoit le président égyptien Abdel Fattah Al-Sissi, tout ne se déroule pas comme d'habitude. Nous sommes une vingtaine de journalistes sous la grande verrière du jardin d'hiver. Sur les rangées de gauche, les journalistes égyptiens, sur celles de droite, les français. Nous posons quelques questions un peu embarrassantes au visiteur sur les droits civiques dans son pays. Souvenir du voyage d'Emmanuel Macron au Caire, quand l'un d'entre nous, dans les mêmes circonstances, s'est fait couper son micro en direct. Nos confrères s'agitent sur leur chaise. Soudain, l'un d'entre eux prend la parole :

— Les musulmans ont été blessés par les caricatures du Prophète. Je ne crois pas qu'on ait entendu des excuses, lance-t-il sèchement à l'adresse du chef de l'État français.

— Parce que ce n'est pas la loi de l'islam qui s'applique, c'est la loi d'un peuple souverain, qui l'a choisi pour lui-même. Et je ne vais pas la changer pour vous, répond son hôte, piqué.

Son invité va-t-il s'énerver ? Pas du tout. Le président égyptien se tourne vers Emmanuel Macron, posément :

— Les valeurs humaines sont faites par l'homme et peuvent être changées, alors que les valeurs religieuses sont d'origine céleste et sont donc sacrées. Elles ont la suprématie sur tout. Donc rendre égales valeurs humaines et religieuses nécessite un débat calme et objectif. Si, en vous exprimant, vous blessez les sentiments de centaines de millions, et que vous trouvez que cela ne peut pas être révisé, en raison des valeurs de la France, cela nécessite une plus ample réflexion.

Le Français veut avoir le dernier mot. Alors que ses diplomates le pressent de sortir – pour un appel téléphonique avec Angela Merkel – il les fait patienter d'un signe.

— Nous considérons que la valeur de l'homme est supérieure à tout, répond-il. Si nous considérons que le religieux supplante le politique, ce sont des théocraties. Et je ne pense pas que cela mène au meilleur.

Les deux hommes remettent leur masque et sortent en discutant amicalement, la main d'Emmanuel Macron posée sur l'épaule de son invité. Malgré un désaccord insoluble, ils ont réussi à donner l'exemple d'un débat apaisé.

Emmanuel Macron malade

Plusieurs pays d'Europe se reconfinent. C'est sans grande surprise que nous écoutons, le 10 décembre, Jean Castex nous annoncer un déconfinement plus limité que prévu. Mais la soirée de Noël est sauvée, exemptée de couvre-feu. Depuis Bruxelles, Emmanuel Macron appelle nos concitoyens à redoubler de vigilance pour cette fête de famille. Une fois de plus, c'est son pari personnel que d'autoriser ces agapes sans couvre-feu. Le Père Noël, c'est lui. Son « quoi qu'il en coûte » a d'ores et déjà coûté deux cent vingt milliards d'euros.

Cela fait des mois que le président n'a pas eu autant d'interactions en si peu de temps : un long échange avec soixante-dix membres de la Convention citoyenne sur le climat, des déjeuners avec des ministres, des élus, des experts ou des dirigeants étrangers.

Jusqu'à la sonnerie du glas le jeudi 17 décembre. Vers onze heures, le palais annonce qu'Emmanuel Macron a été testé positif au Covid.

Étonnant? Oui et non. S'il se lave les mains à chaque instant, presque comme un tic, on l'a parfois vu désinvolte avec les distances de rigueur et le masque. N'a-t-il pas vigoureusement serré la main du secrétaire général de l'OCDE, Angel Gurria, trois jours plus tôt? Pour connaître la liste de ses cas contacts, la presse épluche son agenda. Plus exactement, le découvre, puisque depuis des semaines, l'Élysée ne le publie plus, improvisation oblige. Premiers concernés : les dirigeants européens du sommet des 10 et 11 décembre à Bruxelles, qui ont passé la nuit à négocier. C'est là, selon le palais, que le président aurait été contaminé. Une partie des vingt-sept se met à l'isolement. La séance du lundi avec les membres de la Convention semblait moins risquée, tous étaient masqués et à distance. Ce sont surtout les repas du président qui sont passés au crible. Dont un dîner «privé» le mercredi 16, avec le gratin de la majorité, comme il en organise souvent. Dix hommes. En plein couvre-feu, malgré la consigne officielle de ne pas dépasser les six adultes à table... Ce dîner à onze, même dans la salle des fêtes où les participants étaient très largement espacés, fait scandale. Parmi les convives, Alexis Kohler, Jean Castex, Richard Ferrand, François Bayrou, le patron de LREM Stanislas Guérini, le chef des députés LREM Christophe Castaner et son homologue du Modem Patrick Mignola, ainsi que quelques conseillers, dont Philippe Grangeon. Lesquels doivent tous s'isoler pendant sept jours, Premier ministre compris.

Mais comme pour défier la maladie, Emmanuel Macron participe, l'après-midi même, à deux visioconférences internationales. Caché par un grand masque FFP2, la voix posée mais lente, le teint pâle et l'allure fatiguée, il réussit à prononcer un discours de vingt-cinq minutes. Deux heures plus tôt, il a assuré une visioconférence avec plusieurs ministres. Pour éviter des images volées du président malade, Arnaud Jolens veille au grain. Il le racontera plus tard : «Je vérifie que les portables de chaque ministre leur soient bien retirés à l'entrée de la salle. On ne pouvait pas se permettre une fuite[1].»

Surprise, le palais annonce, en fin d'après-midi, que le chef de l'État a quitté les lieux, avec un médecin mais sans son épouse, pour La Lanterne. D'où il télétravaillera pendant sa septaine. C'est la première fois, depuis le début du quinquennat, qu'il passera une si longue période loin de Brigitte Macron.

Ce soir-là, comme avant lui le Britannique Boris Johnson, il enregistre lui-même un message vidéo, au smartphone, pour raconter sa

1. In *Élysée confidentiel*, *op. cit.*

maladie aux Français. Qui découvrent le visage blafard de leur président, vêtu d'un simple pull à col roulé. Celui-ci se filme dans un modeste bureau, bien différent des dorures habituelles. Pendant trois minutes, pour une fois à l'aide de mots de tous les jours, d'une voix feutrée, hésitante, presque intime, Emmanuel Macron expose ses symptômes. Il demande à ses compatriotes de faire attention à eux. Ses propos sonnent juste, semblent sincères. L'Élysée, dit-il, a appelé chacun de ceux qu'il a contactés. «Je voulais vous remercier pour tous les messages de soutien. Je voulais vous rassurer, je vais bien. J'ai toujours de la fatigue, une toux sèche, des maux de tête, comme des centaines de milliers d'entre vous. Il n'y a aucune raison que cela évolue mal, mais je vous rendrai compte chaque jour de l'évolution de la maladie. Personne n'est à l'abri de ce virus. Le vaccin va arriver.» Il promet aussi de continuer à gérer les dossiers prioritaires, comme le Brexit, qui doit survenir le 31 décembre. Il parle avec humilité, sans masque, au propre comme au figuré. Ce qui ne l'empêche pas d'avoir droit à l'inévitable salve de commentaires ironiques, féroces, voire haineux. Mais sa vidéo est vue par des millions de personnes.

13

COVID-19 CONTRE 2022
17 décembre 2020-27 juin 2021

«État stable». «Résultats rassurants». Chaque jour, véritable métronome, le palais publie de laconiques communiqués sur la santé du président, comme il s'y est engagé. En réalité, Emmanuel Macron est durement secoué. Au cas où, un lit lui a été réservé à l'hôpital militaire Bégin. C'est à La Lanterne, isolé et malade, qu'il fête ses quarante-trois ans, le 21 décembre. Trois jours plus tard, il retrouve son épouse à Brégançon. Elle aussi a attrapé le virus. Le secret sera gardé deux semaines durant. Le couple affronte cette épreuve main dans la main, si discrètement que le pays ne lui accorde guère de compassion. Le chef de l'État préfère apparaître, offensif, aux manettes. Cadeau de Noël *so sweet*, le négociateur européen Michel Barnier arrache, enfin, un compromis sur l'accord post-Brexit.

Pendant ce temps, l'Allemagne, suivant l'exemple des États-Unis et d'Israël, est dans les starting-blocks pour vacciner à grande échelle. La chancelière, scientifique de formation, n'a aucune hésitation face à l'ARN messager. C'est elle qui fait pression sur l'Agence européenne des médicaments, qui donne son feu vert au sérum de BioNTech/Pfizer ce même 21 décembre, deux semaines plus tôt que prévu.

En attendant, l'Europe se calfeutre pour échapper à la deuxième vague. En particulier le Royaume-Uni, submergé par un variant plus contagieux. Pour retisser une coordination qui s'effiloche, la Commission annonce que les pays membres commenceront tous à vacciner le 27 décembre. La fille aînée de l'Union, elle, est loin d'être prête. Aucun vaccinodrome n'est, comme outre-Rhin, en cours d'installation. Emmanuel Macron commence à s'inquiéter.

«Je vois venir un risque très fort de décalage avec l'Allemagne sur la vaccination. Il faut tout faire pour qu'il soit le plus réduit possible», confie-t-il en Conseil de défense. Du moins, selon des propos que l'exécutif laisse fuiter dans la presse, un mois plus tard.

L'urgence? Bloquer ce variant britannique aux courbes affolantes. Sans préavis, la veille de son anniversaire, le chef de l'État interdit pour quarante-huit heures toutes les arrivées d'outre-Manche. Toutes: terrestres, aériennes et maritimes. Une mer infranchissable devant la perfide Albion. C'est en personne qu'il l'explique à nos compatriotes, vêtu d'un col roulé noir et son visage pâle mangé par un grand masque FFP2. Sa parole s'imposait, tant cette décision sème un chaos monstre de l'autre côté de la Manche. Sur des kilomètres, des milliers de camions sont coincés sur la route de Douvres.

Triste début pour les fêtes, alors même que le Père Noël est généreux à s'en montrer dépensier. Un déficit de 8,5% du PIB et une dette publique de 122%, tels sont les chiffres – inimaginables dans le monde d'avant – du budget 2021, voté en accéléré par le Parlement le 17 décembre. Le marathon s'est révélé plus tumultueux que jamais, ponctué de quatre budgets rectificatifs, ballotté entre prévisions abaissées et dépenses rehaussées en catastrophe. Ces dernières intègrent une part du plan de relance de cent milliards, que l'Europe doit en partie financer. Des largesses vertigineuses qui n'émeuvent personne. Le président a décidé que, jusqu'à la fin de la crise sanitaire, même jusqu'à la fin de son quinquennat, son «quoi qu'il en coûte» ne serait pas un sujet. Surtout pas au regard des critères de Maastricht qu'en octobre 2019, il jugeait déjà «d'un autre siècle». Au milieu de l'ardoise sans fin du chômage partiel, des aides aux entreprises et de l'insertion des jeunes, il a fait passer une rallonge de 8% du budget de la Justice, et même la rénovation du château de Villers-Cotterêts, future Cité internationale de la langue française. Le chantier culturel de son quinquennat.

Elle s'appelle Mauricette

Un prénom qui fleure bon la culture française des années 1940. Une ancienne aide ménagère qui n'a sûrement jamais imaginé entrer dans l'histoire de notre pays. Pourtant, ce matin-là, nous apprenons tous son prénom. Elle s'appelle Mauricette, elle a soixante-dix-huit ans et habite Sevran, en Seine-Saint-Denis. Filmée en direct pendant qu'elle reçoit, enjouée, une dose du vaccin Pfizer/BioNTech, elle coche toutes les cases pour populariser la vaccination. Sauf que le début de la campagne est si lent qu'on pourrait énumérer le prénom de chacun des vaccinés ! Dans un tweet, Emmanuel Macron répète que se faire vacciner ne sera en rien obligatoire. Pas question, comme dans certains pays voisins, de piquer en direct les dirigeants ni même de lancer une campagne d'information. En revanche – et ce n'est pas anodin –, le vaccin est entièrement gratuit.

Effet paradoxal de cette circonspection démesurée, la méfiance d'une partie de nos concitoyens se mue en impatience. La lenteur vaccinale devient la cible de toutes les critiques. « Cette lenteur, je l'assume », répond Olivier Véran. « C'est bien que l'on n'aille pas plus vite », ose même le « M. Vaccin », Alain Fischer. « Mieux vaut ne pas brusquer », murmurent les ministres. Mais après l'échec des masques et de la stratégie « Tester-tracer-isoler » jamais vraiment appliquée, tous commencent à comprendre qu'un échec de la campagne vaccinale pourrait coûter à Emmanuel Macron sa réélection. Même si personne, lui le premier, n'en parle.

Plus prosaïquement, méfiance ou non, les doses arrivent au compte-gouttes. Les vingt-sept ont confié à l'Union le rôle de centrale d'achat. Des contrats communs ont été conclus durant l'été. Les livraisons ont tardé. Dans cette course européenne, Paris fait figure de lanterne rouge. Pis, le conseil scientifique prédit un rebond épidémique, à cause de ce Noël déconfiné décidé par le chef de l'État. Il recommande un reconfinement dès janvier, notamment en raison des quinze mille nouveaux cas comptabilisés par jour. Emmanuel Macron refuse tout net.

Ce dernier, après un creux de vague – on l'a évoqué –, refait surface. Entre ses apparitions vidéo et un long entretien dans *L'Express* le 23 décembre, même en quarantaine, il occupe le terrain.

Comment résumer ses propos destinés aux CSP+, dans lesquels chacun peut goûter son miel ? Côté droit : une analyse mi-politique, mi-morale, teintée d'amertume, où il fustige une « crise d'autorité ». « On finit par ne plus croire en rien », s'écrie-t-il. Côté gauche : il défend l'intégration et la différence, qu'il oppose au séparatisme. En même temps, il tente de s'ancrer dans les terroirs et de casser son image de président d'une « start-up nation ». Pour autant, il n'en démord pas. Une minorité positive et ambitieuse est submergée. « Le camp de la défaite, des corporatistes et des égoïstes a toujours été très fort dans le pays. Ceux qui ont de l'ambition pour le pays, qui veulent relever le gant, qui croient en la grandeur, n'ont jamais été la majorité. » Non, il n'a pas divisé la France, ce sont des fractures ancrées depuis longtemps. Il termine en balayant la « *cancel culture* » et en défendant l'identité nationale. Provocant, il ose même défendre Charles Maurras – figure de proue de l'Action française, violemment antisémite – et Pétain, « héros de 1917 ». Mais il trace ses lignes rouges. « L'erreur, c'est affirmer qu'au fond, vous n'aimez pas la France si vous choisissez des prénoms qui ne sont pas vraiment français. » Il ignore que cette histoire de prénoms deviendra l'un des chevaux de bataille d'Éric Zemmour.

Les raisons de la colère

En première ligne, toujours. Même si c'est plus ou moins assumé. Au vu de la kyrielle de mesures sociales qui se concrétisent en ce début d'année, Emmanuel Macron pourrait briguer la palme des présidents de gauche. Après les implants et les lunettes, les prothèses auditives peuvent être remboursées à 100 % et le versement des pensions alimentaires est garanti.

Malheureusement pour lui, à son grand agacement – pour le dire poliment –, le sur-place vaccinal accapare les esprits, relayé par les médecins et les oppositions. « Fiasco », « désespérant », « ridicule », « scandale d'État », le chœur accusateur s'en prend directement à lui. La colère de ceux qui veulent se faire vacciner aurait dû l'inquiéter davantage. Obnubilé par les réticents, il en a oublié les progressistes, ses électeurs, grossière erreur. On sent déjà le sens du vent au moment des vœux du 31 décembre, lorsqu'il déclare, solennel : « Je ne laisserai pas, pour de mauvaises raisons, une lenteur injustifiée s'installer. » Tancer son ministre de la Santé, Olivier Véran, devant des millions de téléspectateurs, sa méthode de pression ultime. Puis il enfonce le clou. Tant pis pour le secret-défense. Le palais décide d'organiser un coup médiatique, en laissant fuiter dans le *JDD* du 3 janvier les échos de la récente colère présidentielle contre cette « lenteur ». Les phrases rapportées sont violentes. « Nous sommes sur un rythme de promenade en famille. Moi, je fais la guerre le matin, le midi, le soir et la nuit. Ça doit changer vite et fort et ça va changer vite et fort. » Il est vrai que la France n'a encore vacciné que trois cent cinquante-deux personnes le 31 décembre, contre cent trente mille en Allemagne et un million au Royaume-Uni. Le chef de l'État s'emporte aussi contre la bureaucratie. « Protéger en priorité les aînés dans nos Ehpad, oui. Leur pondre un guide de vaccination incompréhensible de quarante-cinq pages, non », s'énerve-t-il. Est-il si impuissant qu'il en est réduit à critiquer publiquement ses propres troupes ?

Même à l'international, son image en sort écornée. À Bruxelles, les diplomates européens se moquent d'une France qui misait tout sur Sanofi, le seul laboratoire tricolore en lice dans la course aux vaccins, avec le succès que l'on sait. De nouveau, *Le Canard enchaîné* décrit un président qui ne décolère pas. « Nous sommes ridicules ! Personne n'a mesuré l'effet des chiffres. Nous sommes obsédés par ceux qui sont réticents ou hostiles à la vaccination et nous perdons tous ceux qui l'attendent avec impatience. Je me demande encore comment ils ont pu laisser faire ça ! » Ils ?

L'opération « colère » produit en tout cas des résultats. Olivier Véran annonce un calendrier de vaccination progressif par tranche d'âge, dès janvier pour les plus de soixante-quinze ans, soit cinq millions de personnes, ainsi que la mise en place de cinq à six cents vaccinodromes d'ici fin janvier. On organise aussi le tirage au sort du collectif de trente-cinq citoyens réclamé par le président pour surveiller la campagne vaccinale. On n'en entendra vite plus parler. Enfin, Emmanuel Macron prend la main en organisant à l'Élysée une réunion « vaccin » hebdomadaire. Bilan? Sa cote remonte de quatorze points. Dans les Ehpad n'est plus requis qu'un simple consentement oral.

Le 30 décembre, depuis Brégançon, Emmanuel Macron a aussi participé à une visioconférence d'ampleur. Le dirigeant chinois Xi Jinping, la chancelière et les dirigeants de l'Europe se réunissent pour sceller un vaste accord commercial Union européenne-Chine, en discussion depuis sept ans. Les négociations n'ont pas entièrement abouti, mais Angela Merkel a fait de cet accord une priorité de sa présidence tournante de l'Union, qui s'achève le lendemain. Un cadeau d'adieu pour sa dernière année comme chancelière.

Un photoreporter immortalise la scène. Ce sera la seule concession du président à la presse pour présenter un accord qui, il le sait, sera sujet à controverse. En effet, Pékin ne prend aucun engagement contre le travail forcé des Ouïgours, l'une des principales demandes européennes. Le Parlement, qui vient d'adopter une résolution condamnant le travail forcé en Chine, ratifiera-t-il cet accord ?

Écologie et vaccin, vaccin et écologie

En attendant cette ratification, une loi, en tout cas, avance en France. Celle contre le séparatisme islamiste, marqueur de la fin du quinquennat. Elle commence son parcours parlementaire et – dans un timing parfait – Emmanuel Macron annonce triomphalement que le CFCM a signé la charte affirmant la « compatibilité » de la foi musulmane avec la République. Sans réelle surprise, seules les trois factions rigoristes, proches des Frères musulmans, ont refusé.

Mais la victoire politique sur laquelle compte le président en ce début d'année, c'est l'écologie. Pour s'imposer et acquérir une légitimité sur ce vaste sujet, il attend la future loi sur le climat inspirée des propositions de la Convention citoyenne. Sa rédaction a été délicate, face aux résistances de plusieurs secteurs économiques. Presque toutes les propositions des « citoyens » ont été inscrites dans la loi. Mais pas vraiment « sans filtre ». Les curseurs ont souvent été déplacés à la baisse. Par exemple, les publicitaires sont soumis à de simples codes de bonne conduite plutôt qu'à des interdictions pour la promotion des produits polluants. On parle de « délit d'écocide » au lieu de crime. Les locations de passoires thermiques seront impossibles, mais seulement en 2028. La protection de l'environnement pourrait faire l'objet d'un référendum à l'automne, mais encore faudrait-il l'appui du Sénat. Afin de défendre sa position, le chef de l'État se rend dans une ferme modèle et accepte, ce qui est rare, de discuter un bon quart d'heure avec nous. Extrait : les écologistes ?

— Des militants pour qui ce n'est jamais assez et qui ne regardent jamais les autres contraintes !

— Mais puisque c'est vous qui aviez parlé d'une adoption sans filtre ? lui demandé-je.

Réponse ironique :

— On peut décider de dire qu'il n'y a plus de représentation nationale, plus de gouvernement de la République… Je n'ai jamais dit ça ! Quand j'ai dit « sans filtre », c'était pour qu'il ne ressorte pas seulement deux mesures. Dans ma vie antérieure, j'ai écrit des rapports, on en sortait deux propositions et c'était liquidé. On n'a jamais eu un processus aussi rigoureux et transparent ! Moi, en tant que président de la République, j'ai fait des propositions, elles ont eu un filtre, par l'administration ou le débat parlementaire. Ça n'existe pas, un monde où un citoyen dit ça, et le lendemain ça s'applique.

Nous aurions dû comprendre que son « sans filtre » ne devait pas être pris au pied de la lettre… « C'est une forme d'irresponsabilité, de dire que, parce que je suis une personnalité libre, affranchie de toute contrainte, je vous dis si c'est bien ou pas bien ! » Ce jour-là, Nicolas Hulot, devenu adversaire, a dû apprécier.

L'autre sujet du jour ? La lenteur vaccinale. « L'administration, elle est dirigée par des ministres et contrôlée par le Parlement, elle fait ce qu'on lui demande. » Voici un président qui défend la bureaucratie ou, au contraire, critique ses ministres. Et l'Allemagne ? « On ne compare pas quelque chose qui va durer plusieurs mois à l'aune d'une semaine ! Qui accompagne nos entreprises, nos commerces, si ce n'est l'État ? Ceux qui me disent aujourd'hui que ça ne va pas assez vite sont ceux qui disaient : "N'allons pas trop vite" en décembre ! Les mêmes ! Les mêêêêêmes ! » Il s'échauffe. Pourtant, c'est bien lui qui, il y a une semaine… Mais comme l'affirme Clausewitz : « La meilleure défense, c'est l'attaque. »

Le chef a donné un ordre de marche ? La troupe s'élance. Du haut en bas de l'exécutif, on proclame, désormais, les bienfaits du vaccin et on chante les vertus du progrès. « Faites-vous vacciner ! » recommande Olivier Véran pour la première fois. « Réalisez la chance que la science nous offre. » Le gouvernement renonce à ménager les irréductibles antivax.

Mais le pays manque de doses, comme l'Europe entière. Et le variant anglais, qui vient d'obliger le Royaume-Uni à se reconfiner, a déjà été repéré dans l'Hexagone. Tous les modèles prédisent son expansion rapide. Jean Castex, partisan d'un tour de vis sanitaire, annonce un couvre-feu à dix-huit heures dans les grandes villes.

En attendant, Amélie de Montchalin publie, avec la bénédiction du chef de guerre, un baromètre pour calculer l'exécution des réformes, allant du nombre de crèches au nombre de kilomètres de pistes cyclables. Mais pour 2022, le bilan ne suffira pas, soupirent les conseillers. Au milieu des réunions sanitaires qui se succèdent, le séminaire gouvernemental du 13 janvier, censé trancher les réformes à lancer, ne débouche que sur divisions et hésitations. Que faire de la réforme des retraites ? Ou de la loi sur le grand âge qui coûterait dix milliards ? Sans parler de l'instauration d'une dose de proportionnelle aux législatives ou de la diminution du nombre de parlementaires. Le Covid obscurcit toute initiative. Une partie des ministres prône une pause, d'autres sont plus offensifs. Comme à son habitude, le chef de l'État ne tranche pas. Mais, cette fois-ci, c'est parce que, même lui, ce volontariste, hésite.

Tout comme il a hésité au sujet des mots appropriés, lorsqu'il découvre, effaré, les images des partisans de Donald Trump envahissant, dégradant et pillant le Capitole pour empêcher les élus de certifier la victoire de Joe Biden. Pour Emmanuel Macron, le parallèle avec les Gilets jaunes est évident. Impossible de rester muet devant cette scène stupéfiante. Malgré l'horaire tardif, il prend son stylo et prépare une allocution. Le palais nous avertit de son projet… une, deux, trois, quatre heures s'écoulent. Quels mots pour qualifier l'attitude de son « ami » Donald Trump, qui a encouragé les émeutiers ? Faut-il reconnaître officiellement l'élection de Joe Biden ?

Ce n'est que vers trois heures du matin qu'il publie une brève vidéo, debout devant un trio de drapeaux : français, européen et américain. Les mains agrippées à son pupitre, il ne cite ni Trump ni Biden. « Nous ne céderons rien à la violence de quelques-uns qui remettent en cause le choix libre des élections. Je veux dire notre lutte commune pour que nos démocraties sortent plus fortes de ce moment que nous vivons. Tous. » Avec force, il assène ce « Tous » qui l'inclut. Angela Merkel, elle, déclare sans fioritures qu'elle « regrette profondément que le président Trump n'ait pas concédé sa défaite ».

L'épine algérienne

Une faute historique ? À tout le moins, une question d'histoire, tout à fait comparable à la relation franco-algérienne. On s'en souvient, Emmanuel Macron a chargé Benjamin Stora – l'un des spécialistes de l'Algérie contemporaine – de lui remettre un rapport sur la France et ses anciens départements d'outre-Méditerranée. L'objectif affiché ? « Réconcilier les mémoires. » Du volontarisme historique, optimiste, sans doute trop, chez ce président passionné de mémoires, au sens propre comme au sens figuré. Rappelons que trône sur son bureau l'édition en Pléiade, lue et relue, des *Mémoires* de Charles de Gaulle. Le chef de l'État nourrit l'ambition d'apurer – rien de moins – soixante ans de rancœur, des deux côtés de la *mare nostrum*. Apaiser à la fois les Algériens, mais aussi leurs descendants émigrés. Emmanuel Macron rêve d'en faire son « Vel'd'Hiv », à l'instar de Jacques Chirac, qui avait reconnu la responsabilité de la France dans la déportation des Juifs. Mais à sa manière.

Des mois qu'Alger attend cette étude et ces propositions, avec plus ou moins de méfiance. Quand l'Élysée prévient en amont : « Ni excuses ni repentance. » Conformément au vœu présidentiel, Benjamin Stora propose des actes comme l'ouverture des archives ou encore la reconnaissance de crimes bien précis, commis par l'armée française. Un « en même temps » qui fait chou blanc. Faute des « excuses », que le pouvoir espérait à Alger, l'agressivité des généraux du pays s'accroît, accompagnée d'un regain de ressentiment antifrançais chez les jeunes. Le ministre algérien du Travail accuse même la France d'être « l'ennemi traditionnel et éternel ». Du coup, Jean Castex annule une visite prévue de longue date. C'est de mauvais augure pour le grand discours réconciliateur que rêve de prononcer le chef de l'État à l'occasion du 60e anniversaire des accords d'Évian, le 18 mars 2022. L'arroseur arrosé.

Sans attendre, le président se penche sur l'état de la jeunesse française, qui plonge dans la déprime, en particulier les étudiants, cantonnés dans le cauchemar d'une télé-éducation sans contact.

Ce dont Emmanuel Macron, pressé notamment par son épouse et l'abondant courrier qu'elle reçoit, s'inquiète enfin. Lui aussi voit les témoignages de détresse des jeunes, leur lassitude et leur angoisse d'années perdues, leur fréquentation croissante des banques alimentaires. Des centaines d'entre eux descendent dans la rue, dans plusieurs villes. Touché, il décide, le 21 janvier, de se rendre sur le campus de l'université de Saclay.

La veille au soir, alors que sa ministre de l'Enseignement supérieur Frédérique Vidal traîne des pieds et malgré les réticences d'un Alexis Kohler qui renâcle devant la dépense, il a validé d'un trait de plume l'octroi de plusieurs aides. Là, il s'assied au milieu d'étudiants polis et graves, en mode grand débat. «J'ai dix-huit ans, je trouve que c'est dur pour un étudiant d'être six heures par jour face à un écran», commence l'une d'elles. D'autres lui racontent des absurdités bureaucratiques, comme l'impossibilité pour les étudiants contaminés de passer des concours, alors qu'en l'absence de seconde session, ils perdent une année. Sous son masque, le chef de l'État lève les sourcils d'étonnement et prend des notes. Il pointe du doigt sa ministre et réclame une réponse. Elle s'embourbe, n'offre aucune solution, dit que «c'est comme ça» et que ce n'est pas grave, puisque de toute façon «on a rarement le concours la première fois». Mauvaise réponse. Emmanuel Macron prend alors les commandes et annonce que les étudiants pourront revenir un jour par semaine en présentiel. «Ce sera difficile», bredouille Frédérique Vidal, désarçonnée. Son œil se fait froid. Qu'elle se débrouille. Et tant pis si cette décision vient à rebours de la situation épidémique, qui s'aggrave, alors que l'on parle de reconfinement. Il promet aussi deux repas par jour à 1 euro dans les restaurants universitaires et un «chèque psy» pour payer une dizaine de rendez-vous, une nouveauté pour ce secteur, qui préfigure le remboursement par la Sécurité sociale de huit séances par an, qu'il mettra en place huit mois plus tard.

Ces annonces sont appréciées. Cette séquence serait même un sans-faute si, le matin, il n'avait cédé à son penchant pour les flèches du Parthe. «Ce qui va avec la défiance française, c'est cette traque incessante de l'erreur. Nous sommes devenus une nation de 66 millions de procureurs!» Un cri du cœur contre tous ceux qui critiquent sa gestion sanitaire. Effet boomerang immédiat, on le soupçonne d'arrogance.

L'exact inverse de l'attitude qu'il a longtemps adoptée vis-à-vis des antivax. Il est alors clairement accusé de complaisance. En ce début d'année 2021, il change de ton, tout comme la majeure partie de nos concitoyens. Les exemples allemand ou britannique ? La montée en puissance du variant anglais et la multiplication des cas ? L'effet du manque de doses ? En moins d'une semaine, l'opinion se retourne sur le sujet des vaccins : 56 % des Français se disent pour ! Peut-être la perspective inquiétante d'un couvre-feu à dix-huit heures sur tout le territoire…

Médecins et experts alarmistes se succèdent sur les plateaux pour réclamer un durcissement rapide. D'après les projections scientifiques, le variant britannique dominera dans l'Hexagone d'ici deux mois. L'hypothèse du reconfinement se précise, alors que les doses manquent dans les mille centres ouverts. Le soir de cette rencontre estudiantine, Olivier Véran l'annonce à demi-mot sur TF1 : si la situation sanitaire s'aggrave, des restrictions supplémentaires pourront être prises. Et d'énoncer : « Cela peut aller jusqu'à un confinement. » Il souhaite une décision dans une semaine. Reste qu'en l'écoutant, son patron est de moins en moins convaincu. Et il déteste qu'on lui force la main. À Matignon, Jean Castex qui, lui aussi, s'attend à un reconfinement imminent, organise une réunion préparatoire, dont les détails fuitent. La rumeur galope : reconfinement généralisé mi-février, pour un mois au minimum. Afin de désamorcer l'emballement, le chef de l'État prend la parole sur un thème inattendu.

En finir…

Il est très rare que Brigitte Macron intervienne publiquement sur un sujet politique. Elle influence le chef de l'État en privé, lorsqu'elle lui rapporte l'écho des dizaines de rencontres qu'elle effectue chaque mois. Toutes sont répertoriées dans un sobre agenda, publié *a posteriori*. Qui épluche cette mine d'informations peut se douter des sujets de conversation du couple, le soir ou le matin, quand ils sont enfin seuls dans l'appartement privé de l'Élysée. Ainsi, en présentant au JT l'opération « Pièces jaunes » de la fondation dont elle a repris la présidence, succédant à Bernadette Chirac, la première dame lâche deux phrases appelant à durcir la loi contre l'inceste.

L'inceste. Le sujet a envahi les médias et les réseaux sociaux depuis la publication, le 7 janvier, du livre de Camille Kouchner, *La Familia grande*. La fille de Bernard Kouchner y raconte comment son ex-beau-père, le politologue Olivier Duhamel, alors respecté, a abusé de son frère jumeau quand il était adolescent. Elle y fait le procès, non seulement d'un homme, mais aussi d'une époque et même de toute une génération. L'accusation de la fille du *French doctor* libère des milliers de témoignages enfouis. Faut-il une réforme ? demande un journaliste à l'épouse du président. Elle commence par esquiver… réflexe de prudence acquise… puis ose : « Je le souhaite, je l'espère, je l'appelle de mes vœux. »

Une semaine plus tard, à la veille d'un Conseil de défense du 27 janvier que l'on prédit crucial pour le reconfinement, Emmanuel Macron prend la parole. À sujet hors norme, procédé hors norme. Dans une vidéo inattendue, il s'adresse aux victimes de sévices sexuels sur mineurs. « On est là. On vous écoute. On vous croit. Et vous ne serez plus jamais seules. » Son ton est grave, comme éprouvé. Il veut adapter le droit et en finir avec une pratique à la fois inadmissible et criminelle. À l'unisson, les époux se mobilisent contre ce fléau.

Mercredi 27 janvier, Conseil de défense. Nous franchissons, laborieusement, la barre du million de vaccinés. Celle, aussi, des trois mille cas en réanimation. Le couvre-feu à dix-huit heures ne marche pas. Nul n'en doute : « Un troisième confinement effectif en fin de semaine : Macron pourrait l'annoncer ce mercredi », titre le *Journal du dimanche*, qui fait souvent office de canal de com du pouvoir. L'Élysée a beau démentir, le professeur Delfraissy remet de l'huile sur le feu : « Il y a urgence, il faudra probablement aller vers un confinement, tonne sur BFMTV celui qui conseille l'exécutif. Plus on prend une décision rapide, plus elle est efficace et peut être de durée limitée. Sinon, nous allons nous retrouver dans une situation extrêmement difficile dès la mi-mars. »

Le chef de l'État se braque. On l'a compris, il déteste qu'on lui force la main. Et il est devenu allergique aux scénarios catastrophes, quand le pire n'est pas toujours sûr. Sur sa table ? Trois hypothèses : le *statu quo*, un confinement léger ou strict comme au printemps. Les courbes du site CovidTracker – qu'il scrute, en amateur des francs-tireurs – semblent moins alarmistes que celles du conseil scientifique. Les adversaires d'une paralysie de l'économie lui parlent plus fort qu'avant. Seul arbitre, il réfléchit à une surprise, un contre-pied comme il les aime. « Nous nous trompons tous, me glisse un conseiller, il veut faire une "panenka". Et il ne parlera pas cette semaine. » Le président aime les expressions de foot, celle-ci doit venir de lui. Une « panenka », du nom d'un célèbre joueur tchécoslovaque, est un penalty tiré au milieu de la cage, tout en douceur, qui trompe le gardien bondissant sur les côtés. Autrement dit, il pourrait surprendre par des mesures plus légères ou plus tardives. À la barbe des « ultrasanitaires » du palais et de Matignon qui ne parlent que de reconfinement. Pour montrer qu'il ne se fait rien imposer, jamais. En finir avec ces experts et conseillers qui dictent un peu trop sa conduite. Coup de théâtre, le lendemain, sans explication – Emmanuel Macron lui a-t-il fait passer le message ? –, Jean-François Delfraissy déclare qu'après tout, il n'est « pas dans l'extrême urgence » de reconfiner et qu'on n'est « pas à une semaine près ».

Et finalement, ce mercredi 27 janvier, le chef de l'État décide de… ne pas décider. Pendant quarante-huit heures, il consulte tous azimuts, chefs de parti, associations d'élus, syndicats, laboratoires, psychiatres, médecins de terrain ou maires. Il épluche les articles scientifiques, les dernières modélisations, les courbes de CovidTracker et des études qu'il a commandées sur de nouveaux traitements. Une véritable boulimie d'informations. Justement, durant ces deux jours, la courbe épidémique plafonne. Cela achève de le persuader de l'intérêt de son désir : rien ne presse. Enfin, le vendredi 29 janvier, à dix-sept heures trente, le palais nous annonce que le président réunit un nouveau Conseil de défense dans la demi-heure. Encore deux heures d'attente. Quelques minutes après vingt heures trente, juste à temps pour accrocher les JT, Jean Castex apparaît sur les écrans, depuis l'Élysée. Le message est clair : il n'y aura pas de reconfinement. Un pied de nez aux « enfermistes », dont Olivier Véran, aux médias et à tous ceux qui croyaient connaître sa décision. « C'est le retour du politique », applaudissent les élus de la majorité. « Il veut montrer qui est le patron », admirent ses conseillers. « Vous avez tous cru Matignon ? ricane un autre, mais ça, c'est l'Élysée [une main en haut] et ça, c'est Matignon [l'autre main vers le bas]. » L'opinion, elle, n'est pas mécontente, quoiqu'un peu inquiète de ce que son propre entourage qualifie aussitôt de « pari ».

Un vrai joueur de bridge, au risque d'annoncer l'inverse de son partenaire. En arrivant à l'Élysée ce 29 janvier, Jean Castex était encore persuadé que le président allait lui parler reconfinement. En outre, il ignorait qu'il devrait publiquement avaler son chapeau. Emmanuel Macron ne laisse à son Premier ministre que trente petites minutes et un coin de table du salon Murat pour rédiger son intervention. Seule concession au Covid-19 ? La fermeture des frontières avec les pays européens voisins, y compris les liaisons terrestres, ce qui était jusque-là un tabou pour le chef de l'État.

Désormais, dans le « récit » macronien, le 29 janvier est une date importante. Celle d'un président souverain, seul face aux grandes décisions. Le solitaire du palais ? « Déléguer ? À qui pourrait-il déléguer ?! me commentera par la suite Brigitte Macron. Quand ses collaborateurs lui remettent des notes, il vérifie tout derrière. Et il a raison, parce que parfois... Oui, il y a des ministres. Mais dès qu'il y a un problème, ça lui remonte. »

Guerre au cancer

Un solitaire dont les choix peuvent être des impulsions. Nous sommes à l'institut Gustave-Roussy (IGR), l'un des plus grands centres anticancer d'Europe. Emmanuel Macron discute avec des chercheurs du laboratoire d'immunologie, captant leur jargon, parlant séquençage des bactéries et microbiote. On lui explique une nouvelle méthode de repérage des patients immunisés ? « Faites-moi une note, je pourrai la lire dimanche après-midi et puis en parler après dans notre réunion recherche du jeudi. » Surexcités, les savants lui fourrent dans les mains des feuillets noircis, comme si le sort de leur découverte en dépendait. Ce qui est d'ailleurs peut-être le cas ! Le directeur général, le professeur Jean-Charles Soria, l'entraîne vers la fenêtre et lui désigne, en contrebas, l'ancien fort de la Redoute, un bâtiment désaffecté. « On pourrait y bâtir un Boston de la cancérologie, dit-il au président, avant d'enchaîner, théâtral : Voulez-vous ici des supérettes ou des agences bancaires, ou bien un grand centre de recherche ? » Sur un coin de bureau, il déplie des plans. Le chef de l'État les scanne en quelques secondes, jette un coup d'œil au professeur. Il le connaît. Il l'estime. Il a confiance en lui. L'affect pèse lourd dans ses choix. En quelques secondes, il se convainc. Et s'échauffe : « On peut faire là un magnifique projet. Et puis avec la ligne 14 qui, en 2024, arrivera juste en bas, vous avez un truc parfaitement connecté. Vous pouvez attirer les talents que vous voulez. Si vous réussissez à bâtir ce Boston européen de la cancéro, avec la bonne connexion, avec Saclay, l'X [Polytechnique], moi je mets le pôle universitaire. » Une demi-seconde de réflexion, il passe en mode décisionnel, sur le ton du patron. « Banco ! Faut y aller ! Et sur le fort, je n'ai aucun doute. » Le directeur de l'IGR croit bien faire en enfonçant le clou : « C'est la dernière cartouche pour que la France fabrique des médicaments. On n'a pas réussi à fabriquer des vaccins Covid, ça ne vous a pas échappé. » Blanc. « Ça ne m'a pas échappé », lui réplique Emmanuel Macron, d'un ton sec, avec un regard aigu. Mauvais calcul. Il déteste les allusions désobligeantes censées faire pression.

Dans le couloir, j'entends une conseillère qui demande au préfet comment lancer l'affaire. Ai-je assisté à la naissance du plus grand centre de recherche européen sur le cancer, né d'un mot du président, ou à des paroles en l'air entre deux paillasses ? Six mois plus tard, j'aurai la réponse.

La flambée annoncée du virus n'a toujours pas lieu. L'entourage du chef de l'État s'autocongratule sur son « pari réussi » et s'émerveille de ses connaissances scientifiques récemment acquises. « Il va finir épidémiologiste ! plaisante un ministre. Désormais, le conseil scientifique n'est plus premier dans l'arbitrage. »

Emmanuel Macron est à Nantes pour annoncer la création d'une filière dédiée aux jeunes d'origine modeste dans les grandes écoles de la fonction publique. Mais garantir quelques places pour les boursiers n'est pas assez disruptif à ses yeux. Et encore moins suffisant pour un label social. D'autant qu'il a promis aux Gilets jaunes de supprimer l'ENA, une promesse dont on n'a plus entendu parler depuis le Covid.

— Étiez-vous conscient de l'élitisme de l'ENA lorsque vous y étiez ? lui demandé-je.

— À Amiens, je ne savais même pas que l'ENA existait. Je l'ai découvert par hasard, à Paris. Je suis un enfant de la chance sur ce point.

Il se considère donc toujours comme un outsider. Ce qui signifie que l'école n'est pas sauvée. Deux jours plus tard, il donne le coup d'envoi de la plateforme antidiscriminations, qu'il avait promise en décembre. Il a choisi de la confier à la Défenseure des droits Claire Hédon, qui surenchérit en proposant de tout bonnement mettre fin aux contrôles d'identité dans certains quartiers. Le lendemain, à Poissy, des policiers se font caillasser aux cris de « Tuez-les ! » Appel du maire, Karl Olive, qui ajoute à l'exaspération du chef de l'État. Ça fuite dans *Le Canard enchaîné* : « La Défenseure des droits a franchi les limites de l'imbécillité en suggérant de suspendre les contrôles d'identité dans certains quartiers. Ce qu'elle propose revient à créer des zones de non-droit. Le droit des gens à vivre dans la paix, il ne compte pas ? » Autre surenchère trop zélée, celle de Frédérique Vidal, qui accuse sans nuance l'Université d'être « gangrenée par l'islamo-gauchisme » et demande au CNRS d'enquêter pour débusquer des recherches trop militantes. La gauche dénonce une « police de la pensée » et le président est obligé de rappeler l'indépendance des chercheurs.

Cela fait trois semaines qu'il a décidé de ne pas reconfiner. Mais la contagion, déjà élevée, remonte dans le sud et le nord du pays. Le président donne son feu vert à des restrictions localisées. Nice et Dunkerque se voient imposer un confinement le week-end. Son espoir reste d'éviter à tout prix un confinement total. Il marche sur un fil, l'œil rivé sur les statistiques. « Chaque jour sans confinement est un jour gagné. On a gagné un mois », répètent ses conseillers. À l'aune du nombre de morts, les épidémiologistes, eux, considèrent à l'inverse qu'on en a perdu un.

Malédiction de cette présidence, impossible de se faire entendre sur d'autres thèmes. Il a beau tweeter sur les distributeurs de tampons gratuits dans les résidences universitaires ou le retour des trains de nuit, ses initiatives sont invisibles. « En ce moment, quoi qu'on lance, on n'imprime pas », se désolent ses proches.

Flou catastrophique

Ou si elles impriment, elles impriment mal. C'est le cas de la loi Climat, qui accumule les nuages avant même son arrivée dans l'hémicycle. Début février, un tribunal administratif, saisi par des ONG, condamne l'État pour carences dans la lutte contre le réchauffement. Le Haut Conseil pour le climat lance une deuxième salve en dressant un constat sévère du projet de loi, selon lui trop limité. Puis les cent cinquante membres de la Convention climat crayonnent le texte au stylo rouge, pour prise en compte insuffisante de leurs propositions. Note globale : 2,5 sur 10 ! Selon eux, la loi ne permettra pas de réduire d'au moins 40 % les émissions d'ici 2030, la promesse initiale.

Tempête supplémentaire, on signale quelques cas de thrombose mortelle après l'injection du sérum d'AstraZeneca, sur lequel l'Union compte tant pour sa vaccination de masse. Le 8 mars, quatre pays européens suspendent son utilisation. Alors que la campagne décollait, que la confiance revenait, la nouvelle est désastreuse. Jean Castex s'avance, imprudent : « Si j'avais le moindre doute, je demanderais sa suspension. » Le Premier ministre aurait mieux fait de se taire. Le lendemain, l'Allemagne interdit AstraZeneca à son tour. Obligé de suivre – il prône la coordination franco-allemande –, Emmanuel Macron est contraint, en pleine conférence de presse pour un sommet franco-espagnol, d'annoncer que Paris imite Berlin. Le vaccin AstraZeneca sera vite réautorisé, mais il a perdu la confiance du public. Les hôpitaux, saturés, sont au bord de la crise de nerfs. Ce vaccin, sur lequel ils comptaient le plus, est devenu suspect. Le corps médical tout entier supplie le président de reconfiner, lui reprochant de provoquer, par son hésitation à trancher, des décès supplémentaires. L'idée d'un reconfinement le week-end est sur la table.

Le chef de l'État n'est donc pas forcément le bienvenu lorsqu'il rend visite à l'équipe de réanimation de l'hôpital de Poissy. Le chef de service, proche de l'épuisement, n'a pas dormi depuis deux jours. Mornes et las, les soignants écoutent Emmanuel Macron sans réagir. Image peu convaincante. La caméra de pool est enjointe de quitter la salle au bout de dix minutes et je suis priée de ne pas poser de questions. « Combien d'entre vous sont vaccinés ? »

demande-t-il. Réponse d'un médecin : « 42 %. Soit le taux moyen dans les hôpitaux. » Une infirmière lui lance, provocante : « Pas moi ! » Il ne relève même pas. Pas le moment de polémiquer. Après sa visite, une photo sur Twitter semble montrer des infirmières qui lui tournent le dos. Elles s'appuyaient juste sur un bureau. Faute de médias pour rétablir la vérité, la rumeur s'emballe. L'opinion juge la scène crédible, cela en dit long.

S'il a choisi Poissy, c'est aussi pour discuter avec Karl Olive, l'un de ses « capteurs » locaux, qui a réuni un groupe de maires « Macron-compatibles », l'embryon d'un réseau local en vue de la future campagne. Pour se faire une opinion sur un éventuel reconfinement, il veut interroger une dizaine d'entre eux. Il contourne ainsi son parti, ses conseillers et l'Association des maires de France. La visioconférence, organisée à la mairie de Poissy, dure deux bonnes heures. À la nuit tombée, le cortège repart et Karl Olive, fier de son rôle, vient nous détailler l'échange. Les édiles franciliens ont tous expliqué combien il serait difficile de faire respecter un reconfinement le week-end. Le président a acquiescé et leur a dit espérer une décrue mi-mai. Mais entre-temps, le nombre de cas risque de grimper. « Ça va taper fort », les a-t-il avertis, convaincu qu'il reste deux mois difficiles à surmonter, le temps que les vaccinations remportent cette course de vitesse. Nous comprenons qu'il ne va pas reconfiner le week-end.

Depuis son pari du 29 janvier, la France a enregistré seize mille morts supplémentaires du Covid, au rythme de trois cents par jour. Et après un plateau élevé autour de vingt à vingt-cinq mille par jour, les contaminations repartent, dopées par le variant Delta, frôlant en ce 17 mars les vingt-sept mille. Son verdict tombe le 18 au soir, après deux jours passés à imaginer une « troisième voie ». Il veut, confie-t-il à ses conseillers, confiner sans enfermer. Confiner dehors, en quelque sorte, puisque les scientifiques affirment que les contaminations ont lieu à l'intérieur. Paradoxe macronien et complexe. Ce flou des termes se traduit, annonce Jean Castex, par un confinement léger pour quatre semaines dans seize départements, dont l'Île-de-France. En fermant les commerces non essentiels et en maintenant le couvre-feu, mais sans fermer les écoles, et en encourageant les activités de plein air. Les Français « reconfinés » pourront sortir sans limitation de durée, mais sans s'éloigner de plus de dix kilomètres de chez eux et avec une attestation. Le couvre-feu est repoussé, puisqu'il faut aller dehors. Un nouveau pari.

Lui se félicite d'avoir résisté aux pressions d'Olivier Véran pour un reconfinement dur. Sauf que, cette fois, l'écrasante majorité de nos concitoyens juge ces mesures décalées et insuffisantes. Prévenu tardivement de l'intuition présidentielle, Beauvau élabore en catastrophe une nouvelle attestation, égrenant quinze motifs de sortie, un joyau de bureaucratie. Le président balaie cette paperasse et supprime le document. Mais le nombre de patients en réanimation atteint son plus haut niveau depuis la première vague. Il ne peut se permettre d'afficher le moindre doute. Quand nous l'interrogeons sur l'« échec du non-confinement » et le nombre élevé de morts, il répond sèchement, presque sur le ton du « qu'ils viennent me chercher » : « Je n'ai aucun *mea culpa* à faire, aucun remords, aucun constat d'échec. Nous avons eu raison de ne pas reconfiner la France fin janvier, parce qu'il n'y a pas eu l'explosion qui était prévue par tous les modèles. » Elle a pourtant eu lieu.

Les jours suivants, la pression des pro-reconfinement s'accentue. Des médecins des Hôpitaux de Paris (AP-HP) affirment publiquement qu'ils vont devoir trier les patients. Au palais, on crie presque au complot. Martin Hirsch, patron de l'AP-HP et proche d'Anne Hidalgo, organiserait le débordement des services de réanimation pour dénigrer la stratégie présidentielle… Cerise sur le gâteau, Jean-Michel Blanquer affirme au *Monde* que le chef de l'État peut se passer de l'avis des scientifiques. « Ce n'est pas un sujet inaccessible pour une intelligence comme la sienne et au regard du temps important qu'il y consacre depuis plusieurs mois. » « Parfois, le président évoque une étude que les experts en face de lui n'ont même pas lue », renchérit un conseiller. Les réseaux sociaux tournent en dérision ses supposés « superpouvoirs ». Épidémie et communication sont hors de contrôle.

RIP, l'ENA

Cette fois, impossible d'envoyer Jean Castex parler sur le perron. La situation est trop grave. Après plusieurs jours d'hésitation et une nouvelle hausse des courbes, l'Élysée nous annonce, le mercredi 31 mars, que le président s'exprimera le soir même. Même ses ministres ne l'apprennent qu'au dernier moment. Son allocution est attendue avec inquiétude par nos concitoyens. Les conseillers gouvernementaux ironisent sur « l'oracle du palais » et « la Pythie du faubourg Saint-Honoré ». Lui veut agir sans renier son pari de ne pas reconfiner, en équilibriste qui apparaît bien seul. Une fois de plus, il va là où on ne l'attend pas. Réponse du berger à la bergère, il demande en premier lieu aux soignants un effort pour porter à dix mille le nombre de lits en réanimation. Puis il annonce l'extension des limitations de déplacement à tout le territoire. Enfin, il renonce à son totem : écoles, collèges et lycées fermeront un mois, dont deux semaines de vacances anticipées. Il le revendique, il a choisi de prendre des restrictions « le plus tard possible ». Et, au grand soulagement de tous, il se projette dans un retour à la normale après cet épisode. Enfin, la vaccination pour les plus de soixante ans commencera le 16 avril, plus tôt que prévu, avant une ouverture pour tous à la mi-juin. La vaccination de masse va décoller. Il était temps qu'il intervienne : le nombre de cas explose à quarante mille par jour.

Il a voulu que ses décisions soient débattues au Parlement, sans amendement, avec un vote sans conséquences. Jean-Luc Mélenchon dénonce une « mascarade » : « Emmanuel Macron a tout décidé tout seul, tout annoncé hier soir à la télé et vous venez nous le répéter. » La « pratique solitaire du pouvoir » du chef de l'État est critiquée jusque dans les rangs de sa majorité. Lui n'en a cure. C'est avec un malin plaisir qu'il choisit de donner des détails de ce reconfinement à des élèves de quatrième, en visioconférence. Assis à son bureau de trois mètres de long, entouré de moulures rénovées à la feuille d'or, sur l'immense tapis de Vasarely qu'il a lui-même choisi, le président répond avec un luxe de détails à une classe qui le bombarde de questions.

Le 12 avril, le professeur Delfraissy casse une fois de plus l'ambiance : « On aura probablement, à l'automne, de nouveau une circulation virale importante. » La goutte d'eau. Le président en a assez des experts, des scientifiques, et même des historiens et de leurs rapports. Trois jours plus tard, il réunit ses ministres et leur présente un calendrier de réouverture des bars, des restaurants, des commerces et des lieux de culture.

Le 8 avril, sans préambule, Emmanuel Macron tient, enfin, sa promesse un peu démagogique faite aux Gilets jaunes : il annonce à six cents hauts fonctionnaires réunis en visioconférence qu'il supprime l'ENA. Elle sera remplacée par un Institut du service public (ISP), plus ouvert et plus divers. Il enterre en un discours, même pas public, cette caste des énarques dont il est issu, tout comme ses deux Premiers ministres, son bras droit Alexis Kohler et nombre des décideurs masculins dont il s'entoure. *Exit* les jeunes diplômés propulsés chefs de service. Les élèves de l'ISP devront passer plusieurs années sur le terrain avant d'accéder aux postes de pouvoir. Qu'un ancien de la prestigieuse institution la supprime, voici qui fait du bruit.

Deux semaines plus tard, il va encore plus loin en décidant de s'attaquer cette fois aux grands corps : Conseil d'État, Cour des comptes, Inspection des finances, Mines, Ponts et Chaussées et même préfets… Une petite révolution, décidée en solitaire. Et en passionné. « Il envoie une dizaine de textos longs de vingt lignes chaque jour à Amélie de Montchalin », la ministre de la Transformation et de la Fonction publiques, rapporte un média. Car il se mêle de tout, critères de recrutement ou limites de pantouflage. Il faut « réconcilier nos concitoyens avec le sommet de l'État et donc avec l'action publique », avertit-il. Et avec lui-même, sans doute… Devant eux, il fustige le « corporatisme » des hauts fonctionnaires. Sa revanche sur ceux qu'il rend responsables de certains échecs ? Initiative populiste à un an de la présidentielle ? C'est en tout cas l'avis de ses opposants. Mais le président antisystème, le réformateur, est de nouveau en selle.

Il n'est pas à un pari près. Deux ans après les feux de l'enfer, il se rend au chevet de Notre-Dame. Tandis qu'il visite le colossal chantier de la cathédrale, il modère sa promesse de la reconstruire en cinq ans, ne parlant plus que d'y reprendre à cette date les offices religieux. On le voit, en propriétaire curieux de tout, admirant les vertigineux cordistes suspendus dans le vide. C'est « son » chantier. Son épouse Brigitte, elle, y est venue seule, discrètement, quelques semaines plus tôt.

D'une campagne à l'autre

Réformer, certes, mais avec des gants. C'est, semble-t-il, fort de cette nouvelle manière d'agir que le chef de l'État attaque la dernière année de ce quinquennat. Il décide ainsi – antisystème un jour, antisystème toujours –, de contourner les partis, dont le sien, pour trancher l'éventuel report des élections régionales et départementales des 13 et 20 juin. En un week-end, il organise une consultation expresse de tous les élus de l'Association des maires de France. Du jamais-vu. De l'audace. De la prudence, aussi. Car il se souvient de leur colère de ne pas avoir été consultés sur le maintien des municipales en mars 2020. En vérité, l'enjeu dépasse la simple date. Deux présidents de région sortants, Xavier Bertrand et Valérie Pécresse, sont des rivaux dangereux pour 2022. Reporter ce vote à l'automne les priverait pour des mois de leur plus précieuse rampe de lancement. En trois jours, par SMS, sept maires sur dix votent. Verdict : maintien du scrutin, à une courte majorité. Leur participation massive est déjà un succès pour lui. L'Assemblée décidera un décalage d'une semaine, les 20 et 27 juin. Cette bataille peut commencer. Pendant qu'une autre se prépare dans l'ombre.

Quatre ans. Le prochain scrutin présidentiel aura lieu dans un an exactement. Au palais, cette campagne commence à se dessiner. « Incarner » le bilan, s'extraire de l'image réductrice du président sanitaire, semer des petits cailloux de mesures concrètes, retourner sur le terrain pour s'adresser à chaque catégorie, telle est la stratégie que le chef de l'État élabore avec son premier cercle. Un nouveau trombinoscope de ces lumignons proches du père s'impose.

Au sommet, l'incontournable et tout-puissant Alexis Kohler, « président *bis* » selon ses ennemis jaloux. Dans ses mains passent quasiment toutes les décisions et toutes les requêtes. Viennent ensuite, sans hiérarchie et avec une influence oscillant au gré du président, l'attelage si dissemblable de ses deux conseillers politiques : le jeune député européen Stéphane Séjourné, rallié de la première heure, et le vieux briscard transfuge de LR Thierry Solère. Puis son directeur de la communication, Clément Leonarduzzi, professionnel aguerri, qui obtiendra à la rentrée 2021 le titre envié de conseiller spécial. Les anciens de la campagne de 2017, son ex-stratège Ismaël Emelien et son acolyte, Sibeth Ndiaye, qui rêvent de revenir dans le *game*, s'incrustent à LREM et rôdent discrètement à l'Élysée, où Alexis Kohler leur prête oreille. Il faut aussi compter avec les jeunes ministres pleins d'avenir, côté gauche, Gabriel Attal, qui réalise jusqu'ici un sans-faute au porte-parolat, et côté droit, l'ex-LR Sébastien Lecornu, homme-orchestre des grands débats et précieux thermomètre de terrain, qui se verrait volontiers directeur de campagne. Sans oublier son expert ès Europe, Clément Beaune. La vieille garde politicienne, les François Bayrou ou les Richard Ferrand, forme un autre cercle, tout comme les piliers du palais, complices au quotidien, attentivement écoutés, tels le conseiller mémoire Bruno Roger-Petit, dit « BRP », la plume Jonathan Guémas et le metteur en images Arnaud Jolens.

Être dans les réunions importantes, tout est là. Et dans la boucle des notes qui comptent, celles qu'apportent les huissiers dans les parapheurs. Le Graal : obtenir l'approbation du président, sous forme d'un commentaire griffonné dans la marge, de son écriture si reconnaissable. Plus loin gravitent tous ceux qui rêvent de faire partie de la future équipe de campagne ou veulent se placer pour un second quinquennat. En ce mois d'avril 2021, les sondages autorisent tous les espoirs. Le scénario d'un duel gagnant se renforce jour après jour et aiguise les appétits. Les conseillers voient se multiplier les coups de fil de courtisans qui visent un poste, après une réélection qui semble à portée de main. Mais le mot « campagne » est pour l'instant prohibé au palais. Le Covid, qui a fait cent mille morts, tue toujours. « Personne ne lui pardonnerait de penser à 2022 », murmure son entourage.

Premier sujet à traiter ? La sécurité, un thème qu'il n'aime pas. Le 15 avril, le Parlement adopte la loi Sécurité globale, suavement renommée « pour une sécurité globale préservant les libertés », dont le fameux article 24, qui interdit de filmer les policiers en action. Grâce aux caméras piétons et à l'usage de drones – que le Conseil constitutionnel interdira finalement –, les forces de l'ordre pourront aussi reprendre la main dans la guerre des images. La loi tombe à pic, car la lutte contre la délinquance double le Covid dans les préoccupations de nos concitoyens. Poussé par son directeur de cabinet Patrick Strzoda et le préfet conseiller à poigne Frédéric Rose, le chef de l'État enfonce le clou sécuritaire : une interview au *Figaro*, puis, le lendemain, un déplacement à Montpellier.

C'est donc dans un entretien fleuve, le 18 avril, qu'Emmanuel Macron se mue en intransigeant défenseur des policiers. Sa *punchline* ? Chaque Français verra plus de bleu sur le terrain en 2022 qu'en 2017, allusion aux dix mille nouveaux postes décidés pour le quinquennat. « Ça rassure les gens, ça dissuade les délinquants. Je me bats pour le droit à la vie paisible. » La lutte contre les trafics de drogue est décrétée « mère des batailles », passant même devant la lutte contre l'islamisme, « puisque la drogue innerve certains réseaux séparatistes ». Macron intraitable a remplacé Macron débonnaire, qui, candidat, s'interrogeait sur une dépénalisation du haschich. « Dire que le haschisch est innocent est plus qu'un mensonge », sermonne désormais Macron superflic. « Il faut que le consommateur comprenne que lorsqu'il se roule un joint dans son salon, il alimente la plus importante des sources d'insécurité. » Son ton est si martial que la jambe gauche de la Macronie boîte un peu. D'autant plus que cette opération ressemble à un début de campagne, quand il affirme, la main sur le cœur, qu'il gouvernera « jusqu'au dernier quart d'heure ». Le président de l'ordre n'hésite pas à intervenir dans le procès du meurtrier de Sarah Halimi, dont la Cour de cassation a confirmé l'irresponsabilité pénale pour cause d'emprise de drogue. Têtu, il veut tout bonnement modifier la loi. « Décider de prendre des stupéfiants et devenir alors "comme fou" ne devrait pas, à mes yeux, supprimer votre responsabilité pénale. Je souhaite que le garde des Sceaux présente au plus vite un changement de la loi. »

Ensuite, cap sur Montpellier, près d'un point de deal qui vient d'être démantelé dans le quartier de la Mosson, aux prises avec l'islamisme radical. Comme souvent dans les cités, les jeunes lui réservent un accueil enthousiaste. Ce jour-là, il découvre une dure réalité lorsqu'une habitante voilée l'apostrophe. Loin des stéréotypes, cette musulmane, membre du conseil de quartier, se plaint de l'exode des non-musulmans. « Ce qui est vraiment dommage, monsieur le président, c'est que mon fils de huit ans m'a demandé si le prénom Pierre existait vraiment ou si ce n'est que dans les livres, tellement il y a un manque de mixité », regrette-t-elle. Sous son masque, Emmanuel Macron en sourcille d'étonnement. « Il faut aussi que les enfants n'aient plus peur de la police, qu'il y ait un travail avec la police dès la maternelle», ajoute-t-elle. Elle raconte avoir placé sa fille dans une école privée pour qu'elle y trouve la mixité qu'elle-même a connue. «Vous êtes la République!» répond-il impulsivement, ému. Un mois après son passage, les habitants du quartier manifesteront pour dénoncer la réinstallation du point de deal quelques centaines de mètres plus loin. Désormais, ses réactions seront éclairs. Une fonctionnaire de police est poignardée dans le commissariat de Rambouillet? Il désigne aussitôt les islamistes dans un tweet, puis rend visite à la famille de la victime, avant d'ordonner la mise en chantier accélérée d'une nouvelle loi antiterroriste, présentée dès la semaine suivante en Conseil des ministres.

Des militaires rompent le silence

Il voulait rouvrir les classes dès le 26 avril? Il les rouvrira, et en personne. En croisant les doigts pour que la baisse des contaminations amorcée se confirme, lui donnant raison envers et contre tous. Devant un établissement scolaire, une grappe de résidents soigneusement contrôlés l'attend patiemment. Comme toujours, des snipers des services de sécurité sont sur le toit. Soudain, alors que le cortège arrive, c'est l'alarme. Un individu apparemment armé a été aperçu dans l'immeuble d'en face. Le chef de l'État est aussitôt mis à l'abri... Une heure passe, l'alerte est levée. Il ne s'agissait que d'un ado avec un pistolet jouet. C'est un Emmanuel Macron détendu que nous retrouvons dans une classe, répondant en souriant à des questions d'enfants sur le déconfinement, questions probablement dictées par leurs parents. En sortant, il se permet un long échange avec des résidents enjoués. Un conseiller est prié de prendre les coordonnées d'un jeune qui cherche un stage. Même une auxiliaire de vie antivax ne lui fait pas perdre sa bonne humeur. Il faut dire que le nombre de malades en réanimation est passé sous les six mille pour la première fois depuis un an. Mais les variants inquiètent et les quinze prochains jours seront cruciaux. Un pass sanitaire est en préparation, qui devrait être obligatoire pour les grands événements et poussera à la vaccination, nettement ralentie depuis quelques jours.

Comme attendu, le 29 avril, Emmanuel Macron annonce un calendrier de levée complète des restrictions entre début mai et fin juin, en échange, en quelque sorte, d'un pass sanitaire. Car, victoire, la décrue des cas se confirme ! Les dates annoncées sont le fruit d'un compromis entre pro-sanitaires et pro-économie, c'est aussi un énième pari face aux Cassandre qui agitent le spectre d'une quatrième vague. Parmi ceux-ci figure tout de même l'OMS, qui met en garde l'Europe contre un relâchement précoce. Et les images qui montrent une flambée de cas en Inde, où un autre variant se propage. Mais, optimiste, Emmanuel Macron prévient qu'il arpentera le pays en juin. Le lendemain matin, il annonce sur Twitter que la vaccination sera ouverte à tous les majeurs à partir du 15 juin.

Ni les violences des *black blocks* en 2018, ni le confinement de 2020 ne l'ont fait déroger à cette tradition : la fête du 1er Mai. Salle des fêtes de l'Élysée, un petit air de déjà-vu – les journalistes parlent de « marronnier » –, le couple présidentiel reçoit les producteurs de Rungis qui lui offrent solennellement un brin de muguet. Après le buffet supprimé de 2020, ce moment marque un timide retour à la normale, avec sa cinquantaine d'invités. Brigitte Macron, en tailleur Vuitton crème, joue les maîtresses de maison. Son époux semble d'excellente humeur. Sur le front sanitaire, l'horizon s'éclaircit. Le déconfinement commence dans deux jours, avec la levée des interdictions de déplacements. Déjà près de seize millions de personnes ont reçu au moins une dose de vaccin. Pour le cinquième jour consécutif, le nombre de malades en réanimation décroît. Le chef de l'État attend avec impatience le 19 mai, date de la réouverture des terrasses. Dans un montage vidéo intitulé « Nous retrouver », qu'il fait tweeter le lendemain, il décrit un déconfinement des cinémas, les terrasses qui se remplissent, les magasins qui lèvent leur rideau.

Pour autant, il refuse de perdre de vue ses desseins européens. Chef de guerre, il veut profiter de la présidence française de l'Union au premier semestre 2022 pour attaquer ses adversaires en position de force. En la circonstance, qui dit Union européenne dit alliés potentiels. Dans ce contexte, l'Italie est redevenue un partenaire clé, surtout à l'approche du départ d'Angela Merkel. Il offre donc sur un plateau à son voisin transalpin l'arrestation et l'extradition de dix ex-brigadistes italiens, geste repoussé depuis trente ans. Des terroristes d'extrême gauche, coupables de crimes de sang dans les années 1980, qui avaient trouvé refuge dans la France de François Mitterrand. Son coup de filet sur ces sexagénaires règle l'ancien litige et brise le tabou de la protection accordée par son prédécesseur socialiste. Emmanuel Macron ne s'encombre pas de ces prohibitions. Il ne se sent pas lié par les anciennes promesses.

Il n'est pas le seul à briser les interdits. Fait rarissime, des gradés proches de la droite conservatrice expriment publiquement dans une tribune leur opinion, *via* l'hebdomadaire *Valeurs actuelles*, clairement étiqueté. Leur cible ? Les islamistes, voire l'islam tout court. Une vingtaine de généraux, une centaine de haut gradés et plus d'un millier d'autres militaires anonymes dénoncent le « délitement » du pays. Mais aussi la haine entre communautés, alimentée par « un certain antiracisme », ainsi que « l'islamisme et les hordes de banlieue ». Ils se disent prêts à soutenir les politiques qui œuvreront contre.

La Grande Muette étant respectée et écoutée, cette offensive de campagne peut s'avérer dangereuse. Jean Castex, chargé de riposter, demande des sanctions contre les signataires. Mais 58 % de nos concitoyens soutiennent les généraux, 84 % pensent que la violence augmente et 73 %, que le pays se délite. Autant de thèmes chers à l'extrême droite. On croirait entendre Éric Zemmour. Sous les ors du palais, la tribune sonne comme une mise en garde brutale. D'autant plus qu'elle est réitérée un mois plus tard.

Désordres de bataille

Dans deux mois, les régionales. Thierry Solère passe en revue, avec le chef des armées, la carte électorale : treize régions et une ou deux au mieux, éventuellement gagnables – en croisant les doigts – pour LREM. En Provence-Alpes-Côte d'Azur (PACA), où la liste RN de Thierry Mariani est en mesure de l'emporter, les deux joueurs d'échecs avancent masqués. Une alliance, dès le premier tour, avec le LR de Renaud Muselier affaiblirait durablement la droite qui n'aurait pas su gagner seule. Un baiser de la mort pour 2022.

C'est Jean Castex, lui-même, qui l'annonce dans une interview au *JDD* : « Cette union va bien au-delà d'accords d'appareils, c'est un exemple de la recomposition politique. » Sauf que la belle endormie se rebiffe. « Coup de poignard dans le dos ! » hurlent les ténors républicains qui menacent de refuser à Renaud Muselier l'investiture. Plus gênant pour le président, l'opinion voit d'un mauvais œil ces manœuvres d'arrière-cour très « ancien monde ». Renaud Muselier rebrousse alors chemin. Et Xavier Bertrand tire profit de l'épisode pour accuser Emmanuel Macron d'être un « calculateur froid ». Ce dernier ne s'exprimera jamais sur le sujet : officiellement, il navigue au-dessus de telles cuisines politiciennes. Mais l'idée de créer pour la présidentielle un mouvement qui accueillerait des LR ralliés a pris un coup de plomb dans l'aile.

Se fiant aux sondages qui placent Xavier Bertrand en tête des adversaires pour 2022, le palais envoie même sur le terrain des régionales, dans les Hauts-de-France, pas moins de cinq ministres. Tandis que le Premier ministre, chassant sur les plates-bandes de la droite, annonce un durcissement des peines pour les agresseurs de policiers. En vain, puisque Mister X sera élu haut la main.

4 mai, Mérignac. Malgré ses plaintes déposées à la police, une jeune femme meurt brûlée vive, assassinée par son mari qui refusait de la voir vivre « à l'occidentale ». Police et justice sont taxées d'inaction, pendant que Beauvau diligente une enquête pour dysfonctionnements. De son côté, Jean Castex se rend en Avignon afin de rendre hommage à un policier abattu la même semaine sur un point de trafic. Au palais, on s'inquiète de l'omniprésence de ces violences dans le quotidien de nos concitoyens, car cela nourrit les votes LR et RN. Et toujours les mêmes questions : faut-il se rendre sur place, au risque de grossir l'affaire ? Ou s'abstenir, sous peine de critiques ?

C'est sans hésitation, en revanche, que le président commémore le lendemain le bicentenaire de la mort de Napoléon. Une figure contestée. L'empereur a rétabli l'esclavage, est responsable de la mort de plus de cinq millions de militaires et civils, mais il est aussi le modernisateur de l'appareil d'État et le père du Code civil. C'est aux côtés de son épouse qu'Emmanuel Macron s'avance, solennel, devant le monumental tombeau dans la crypte des Invalides, après un discours à l'Institut de France, équilibré au trébuchet.

«De l'Empire, nous avons renoncé au pire et de l'Empereur, nous avons embelli le meilleur, sans céder jamais à la tentation du procès anachronique.» Une tirade signée BRP. Il condamne sans appel le rétablissement de l'esclavage en 1802 et le peu de cas que faisait le chef de guerre de «la valeur de la vie humaine». Quand il s'écrie que «le parcours de l'enfant d'Ajaccio, devenu maître de l'Europe, démontre clairement qu'un homme peut changer le cours de l'histoire», comment ne pas penser qu'il l'espère pour lui-même?

Plus prosaïquement, il lui faut promouvoir, encore et toujours, la vaccination. Le chef de l'État autorise les rendez-vous de dernière minute pour les doses non utilisées. Il recueillerait sans doute une approbation sans nuages si une annonce venue des États-Unis ne venait dominer l'actualité. Joe Biden décide la levée des brevets sur les vaccins, le temps de la pandémie. Sujet embarrassant pour Emmanuel Macron, qui s'est dit champion du vaccin «bien commun mondial» mais refuse de pénaliser les industriels innovants. Quand nous l'interrogeons sur la proposition Biden, il s'agace. Pour lui, c'est pure hypocrisie : «L'Europe est le continent le plus généreux! Quarante-cinq millions de doses ont été exportées. Je suis tout à fait favorable à cette ouverture de la propriété intellectuelle, affirme-t-il avec aplomb, mais la priorité, aujourd'hui, est le don de doses.» Au sommet de Porto, les vingt-sept se résignent à soutenir la proposition Biden. L'affaire a touché un point sensible chez Emmanuel Macron, lui qui s'est donné du mal pour appuyer des mécanismes internationaux de dons, même si Paris n'a guère de doses à offrir. Il suffit d'entendre sa réponse venimeuse lorsque nous l'interrogeons sur la «Biden Mania» et le risque pour l'Europe de voir les États-Unis prendre un leadership moral. «Je n'ai pas à traiter vos complexes. Moi, je n'en ai pas!» réplique-t-il. Bonne nouvelle sanitaire cependant, le nombre des primo-vaccinés franchit, comme prévu, la barre des vingt millions.

Tous azimuts

Enfin ! Dans deux jours, les Français retrouvent commerces, activités sportives, terrasses, cinémas, théâtres et musées. Le couvre-feu recule de dix-neuf à vingt et une heures. Au palais, on scrute le ciel. Si seulement il faisait beau pour cette première terrasse ! Le vrai nuage ? Ce variant indien, rebaptisé « Delta », qui provoque une remontée du nombre de cas. Le président ne s'avance plus, comme en mai 2021, à parler du retour des « jours heureux ». Malgré le vaccin, l'inquiétude renaît. L'après-Covid est aussi redouté pour sa casse sociale : que révélera le retrait des eaux ? Seule certitude, Emmanuel Macron compte populariser cette réouverture par un tour de Gaule.

Son équipe de com laisse fuiter un échange avec Karl Olive, qui lui a lancé :

— Tu vas en prendre plein la gueule et ça ne va pas toujours te plaire. Mais ça va te rendre service. Je ne saurais trop te recommander d'aller sentir le cul des vaches, parler aux Français, rencontrer les maires.

— Je sais et j'en ai envie, lui aurait répondu le chef de l'État.

On nous explique que le président veut « accompagner les Français dans le retour à la vie normale et s'assurer du déploiement des soixante-dix milliards qu'il reste à flécher dans le plan de relance ». « C'est un combattant. Il s'entraîne toutes les semaines à la boxe. Il est prêt », s'émerveille un conseiller. De fait, il bénéficie d'une cote élevée : de 40 à 50 % d'opinions favorables. Et puis ses bains de foule sont balisés, les visiteurs, fouillés et les protestataires, éloignés. Le risque paraît mince. Une « note aux rédactions » nous apprend sa première destination, le jour de la réouverture : Pont-Sainte-Marie, près de Troyes, pour applaudir des enfants sur un terrain de foot. Dans deux jours.

En attendant, il préside un sommet des dirigeants africains, organisé en quatrième vitesse. Avec une trentaine de responsables africains et européens, ainsi que des représentants de presque toutes les grandes puissances. Paris accueille en prime, la veille, une conférence d'aide internationale pour le Soudan, elle aussi surprise. Le Soudan ?! Ce n'est pas la zone d'influence tricolore. Cette conférence est juste le résultat d'une promesse de président à président. À moment exceptionnel, lieu d'exception : le Grand-Palais éphémère bâti devant le Champ-de-Mars avec la tour Eiffel en toile de fond. Arnaud Jolens obtient enfin l'image dont il rêvait en 2017. Tout le gratin africain – francophone et anglophone –, mais aussi celui de l'Union, du G7 et de la Chine au pied du monument.

Au nom des dirigeants africains, le chef d'orchestre réclame une réallocation à leur profit de cent milliards d'euros des droits de tirage spéciaux, la monnaie d'échange du FMI. Il annule aussi les cinq milliards de la dette du Soudan envers la France. Et déclare au passage qu'il est temps de résoudre, enfin, les problèmes de pauvreté que rencontre l'Afrique depuis des décennies. Puis adresse, dans la soirée, au Conseil de sécurité de l'ONU une proposition de résolution d'un cessez-le-feu entre Israël et le Hamas, qui viennent une nouvelle fois d'échanger roquettes et bombes. Simultanément, dans une vidéo enregistrée, Emmanuel Macron promet aux agriculteurs de défendre la viande tricolore. Avant d'annoncer par le biais d'un tweet le sauvetage de France 4, la chaîne jeunesse de France Télévisions, décision qu'attendait tout le monde audiovisuel. L'une de ces journées folles qui le galvanisent.

Petit noir et grand bleu

19 mai, huit heures trente. Les terrasses des bistrots rouvrent. Bien sûr, le président veut marquer le moment. À celle du café le plus proche du palais, il vient prendre un petit noir en voisin avec Jean Castex. Les chaînes d'info lui tendent leur micro. Pendant qu'il évoque réouverture et vaccination, il regarde avec envie la rue de Miromesnil, qu'il aimerait remonter pour discuter avec des passants et parler déconfinement. Mais un trottoir trop étroit et une circulation trop dense ne permettent pas d'assurer sa sécurité. Retour au bercail pour un Conseil de défense sanitaire suivi du Conseil des ministres. Nous posons une question sur le rassemblement de policiers prévu devant l'Assemblée à la mi-journée. Il élude, agacé.

Les manifestations de policiers ne sont jamais une bonne nouvelle. D'autant qu'ils sont plusieurs milliers à converger vers le Palais-Bourbon. Ils dénoncent non seulement les violences contre l'uniforme, mais aussi une «justice laxiste», deux semaines après le meurtre de leur collègue en Avignon. Campagne des régionales oblige, une brochette d'adversaires politiques du chef de l'État s'affiche à leur côté, notamment Valérie Pécresse et Xavier Bertrand qui rivalisent d'appels à la fermeté. On voit aussi des responsables RN, et même Éric Zemmour, dont on murmure de plus en plus le nom pour la présidentielle. La gauche vient aussi montrer sa solidarité par le biais de la présence des dirigeants du PS, du PCF et des Verts.

Surprise : vers treize heures, le ministre de l'Intérieur Gérald Darmanin s'invite une dizaine de minutes dans le rassemblement. Son message ? «Je pense à vous.» Avec la bénédiction du président, il a quitté, dix minutes avant sa fin, le Conseil des ministres pour venir. Emmanuel Macron ne laissera pas les policiers manifester contre lui. Il réitère le calcul qu'il avait fait lors de la Marche pour le climat de 2019, lorsqu'il y avait dépêché sa secrétaire d'État, Brune Poirson. Le ministre de l'Intérieur s'éclipse avant les prises de parole syndicales, et c'est mieux ainsi car les policiers huent le garde des Sceaux, Éric Dupond-Moretti. Leur revendication ? Des peines minimales incompressibles pour les agresseurs de policiers. «Le problème de la police, c'est la justice !» tonne un syndicaliste sous les applaudissements. Dans l'hémicycle, Éric Dupond-Moretti voit rouge.

L'après-midi, nous sommes à Troyes, avec la vedette de basket Tony Parker. Emmanuel Macron annonce le lancement d'un «pass sport» de cinquante euros pour aider les jeunes à s'inscrire dans un club. Mais le voici qui glisse, l'air de rien, aux clients d'une buvette : «Je ne suis pas pour l'obligation vaccinale… sauf si les circonstances nous y obligent.» Une première. Il n'a jamais, jamais entrouvert cette porte. *A contrario*, depuis des mois, sur tous les tons, il répète que jamais le vaccin ne sera obligatoire. Visiblement, la doctrine a changé.

Nous en aurons la preuve quelques semaines plus tard, lorsqu'il l'imposera aux soignants, puis étendra le pass sanitaire. En revanche, aucun mot sur la grogne policière.

Le lendemain, le Conseil constitutionnel rogne les ailes de son offensive sécuritaire en censurant l'article 24 de la loi Sécurité globale et l'utilisation de drones par les forces de l'ordre. Quelques jours plus tard, nouveau revers. Le Conseil d'État interdit, lui, la technique systématique de la « nasse » pour contrôler des manifestants et annule l'obligation de dispersion imposée aux journalistes.

McFly et Carlito *versus* Bigard

La situation sécuritaire est plus tendue que jamais. En Moselle, nouveau féminicide. La victime avait déjà porté plainte. Choc des calendriers, c'est le moment du vote au Parlement de la loi pour la confiance dans l'institution judiciaire, le bébé d'Éric Dupond-Moretti. Au menu ? Enquêtes préliminaires plus courtes, audiences filmées, cours criminelles sans jury et fin des réductions automatiques de peines. Le ministre a écarté les peines planchers pour les agresseurs de policiers, réclamées par la droite, mais introduit une nouvelle peine de sûreté de trente ans. Un texte laxiste pour la droite et sécuritaire pour la gauche. Un sujet majeur pour 2022.

Le 22 mai, au Trocadéro, c'est une France en miroir, une France farouchement anti-Macron, qui commence à compter ses soutiens. Celle des antipass sanitaire, dont l'Élysée craint l'émergence depuis des semaines, autant que les antivaccins. C'est la première fois qu'ils apparaissent au grand jour. Ils ne sont encore que deux cents, mais se montrent d'une virulence sans limites sous la bannière fourre-tout de la défense des libertés contre la « dictature sanitaire ». Analogies avec le IIIe Reich, parodies d'étoile jaune, menaces de mort envers les ministres… Parmi eux, le comique troupier Jean-Marie Bigard hurle : « Buzyn, connasse, crève ! » Très concrètement, sur le pass sanitaire, la position du président n'est alors pas arrêtée. Si Emmanuel Macron reste réticent à l'obligation pour les activités du quotidien – il l'a redit à la presse régionale fin avril –, force est de constater que le variant Delta, déferlant, pourrait changer la donne.

Pendant que Jean-Marie Bigard crache sa haine, McFly et Carlito – un duo de YouTubeurs appréciés de la jeune génération –, reçoivent le feu vert élyséen pour publier sur Internet un concours d'anecdotes avec le président, tourné dans son bureau à l'Élysée. Il fallait oser. La légèreté n'est pas dans l'air du temps et autour du chef de l'État, tous n'étaient pas favorables à ces blagues potaches. Mais beaucoup d'internautes se précipitent pour regarder ces trente gentilles minutes, durant lesquelles Emmanuel Macron s'efforce de paraître « cool » en gardant sa stature. Il se permet même quelques gros mots et une boutade sur les « substances » illicites, s'appuie sur la valeur la plus sûre qu'il ait trouvée pour créer un lien avec la jeunesse : le foot. En s'inventant un rôle d'agent de Kylian Mbappé, il lui téléphone devant eux. Dans ce jeu du mensonge, il n'est pas très doué. Volontairement, sans doute. Car il veut se montrer joueur, non menteur. Épilogue de la séance dans les jardins du palais, où McFly fait une galipette, avec un petit concert du groupe métal Ultra Vomit. *Shocking!* Dérapage très contrôlé. Et le succès d'audience est au rendez-vous : 29 % des Français ont vu tout ou partie du concours d'anecdotes et 79 % en ont entendu parler. La moitié des moins de vingt-cinq ans l'ont regardé.

Quelques jours plus tard, lors d'un entretien-fleuve dans la revue *Zadig*, Emmanuel Macron dévoile une part de lui-même. Il évoque son décalage avec sa génération, sa mentalité plus âgée que son état civil, une forme de déconnexion. «J'ai grandi dans les souvenirs de ma grand-mère. J'ai donc une vision de la France qui n'est pas du tout celle de ma génération. Je suis comme désynchronisé.» Au point d'idéaliser parfois, quand il assure que la Seine-Saint-Denis a tous les atouts pour devenir « la Californie sans la mer ». Il parle de son amour pour Marseille, sans y avoir d'attache, compare savamment la pandémie aux troubles de la fin du Moyen Âge. Lui qui veut s'ancrer, sortir de son image élitiste, ne peut s'empêcher de s'envoler dans les hauteurs, quitte à semer les lecteurs. Pour parler à tous, il souhaite incarner toutes les France, au risque de se dissoudre dans sa galerie de portraits.

Du Rwanda à la vallée de la Roya

1994, la Françafrique. Le génocide des Tutsis au Rwanda, une mare de sang, une ombre sur les liens de la France à tout un continent. L'enjeu d'un déplacement à Kigali ? Une réconciliation avec ce petit pays, qui reproche à Paris d'avoir soutenu le pouvoir pendant les massacres. Toutes proportions gardées, comme pour l'Algérie, le chef de l'État ne veut ni présenter d'excuses, ni demander pardon, mais admettre les erreurs du passé. Une ligne de crête dans le pays des mille collines.

« Je viens reconnaître nos responsabilités », énonce-t-il le 27 mai au mémorial de Kigali. La France est restée « de fait aux côtés d'un régime génocidaire » mais « n'a pas été complice ». Un discours sobre, émouvant, qui aborde le génocide de front, ce que n'ont pas fait ses prédécesseurs. Quant à la question du pardon, Emmanuel Macron exprime avec une subtile distinction son souhait d'un « don » du pardon par les Rwandais, mais – attention – sans le demander. Il faut suivre ses circonvolutions. Ainsi, il ne mécontente personne, en particulier l'armée. Les soldats français n'ont, dit-il, « pas de sang sur les mains ». Le président rwandais est satisfait. C'est l'essentiel, même si des associations grognent devant ce tour de passe-passe diplomatique. En dix jours, ce caméléon est passé des blagues sur YouTube à la solennité d'une rédemption.

À la suite de l'Afrique noire, le terroir. Après quatorze mois de crise sanitaire, le chef de l'État entame, enfin, ce tour de France qu'il attendait avec impatience. Un « pèlerinage », comme l'appelle avec componction la Macronie. C'est en discutant avec nos concitoyens qu'il tranchera sur les réformes à venir, déterminant ce que le pays peut accepter, a-t-il affirmé à *Zadig*. On peine à croire que ses rencontres dans des ruelles quadrillées par des gendarmes le feront changer d'avis sur l'âge de la retraite…

D'ailleurs, faut-il replanter ce totem de 2017 ? Tout LREM, jusque dans le premier cercle du président, se déchire entre réformateurs à tous crins et partisans de la prudence. Le 25 mai, devant des responsables de la majorité réunis à Matignon, Christophe Castaner a pris parti pour une réforme dès 2021. Au contraire, Richard Ferrand estime que les retraites constitueraient une « excellente première réforme de deuxième quinquennat » et demande à privilégier la relance, plutôt que risquer de remettre des milliers de gens dans les rues. Par ailleurs, il ne reste que neuf mois de session parlementaire avant la présidentielle. L'agenda de l'Assemblée est presque rempli, encombré par les textes encore en navette, comme la loi Climat et la loi Bioéthique. Entre la rentrée et Noël ne seront disponibles que quatorze semaines, dont la moitié sera phagocytée par les débats budgétaires. Donc sept semaines utiles seulement.

Va-t-il révéler ses intentions dans les deux charmants villages du Lot où il lance sa tournée ? À Saint-Cirq-Lapopie, dont les entrées sont bouclées, le maire a battu le rappel dans les vallées environnantes. Plusieurs centaines de curieux viennent voir le président pour des selfies et d'aimables saluts. Même Chantal, cette blonde groupie qui le suivait partout jusqu'au départ du Covid, est de retour, c'est bon signe ! À Martel, il s'est ménagé une discussion de deux heures avec des retraités. Dans les rues, porté par la bonne humeur ambiante, le Macron libéral et sans complexe est au rendez-vous. Il renoue avec son ton tranchant contre les râleurs : « Vous gueulez mais vous avez voté pour moi et c'était dans mon programme... Vous êtes tordu ! » assène-t-il à l'un des rares contestataires, qui critique, vieux souvenir, la hausse de la CSG. Quand deux femmes plaident pour une aide aux jeunes sans contrepartie, il se récrie : « On ne donne pas de l'argent à des jeunes pour ne pas travailler ! » Même propos assuré devant les retraités : « Est-ce qu'on peut massivement taper les gros, idée que l'on adore chez nous ? On peut le faire, mais les gros s'en vont ! Si on dit : "On ne les aime pas, on va les massacrer", ce qu'on a fait pendant des années, ils se sont barrés et les industries avec. On m'a dit "président des riches". Je m'en fous ! » Une conversation émaillée de signaux faibles sur des réformes à venir. Comme : « Je ne vais pas gérer l'été en pente douce, j'aurai à prendre des décisions difficiles. » Lors de cet entretien sans caméra avec les seniors, il formule aussi une longue réponse sur ce que ceux-ci appellent, avec inquiétude, le « voque ». Comprendre, le « woke », ce mouvement de lutte contre les discriminations et les privilèges, venu des États-Unis. Il se voit reprocher de ne pas défendre suffisamment l'identité française, de ne pas « franciser » les immigrés. « Dites-moi en quoi j'aurais été du côté de la culture du voque », leur réplique-t-il... Oui, ce caméléon reprend, bien sûr, le prononcé de ses interlocuteurs. « J'ai fait distribuer les *Fables* de La Fontaine dans les écoles. La *cancel culture*, je n'y crois pas. C'est un drame ! La langue de Voltaire, qui respecte les patois de Rabelais mais qui pense le monde, c'est cela, la France éternelle », conclut-il, lyrique.

« C'est là-dessus, sur le terrain des valeurs, que se gagneront les prochaines batailles électorales, m'explique-t-il ensuite avec assurance, en sortant de la salle. Il y a un profond sentiment d'insécurité culturelle, de déclassement, et un fossé générationnel. Vous avez vu, personne ici ne m'a parlé de pouvoir d'achat, ils n'ont parlé que de valeurs. »

Une annonce survient, celle d'un second plan d'investissement pour préparer le pays à dix ans. De quoi se projeter au-delà de son quinquennat et peut-être insuffler, pour la première fois, un projet de campagne. Le surlendemain, autre annonce présidentielle surprise : la tenue, à l'automne, des « états généraux de la justice », nouvelle grand-messe pour traiter un angle mort avant 2022. Après avoir écouté les doléances de deux sommités de la Cour de cassation, la première présidente Chantal Arens et le procureur général François Molins, le chef de l'État reprend la main sur le dossier. Car le dialogue entre les magistrats et Éric Dupond-Moretti est devenu ingérable, ce qui, pour le coup, n'est pas une surprise.

Parmi les réformes qu'Emmanuel Macron n'a pas réussi à faire, il y a aussi la mise en place de la taxe internationale sur les Gafa, pour laquelle il a gaspillé sa salive pendant trois ans à Bruxelles. Sauf que, désormais, le nouveau président américain est de son côté. Pour la première fois dans l'histoire du capitalisme, cette utopie est en passe de devenir réalité. Samedi 5 juin, après quarante-huit heures de discussion, les ministres des Finances du G7 annoncent leur soutien au projet de l'OCDE d'un taux mondial d'imposition des multinationales d'au moins 15 %, qui pourrait être acté lors du G20 de Rome à l'automne. Cela signifierait la fin de décennies d'impuissance des États, qui récolteraient jusqu'à cent cinquante milliards de dollars par an. Sans doute cette avancée traduit-elle un symptôme du Covid-19, qui a enrichi les géants du numérique et appauvri les finances publiques, précipitant une prise de conscience. Le président a néanmoins de quoi se sentir frustré, lui qui, malgré des menaces de rétorsions américaines, avait décidé, comme plusieurs pays européens, d'appliquer une taxe nationale unilatérale. Des recettes qui ne sont pas révolutionnaires – trois cents millions en 2019 – mais qui existent. Pour faire valoir son engagement dans ce domaine, le palais tweete une vidéo de 2018 dans laquelle Emmanuel Macron plaide, déjà, pour cette taxe.

Son mantra ? Dé-ci-der. Chef de l'État mais aussi superpréfet, parfois, lorsqu'il veut gérer un dossier dans ses moindres détails. Il s'y emploie pour la reconstruction de la vallée de la Roya, ravagée par la tempête Alex. Son périple en hélicoptère l'a marqué. Le 7 juin, dans le salon Murat, règne une atmosphère de quartier général. En face de lui, un écran géant. Tous les acteurs du drame sont là, en mosaïque, maires des villages sinistrés, élus locaux et préfets. « Bonjour, merci d'être là », lance-t-il, d'une voix sonore. Mais après les amabilités d'usage, les élus décrivent tous une situation consternante. Absurdités bureaucratiques, blocages de travaux faute d'autorisations ministérielles toujours en suspens, dégâts sous-estimés par l'État. Et la détresse de centaines de propriétaires qui ignorent toujours s'ils doivent quitter leur maison ou y faire des travaux de protection, des trains remis en route, mais à des horaires ineptes…

Efficace, synthétique, Emmanuel Macron prend des notes. « Le message est passé haut et fort, monsieur le maire. » Il conclut par une dizaine de décisions immédiates, en haut fonctionnaire. Sauf qu'il parle à la première personne. « Je vais rembourser ! » En une phrase, il relève de dix millions l'évaluation de son administration, demande aux préfets d'accélérer les travaux et de « faire remonter aux ministères qui bloquent ». Il distribue les tâches. Le ministre des Transports devra ainsi s'occuper d'ajuster les horaires des trains. Tout à l'heure, plusieurs autres membres du gouvernement recevront un SMS. Fermez le ban.

Au palais, le moral est aussi dégagé que le ciel. La cote du chef de l'État dépasse les 50 %, sous l'effet de l'accélération de la vaccination, de la chute des contaminations et, surtout, de la réouverture. Seule ombre au tableau, Laurent Berger, qui sent la menace se préciser, s'enflamme contre une réforme des retraites avant la présidentielle : « Une folie ! Ce n'est pas la peine de mettre de l'huile sur le feu ! » Richard Ferrand plaide lui aussi, inlassablement, pour un report : « Vous ne demandez pas à un convalescent de grimper l'Everest. » Emmanuel Macron semble pourtant tenté de se lancer, rassuré par les sondages. Il oublie à quel point ceux qui le rejettent se radicalisent.

Reculs

Tour de Gaule présidentiel, suite. Gastronomique, forcément, car nous sommes à la veille de la réouverture des salles de restaurant, désertées depuis si longtemps. Tout se passe pour le mieux dans le lycée hôtelier de Tain-l'Hermitage, dont le président repart pour déjeuner avec des restaurateurs de Valence. Les journalistes du pool n'ont pas été embarqués. Aucun média ne le suit et les confrères râlent d'avoir été, une fois de plus, écartés. Soudain, sur la route, le chef de l'État aperçoit une petite foule massée derrière des barrières, qui l'appelle pour le saluer. Sur une impulsion, il fait arrêter son cortège, ouvre sa portière et s'élance au pas de course pour aller dire bonjour. Un coup de tête, comme il le faisait souvent avant les Gilets jaunes. En bras de chemise, il rejoint les badauds, deux gardes du corps trottant derrière lui. Tout se passe en quelques secondes. Il commence à serrer des mains quand, soudain, un jeune homme, filmé par un complice, agrippe son avant-bras et le gifle à la volée. « Montjoie ! Saint Denis ! hurle l'inconnu – le cri d'armes des royalistes –, à bas la Macronie ! » Aussitôt, un garde du corps écarte le président et un policier plaque l'agresseur. « Laissez-le, laissez-le ! » ordonne le chef de l'État. Le journaliste de *Quotidien*, qui avait repéré ce jeune homme une heure plus tôt, l'avait interviewé. Il s'inquiétait, d'un ton calme, du déclin du pays. Le complice poste l'incident sur les réseaux sociaux, une vidéo immédiatement repérée et que le ministère de l'Intérieur fait suivre à l'Élysée. Consternation. Les actes de violence physique contre un président sont rarissimes. Le fait qu'on ait réussi à l'atteindre est une preuve d'échec pour son service d'ordre, même si le GSPR sait que ses impulsions, qu'il n'est pas question de contrôler, le fragilisent.

L'homme, qui passe en comparution immédiate, est condamné à quatre mois ferme. Alors que la vidéo de la claque tourne sur les réseaux, le palais minimise. Le chef de l'État s'offre l'après-midi même un bain de foule inopiné dans les rues de Valence en guise de pied de nez à ses contestataires. L'accueil est chaleureux. Interpellé par les passants et quelques journalistes, il dédramatise : «Je continuerai d'aller partout, il ne faut rien céder à la violence. Il y a de la bêtise et quand la bêtise s'allie à la violence, elle est inacceptable. Ne laissons pas des individus ultraviolents prendre possession du débat public. Ils ne le méritent pas. » Son entourage est sans doute plus choqué que lui. Devant l'Assemblée, Jean Castex tonne sur la nécessité de protéger « les fondements de notre démocratie ».

Le 9 juin, cette démocratie reprend des couleurs avec un Conseil des ministres intégralement en présentiel. Une première depuis décembre. Ces derniers mois, hormis le président et son Premier ministre, seuls Olivier Véran et Gabriel Attal avaient l'autorisation de s'y rendre. Semaine après semaine, ces mercredis ont d'ailleurs renforcé le poids du jeune porte-parole, souvent dépêché pour les annonces importantes et pour la « riposte », les petites phrases qui vont nourrir la campagne. À l'issue du Conseil, le trentenaire récapitule la liste des établissements qui peuvent enfin rouvrir et le recul du couvre-feu de vingt et une à vingt-trois heures. Il défend aussi le nouveau pass sanitaire, désormais exigé pour les événements de plus de mille personnes. « Le pass sanitaire, c'est la liberté ! » s'écrie-t-il. Il sait pourtant qu'il ne convaincra pas les plus radicaux, ces covidosceptiques qui l'écrivent « paSS », filant la métaphore nauséabonde d'une réédition de la Shoah. Qu'importe le nouvel appel à la prudence du professeur Delfraissy, l'exécutif espère échapper à une quatrième vague due au variant Delta. *Le Parisien* raconte que le chef de l'État s'est esclaffé en voyant tomber, en plein Conseil des ministres, une dépêche AFP titrée : « Retrait des masques en extérieur : encore trop tôt pour Castaner ». Le chef des députés LREM ne savait rien de l'abandon de cette obligation qu'Emmanuel Macron annonçait au même instant à ses ministres.

Déjà trente millions de nos concitoyens sont primo-vaccinés. La campagne est, enfin, une réussite.

Contrairement à celle de nos armées au Sahel. À la veille du G7 organisé en Cornouailles, dans ce Royaume-Uni qui a claqué la porte de l'Union, le président tient une rare conférence de presse. Il nous y annonce un virage stratégique, le recul de la France au Sahel. Fin mai, il avait lancé un avertissement au nouveau pouvoir malien, fruit de deux coups d'État successifs. Si des accords étaient passés avec les djihadistes qui avancent dans le pays, Paris se retirerait. « L'islamisme radical au Mali avec nos soldats sur place ? Jamais de la vie ! » Deux semaines plus tard, il tranche : Barkhane prendra fin sous sa forme actuelle et des bases seront fermées. Cette force dont il était si fier, à laquelle il avait consacré son tout premier déplacement. Dont chaque victime lui nouait le ventre. Il ne précisera que le 9 juillet l'ampleur du retrait : la France ne maintiendra plus que deux mille cinq cents à trois mille hommes au Sahel au lieu des cinq mille actuels.

Il en a assez que l'Hexagone tente seul de barrer la route aux djihadistes, sans en tirer de bénéfices politiques. Il veut laisser la place à une présence intereuropéenne dont il est l'artisan, la force Takuba, une réunion de membres de forces spéciales qui n'attire guère encore de pays participants. Il veut aussi former les armées locales, une tentative pour l'instant bien décevante.

La nouvelle prend l'opinion de court. En annonçant ce semi-échec, Emmanuel Macron se laisse aller à une colère tous azimuts. Contre la violence en France et sur les réseaux sociaux. Contre ces internautes « qui n'existent que par les insultes qu'ils profèrent, encagoulés derrière un pseudonyme. Il ne faut pas s'étonner que des gens dans la rue se mettent à avoir le même comportement que derrière leur écran, s'écrie-t-il, en prônant de nouveau une régulation du Net. Dans les passions, c'est toujours la plus extrême qui triomphe. La passion raisonnable est émolliente. On cherche tous l'amour absolu, pas l'amour moyen. »

De ses deux jours au G7, nos concitoyens ne retiendront pas grand-chose, hormis son offensive de charme envers Joe Biden, qu'il tient par l'épaule en riant, lui qui ne l'a jamais rencontré de sa vie. Cette scène sympathique ne suffit pas à faire oublier que le président américain vient, de nouveau, de l'éclipser sur la scène internationale en annonçant des dons massifs de vaccins aux pays pauvres. Ou en décidant de rencontrer Vladimir Poutine à Genève, quand Emmanuel Macron était critiqué de l'avoir reçu. « Je m'étonne parfois que ceux qui trouvent que la France a tort de dialoguer disent que les États-Unis ont raison de dialoguer. Mais il y a parfois des choses qui m'échappent dans la vie. » Un ton sarcastique, presque amer. D'autant que c'est Angela Merkel que Joe Biden invite à Washington, pas lui. L'Américain se remémore sans doute les flatteries de son homologue français à l'égard de son prédécesseur, quand la chancelière le critiquait frontalement.

La claque des régionales

Officiellement, Emmanuel Macron n'est pas en campagne.

L'échéance des régionales approche. Sur conseil de Thierry Solère, LREM s'allie aux listes les mieux placées lorsque le RN risque de l'emporter. En pratique, le plus souvent avec LR. Si tout fonctionne comme prévu, LREM s'imagine en faiseur de roi. Le chef de l'État, lui, ne se passionne pas pour l'échéance, c'est un euphémisme. Il reste persuadé qu'il n'y aura aucune corrélation avec les choix des électeurs à la présidentielle. Il veut avant tout engager des réformes de fond avant 2022 et faire campagne sur un « stop ou encore ». En revanche, il s'inquiète, avec les beaux jours, du retour de vagues migratoires en Méditerranée. Ce qui redonnerait des arguments à l'extrême droite et à ses différents porte-drapeaux. Aussi convoque-t-il une réunion interministérielle sur l'expulsion des clandestins, ces quatre-vingt mille migrants qui restent chaque année illégalement sur le territoire après le rejet de leur demande d'asile. L'objectif est d'expulser au moins plus efficacement les délinquants, en les conduisant directement de la prison à l'aéroport. Et de le faire savoir. Mais aussi de faire pression sur les pays qui refusent leur retour, notamment l'Algérie, dans le collimateur du palais.

Officiellement, Emmanuel Macron n'est pas en campagne.

À deux jours du scrutin, il passe une journée dans les Hauts-de-France, le fief de Xavier Bertrand. À Poix-de-Picardie, il joue la carte familiale, en visitant l'école élémentaire que dirigeait sa grand-mère. Puis dans la maison natale de Jean de La Fontaine, à Château-Thierry, s'amuse avec l'acteur Fabrice Luchini, qui le tutoie, quand Brigitte Macron nous confie en plaisantant le nom de ses fables préférées. S'il ne fallait retenir qu'un signe de changement, c'est que le président nous répond patiemment. Patient également lorsque je lui demande, un peu par provocation, si La Fontaine pourrait être soupçonné de sexisme. Il improvise : « Regarder avec les yeux d'aujourd'hui les philosophes des Lumières pour dire qu'ils ne partageaient pas nos valeurs n'a que peu de sens. Ils avaient eux-mêmes leur esprit du temps et leur bêtise du temps. Nous avons nous-mêmes notre bêtise du temps. Cela m'intéresse plus de voir quelle est la bêtise chez nous que la différence facile avec les gens d'il y a cinq cents ans.» Fabrice Luchini régale «Emmanuel», hilare, d'une récitation de *L'Ours et l'Amateur de jardin.* Un vrai sketch en duo, deux hommes de spectacle devant nos caméras.

Officiellement, Emmanuel Macron n'est pas en campagne.

Le cortège repart vers Villers-Cotterêts, dernière étape de la journée. Sur l'étroite route de campagne dégagée par la gendarmerie, la file de vans passe en trombe au cœur de villages assoupis. Mais sur chaque grand-place, quelques badauds nous font des saluts de la main. Je sais qu'à travers les vitres fumées, ils ne peuvent distinguer aucun visage. Que pensent-ils de ce pouvoir invisible qui traverse leur vie? «Cet hiver, c'est vrai, il faudra ralentir», observe, songeur, un conseiller.

Villers-Cotterêts. Malgré l'heure tardive, des centaines de gens attendent les époux Macron depuis des heures, formant une haie d'honneur. Surtout des jeunes, surexcités, qui veulent les photographier, les approcher, les toucher, comme pour n'importe quelle célébrité. Ils les acclament: «Ma-nu, Ma-nu!», «Bri-gitte, Bri-gitte!» Lui ne s'en formalise plus et s'immerge dans leur cohue. Elle s'agrippe à son bras, guère rassurée par la mêlée.

Officiellement, Emmanuel Macron n'est pas en campagne.

Nous terminons par une visite du château, son chantier culturel. En pataugeant dans cette cour boueuse où traînent des bulldozers, en contemplant ces façades recouvertes d'échafaudages, on a du mal à imaginer la future cité de la langue française. Elle est censée ouvrir au public dans moins de dix mois. Il écoute l'architecte en chef lui promettre que tout sera prêt pour le jour J et grimpe dans les étages en travaux. Derrière lui, le chantier embaume l'Eau sauvage de Dior.

Nul n'avait imaginé une si faible participation. Ni une telle raclée pour la majorité. Seuls 34% de nos compatriotes se sont déplacés pour ce premier tour des régionales. Il est vrai qu'une partie des courriers contenant les professions de foi – envois privatisés pour la première fois – se sont perdus. Pour le président, triste constat: LREM n'a attiré que 10% des voix à l'échelle nationale, en dépit des quinze ministres candidats. Prudent, il avait fait savoir qu'il ne tirerait de ce scrutin aucun enseignement national.

Néanmoins, ce piètre score sonne comme une mise en garde. Tout comme la résistance des sortants, de gauche et de droite. Le scénario du duel Macron-Le Pen, sur lequel il a bâti sa stratégie, paraît avoir du plomb dans l'aile.

Ce soir-là, la matrone du RN est presque aussi déçue que lui. Ses candidats ne remportent que 19 % des suffrages sur le plan national. Les stratèges macronistes, qui s'apprêtaient à négocier leur soutien au second tour, ne deviendront pas, comme ils l'espéraient, les pièces maîtresses d'un front anti-RN. L'échec des calculs du chef de l'État est flagrant dans les Hauts-de-France. Avec seulement 9 % des voix, la liste LREM et surtout cinq de ses ministres sont éliminés dès le premier tour. Le parti présidentiel devra soutenir Xavier Bertrand contre le RN et Emmanuel Macron, qui vote au Touquet, glisser dans l'urne un bulletin au nom de cet adversaire. L'ancien monde montre qu'il est toujours là. Le président essaye de se rassurer en pensant que, lui aussi, peut bénéficier de la prime aux sortants en 2022. Il a hâte de tourner cette page des régionales. Il est impatient de présenter la dernière ligne droite de son quinquennat.

Officieusement, Emmanuel Macron est en campagne.

14

DERNIÈRE LIGNE (TRÈS) DROITE
28 juin-15 octobre 2021

Ne jamais en parler et ne penser qu'à cela. En vue de cette réélection qui est son objectif – il ne s'en cache d'ailleurs pas réellement –, Emmanuel Macron a besoin d'un bilan. De résultats. Or, le Covid-19 est un adversaire très efficace, qui monopolise toutes les attentions et noie la plupart les réformes. Celui qui ne veut être un chef de parti ne courra surtout pas, en plus, le risque de s'asphyxier en commentant, de près ou de loin, l'échec de sa majorité aux régionales. Au palais, c'est donc le monde du silence.

Mais c'est aussi la fête ! Sur le compte Instagram de l'Élysée, un bandeau festif avec l'inscription « 9 juillet » : la date choisie pour rouvrir les discothèques. On organise le soir même dans la cour d'honneur, pour la fête de la musique, un concert électro, sur tabourets, consignes sanitaires obligent. Le couple présidentiel, qui aime les *people*, s'offre deux stars, Jean-Michel Jarre et Cerrone. *Hype*, les Macron reçoivent plus tard dans la soirée Justin Bieber et sa compagne. L'idole des ados poste sur son compte aux millions d'abonnés la photo des deux couples bras dessus bras dessous, dans le bureau présidentiel. Une image qui flashe avec les baskets bleu électrique de la vedette. Décalage assuré. À Paris, des milliers de personnes dansent sur les quais, sans respecter les interdictions de rassemblement, générant quelques interventions policières.

Longue et morne journée boiteuse, en revanche, pour les Marcheurs. Leurs élus se désolent du silence présidentiel et appréhendent le second tour. Une partie du monde politique n'est pas loin de vouloir faire porter à Emmanuel Macron le lourd chapeau de l'abstention. « À force d'avoir voulu faire du en même temps, ni gauche ni droite, à quoi ça sert de voter puisqu'il n'y a plus de choix ? Il a fragmenté la démocratie », accuse ainsi Gérard Larcher, le président du Sénat. Le chef de l'État, lui, veut obstinément passer à autre chose. Mettre en valeur le rebond des créations d'emploi, par exemple, ou l'étonnante bonne santé de l'économie post-Covid, dont nos concitoyens ne s'aperçoivent pas. Déconnexion, encore.

Le palais nous annonce avec une certaine impatience que le lundi suivant, dès le lendemain du second tour, le chef de l'État reprendra son « tour de France ». Il se rendra à Douai pour inaugurer une méga-usine chinoise de batteries. Si tout va bien, espèrent ses conseillers, dans quinze jours, on ne parlera plus que des réformes à venir et de ce plan de relance qui ne fait aucun bruit. En tous les cas, comme il le confie franchement à *Elle*, le scrutin régional, Emmanuel Macron s'en fiche : « La seule élection dans laquelle je me suis engagé depuis que je suis président, c'est l'élection européenne. Or jamais on n'a autant voté pour ce scrutin. Le combat était clair, les gens comprenaient pourquoi on se battait. Ici, la première explication, c'est le Covid-19. Force est de constater que les gens n'avaient pas du tout la tête à cela. » En la circonstance, l'ancien élève des Jésuites fait preuve d'une once de mauvaise foi. Jusqu'au dernier moment, il s'est penché sur la composition des listes de sa majorité, au point, selon la presse, de passer quelques coups de fil depuis le G7 de Cornouailles.

La campagne de 2022 se met doucement en route. La primeur des annonces reste un atout indispensable pour capter l'attention du public et imposer son tempo. Pendant que le chef de l'État revient d'un sommet européen – sans être parvenu à convaincre les vingt-sept d'organiser un sommet Union européenne-Russie –, Xavier Bertrand déflore une partie de la déclaration que le président s'était réservée sur l'usine de batteries… sans pour autant réussir à attirer la lumière médiatique.

Emmanuel Macron subit cette semaine-là un autre revers bien plus grave : le Conseil d'État bloque l'application de la refonte de l'assurance chômage, censée entrer en vigueur dès le 1er juillet, signe tangible du redémarrage des réformes. Motif invoqué ? Le marché de l'emploi est actuellement trop incertain pour rogner les droits des chômeurs. L'exécutif est même accusé d'avoir commis une erreur manifeste d'appréciation. Le chef de l'État évite tout commentaire officiel mais s'indigne, en privé, d'une décision « hallucinante », « sans aucun fondement de droit ». Sa colère s'étale dans *Le Canard enchaîné*. Déconnexion, toujours.

Cette mini-série noire n'est pas le réel sujet d'inquiétude. Sous l'effet du variant Delta, au Royaume-Uni, le nombre de cas remonte à un rythme effarant. Et si une quatrième vague nous submergeait ? D'ores et déjà, ce Delta représente 10 % des nouveaux cas. Le taux de vaccination ne suffirait pas à l'enrayer et tous les plans du président tomberaient à l'eau. La simple idée de reconfiner l'horrifie, comme une défaite.

Emmanuel qui pleure, Macron qui rit

C'est dans ce climat d'inquiétude diffuse que se déroule, le 27 juin, le second tour des régionales. Le verdict du premier se confirme : l'abstention reste forte, le parti présidentiel ne remporte aucune région – sauf la Guadeloupe –, pas plus que le RN. Les sortants LR et PS, eux, sont quasiment tous réélus dans leur fauteuil, dont Xavier Bertrand qui prononce dans la foulée un discours de présidentiable. En Île-de-France, qui avait massivement voté Macron en 2017, Valérie Pécresse conforte son pouvoir. Lanterne rouge, la liste LREM n'y obtient que 9 % des suffrages. Déroute majeure. Preuve que le parti présidentiel n'a pas réellement d'existence en dehors des ors du palais.

L'analyse des résultats divise l'entourage du chef de l'État. Les vétérans, comme François Bayrou, y voient un signal d'alarme. La Macronie pure et dure se persuade que cette claque ne présage de rien. Emmanuel Macron, lui, reste absolument convaincu que nos concitoyens vont vite penser à autre chose et que la seule solution reste, encore et toujours, de réformer le pays. Un exemple ? En ce lundi 28 juin, le journal *Les Échos* titre : « Retraites : le scénario d'un report rapide de l'âge de départ à 64 ans sur la table ». Serait-ce l'annonce que prépare le président pour son mystérieux discours prévu à la mi-juillet ?

Cette « fuite » de choc éclipse totalement les commentaires post-électoraux. L'Élysée reste claquemuré, refusant de commenter. Ce matin-là, le chef de l'État se trouve à Douai, dans une usine

Renault de voitures électriques, près du site de la future fabrique chinoise de batteries. Xavier Bertrand l'accueille, tout sourire, fraîchement réélu. Emmanuel Macron grince un sonore : « Bravo, félicitations ! » puis se fait photographier au volant d'une 4L électrique. Afin que, sur les images, il semble seul au milieu des ouvriers, ses gardes du corps ont enfilé par-dessus leur costume sombre une blouse au losange. Il prend la parole. Discours de campagne : « Quand on crée des emplois industriels, on fait reculer la colère, la misère et toutes les démagogies. C'est cette France unie qui sait travailler ensemble, qui nous permettra d'avancer et d'être à la fois productive et juste, c'est vous. » Xavier Bertrand s'exprime à son tour. Initialement, les conseillers du palais voulaient l'en empêcher, comme lors d'une visite de l'usine Toyota en 2018. Mais, cette fois, il n'a pas cédé. Une telle occasion était immanquable. Le lendemain, le chef de l'État inaugure les locaux parisiens de la banque américaine JP Morgan. Nul ne doit en douter, la finance n'est pas son ennemie.

Salle des fêtes, 29 juin. Un parterre de cadres du système de santé et quelques journalistes au fond de la pièce, pour présenter des mesures bouclées en urgence. Le président annonce un plan inattendu de sept milliards pour la recherche médicale, dont la création de centres de recherche réunissant hôpital, université et start-up. Parmi eux, un grand pôle consacré au cancer, au pied de l'institut Gustave-Roussy. Aux côtés du chef de l'État, je reconnais le professeur Soria, qui m'explique à la sortie que les forces de l'ordre ont évacué les gens du voyage qui occupaient le fort de la Redoute, pour construire le futur centre. Le « banco » présidentiel va devenir réalité.

Ce soir-là, un autre projet devient réalité : le Parlement adopte définitivement le projet de loi Bioéthique et sa mesure phare, l'ouverture de la PMA pour toutes. L'exécutif espère la naissance des premiers enfants avant la fin du quinquennat. Une autre promesse, en revanche, ne verra jamais le jour : celle d'un référendum inscrivant le climat dans la Constitution. L'opposition du Sénat convainc Emmanuel Macron de renoncer à ce qui s'annonçait comme un casse-tête et une fausse bonne idée.

Bras de fer judiciaire

« La justice est une autorité, pas un pouvoir. Je ne laisserai pas la justice devenir un pouvoir. La justice ne se fait pas dans la presse. Je suis le gardien de nos institutions et des équilibres de notre Constitution. » Le président est en colère et vent debout. En plein Conseil des ministres, il met en garde l'appareil judiciaire : il défendra son garde des Sceaux, Éric Dupond-Moretti, quoi qu'il advienne. Trois jours auparavant, le 13 juillet, le ministre de la Justice a été mis en examen – une première –, pour prise illégale d'intérêts après six heures d'interrogatoire. Tout vient de la plainte déposée en décembre contre lui par trois syndicats de magistrats et l'association Anticor. « Acquittator » est accusé d'avoir voulu régler ses comptes avec les juges avec lesquels il avait eu maille à partir en tant qu'avocat. À peine nommé, il a engagé des poursuites administratives contre certains membres du Parquet national financier qui avaient lancé une enquête contre lui. Cette plainte s'est traduite par une longue perquisition le 1er juillet, place Vendôme, au ministère de la Justice. Une scène de « guerre » qui en dit long sur le manque de confiance entre l'appareil judiciaire et son chef.

À la fin juin, le gouvernement a levé les dernières restrictions face au coronavirus. Alors même que le variant Delta est passé de 10 % à 20 %, puis 30 % des cas. Le professeur Delfraissy parle d'une possible quatrième vague, quand le nombre de rendez-vous pour une première injection est en berne. Tout semble en suspens, de la réforme des retraites – Emmanuel Macron a encore affirmé à des patrons réunis à Versailles qu'elle était indispensable – à l'obligation vaccinale pour les soignants, qui continue de faire débat. Olivier Véran tire la sonnette d'alarme, il redoute lui aussi l'arrivée de cette quatrième vague épidémique dès l'été.

Les jours suivants, avec la plus grande discrétion, l'Élysée sonde des restaurateurs et la SNCF. Un pass sanitaire serait-il applicable – et acceptable – dans leur secteur ? Au palais comme dans le pays, la lassitude gagne à l'idée que l'épidémie gouverne. Le président semble prêt à tout – à tout – pour éviter de réinstaurer couvre-feu ou reconfinement, comme s'y résignent plusieurs pays. Nous ne mesurons alors pas encore cette détermination.

Enfin, l'Élysée annonce une date pour l'allocution présidentielle : le 12 juillet, à vingt heures. Un Conseil de défense sanitaire est prévu le matin même. Au menu ? L'obligation vaccinale pour les soignants et l'extension du pass sanitaire, pour l'instant réservé aux événements de plus de mille personnes. Nul n'imagine alors sérieusement qu'il puisse être imposé aux lieux du quotidien. Le président a toujours marché sur la pointe des pieds concernant la vaccination, pourquoi agirait-il autrement pour le pass ? Dans un avis publié deux jours plus tôt, le conseil scientifique évoque bien l'idée d'un pass étendu aux cinémas, restaurants ou commerces, mais reconnaît aussitôt des problèmes d'acceptabilité. Et cela fait longtemps que le chef de l'État n'applique plus à la lettre les avis du conseil.

En revanche, l'exécutif cherche un consensus sur la vaccination obligatoire des soignants. Jean Castex reçoit les groupes parlementaires et obtient l'accord de LR et du PS sur son principe. Des réformes de choc semblent en revanche peu probables. Plus personne n'imagine le président annoncer le passage de l'âge de la retraite de soixante-deux à soixante-quatre ans dès l'automne.

Le 11 juillet, le variant Delta devient majoritaire dans le pays.

Oser l'extension du pass sanitaire

Lundi 12 juillet, dix-neuf heures. Il a planché sur son discours tout le week-end. Mais, chose étrange, une heure avant l'allocution, il n'y a toujours pas de camion-régie à l'Élysée. Et pour cause ! Emmanuel Macron ne va pas s'exprimer au palais ce jour-là. Son cortège quitte la rue du Faubourg-Saint-Honoré pour enregistrer hors les murs, dans un cadre magnifique : le Grand-Palais éphémère. Arnaud Jolens a soigné la scène, grâce à une seconde caméra, le président apparaît comme debout juste devant la dame de fer, qui se trouve en réalité à huit cents mètres de là. À vingt heures, il prend la parole et reprend la main.

D'entrée, il annonce l'une des mesures les plus drastiques au monde pour pousser à la vaccination : le pass sanitaire devient obligatoire dans quasiment tous les lieux publics, de culture comme de loisir, dès le 21 juillet, puis début août dans les trains, les bars et les restaurants, sans oublier les centres commerciaux. Une obligation vaccinale sera imposée le 15 septembre aux soignants des hôpitaux, des cliniques, des Ehpad et des maisons de retraite. Enfin, les tests, jusqu'ici gratuits, seront payants à la rentrée. Vivre sans être vacciné devient difficile. Emmanuel Macron assume cette pression : « Partout, nous aurons la même démarche, reconnaître le civisme et faire porter les restrictions sur les non-vaccinés, plutôt que sur tous. » Le Parlement aura besoin d'une semaine supplémentaire de session afin de voter la loi nécessaire. Il évoque même une vaccination obligatoire pour tous. Un virage à cent quatre-vingts degrés. Au dernier moment, il a fait le choix de ne pas mentionner l'isolement obligatoire de dix jours pour les cas positifs, qu'il compte pourtant faire inscrire dans la loi. Cela aurait été trop et il l'a senti. Ce sont ses conseillers qui nous l'annoncent.

Le choc. Nos concitoyens, sonnés, écoutent moins la suite. Une suite qui, pourtant, est d'importance car le chef de l'État énumère les réformes en préparation. L'assurance chômage, qui réduit les droits des chômeurs ? Entrée en vigueur dès le 1er octobre, à la barbe du Conseil d'État. Un « revenu d'engagement » sera créé pour les jeunes sans emploi ni formation, « fondé sur une logique de devoirs et de droits ». La réforme des retraites ? Elle « sera engagée dès que les conditions sanitaires seront réunies ». Formule vague, qui lui ménage une voie de repli. Sans prendre de gants, mais dans un grand flou, il prévient qu'il faudra « partir à la retraite plus tard », c'est-à-dire reculer l'âge de départ. Et ajoute que les régimes spéciaux seront supprimés pour les nouveaux entrants. En dix secondes chrono, il remet sur le tapis ces deux mesures qui ont achoppé sur tant d'heures de négociations. En contrepartie, en quelque sorte, la pension minimum sera revalorisée à mille euros. Ces annonces importantes, qui en d'autres temps mettraient le pays dans la rue, sont écrasées par la généralisation du pass sanitaire. Personne ne s'y attarde. « Ça va infuser », espèrent ses proches.

Quelques minutes après la fin de son discours, nos compatriotes se ruent sur les sites vaccinaux. En trois heures, un million trois cent mille rendez-vous sont pris sur Doctolib. « Nous imaginions un effet d'entraînement, mais pas à ce point, se réjouit le palais. Parfois, nous avons tardé, mais, ici, on agit au début de la quatrième vague. Il fallait que ce soit très clair. » Il ne reconfinera pas, quoi qu'il en coûte. Il préfère cette nouvelle contrainte et mise sur son acceptation, un nouveau pari. « Il y aura 5 % de râleurs et 3 ou 4 % de réfractaires », estime l'Élysée. Pas question qu'une minorité fasse la loi, voici le message subliminal.

Emmanuel Macron a opté pour la manière forte au moment où trente-cinq millions de nos concitoyens ont déjà reçu au moins une dose. La majorité du pays a donc prouvé son adhésion à la vaccination, votée avec une aiguille. Il n'est pas certain que le Conseil d'État et le Conseil constitutionnel valident ces mesures. Seule certitude, la France est pour une fois pionnière mondiale d'un tour de vis sanitaire inédit et elle sera imitée. Le président a un train d'avance sur la SNCF qui n'a rien anticipé.

Dans la seringue

Le palais savait que ce discours créerait un choc. Cadres et parlementaires de la majorité ont été invités à suivre son allocution sur un écran géant dressé dans la salle des fêtes. Une première. Arrivés avant vingt heures, ils se voient demander… leur pass sanitaire ! Certains se précipitent à la pharmacie la plus proche pour passer un test. Puis, à entendre leur « boss » droit dans ses bottes, les élus Marcheurs sont transportés. Ils retrouvent l'audacieux de 2017. « Bravo ! Enfin ! » s'écrient-ils. Quand le président les rejoint, c'est un tonnerre d'applaudissements. Lui, flatté mais surtout soulagé, arbore un sourire qu'on ne lui a pas vu depuis longtemps. Parmi eux, il parle du cap à fixer pour les prochains mois et au-delà. Allusion à un second quinquennat.

L'effet d'annonce se prolonge un bon moment. En deux jours, trois millions de Français prennent rendez-vous. Les premiers sondages sont favorables, les deux tiers des interrogés approuvent l'extension du pass et les trois quarts, l'obligation vaccinale pour les soignants. Côté oppositions, seuls LFI et le RN se déclarent contre. Emmanuel Macron ? Le chef de file des rationnels de tous bords. D'autant que les réformes prévues peuvent plaire à la droite. Campagne vaccinale, campagne présidentielle, même combat ! Les ministres se succèdent les jours suivants pour affiner le tir. Les douze à dix-sept ans ne se verront réclamer un pass qu'à partir de septembre ; le document concernera aussi les terrasses, toutefois les lieux de culte seront exemptés en raison de leur protection constitutionnelle.

C'est aussi le choc chez les « anti ». Dès le 14 juillet, vingt mille personnes manifestent dans plusieurs villes pour protester contre ces nouvelles obligations, et même contre la « dictature ». Quelques jours plus tard, leurs rangs grossissent et s'égarent dans des parallèles choquants, certains comparant le chef de l'État à Adolf Hitler. Le pays se divise en deux camps inégaux : les anti – de l'extrême droite aux libertaires – et les pro – largement majoritaires et de tous bords politiques. Cette semaine-là, trois centres de vaccination sont vandalisés, ainsi que des permanences d'élus. Des appels à manifester tous les samedis sont lancés. Il flotte dans l'air un relent de Gilets jaunes. « Les Français se vaccinent, ne nous laissons pas distraire par une infime minorité », minimise Gabriel Attal. Une note du renseignement territorial avertit qu'au sein de ce mouvement hétérogène couve « une exaspération de plus en plus généralisée face à des mesures considérées comme liberticides ». Les autorités s'attendaient à voir vingt mille manifestants ; le samedi suivant, ils sont plus de cent mille.

L'exécutif fait adopter à toute vitesse la loi qui étend le pass. Il était temps que la vaccination accélère : deux jours plus tard, le nombre de cas bondit à dix-huit mille en vingt-quatre heures, soit une hausse de 150 % en une semaine. Un tsunami bien plus qu'une simple vague. Et une évolution terrifiante qui donne raison à Emmanuel Macron. À l'Assemblée, les débats se tendent. Le gouvernement, inflexible, brandit la menace de reconfinement, l'œil rivé sur les courbes de cas qui grimpent à la verticale. « Il faut mesurer la rage que vous risquez de déclencher », menace François Ruffin, quand Jean-Luc Mélenchon déclare que « ce sera un honneur de désobéir » au pass. En même temps, le Parlement adopte, dans l'indifférence générale, deux des grands textes du quinquennat, la loi Climat et résilience et la loi contre le séparatisme.

Dans les rues, antipass, antivaccination, antimasque et anticonfinement se mêlent dans des cortèges protéiformes, entre Gilets jaunes, sympathisants de LFI ou du RN. Leurs réels points communs ? Une haine que cristallise Emmanuel Macron, une défiance à l'égard des « merdias » et des labos, et même, triste récurrence de l'histoire, un nauséeux parfum d'antisémitisme. Selon les enquêtes d'opinion, six de nos compatriotes sur dix condamnent le mouvement mais 37 % le soutiennent.

Après un fatigant voyage en Polynésie, le chef de l'État pose ses valises au fort de Brégançon. Et invente un nouveau format pour s'adresser aux jeunes, les plus indécis et les moins vaccinés. Tout au long de la semaine, il se met en scène dans une série de douze vidéos – les douze travaux d'Hercule ! –, tournées en mode selfie et postées sur les réseaux sociaux Instagram et TikTok. Adieu dorures, allocutions solennelles et costume cravate. Welcome tee-shirt noir, polo et bras de chemise. Il se filme lui-même dans le salon du fort, dans le jardin, la bibliothèque, et répond aux questions, y compris les plus farfelues. Sa simplicité paie : ces vidéos sont visionnées soixante millions de fois en sept jours ! Certes, il ne convainc pas les antivax radicaux. Il les agace même, sans l'ombre d'un doute. Mais peut pousser un soupir de soulagement.

Le 5 août, le Conseil constitutionnel entérine l'essentiel de la loi sanitaire, dernière haie à franchir, sauf l'isolement obligatoire des malades, qui semblait d'ailleurs inapplicable. Le lundi 9 août, le pass sanitaire entre dans notre quotidien, même pour prendre un petit crème. Au plus fort de la contestation, deux cent trente mille antipass défilent, contre quarante-trois millions de vaccinés, dont les rangs ont grossi de dix millions en un mois. Au fil d'août, la vaccination enraye enfin le variant Delta et les manifestations se résorbent peu à peu.

Le Covid-19, son meilleur allié

Comment gérer cette dernière rentrée du quinquennat, alors que le Covid s'accroche encore et encore ? Comment gérer cette dernière rentrée du quinquennat, alors que le temps nécessaire pour faire de grandes réformes, en réalité, n'existe plus ? Emmanuel Macron n'est toujours pas, officiellement, candidat à sa réélection. Le président est sur le front, plus que jamais, et ses conseillers nous préviennent même qu'il va multiplier les déplacements pour expliquer, encore et toujours, ce qui a été fait et ce qui reste à faire. Première ligne directrice de son programme qui ne dit pas

– pour l'heure – son nom, France 2030, un grand plan d'investissements pour les années à venir, à savoir trente milliards sur dix ans.

Autour de lui, le paysage politique s'agite, bruisse de rumeurs diverses et variées... Éric Zemmour ou pas Éric Zemmour? Xavier Bertrand ou pas Xavier Bertrand à l'issue de la primaire LR de décembre? La socialiste Anne Hidalgo, maire de Paris qui a bien du mal à franchir le périphérique pour convaincre, sera bientôt en lice. L'écolo Yannick Jadot va sortir, fragile vainqueur, d'une primaire écologiste plus courue que jamais. Les inévitables, Marine Le Pen et Jean-Luc Mélenchon, rongent toujours leur frein, de moins en moins sereins.

Dans son palais, porté par une crise sanitaire qui lui a dénoué les cordons de la bourse, le président ne se précipite pas. L'impatient que l'on suit depuis plus de quatre ans dispose de deux cartes maîtresses dans son jeu : l'argent et le temps. Il en use sans aucune hésitation. Il sème, catégorie par catégorie, débourse cadeaux et largesses, s'essaye à quelques envolées inspirées, bouche l'un après l'autre les trous du quinquennat, éteint les foyers d'incendie et serine son bilan. Candidat qui avance de moins en moins dans l'ombre, il annonce ses plans, lois et projets pour l'après-2022. Pas un programme, naturellement, puisque, nous répètent mollement, ses conseillers, il n'est pas en campagne. Pour autant, en coulisses, tout se prépare, des achats de chaises et de drapeaux au choix d'un responsable logistique. Mais c'est loin, là-bas, au QG de ce que l'entourage du chef de l'État appelle avec une méchante ironie : « En marche, ça marche pas ! »

Au palais, on phosphore (toujours) sur la stratégie. La rengaine est connue : la présidentielle, c'est la rencontre entre un homme et les Français. Pour Emmanuel Macron, le ciel est dégagé en cet étrange été indien. Sa cote de popularité est haute, la plus haute pour un chef de l'État à ce moment du quinquennat, et son prédécesseur, François Hollande, aura beau l'« Affronter » – titre de son dernier opus –, il n'y pourra rien. Les sondages donnent même le sortant à plus de 26 % au premier tour ! Une énième étrangeté de ce mandat à nul autre pareil. Cyniquement, le Covid-19, de pire ennemi, est devenu son meilleur allié. Il l'installe au centre de tous les regards, lui permet de s'afficher en chef de guerre incontournable. Après l'atteinte comme prévu mi-août, de l'objectif de quarante millions de vaccinés grâce à l'effet pass sanitaire, les cinquante millions sont enfin dépassés mi-septembre. Certes, toutes les réformes sont reléguées au second plan. Mais c'est peut-être mieux ainsi, lorsque l'on regarde attentivement ce que les promesses du candidat confronté à la réalité du pouvoir peuvent provoquer.

Mi-janvier, Emmanuel Macron sera président – pour un temps – de l'Union. Ce que les euro-experts appellent la PFUE, la présidence française de l'Union européenne. Certes, c'est purement formel. Mais il compte bien en faire un événement majeur. Se servir de cette arme contre les eurosceptiques, LFI et RN en priorité, bien sûr. Au palais, nul n'en doute, ce sera l'occasion d'un « grand » discours sur l'Union et de nombreux sommets à domicile. L'occasion aussi de ramener à lui les débats sur la sécurité et la protection des frontières européennes contre les migrants, ou encore sur l'écologie.

Visionnaire, bien sûr, mais aussi pragmatique. Emmanuel Macron occupe chaque pouce de terrain. Nous l'accompagnons à Marseille, ville côtière en colère et en jachère, dont la fracture avec la verticalité parisienne s'est aggravée depuis le Covid. Il y consacre un long déplacement de trois jours, pour promettre un grand plan d'aide d'un milliard et demi d'euros. Dans une cité des quartiers nord, soigneusement nettoyée avant son arrivée, il est accueilli par une foule emplie d'attente. Il écoute un groupe de femmes dénoncer les violences. Sa technique habituelle ? Ne pas s'avancer et multiplier les interrogations. « Il nous a noyées sous les questions de base, auxquelles ses conseillers sauraient très bien répondre », se plaint l'une d'elles, fine mouche. Mais je l'entends aussi crier à un chômeur râleur, en pleine foule : « Vous êtes prêt à travailler dans la restauration ? Oui ? Même si c'est dur ? Il y a des places ! » Têtu et rancunier, le candidat qui ne l'est pas… Et qui profite de ce déplacement dans la deuxième ville du pays pour lancer une expérimentation sur l'éducation. Il veut proposer aux directeurs d'établissement de choisir leurs professeurs. Une idée libérale qu'il caresse depuis longtemps. Son nom ? L'école du futur. Presque un slogan de campagne. Au minimum une idée qui préempte, là encore, le débat.

L'incendie qui couve, le plus menaçant ? La hausse des prix de l'énergie : gaz, essence et électricité. Celui du gaz risque de quadrupler, et avec lui celui de l'électricité, indexé sur le prix du gaz au niveau européen. Emmanuel Macron sait que cette dépense occulte toutes les mannes distribuées par ailleurs. Le souvenir des Gilets jaunes et de l'étincelle de la hausse du diesel est encore bien présent. Ni une ni deux, Jean Castex annonce le 3 septembre un «bouclier» pour geler temporairement les tarifs de l'électricité et du gaz. Coût? Cinq milliards d'euros de pertes fiscales pour l'État dès 2022. Trois semaines plus tard, il sort encore le carnet de chèques : cent euros par personne pour les trente-huit millions de nos concitoyens qui gagnent moins de deux mille euros nets par mois. Pour ne pas laisser s'embraser les raisons de la colère, le président renonce à son credo de réserver les aides aux plus pauvres. Une offensive à quatre milliards dans la guerre contre le «ressenti» et pour parer au plus pressé.

Finalement, en dehors des frontières, ce n'est ni plus compliqué, ni plus simple. Impossible, «en même temps», de tenter d'apaiser les relations avec l'Algérie et de diminuer le nombre de visas, afin d'obliger Alger à reprendre ses clandestins. Candidat ni de droite ni de gauche, mais président plutôt de droite, le 28 septembre, Emmanuel Macron décide de réduire de moitié les visas accordés à l'Algérie et au Maroc, mais aussi de 30 % ceux de la Tunisie. Une mesure inédite, ferme, une rétorsion et une pression que ses prédécesseurs n'avaient pas osé appliquer.

En revanche, il perd tout contrôle sur quelques fragiles échafaudages diplomatiques. Son espoir d'un axe Paris-Canberra-New Delhi se brise contre un nouveau pacte Canberra-Londres-Washington, dit Aukus. Un accord conclu dans le plus grand secret qui entraîne la rupture, du jour au lendemain, du «contrat du siècle» de 2016, qui devait voir la France fournir douze sous-marins conventionnels à l'Australie pour cinquante-cinq milliards d'euros. Emmanuel Macron l'apprend le 15 septembre, à peine trois heures avant que l'annonce devienne publique, en plein déjeuner avec le prince héritier d'Abou Dabi, Mohammed Ben Zayed, au château de Fontainebleau. Il rentre *illico* à l'Élysée, furieux. Un revers majeur pour la diplomatie tricolore. Une perte de cinq cents emplois pour Naval Group. Certes, il demande le rappel des ambassadeurs français à Washington et Canberra, du jamais-vu, mais le mal est fait. Le contrat est perdu, l'appui mou des alliés européens n'y change rien. Une déconvenue diplomatique de plus, après l'échec à créer une force armée sahélienne efficace contre les djihadistes au Sahel et le retrait partiel de Barkhane, notamment face au sentiment anti-français. Sans oublier la situation chaotique au Liban.

Marseille, le 15 octobre, petite phrase désabusée sur les travers français : «Je *nous* connais mieux. Ce sont toujours les mêmes qui participent aux réunions et les autres, au bout de deux mois, diront qu'ils en ont été exclus.» Un mois avant, jour pour jour, devant le Congrès des indépendants, Emmanuel Macron dressait le portrait-robot de cette fonction qu'il exerce depuis cinq ans : «Être président, c'est se faire engueuler. Quand un problème disparaît des engueulades, c'est qu'il commence à être réglé, mais il n'y a jamais de répit.» Pour autant, c'est à la fois sa complexité et sa richesse, devant les pompiers de Marseille, il ne lâche rien. Debout dans la tempête. Déterminé à ne renoncer à rien. Convaincu d'avoir une mission. «Ne cédez rien à l'esprit du temps! Ne cédez rien à l'esprit de défaite, de division! Ne cédez rien à ceux qui se résignent!» Quitte à être seul, seul contre tous. Le solitaire du palais.

Remerciements

Ce livre n'aurait jamais vu le jour sans un extraordinaire alignement des astres.

Le socle en a naturellement été mon travail pour l'AFP. C'est donc d'abord ceux qui m'ont permis d'occuper ce poste que je veux remercier.

Ma gratitude à la direction de l'Agence pour avoir cru en moi, en particulier à la regrettée Michèle Léridon, alors directrice de l'information, à Philippe Onillon, directeur des rédactions, et à Jean-Luc Bardet, directeur de la région France. Et à mon ex-cheffe du service Société, Françoise Michel, qui m'a, la première, poussée vers le service politique.

Il fallait tenir cinq ans cette mission-marathon. Cela n'aurait jamais été possible sans un binôme qui s'épaule et se complète : grâce soit rendue à mon alter ego, Jérôme Rivet, pour son professionnalisme, son humour et son calme à toute épreuve.

Il fallait un service politique à la hauteur. Car chaque dépêche AFP – 4 500 environ pour ma part depuis 2017 – est un travail collectif. Que tous mes collègues soient remerciés pour leur appui jour après jour. Ainsi bien entendu que les chefs du service, Christophe Schmidt et ses adjoints, Jacques Klopp et Ingrid Bazinet.

Il fallait réussir à suivre au plus près le président de la République lors de ses quelque 650 sorties et des événements au palais. Je veux remercier tous les membres des équipes presse et organisation presse qui prennent le temps d'aider les journalistes, en particulier Jérôme Rivet et moi-même, accrédités de l'AFP qui «poolons» pour les autres médias. Cette attachée de presse qui m'a un jour appelée pour que j'embarque au dernier moment dans un Falcon afin d'assister à une rencontre entre Emmanuel Macron et des soldats qui venaient d'abattre un terroriste. Cette autre qui m'a fait grimper dans le cortège qui partait en trombe sur le lieu de l'assassinat de Samuel Paty. Ceux qui m'ont permis d'assister, seule journaliste, à tant de rencontres informelles où le président parlait sans filtre – avec des chercheurs en plein Covid, avec des infirmières furieuses, avec des femmes battues, avec des maires en pleine crise des Gilets jaunes, avec des retraités – ou à ces réunions du Palais jamais anodines.

Tous ces moments-clés, révélateurs.

Sans oublier les membres du GSPR (Groupe de sécurité de la présidence de la République), anges gardiens du président, qui m'ont si souvent extraite d'une foule compacte pour me réintégrer dans la « bulle ».

Il fallait aussi au palais et à l'extérieur des proches du président qui, malgré son goût du secret, acceptent de m'aider à décrypter en profondeur ce quinquennat hors du commun. Qu'ils en soient tous remerciés. Leur anonymat va de soi.

Toute ma gratitude à Brigitte Macron pour m'avoir accordé un temps précieux et m'avoir livré son éclairage, ainsi qu'à ses deux conseillers. Et bien sûr pour leur aide pour maintenir la salle de presse dans l'Élysée.

Il fallait également l'esprit d'entraide et l'intelligence collective de la trentaine de journalistes et photojournalistes qui suivent ce président au quotidien et qui comme moi ne cessent de s'interroger. Chacun a un jour posé au chef de l'État une question-clé ou capturé en image un instant-clé. J'aurais voulu les citer tous. Impossible. Et n'en nommer que quelques-uns aurait été injuste. Ils savent mon amitié et mon estime pour eux. Ils se reconnaîtront.

Je veux aussi dire mon admiration pour les vidéastes, cameramen et techniciens son, qui ont supporté que je me branche à leur perche. Comme Yvon Alunni, de TF1, professionnel admirable. Souvent, c'est grâce à sa perche kilométrique, tenue à bout de bras pendant des heures au milieu d'une foule, que les Français savent ce que dit leur président.

Et puis il y a eu l'idée de raconter cette tranche d'histoire dans un livre.

Il fallait qu'un éditeur croie en ce projet démesuré. Immenses remerciements à Vincent Barbare, PDG du groupe Edi8, pour m'avoir fait confiance d'emblée. Ainsi qu'à Thierry Billard, directeur éditorial de Robert Laffont, pour son approche d'historien, son œil précis et ses choix déterminants à des moments cruciaux.

Remerciements particuliers à mon directeur d'ouvrage, Denis Boulard, journaliste d'investigation et écrivain, pour m'avoir mise au défi de me lancer dans cette aventure. Et pour son soutien indéfectible, sa finesse d'analyse, son formidable sens du récit et sa relecture sans concession.

Enfin, je remercie du fond du cœur ma famille et mes amis, qui m'ont pardonnée d'avoir été pendant tout un quinquennat happée par des horaires lourds et, surtout, imprévisibles. Mes filles chéries, Eleonora et Lucrezia, ma mère Françoise, ma sœur Anne-Françoise et mon frère Mathieu. Mes amis Patricia, Philippe, Véronique, Marie et Amandine, et tous ceux que je voudrais citer. Merci de m'avoir écoutée si patiemment quand je décortiquais mon obsession favorite.

Cela aurait tant amusé mon père.

TABLE DES MATIÈRES

Imprimé en France par CPI
en décembre 2021

La photocomposition de cet ouvrage
a été réalisée par
Graphic Hainaut
30, rue Pierre Mathieu
59410 Anzin

FSC
www.fsc.org
MIXTE
Papier issu de
sources responsables
FSC® C003309

L'éditeur de cet ouvrage s'engage dans une démarche
de certification FSC® qui contribue à la préservation
des forêts pour les générations futures.

Pour en savoir plus :
www.editis.com/engagement-rse/

N° d'édition : 63267/01 – N° d'impression : 3046989